스토리텔링성경 4

스토리텔링 성경

민
수
기

스토리텔링 성경

4 민수기: 인구조사와 광야 40년 유랑

초판 1쇄 2019년 4월 1일

지은이 김영진, 강정훈, 천종수
발행처 (유) 성서원
일러스트 김천정
출판등록 1997년 7월 8일 (제300-1997-79호)
창업일 1972년 2월 1일
주 소 경기도 고양시 덕양구 덕은로 60-12 우) 10541
전 화 (02)765-0011~17
팩 스 (02)743-6811
성서원 홈페이지 www.biblehouse.co.kr
페이스북 · E-mail saebut-9106@hanmail.net

ISBN 978-89-360-2281-5 03230

스토리텔링성경
4

성경 전 장章을 이야기로 풀어 쓴

스토리텔링 성경

지은이
김영진 강정훈 천종수

민수기

인구조사와 광야 40년 유랑

성서원

차례

1
인구조사

이스라엘의 인구를 조사해라
20세가 넘어 싸울 수 있는 이들은
가나안 땅을 정복할 군사이니
한 사람도 빠짐없이 세어라

제1차 인구조사 - 이스라엘 백성들의 인구를 조사하라 (1:1-3)

"모세야, 너는 이스라엘 백성들의 인구를 조사하여라."

이곳은 시내 광야. 눈에 보이는 것이라고는 메마른 땅과 바위가 어울려 끝없이 펼쳐져 있는 황량함뿐이다. 풀이랄 것도 없는 풀들이 바위 사이사이에 겨우 숨을 붙이고 살고 있고, 앙상하고 키 작은 몇 그루 나무들만이 여기저기 흩어져 있다. 건조한 계절에는 생물이 살 수 없는 불모지가 되고, 10월에서 4월 사이에 내리는 약간의 겨울비와 8, 9월에 내리는 이슬이 온갖 생명체들로 하여금 간신히 일년을 버티게 해준다. 시내 광야는 인간이 견디내기 힘든 숙음의 땅이다.

민수기는 이런 광야에서 40년 유랑의 세월을 보내야 했던 사람들의 이야기다. 황량한 시내 광야에 들어서면 가장 먼저 눈에 들어오는 것이 시내산이다. 시내 반도 남쪽 산맥에 우뚝 솟아오른 시내산은 사방으로 가시나무가 무성하다.

야곱이 가족을 모두 데리고 가나안 땅을 떠나 이집트로 이주하여 고센 땅에 정착한 지 430년째 되던 해(주전 1446년경), 이집트 땅에서 200만 명 이상의 큰 민족으로 번성한 야곱의 자손들, 곧 이스라엘 백성들은 그해 정월(아빕 월) 15일에 마침내 모세의 인솔 하에 이집트의 오랜 종살이에서 벗어나 영광스런 출애굽의 날을 맞이하였다(주전 1446년경 1월 15일).

이어 이스라엘 백성들은 만 2달 만에 시내산에 이르렀고(그해 3월 15일), 활활 타오르는 불과 빽빽한 구름으로 뒤덮인 시내산 정상에 강림하신 하나님과 더불어 '시내산 언약'을 맺었다. 시내산 언약의 핵심은 이러하다.

1. 먼저 이스라엘 측의 맹세다.

"오직 여호와만을 유일한 하나님으로 삼아, 여호와만을 전적으로 섬기고 그 말씀에 전적으로 순종하겠습니다!"

2. 다음으로 이스라엘 백성들의 충성스런 맹세에 대한 하나님의 응답이다.

▲ 모세가 하나님께 십계명을 받은 시내산 정상

“이스라엘이 그렇게 하면, 나는 그들을 내 백성으로 삼아 항상 보호하고 지켜주며 복된 길로 인도해 주겠노라!”

하나님은 시내산 언약을 맺으면서 이스라엘 백성들이 다른 세상의 모든 이방 백성들과 구별되어 하나님의 백성답게 살아갈 수 있도록, 그들에게 십계명을 비롯한 여러 율례와 각종 법도와 다양한 규례를 주셨다. 그리고 그들이 거룩하신 하나님을 올바로 섬길 수 있도록 ‘성막’을 건립하게 하셨다. 그 내용이 출애굽기다. 이어서 성막 운용에 필요한 여러 제사들과 제사장 제도, 그리고 다양한 성결의 법도에 관해 구체적으로 가르쳐 주셨다. 그 내용이 레위기다.

그러는 사이에 시간이 많이 흘렀다. 이스라엘 백성들이 시내산에 도착하여 산 아래의 광활한 시내 광야에 천막을 치고 거대한 진영을 이룬 채 장소의 이동 없이 그대로 계속 머문 지 어언 10개월 하고도 보름이 훌쩍 지나갔다. 출애굽을 결행한 날로부터는 1년 15일이 경과했다. 그리하여 때는 이스라엘 백성들이 이집트에서 나온 지 제2년째 되던 해의 둘째 달 초하루(주전 1445년경 2월 1일). 이스라엘 백성들이 시내산을 떠나가기 20일 전이었다. 유대 종교력 2월은 오늘날의 태양력으로는 4월 중순부터 5월 중순쯤에 해당된다.

“모세야!”

“네, 주님! 제가 여기에 있습니다. 말씀하소서.”

이스라엘 진영 한가운데에 자리 잡은 성막에서 하나님이 모세를 부르셨다. 모세가 하나님의 부르심에 응하여 성막으로 나아가자, 하나님이 모세에게 말씀하신다.

“모세야, 시내산을 떠나기 전에 해야 할 중요한 일이 남아 있다.”

“어떤 일인지요?”

“너는 이스라엘 백성들의 인구를 조사하여라. 이스라엘 각 지파와 각 가문과 각 가족별로 남자들의 명단을 모두 작성하여라. 남자들의 명단을 작성하되, 20세 이상 되는 남자들을 대상으로 군대에 복무할 수 있는 자들을 조사하여라.”

“네, 주님! 잘 알겠습니다.”

“너는 즉시 인구조사를 실시하되, 대제사장 아론과 함께 이 일을 주관토록 하여라.”

하나님은 왜 이스라엘 백성들의 인구를 조사하라고 하셨을까? 이유는 분명하다. 이제 이스라엘은 더 이상 이집트 땅에서 종살이하던 노예 백성이 아니었다. 하나님께로부터 율법을 부여받은 어엿한 신정국가(神政國家)로서, 가나안 땅을 정복하기 위해 당당하게 행군해 나아가는 하나님의 거룩한 군대였다.

광야를 질서 있게 행진해 나아가고, 또 앞으로 치를 가나안 전쟁을 효과적으로 수행하려면, 이스라엘 백성들을 군대 조직으로 개편할 필요성이 있었고, 그러자면 체계적인 인구조사를 해야 했던 것이다.

인구조사의 대상은 ‘20세 이상의 남자들’이었다. 그 까닭은, 이번에 실시하는 인구조사는 무엇보다 전쟁 때에 싸움에 나갈 군사들을 징집하기 위한 목적으로 행해지기 때문이다. 20세 이상의 남자들은 성년으로서 육체적으로 강건할 뿐만 아니라, 정신적으로도 맡은 임무를 수행할 정도로 성숙한 나이였기에 조사 대상이 된 것이다.

이처럼 성경에서 사람들의 수효를 계수할 때는 대부분 성인 남자들의 수효만 세었다. 이것은 여성들과 아이들의 존재를 무시했기 때문이 아니다. 생계를 위해 들판에 나가 사냥을 해야 했고, 또 전쟁이 나면 군인이 되어 싸움에 임해야 했던 고대사회에서는, 그런 일을 감당할 수 있는 성년의 남자들만 계수하는 것이 관례였기 때문이다. 그래서 고대 이스라엘 사회에서 실시했던 모든 인구조사는 사실상 여성들과 아이들을 포함한 가정(家庭)의 수효를 나타내는 것으로 간주되었다.

제1차 인구조사 – 인구조사를 담당할 사람들 (1:4–19)

“자, 여러분, 모두 내 말을 들으시오!”

모세와 아론은 백성들을 대표하는 이스라엘 12지파의 장로들과 족장들을 불러 모은 뒤 하나님의 명령을 전달하였다.

“여러분, 하나님은 이스라엘 백성들의 인구를 조사하라고 명하셨소. 그리고 나와 아론을 도와 인구조사를 담당할 대표들을 정해 주셨소. 각 지파 별로 한 명씩이오! 이제부터 이름을 발표하겠으니, 호명된 자들은 앞으로 나오시오.”

모세와 아론은 하나님이 일러주신 대로 각 지파에서 인구조사를 담당할 책임자들을 호명하였다.

“르우벤 지파에서는 스데울의 아들, 엘리술!”

“네! 르우벤 지파 스데울의 아들 엘리술, 여기 있습니다!”

“시므온 지파에서는 수리삿대의 아들, 슬루미엘!”

“네! 시므온 지파 수리삿대의 아들 슬루미엘, 여기 있습니다!”

“유다 지파에서는 암미나답의 아들, 나손!”

“네! 유다 지파 암미나답의 아들 나손! 여기 있습니다!”

백성들 가운데서 웅성거림이 들렸다. 레위 지파를 건너뛰고 곧장 유다 지파의 족장을 호명했기 때문이다. 모세와 아론이 레위 지파인데, 어찌 그들 지파를 명부에서 제외시키는 것일까. 백성들의 웅성거림을 듣고 아론이 명단을 호명하다 말고 잠시 멈추었다. 모세와 아론은 백성들이 왜 웅성거리는지 뻔히 알고 있었다. 한 지파를 건너뛰니 당연히 궁금하게 여길 만도 하다. 하지만 모세는 계속하라고 신호를 보낸다. 아론이 명단을 읽어나간다.

“잇사갈 지파에서는 수알의 아들, 느다넬!”

"네! 잇사갈 지파 수알의 아들 느다넬! 여기 있습니다!"

"스불론 지파에서는 헬론의 아들, 엘리압!"

"네! 스불론 지파 헬론의 아들 엘리압! 여기 있습니다!"

"에브라임 지파에서는 암미훗의 아들, 엘리사마!"

"네! 에브라임 지파 암미훗의 아들 엘리사마! 여기 있습니다!"

"므낫세 지파에서는 브다술의 아들, 가말리엘!"

"네! 므낫세 지파 브다술의 아들, 가말리엘! 여기 있습니다!"

여기서도 백성들이 또 한 번 술렁대었다. 요셉 지파의 이름이 사라지고 요셉의 두 아들인 에브라임과 므낫세가 각각 하나의 독립된 지파로서 등장하기 때문이다. 그렇게 술렁대는 백성들의 반응에도 아랑곳하지 않고, 아론은 곧장 베냐민 지파 족장의 이름을 호명한다.

"베냐민 지파에서는 기드오니의 아들, 아비단!"

"네! 베냐민 지파 기드오니의 아들 아비단! 여기 있습니다!"

"단 지파에서는 암미삿대의 아들, 아히에셀!"

"네! 단 지파 암미삿대의 아들 아히에셀! 여기 있습니다!"

"아셀 지파에서는 오그란의 아들, 바기엘!"

"네! 아셀 지파 오그란의 아들 바기엘! 여기 있습니다!"

"갓 지파에서는 르우엘의 아들, 엘리아삽!"

"네! 갓 지파 르우엘의 아들 엘리아삽! 여기 있습니다!"

"납달리 지파에서는 에난의 아들, 아히라!"

"네! 납달리 지파 에난의 아들 아히라! 여기 있습니다!"

"자, 이상 이스라엘 12지파에서 각각 한 명씩 모두 열두 명이오. 호명된 사람들은 다 내게로 나오도록 하시오."

살펴보면, 이스라엘 12지파의 이름에 약간의 변경이 있다. 본래 야곱의 열두 아들이 이스라엘 12지파를 이루었다. 야곱의 열두 아들의 이름은 그들의 나이 순서대로 이러하다. ① 첫째, 르우벤 ② 둘째, 시므온

③ 셋째, 레위 ④ 넷째, 유다 ⑤ 다섯째, 단 ⑥ 여섯째, 납달리 ⑦ 일곱째, 갓 ⑧ 여덟째, 아셀 ⑨ 아홉째, 잇사갈 ⑩ 열째, 스불론 ⑪ 열한째, 요셉 ⑫ 열두째, 베냐민.

그런데 모세가 호명한 이스라엘 12지파를 보면 셋째 레위가 빠지고, 대신 요셉의 두 아들인 므낫세와 에브라임이 들어갔다. 그래서 여전히 12지파를 이루고 있다.

레위가 빠진 이유는, 레위 지파는 특별히 하나님께 헌신된 지파로 구별되어 이스라엘 12지파의 장자들을 대신하여 오로지 하나님의 성막에서 하나님께 제사 드리는 일에만 전념해야 했기 때문이다.

요셉의 두 아들인 므낫세와 에브라임이 이스라엘 12지파에 포함된 까닭은, 일찍이 열두 아들의 아버지인 야곱이 요셉의 두 아들을 양자 삼았기 때문이다. 말하자면 야곱은 가문에 큰 공로를 세운 요셉을 장자로 대우하여 두 몫의 지분을 챙겨준 것이다.

모세에게 호명된 12지파의 우두머리들은 모두 모세 앞으로 나왔다. 모세는 그들에게 따로 지시하였다.

"여러분, 여러분은 조상 때부터 이어져 내려온 각 지파의 지도자들이오. 이제 자기 지파의 인구를 책임지고 조사하도록 하시오."

"네, 분부대로 시행하겠습니다. 그런데 조사할 대상은 어떻게 됩니까? 전체 수효를 다 조사해야 합니까?"

"아니오! 그렇지 않소. 이번 인구조사의 목적은 전쟁을 치를 군대를 조직하기 위함이오. 그러니 20세 이상 된 남자들만을 대상으로 하되, 신체 건강한 남자들만 조사하도록 하시오. 전쟁을 하게 되면, 그들은 이스라엘의 군사가 되어 싸움에 나가야 하오."

"네, 잘 알겠습니다."

"좋소. 이제 여러분들은 천막으로 돌아가는 대로 즉시 자기 지파 내에서 가문별, 가족별로 20세 이상의 남자들을 빠짐없이 조사하도록 하시오. 그리고 여러분은 이제 곧 조직될 이스라엘 군대의 지휘관들이 되어야 하오. 책임이 막중하니, 각자 착오 없이 임무를 잘 수행토록 하시오. 주께서 여러분들과 함께하실 것이오."

모세와 아론은 이스라엘 12지파 우두머리들의 도움을 받아, 주께서 명하신 대로 이스라엘 백성들 중 20세 이상 된 남자들의 수효를 계수하였다. 이스라엘 12지파의 우두머리들은 각자 자기 지파 내에서 20세 이상 된 남자들의 이름을 각 가문과 가족별로 모두 등록시켰다.

이처럼 모세와 아론이 하나님의 지시에 따라 시내 광야에서 인구조사를 실시한 때는, 이스라엘 백성들이 이집트에서 나온 지 제2년째 되던 해의 2월 초하루였다(주전 1445년경 2월 1일). 그리고 인구조사를 실시한 장소는 그곳에 도착한 이래로 10개월 보름째 계속 머물고 있던 곳, 즉 시내산 아래에 넓게 펼쳐진 시내 광야였다. 오늘날 세바예(Shebaye) 평지로 추정되는 곳이다.

제1차 인구조사 - 인구조사의 결과 (1:20-46)

"자, 모두들 들으시오. 우리 지파 사람들 가운데 20세 이상 된 남자들은 한 사람도 빠짐없이 즉시 등록하도록 하시오."

"왜 20세 이상 된 남자들만 등록하는 것입니까?"

"이번 인구조사는 군대 조직을 위한 것이기 때문이오. 전쟁 때에 싸우러 나갈 수 있는 신체 건강한 사람들은 조사하는 것이니, 각 가족과 가문별로 빠짐없이 등록하도록 하시오.

모세와 아론의 지시를 받은 이스라엘 12지파의 우두머리들은 각자 자신들의 지파로 돌아가 자기 지파 내에 있는 20세 이상 된 남자들의 수효를 가족과 가문별로 조사하였다. 머잖아 조사를 마친 각 지파의 우두머리들은 자기 지파 내에 있는 신체 건강한 20세 이상 된 남자들의 수효를 모세와 아론에게 보고하였다.

가장 먼저, 르우벤 지파의 우두머리인 스데울의 아들 엘리술이 보고했다.

"르우벤 지파에서 등록된 숫자는 4만 6,500명입니다!"

이어 시므온 지파의 우두머리인 수리삿내의 아들 슬루미엘이 보고했다.

"시므온 지파에서 등록된 숫자는 5만 9,300명입니다!"

이어 갓 지파의 우두머리인 르우엘의 아들 엘리아삽이 보고했다.

"갓 지파에서 등록된 숫자는 4만 5,650명입니다!"

이어 유다 지파의 우두머리인 암미나답의 아들 나손이 보고했다.

"유다 지파에서 등록된 숫자는 7만 4,600명입니다!"

이어 잇사갈 지파의 우두머리인 수알의 아들 느다넬이 보고했다.

"잇사갈 지파에서 등록된 숫자는 5만 4,400명입니다!"

이어 스불론 지파의 우두머리인 헬론의 아들 엘리압이 보고했다.

"스불론 지파에서 등록된 숫자는 5만 7,400명입니다!"

다음으로 에브라임 지파의 우두머리인 암미훗의 아들 엘리사마가 보고했다.

"에브라임 지파에서 등록된 숫자는 4만 500명입니다!"

이어 므낫세 지파의 우두머리인 브다술의 아들 가말리엘이 보고했다.

"므낫세 지파에서 등록된 숫자는 3만 2,200명입니다!"

이어 베냐민 지파의 우두머리인 기드오니의 아들 아비단이 보고했다.

"베냐민 지파에서 등록된 숫자는 3만 5,400명입니다!"

이어 단 지파의 우두머리인 암미삿대의 아들 아히에셀이 보고했다.

"단 지파에서 등록된 숫자는 6만 2,700명입니다!"

이어 아셀 지파의 우두머리인 오그란의 아들 바기엘이 보고했다.

"아셀 지파에서 등록된 숫자는 4만 1,500명입니다!"

이어 마지막으로 납달리 지파의 우두머리인 에난의 아들 아히라가 보고했다.

"납달리 지파에서 등록된 숫자는 5만 3,400명입니다!"

"좋소! 모두들 수고 많이 하셨소. 주께서 각 지파들에게 복을 내려 주시길 빌겠소."

모세와 아론은 열두 명의 지도자들과 함께 인구조사가 끝난 명단들을 등록시켰다. 조사 결과, 이스라엘 12지파에서 등록된 20세 이상 된 남자들의 수효는 총 60만 3,550명이었다.

— 가장 인원이 많은 지파는 유다 지파로서 7만 4,600명

— 가장 인원이 적은 지파는 므낫세 지파로서 3만 2,200명

총 수효인 60만 3,550명을 12지파로 나눈 평균 수효는 5만 296명 정도다. 이스라엘 백성들 가운데 당시 20세 이상 된 남자들의 수효가 60만 3,550명이었으므로, 여기에 20세 이상 된 여자들의 수효가 남자들만큼 되고, 또한 20세 이하의 남녀 청소년들과 어린이들까지 감안한다면, 총인구는 인구조사 대상의 4배 이상으로 불어나게 된다.

따라서 당시 시내산 아래에 머물고 있는 이스라엘 백성들의 전체 인원은 어림잡아도 200만 명을 훨씬 웃돌았다고 보아야 한다. 고대 사회에서는 한 국가를 이루기에 조금도 부족함이 없는 대단한 수효다. 일찍이 하나님께서 아브라함과 이삭과 야곱에게 약속한 후손의 번성이 실제로 이루어져서, 시내산 아래의 광야에 넓게 펼쳐져 있었던 것이다.

제1차 인구조사 – 인구조사에서 제외된 레위 지파 사람들 (1:47-54)

"모세야!"

하나님은 인구조사를 본격적으로 실시하기 전에 모세에게 이렇게 일러두었다.

"너는 20세 이상 남자들로 전쟁에 나갈 만한 자의 수효를 조사할

때, 레위 지파 사람들은 인구조사에 넣지 마라."

"네, 알겠습니다. 그런데 그 까닭은 무엇이온지요?"

"레위인은 성막 일을 위해 전적으로 헌신된 자들이니라. 그들은 법궤를 모셔둔 성막과 그 안의 여러 기구들을 보살피는 일을 해야 한다. 또한 진영을 이동할 때마다 성막과 그 안에 있는 여러 기구들을 운반하는 일을 해야 하느니라."

"그렇다면 주님, 전쟁이 나도 레위인들을 전쟁터로 보내서는 안 된다는 것입니까?"

"그렇다. 레위인들은 법궤를 모신 성막을 돌보아야 할 막중한 책임이 있는 자들이니라."

"네! 잘 알겠습니다. 각 지파의 우두머리들에게 인구조사에서 레위인들은 제외하라고 알리겠습니다."

이처럼 레위인들은 특별히 구별되어 하나님의 성막 일에 전적으로 헌신해야 했으므로 군대 징집을 위한 인구조사에서 제외되었다. 하나님은 계속해서 모세에게 말씀하신다.

"모세야, 레위인은 성막을 옮길 때마다 성막을 거두고 다시 세우는 일을 해야 한다. 법궤를 모신 성막 주변에 천막을 치고 살면서 성막을 보살펴야 하느니라."

"네, 주님. 바르게 명하겠습니다."

"다른 지파에 소속된 나머지 백성들은 자신들이 속한 부대의 깃발 아래에 천막을 치게 하여라. 만일 다른 지파 사람들이 성막에 접근하면 그는 죽임을 당하게 되리라."

하나님의 성막은 잦은 이동에 용이하게끔 언제든지, 어느 곳에서나 다시 칠 수 있는 조립식으로 제작되었다. 이스라엘 백성들의 광야 생활은 40년 가까이 되었으므로, 성막을 걷고 운반하고 다시 세우는 일이 반복되었다. 이 일은 전적으로 하나님의 성막 일에 헌신된 레위인들의 권리이자 책임이었다. 다른 지파 사람들이 함부로 접근하여 성막 안으로 들어간다든지, 또는 성막의 기물들을 만지면, 그것은 하나님의 거룩함을 침범하는 일이 되었으므로 누구도 예외 없이 죽음을 면치 못했다.

모세는 하나님의 명령대로 다 준행하였다. 그래서 이번에 실시한 이스라엘 백성들의 인구조사에서 레위 지파 사람들은 등록시키지 않았다. 레위 지파를 제외하고, 이스라엘 12지파 중에서 20세 이상 된 남자로서 군대에 편입될 만한 자들을 계수한 결과, 총 수효는 60만 3,550명이었다. 군대 징집을 위한 인구조사를 마치자, 그 결과 앞에 이스라엘 백성들은 스스로도 놀랐다.

"와, 장정만 60만 명이 넘는다면, 모두 합하면 2백만 명 이상은 거뜬히 넘겠군 그래."

"정말 우리 히브리 민족의 수효가 언제 이렇게까지 창대해졌을까?"

"모두 하나님의 언약이 그대로 이루어진 것이오."

"맞소! 주께서 우리 조상 아브라함과 이삭과 야곱에게 하신 약속이 그대로 이루어진 것이오."

"오, 할렐루야! 높고도 크신 주의 이름을 송축합니다!"

"아멘! 언약에 신실하신 우리 주님을 송축합니다! 할렐루야!"

이스라엘 백성들은 히브리 부족이 대민족이 되었음에 한껏 고조되었다. 이집트로 들어갈 때는 고작 70명에 불과한 씨족이었는데, 어느새 한 국가라기에 전혀 부족함이 없는 200만 명에 달한다니, 그들 모두 하나님께 감사와 찬양을 올렸다. 이렇게 모세와 아론은 시내 광야에서 하나님의 명령을 받들어 이스라엘 12지파의 지도자들과 함께 대대적인 인구조사를 실시하였다.

2

지파별 행군 순서

동편에 유다 지파, 남편에 르우벤 지파,
서편에 에브라임 지파, 북편에 난 지파가
진을 치고 깃발 내걸어라
여호와의 군대 씩씩하구나

성막을 중심한 각 지파의 진 배치와 행군 순서 (2:1-34)

"형님! 우리 히브리 부족이 대단하지 않소? 200만 명이 넘는다니…."

"그래요. 나도 놀랐습니다. 언제 이렇게까지 번창했는지…. 정말 대단합니다."

"오직 주님께 영광을 돌려드릴 뿐입니다."

"물론이지요! 주님의 도움 없이 어찌 이렇게 번성할 수 있었겠습니까."

이번 인구조사를 주관한 모세와 아론 형제도 각 지파의 족장들이 보고한 20세 이상 된 남자들의 수효를 접하고는 감정이 잔뜩 고무되어 있었다.

시내 광야에서 실시된 인구조사!

오랜 광야 행진과 치열한 가나안 정복 전쟁을 앞두고, 하나님은 그 일을 효율적이고도 조직적으로 추진해 가도록 모세와 아론을 통해 이스라엘 백성들이 인구조사를 명하셨다. 즉, 하나님은 이스라엘 백성들을 군대 조직으로 재편성하신 것이다. 그래서 인구조사의 대상도 싸움에 나갈 만한 자들만을 대상으로 이루어졌다. 20세 이상 된 신체 건강한 남자들만 등록시킨 것이다. 그 수효가 60만 3,550명이었다.

이제 하나님의 거룩한 전쟁을 치를 이스라엘 군대는 60만 명 이상의 군인들로 이루어졌다. 이집트에서 400년 이상 종살이하던 노예백성 이스라엘이 이제는 가나안 땅을 정복하러 진군해 나아가는 당당한 하나님의 군대로 어엿하게 자리매김한 것이다.

보라! 당시 이스라엘에게는 200만 명 이상의 백성들이 있었고, 시내산에서 십계명을 비롯하여 각종 율법과 규례를 부여받음으로써 나라의 법도 가졌다. 또한 성막을 건립함으로써 왕이신 하나님을 모셨으며, 이제는 인구조사를 통해 군대까지 소유하게 됨으로써 신정국가로서의 면모를 완연히 갖추게 되었다.

남은 문제는 하나, 이스라엘 백성들이 살아가고, 법이 실현되며, 왕의 주권과 통치가 미치는 '땅'이었다. 그래서 그 땅을 차지하러 이스라엘 백성들은 약속의 땅 가나안을 향해 행군해 나아가야 했던 것이다. 이렇게 가나안 땅을 향해 행군하거나 행군 도중에 숙영할 때, 이스라엘 진영은 군대 조직답게 조직적이고 체계적으로 움직여야 했다. 질서 있게 행군하고 차례대로 숙영해야 했다. 이제 하나님은 그 일에 대해 일러주신다.

"모세야, 그리고 아론아!"

인구조사가 완료되자, 하나님은 다시 모세와 아론을 성막으로 부르셨다. 당시 모세는 이스라엘 최고 지도자의 자격으로, 그리고 아론은 이스라엘의 대제사장 자격으로 하나님께 나아갔다. 하나님은 모세와 아론에게 말씀하신다.

"이스라엘 12지파는 진을 치되, 자기 지파를 나타내는 깃발과 함께 부대 깃발을 내걸고 그 아래에 진을 치도록 하여라."

"네, 알겠습니다."

"그리고 각 지파는 성막을 중심으로 사방에 빙 둘러가며 진을 치되, 성막에서 일정하게 떨어진 곳에 진을 쳐야 하느니라."

"네, 주님. 말씀대로 하겠습니다."

모름지기 군대는 자기 부대의 특성을 나타내는 깃발이 있어야 하는 법이다. 그래서 하나님은 이스라엘 12지파에게 부대 깃발과 지파 깃발을 갖추도록 지시하셨고, 각 지파는 소속 지파의 깃발과 소속 부대의 깃발 아래에 진을 치도록 명하셨다. 이스라엘의 왕으로서 명하신 것이다.

이스라엘 12지파는 3지파가 한 군단(軍團)이 되어 모두 4개의 군단으로 편성되었다. 4개 군단은 성막을 중심으로 성막에서 일정한 거리를 유지한 채 성막을 빙 둘러 동서남북에 배치되었다. 성막 바로 곁의 사방에는 성막을 보살피는 레위 지파가 진을 치고, 나머지 12지파는 성막에서 일정 거리 떨어진 곳에 진 쳤다.

하나님께서 성막을 중심으로 이스라엘 군대를 배치할 것에 대해 상세하게 모세와 아론에게 말씀하셨다. 성막에 관한 일은 아론이 담당했고, 군사 배치는 모세가 주도적으로 일을 처리했다. 이제 모세는 하나님의 명을 받들어 유다 지파의 지휘관 나손을 호출했다. 암미나답의 아들이다.

"나손 지휘관! 그대가 제1군단의 총사령관이오."

"충성! 최선을 다하겠습니다."

"그대는 유다 지파의 군사들과 함께 해 돋는 동쪽에 깃발을 내걸고 진을 치도록 하시오!"

"네, 분부대로 시행하겠습니다!"

"유다 지파의 군사가 몇 명이라고 했소?"

"네, 모두 7만 4,600명입니다!"

"이스라엘의 중심을 이룰 유다 지파의 군대가 그렇게 많다니 참으로

든든하오."

"모두 주님의 은총입니다."

나손 사령관은 고개를 숙였다. 뭔가 유다 지파의 품위가 넘쳤다. 모세는 하나님의 말씀을 받아 적은 양피지를 보면서 계속 명령했다.

"성막 동쪽을 사수할 진영은 유다 지파를 주력 부대로 잇사갈 지파, 스불론 지파의 군대들이오! 잇사갈 지파 사령관과 스불론 지파 사령관은 나와서 군대의 숫자를 보고하시오!"

호명한 두 지파의 사령관이 앞으로 나왔다.

"잇사갈 지파 사령관인 수알의 아들 느다넬입니다. 잇사갈 지파의 군사는 5만 4,400명입니다. 목숨을 걸고 성막을 지키겠습니다!"

"좋소! 다음은 스불론 지파 보고하시오!"

"넷! 스불론 지파 사령관인 헬론의 아들 엘리압입니다. 스불론 지파의 군사는 5만 7,400명입니다."

"알겠소! 충성된 군사가 되어 주시오!"

"충성! 최선을 다하겠습니다."

모세는 앞으로 나와 있는 제1군단의 사령관들에게 명했다.

"그대들은 제1군단 소속으로 유다 진영이오! 1군단에게는 언제나 가장 앞서서 행진하는 임무를 맡기는 바이오!"

"충성! 일편단심으로 주님을 섬기겠습니다!"

제1군단의 편성이 끝났다. 제1군단은 일명 '유다 진영' 군단이다. 유다 지파가 주력 부대로, 거기에는 잇사갈 지파, 스불론 지파가 속해 있다. 세 지파의 군사를 모두 합하니, 1군단의 군인 수효는 모두 18만 6,400명이었다.

제1군단인 유다 진영(유다 지파, 잇사갈 지파, 스불론 지파)은 광야 숙영 시에는 성막의 동쪽에 진을 쳤고, 광야 행진 시에는 유다 지파가 항상 성막 앞쪽에서 앞장서 나아가며, 나머지 1군단 소속의 지파들은 물론이고, 모든 이스라엘 군대의 진영을 이끌어야 했다.

유다는 야곱의 넷째 아들이지만, 이처럼 형제들 중 지도적인 지위를 차지한다. 그 이유는, 야곱이 열두 아들을 두고 유언의 축복을 할 때 넷째 아들 유다를 향해 특별히 왕권(王權)을 축복해주었기 때문이다.

"보라, 유다는 사자 새끼로다. 내 아들아, 너는 움킨 것을 찢고 올라갔도다. 그가 엎드리고 웅크림이 수사자 같고 암사자 같으니 감히 누가 그를 범할 수 있으랴! …통치자의 홀이 유다를 떠나지 아니하며 통치자의 지팡이가 그 발 사이에서 떠나지 아니하기를 장차 참된 왕이 오시기까지 이르리니, 그에게 모든 백성이 복종하리로다."

이처럼 열두 지파의 아비지 야곱은 넷째 아들 유다를 사자(獅子)와 홀(笏)에 비유하여 형제들 중 통치자가 될 것이라고 축복해 주었다. 유다를 향한 야곱의 이 같은 축복은 구속사적으로 연결되어, 과연 이후의 이스라엘 역사에서 유다 지파가 이스라엘 왕의 가문을 형성하였다. 또한 유다 지파에서 마침내 참된 왕이시고 만왕의 왕이신 '메시아 예수'가 탄생하신다.

모세는 제1군단의 편성과 위치 배정을 알린 뒤, 하나님의 명을 받들어 이제 제2군단의 편성을 발표한다.

"들으시오! 이제는 제2군단의 편성에 대해 발표하겠소!"

다음 발표를 기다리느라 지파의 지휘관들은 잠시 침묵을 지킨다.

"성막 남쪽에 배치될 제2군단의 주력 부대는 르우벤 지파가 될 것이오. 르우벤 지파의 사령관은 스데울의 아들 엘리술이오! 엘리술 장군, 앞으로 나오시오!"

"충성! 주님을 찬양합니다."

"르우벤 지파의 군사는 모두 몇 명이오?"

"4만 6,500명입니다!"

"좋소! 2군단에는 르우벤 지파, 시므온 지파, 갓 지파가 한 구성원이 될 것이오! 시므온 지파의 슬루미엘 사령관, 갓 지파의 엘리아삽 사령관은 앞으로 나오시오. 각자 군대 수효를 보고하시오!"

"네! 시므온 지파 사령관인 수리삿대의 아들 슬루미엘, 보고합니다! 시므온 지파 군사는 모두 5만 9,300명입니다."

"갓 지파 사령관인 르우엘의 아들 엘리아삽, 보고합니다! 우리 지파의 군사는 모두 4만 5,650명입니다."

모두가 늠름하다. 이제라도 전쟁을 하면 가장 앞장서서 달려 나갈 태세였다. 이스라엘 군사들은 모두 사기가 충천했다.

"과연 믿음직하오! 르우벤 진영은 유다 진영에 이어 두 번째로 행진하도록 하시오! 진에는 항상 르우벤 진영의 2군단 깃발을 내걸고 진을 치도록 하시오!"

"네, 분부 받들겠습니다!"

제2군단 편성의 발표도 끝났다. 2군단은 르우벤 지파가 주력 부대가 된 '르우벤 진영'이다. 군단을 구성하는 3개 지파는 르우벤 지파, 시므온 지파, 갓 지파로, 군사들의 총 수효는 15만 1,450명이다.

제2군단인 르우벤 진영(르우벤 지파, 시므온 지파, 갓 지파)은 광야 숙영 시에는 성막의 남쪽에 진을 쳤고, 광야 행진 시에는 성막 앞쪽에서 유다 진영(유다 지파, 잇사갈 지파, 스불론 지파)의 뒤를 이어 두 번째로 나아갔다. 제2군단의 편성과 진영 배치를 발표한 후, 모세는 하나님의 명을 받들어 잠시 레위 지파로 말을 옮겨갔다.

"이젠 레위 지파의 직무와 책임에 대해 설명하겠소! 아론 대제사장님이 모든 걸 소상히 알고 관장하겠지만, 성막과 레위 지파의 진영은 모든 진영의 한가운데에서 행진합니다. 그러니까 항상 모든 군대의 중심에 성막이 있어야 하고, 레위 지파는 성막 보호를 최우선의 임무로 삼아야 할 것입니다. 알겠습니까?"

"넷! 알겠습니다."

"이스라엘의 각 진영은 진을 칠 때와 똑같은 순서로 출발하고, 모두 자기 부대의 깃발 아래에 위치해야 합니다."

"넷! 잘 알겠습니다!"

그랬다. 성막은 하나님께서 거하시는 임재의 공간이다. 성막은 행진할 때나 진을 칠 때나 언제든지 이스라엘 모든 진영의 한가운데에 위치해야 했다. 행진할 때는 제1군단인 유다 진영(유다 지파, 잇사갈 지파, 스불론 지파)과 제2군단인 르우벤 진영(르우벤 지파, 시므온 지파, 갓 지파)이 성막 앞에서 행신하며 성막을 보호했고, 나중에 발표될 제3군단인 에브라임 진영(에브라임 지파, 므낫세 지파, 베냐민 지파)과 제4군단인 단 진영(단 지파, 아셀 지파, 납달리 지파)이 성막 뒤에서 행진하며 성막을 보호했다.

이스라엘 모든 백성들이 광야에서 숙영을 위해 진을 칠 때는 12지파가

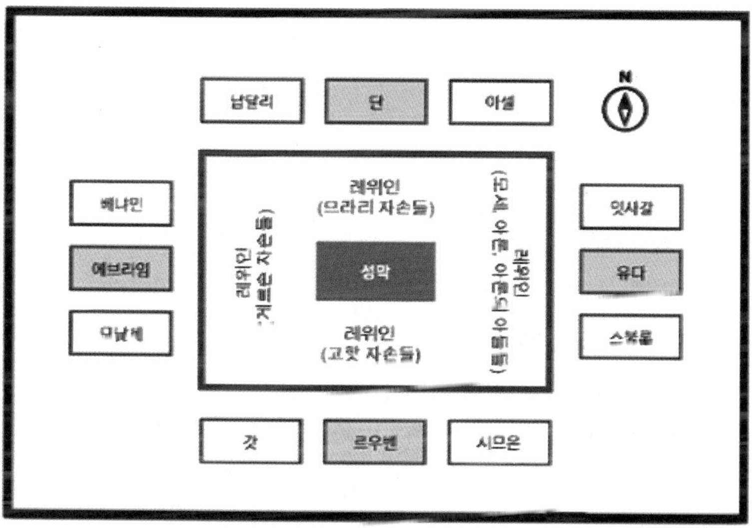

▲ 이스라엘 백성들의 광야 진영 배치도

성막을 중심으로 동서남북 사면에 진을 쳐서 성막을 보호했다. 성막을 중심으로, 성막 사방의 가까이에는 성막과 그 부속 기물들을 다루는 레위 지파의 사람들이 자리를 잡았다. 모두 4개 군단으로 이루어진 이스라엘의 12지파는 성막에서 일정 거리가 떨어진 지점에 각각 진을 쳤다. 이스라엘 백성들의 광야 진영 배치도는 다음과 같다.

① 성막 동쪽: 제1군단인 유다 진영(유다 지파, 잇사갈 지파, 스불론 지파)이 진을 쳤다.
② 성막 서쪽: 제3군단인 에브라임 진영(에브라임 지파, 므낫세 지파, 베냐민 지파)이 진을 쳤다.
③ 성막 남쪽: 제2군단인 르우벤 진영(르우벤 지파, 시므온 지파, 갓 지파)이 진을 쳤다.
④ 성막 북쪽: 제4군단인 단 진영(단 지파, 아셀 지파, 납달리 지파)이 진을 쳤다.

이처럼 이스라엘 백성들의 행군과 숙영 때에 성막 중심의 진영 배치는 오직 하나님이 이스라엘의 왕이시고 보호자이시며 인도자이심을 잘 보여준다. 또한 하나님은 항상 이스라엘의 삶 한가운데에서 함께하시는 '임마누엘의 하나님'이심을 보여준다. 성막 안 지성소의 법궤 위에 하나님의 지상 임재의 보좌가 마련되어 있기 때문이다.

이스라엘 군대는 아직까지는 한 번도 전쟁을 치르지 않았기에 정규군이라 할 수 없다. 만일 이집트 군대가 공격해 온다면 맞서 싸울 상대는 못 되었다. 그러나 하나님의 군대라는 자부심은 대단했다. 이제 제3군단의 편성에 대한 발표가 있을 차례다.

"모두 들으시오! 이제 성막 서쪽을 맡을 제3군단에 대해 발표하겠소! 제3군단의 주력 부대는 에브라임 지파로, 3군단의 이름은 '에브라임 진영'이오!"

와! 에브라임 지파에서 환호성이 들렸다.

"에브라임 지파의 사령관인 엘리사마는 앞으로 나오시오!"

"충성! 에브라임 지파의 사령관인 암미훗의 아들 엘리사마, 보고합니다! 에브라임 지파의 소속 군사는 모두 4만 500명입니다."

"좋소. 그대는 성막 서쪽 진에 깃발을 내걸고 군대를 배치하시오!"

"네, 분부 받들겠습니다."

모세는 흡족한 얼굴로 엘리사마를 바라보았다. 에브라임 지파는 요셉 총리의 둘째 아들인 에브라임의 후손들로, 12지파 중에서도 자부심이 대단한 사람들이다

"제3군단에 소속된 지파를 계속 발표하겠소. 므낫세 지파, 사령관은 가말리엘! 베냐민 지파, 사령관은 아비단, 각자 앞으로 나와 명을 받드시오!"

두 사령관이 앞으로 나왔다. 먼저 나온 사람이 므낫세 지휘관이다.

"보고합니다! 므낫세 지파 사령관인 브다술의 아들 가말리엘입니다! 우리 지파의 군사는 모두 3만 2,200명입니다."

"보고합니다! 베냐민 지파 사령관인 기드오니의 아들 아비단입니다! 우리 지파의 군사는 모두 3만 5,400명입니다."

"좋소. 용맹스런 하나님의 군대가 되어 주시오! 제3군단인 에브라임 진영은 성막 뒤에서 세 번째로 행진하도록 하시오."

"넷! 분부 받들겠습니다!"

제3군단은 에브라임 지파가 주력 부대가 된 '에브라임 진영'이다. 제3군단에 편성된 3개 지파는 에브라임 지파, 므낫세 지파, 베냐민 지파로, 군사들의 총 수효는 10만 8,100명이었다.

제3군단인 에브라임 진영(에브라임 지파, 므낫세 지파, 베냐민 지파)은 광야 숙영 시에는 성막의 서쪽에 진을 쳤고, 광야 행진 시에는

성막 뒤에서 르우벤 진영(르우벤 지파, 시므온 지파, 갓 지파)의 뒤를 이어 세 번째로 나아갔다.

이제 마지막 제4군단만 남았다. 아직 호명되지 않은 지파는 단 지파, 아셀 지파, 납달리 지파다. 하나님의 명을 받들어 모세가 발표한다.

"이제 마지막으로 성막 북쪽에 진을 칠 제4군단 편성을 발표하겠소!"

모두 침묵한다. 거친 광야를 떠돌아다니는 새들 몇 마리가 엄청난 인파에 놀랐는지 재잘거리며 날아간다. 누구도 새소리에 귀를 기울이는 사람은 없다. 모세의 발표에만 신경을 곤두세운다. 제4군단을 이끌 주력 부대의 지파는 누가 될 것인가, 그것만이 관심사다. 모세가 입을 연다.

"제4군단의 책임 지파는 단 지파요! 그래서 4군단의 명칭은 '단 진영'이오!"

제4군단의 주력 부대가 단 지파라는 발표에 모두가 놀라는 눈치다. 단 지파가 용맹하다는 것은 모두 알고 있다. 그렇다고 여종의 혈육인 단 지파가 쟁쟁한 유다 지파, 르우벤 지파, 에브라임 지파와 함께 당당하게 수장(首長) 지파가 되다니! 잠시 이곳저곳에서 술렁거리는 소리들이 들렸다. 모세는 그런 술렁거림에 개의치 않았다.

"단 지파의 사령관은 아히에셀이오! 앞으로 나와 명을 받드시오!"

"넷! 단 지파의 사령관인 암미삿대의 아들 아히에셀, 보고합니다!"

"좋소! 단 지파에 소속된 군사들의 수효는 몇 명이오?"

"우리 지파의 군사들은 모두 6만 2,700명입니다."

백성들은 단 지파의 군사 수효에 놀랐다. 12지파 중에서 유다 지파 다음으로 많은 군대였다. 유다 지파는 7만 4,600명이다. 그제야 단 지파가 쟁쟁한 지파들과 함께 책임 지파의 일원으로 그 이름을 올렸는지 모두가 수긍할 수 있었다. 모세의 발표가 계속 이어진다.

"제4군단인 단 진영에 편성될 지파들을 발표하겠소!"

남은 지파는 아셀 지파와 납달리 지파다.

"아셀 지파 사령관은 바기엘이오! 앞으로 나오시오!"

"보고합니다. 아셀 지파 사령관인 오그란의 아들 바기엘입니다. 우리 지파의 군사들은 모두 4만 1,500명입니다."

"다음은 납달리 지파, 사령관은 아히라! 나오시오!"

"넷, 보고합니다! 납달리 지파 사령관으로 임명받은 에난의 아들 아히라입니다. 우리 지파의 군사는 모두 5만 3,400명입니다."

"이상은 제4군단에 편성된 부대들이오. 제4군단인 단 진영은 이스라엘 백성들의 맨 뒤에서 깃발을 앞세우고 성막과 백성들을 보호하며 행진하시오!"

"네, 알겠습니다! 총사령관님!"

이스라엘 군대의 제4군단은 단 지파가 중심이 된 '단 진영'이다. 제4군단에 편성된 3개 지파의 총 군사는 15만 7,600명이다. 제4군단인 단 진영(단 지파, 아셀 지파, 납달리 지파)은 광야 숙영 시에는 성막의 북쪽에 진을 쳤고, 광야 행진 시에는 성막 뒤에서 에브라임 진영(에브라임 지파, 므낫세 지파, 베냐민 지파)의 뒤를 이어 네 번째, 곧 맨 마지막으로 나아갔다.

이와 같이 하나님은 이스라엘 12지파의 부대 편성과 행진 순서, 진 치는 순서 등을 구체적으로 지시하셨다. 이렇게 하신 까닭은 군대의 조직성과 효율성을 확보하기 위해서다.

끝없이 펼쳐지는 광야에서 2백만 명이 넘는 인원이 한꺼번에 이동하고 숙영한다는 것은 여간 어려운 일이 아니다. 부대 편성과 행진 순서, 숙영 지침 등이 조직적으로 마련되어 있지 않다면, 이스라엘 군대는 아주 혼잡하고 무질서해져서 오합지졸(烏合之卒)에 불과했을 것이다.

하나님은 군대 조직에 필요한 지침들을 구체적으로 마련해 주심으로써 이스라엘 백성들이 하나님 중심의 삶을 영위하는 가운데 지파들 간의 상호 연합과 질서와 조화를 이루도록 가르치셨다. 그리하여 약속의 땅 가나안을 정복하기 위해 힘차게 행군하는 하나님의 군대가 되도록 훈련시키셨다.

모세와 아론은 하나님의 지시대로 전부 준행하였다. 인구조사를 토대로 이스라엘 12지파를 각각 3지파씩 묶어 4개 군단과 4개 진영으로 편성하였고, 각 군단과 각 진영의 행진 순서와 숙영 위치를 정해 주었다. 군단 편성 시에 레위 지파 사람들은 포함되지 않았다. 그들은 따로 구별되어 성막 일에만 전념해야 했기 때문이다.

이후에 이스라엘 백성들은 각 진영과 각 군단과 각 지파별로 깃발을 내걸고 가나안 땅을 향해 행진하기도 하였고, 진을 치고 숙영하기도 하였다. 출발 시간과 정지 시간, 그리고 숙영(주둔) 기간은 오직 하나님께서 정하셨는데, 불기둥과 구름기둥은 하나님께서 보여주시는 지휘봉이었다.

이렇게 이스라엘은 시내 광야에서 60만 규모의 큰 군대를 가질 수 있게 되었다. 당시 이스라엘의 전체 인구는 200만 명이 넘었는데, 시내 광야에서 인구조사를 실시한 결과, 군인으로서 싸움에 나갈 만한 20세 이상 된 신체 건강한 남자가 60만 명이 넘었던 것이다.

처음 야곱 가족이 가나안에서 내려올 때는 겨우 70명 정도에 지나지 않았다. 그렇게 적은 수효로 이집트에 내려간 후 그곳 고센 땅에서 400여 년을 지내는 동안 온갖 박해를 받았지만, 결국에는 이 정도의 큰 규모로 번창하게 된 것이다. 일찍이 이스라엘의 조상들인 아브라함과 이삭과 야곱에게 후손의 번성을 약속하신 하나님의 말씀이 그대로 성취되었다고 밖에는 달리 설명할 길이 없다.

3

제사장과 레위인

택함 받은 레위인은
하나님의 것이 되었으니
이스라엘의 장자 대속하고
성막에서 주의 일을 해라

제사장과 레위인 (3:1-13)

때는 출애굽 제2년째 되던 해(주전 1445년경)의 2월 초순. 장소는 여전히 시내산 아래의 넓은 광야다. 앞서 하나님은 인구조사를 명하셨고, 이어 성막 중심의 군단 편성과 진영 배치에 관해 자세히 일러주셨다. 이제 하나님은 이스라엘 진영 한가운데에 자리잡고 있는 성막에 대해서 일러주신다. 좀 더 구체적으로 말하면, 그 성막을 돌보는 자들인 제사장과 레위인에 대해서 말씀하신다.

일찍이 하나님은 자신의 절대주권으로 이스라엘 12지파 가운데서 레위 지파를 택하셔서 그들에게 성막 일을 맡기셨다. 그리고 레위 지파 중에서 또다시 아론의 집안을 택하셔서 그들에게 제사의 일을 맡기셨다. 말하자면 레위 지파 중 아론의 자손들만 제단에서 주께 제사를 드리는 제사장이 될 수 있었고, 나머지 레위 지파 사람들 곧 레위인들은 제사장을 도와 성막의 잡다한 업무를 맡아 봉사하게 되었다.

이스라엘 백성들이 시내산 아래의 넓은 광야, 곧 시내 광야에 천막을 치고 머물고 있을 당시(주전 1446년 3월 15일 ~ 1445년 2월 19일), 아론과 모세의 집안은 이러하였다.

아론은 아들 넷을 낳았고, 모세는 아들 둘을 낳았다. 아론의 네 아들은 그 나이 순서대로 ① 나답 ② 아비후 ③ 엘르아살 ④ 이다말이다. 모세의 두 아들은 ① 게르솜 ② 엘리에셀이다.

그런데 아론의 장남과 차남인 나답과 아비후는 제사장 취임식 직후에 하나님께서 명하신 제사 규례를 어긴 죄로 같은 날에 죽임을 당하고 말았다. 하나님께서 지시하지 않은 다른 불로 분향단의 향을 피워 올리다가 하나님께 징벌 받아 죽고 말았다. 그리고 그 당시에 그들에게는 아들이 없었다.

따라서 당시 200만 이상 되는 이스라엘 사회에서 제사 일을 감당할 제사장들이 세 명뿐이었다. 대제사장 아론을 비롯하여, 그의 남은 두 아들인 엘르아살과 이다말이 그들이었다. 아론의 셋째 아들 엘르아살과 넷째 아들 이다말만이 대제사장인 아버지 아론을 도와 제사장 직분을 감당하고 있었다.

그리고 모세의 두 아들인 게르솜과 엘리에셀에 관해서는 성경에 별다른 언급이 없다. 아마도 그들은 일반 레위인으로서 조용히 성막에서 봉사했던 것 같다. 그 무렵, 하나님께서 성막으로 모세를 부르신다.

"모세야!"

"네, 주님! 제가 여기에 있나이다. 말씀하소서. 귀담아 마음에 새겨듣고, 잘 전하겠습니다."

"그래, 좋다. 너는 레위인들을 아론과 그의 아들들에게 맡겨 제사장의 일을 거들게 하여라. 그래서 그들로 제사장을 도와 이스라엘 백성을 위해 성막 일을 하게 하여라. 그들로 성막과 성막에 딸려 있는 여러 기물들과 부품들을 맡아서 관리하게 하고, 또 이스라엘 백성들이 성막에 나와서 해야 할 일들을 거들게 하여라."

"네, 주님. 분부하신 대로 받들겠습니다."

"모세야, 성소에는 오직 제사장들만 들어갈 수 있느니라. 만일 제사장 외에 다른 사람이 성소에 들어가면 죽임을 면치 못하리라. 이 점을 단단히 일러주도록 하여라."

"네, 주님. 실수 없도록 잘 전하겠습니다."

방금 하나님께서 하신 말씀은, 제사장과 레위인의 상호관계에 관한 규범이다. 이스라엘 12지파 가운데 오직 레위 지파의 사람들만 성막 일을 할 수 있었는데, 레위 지파의 성막 봉사자들은 아론 자손의 계열인 제사장과 그 외 일반 레위인으로 구분되었다. 다시 말해, 이스라엘 12지파 가운데서 레위 지파에서 태어난 사람들은 모두 레위인이었지만, 제사장은 레위 지파 중에서도 오직 아론의 직계 자손들만이 될 수 있었다.

하나님께서 왜 아론의 직계 자손들만이 제사장이 될 수 있다고 정하셨는지는 상세히 알려주지 않으셨다. 하나님께서 개인, 종족, 나라를 선택하시는 것은 오직 그분의 기쁘신 뜻과 고유한 주권에 속하는 비밀스러운 경륜이다.

이런 비밀스러운 경륜 하에서 하나님은 레위 지파의 사람들만이 성막과 성막의 기물들을 관리할 수 있다고 명하셨고, 레위 지파 중에서도 오직 아론과 그의 직계 자손들만이 제사장이 되어 제사를 집전할 수 있다고 명하셨다.

그러므로 종교적인 신분상, 제사장이 레위인을 통솔하는 위치에 있었다. 다시 말해 레위인은 제사장을 돕는 조력자다. 그래서 레위인은 제사장을 도와 성막의 여러 잡다한 일을 도맡아서 했고, 제사장은 제단에 나아가 제사를 드리고 성소에 들어가 분향하는 등의 제사 집전을 도맡아 했다.

그렇다고 해서 레위인의 봉사가 제사장의 봉사보다 가치가 없다거나 레위인의 인격이나 직분이 제사장의 인격이나 직분보다 하찮은 것이라고 할 수는 없다. 다만 하나님이 맡겨주신 직임과 사명의 차이일 뿐이다. 따라서 레위인은 맡은 직임에 불평해서는 안 되고, 제사장 또한 레위인을 함부로 대하거나 자신의 직임에 자만해서는 안 된다. (훗날 고라를 중심으로 하는 레위인 일당이 맡은 바 직임에 불만을 갖고 제사장인 아론의 직분을 탐내다가 하나님께 징벌을 받아 많은 무리들이 즉사하는 비극적인 사건이 일어난다). 이어 하나님은 모세에게 계속 말씀하신다.

"모세야, 나는 이스라엘 백성들 가운데서 레위인을 택하여 이스라엘의 모든 맏이(장자)를 대신하게 하겠노라. 그러므로 레위인은 전부 내 것이니라. 이스라엘 중 그 어미의 태를 열고 처음 태어난 것들은 모두 내 것이기 때문이니라."

"네, 주님. 늘 잊지 않고 있습니다."

"그렇다. 내가 이집트에서 사람이든 가축이든 초태생을 모두 쳐 죽일 때, 나 자신을 위해 이스라엘의 모든 초태생을 거룩하게 구별하여 살려두었노라. 그것은 그들을 나의 것으로 삼기 위해서였느니라."

"네, 주님. 레위인은 전부 주님의 몫이라는 사실, 잊지 않고 앞으로도 명심하겠습니다."

그랬다. 출애굽을 앞둔 전날 밤, 곧 유월절 밤에 심판주 하나님께서 이집트 땅의 처음 태어난 것들(초태생들)을 죽이실 때, 이스라엘 집안의 초태생들은 모두 살려주셨다. 하나님의 심판 앞에서 히브리인들의 초태생들도 마땅히 죽어야 했지만, 그들 대신에 유월절 어린양이 피 흘렸기에 죽임을 면할 수 있었던 것이다. 유월절 밤에 대속의 어린양을 잡아 그 피를 이스라엘 각 집의 좌우 문설주와 인방에 바름으로써 죽임을 면했던 것이다.

인방(引枋)은 기둥과 기둥 사이, 또는 문이나 창의 아래나 위로 가로지른 나무를 말한다. 거기에 어린 양의 피를 발랐더니, 죽음의 천사가 초태생들을 죽이려고 이집트 전역을 샅샅이 뒤질 때에 피 묻은 문들은 지나쳤고, 그래서 히브리인들의 초태생들은 무사히 죽음을 피할 수 있었던 것이다. 물론 모세의 말을 믿고 문설주와 인방에 어린양의 피를 바른 이집트인이나 이방 잡족의 초태생들도 구원을 받았을 것이다.

여기서 주목해야 할 것이 있다. 이스라엘의 초태생들을 대신하여 죽임당한 '유월절 어린양'이다. 이 같은 어린양의 대속(代贖)은 후일 하나님의 어린양이신 메시아 예수의 대속을 미리 보여주는 것이다. 그래서 신약시대에 광야의 선지자 세례 요한은 자신에게 세례받기 위해 요단강으로 나아오는 메시아 예수를 보고 영감을 받아 이렇게 외쳤다.

"보라! 세상 죄를 지고 가는 하나님의 어린양이로다!"

이 같은 유월절 대속 사건에 근거하여, 이후로 하나님은 이스라엘의 모든 초태생들에 대하여 자신의 소유권을 선언하셨다.

한편, 출애굽 이후 시내산에서 금송아지 숭배사건이 있었을 때 레위 지파 사람들이 하나님께 충성하여 우상숭배자들을 척결하였다. 이 일을 근거로 해서, 하나님은 레위인을 택하셔서 성막 일에 전적으로 헌신토록 하셨다. 그래서 하나님은 본래 자신의 것인 이스라엘의 장자들(초태생들)을 대신하여 레위인을 자신의 것으로 삼았다고 말씀하시는 것이다. 말하자면 하나님은 레위인들로 하여금 이스라엘 장자들의 생명을 대신하게 하신 것이다.

레위인의 인구를 조사하다 (3:14-39)

'흐음, 오늘도 그대로군!'

오늘은 시내산 기슭을 떠나라는 출발 신호가 내릴 것인가. 모세는 새벽에 기상하면 본능적으로 성막 위의 구름을 살펴본다. 그 구름의 움직임에 따라 이스라엘 백성들의 출발 여부가 결정되기 때문이다. 일찍 일어났기에 아직은 불기둥이다. 불기둥은 정지 상태로 있었다. 오늘도 시내산을 떠나라는 하나님의 출발 신호는 없다. 대신에 하나님은 다시금 모세를 성막으로 부르신다.

"모세야!"

"네, 주님. 제가 여기에 있습니다. 오늘도 출발하지 않습니까?"

"그렇다. 떠날 때가 가까이 이르렀지만, 아직도 시내 광야에서 해야 할 일들이 서너 가지 더 있단다."

"네, 주님. 말씀하소서."

"인구조사를 하여라."

"네에? 인구조사라면……? 며칠 전에…"

"이번에는 군대의 숫자를 조사하는 일 말고, 다른 인구조사니라."

"다른 인구조사라면……?"

"레위 지파의 사람들을 가문과 가족별로 구별하여, 태어난 지 한 달 이상 된 남자들의 수효를 전부 조사하여라."

"아, 네, 주님. 무슨 말씀이신지 잘 알겠습니다."

이번에는 레위인들의 인구를 조사하라는 명령이다. 앞서 실시된 인구조사에서는 레위인들이 제외되었지만, 이번에는 레위인들의 수효만 따로 조사하라는 말씀이다. 다른 목적을 위해 별도의 인구조사가 필요했기 때문이다. 즉, 앞선 인구조사는 12지파를 대상으로 군대 징집을 위한 인구조사였고, 지금은 성막 봉사를 위해 레위인들에게만 해당되는 일종의 종교인 조사다.

앞선 인구조사에서는 조사 대상이 '20세 이상 된 남자들'이었다. 그런데 레위 지파의 사람들만을 대상으로 삼은 인구조사에서는 '1개월 이상 된 남자들'이다. 그 까닭은, 레위인의 인구조사는 군대 징집을 위한 것이 아니라 단지 이스라엘의 장자들을 대신할 속전(贖錢)의 역할만 감당하면 되었기 때문이다. 그래서 1개월 이상 된 남자 레위인들만 계수되었다.

하나님께서 '1개월 이상'이라고 규정하신 이유는, 고대 중근동 세계의 형편상 갓난아이의 높은 사망률 때문이다. 당시에는 태어난 지 적어도 1개월이 지나야 생존 가능성이 높은 것으로 보고 비로소 한 생명으로 인정해 주었다.

또한 인구조사를 할 때 남자들만 계수되었다. 고대 이스라엘에서 인구조사를 실시한 데에는 두 가지 이유가 있었다.

① 전생이 일어나면 전쟁터에 나가 싸울 수 있는 성년 남자들의 수효를 알아보기 위해서였다. 그래서 모든 남자들이 전부 계수되지 않고 20세 이상의 신체 건강한 남자들만 집계되었다.

② 성막에서 봉사할 수 있는 레위인들의 수효를 알아보기 위해서였다.

그이 같은 조사 목적 때문에 남자들만 계수되었을 뿐이지, 절대로 여성의 가치를 떨어뜨리기 위해 남자들만 계수했던 것이 아니다. 이런 이유들로. 사실상 고대 이스라엘의 인구조사는 여성들과 아이들을 포함한 가정의 수효를 나타내는 것으로 간주되었다.

레위인의 수효를 파악하라는 하나님의 명령에 모세이 행동은 즉각적이면서도 신속하다. 그게 하나님의 신실하고 충성된 종으로서 모세의 장점이다.

"레위 지파 사람들은 잘 들으시오."

하나님의 명령을 받들어 모세가 레위 지파 사람들을 향해 말한다

"어러분, 이제부터 여러분은 주의 명령에 따라 각 가문과 가족별로

1개월 이상 된 남자들을 한 명도 빠짐없이 전부 명부에 등록시키도록 하시오."

이렇게 모세는 레위 지파 사람들을 대상으로 1개월 이상 된 남자들의 수효를 조사하였다. 본디 야곱의 셋째 아들 레위에게는 세 아들이 있었다. ① 게르손 ② 고핫 ③ 므라리다. 장자 게르손의 아들들은 립니와 시므이, 차남 고핫의 아들들은 아므람과 이스할과 헤브론과 웃시엘, 삼남 므라리의 아들들은 말리와 무시였다. 이들은 각자 자기들의 가문을 이루었다. 아므람의 아들들인 아론과 모세는 레위의 세 아들 중 차남인 고핫 계열이다.

"명하신 대로 저희들이 인구조사를 다 마쳤습니다!"

오래지 않아 모세에게 보고가 들어왔다. 레위 지파 사람들이 1개월 이상 된 남자들을 대상으로 각 가문과 가족별로 인구조사를 필한 결과는 이러했다.

① 립니 가문과 시므이 가문은 게르손을 조상으로 하는 게르손 집안에 속했는데, 당시 게르손 집안의 지도자는 라엘의 아들 엘리아삽이었다. 엘리아삽이 자기 가문의 인구조사를 실시한 결과, 태어난 지 1개월 이상 된 게르손 혈통의 남자들은 모두 7,500명이었다.

② 아므람 가문, 이스할 가문, 헤브론 가문, 웃시엘 가문은 고핫을 조상으로 하는 고핫 집안에 속했는데, 당시 고핫 집안의 지도자는 웃시엘의 아들 엘리사반이었다. 엘리사반이 자기 혈통의 인구조사를 실시한 결과, 태어난 지 1개월 이상 된 고핫 집안의 남자들은 모두 8,600명이었다.

③ 말리 가문과 무시 가문은 므라리를 조상으로 하는 므라리 집안에 속했는데, 당시 므라리 집안의 지도자는 아비하일의 아들 수리엘이었다. 수리엘이 자기 집안의 인구조사를 실시한 결과, 태어난 지

1개월 이상 된 므라리 집안의 남자들은 모두 6,200명이었다.

모세가 레위 지파의 여러 집안에서 계수되어 보고된 레위인들의 총 수효를 계산해보니, 전부 2만 2천 명이었다(본래는 2만 2,300명이었지만, 레위인들 중에서도 300명의 장자들이 있었기에, 이들 300명의 레위인 장자들은 다른 지파의 장자들을 대속할 수 없었고 각자가 스스로를 속해야 했으므로 총계에서 제외되었다).

"모세야!"

하나님께서 모세에게 또 다른 지시를 내리신다.

"모세야, 너는 내가 이르는 대로 레위의 자손들에게 각 집안별로 진영을 칠 위치와 성막에서 맡아서 해야 할 일을 일러주도록 하여라."

"네, 주님."

하나님은 모세에게 그 일에 대해 자세히 일러주셨고, 모세는 주께서 이르신 대로 즉각 준행하였다.

"자, 여러분! 주께서 내게 명하셨소. 이제부터 레위 지파 중 각 집안별로 진영을 칠 위치와 성막에서 맡아서 해야 할 일에 대해 알려주겠소. 잘 새겨듣고, 한 치의 실수나 착오 없이 그대로 수행하도록 하시오."

모세는 주께서 이르신 대로 전한다.

"먼저 게르손 집안에 속한 가문들은 성막 뒤편인 서쪽에 진을 치도록 하시오. 게르손 집안이 해야 할 일은 성막을 치거나 이동할 때 성막을 감싸는 덮개, 성막 입구의 휘장, 성막 뜰 사면을 치는 울타리의 휘장, 제단의 사면을 두르는 휘장, 성막 및 제단 입구의 휘장, 그리고 이 모든 것들을 칠 때 사용하는 줄을 관리하는 것이오."

레위의 장남 게르손의 후손들은 성막의 뒤편인 서쪽에 진을 쳐야 했고, 성막의 모든 덮개와 휘장과 줄을 관리하는 일을 맡았다. 이어 모세는 계속 말한다.

"다음으로 고핫 집안에 속한 가문들은 성막 옆의 남쪽에 진을 치도록 하시오. 그리고 고핫 집안의 레위인이 해야 할 일은 법궤, 진설병상, 등잔대, 번제단, 분향단, 그리고 성소에서 제사장들이 쓰는 여러 기구들을 관리하는 것이오."

고핫의 자손들은 하나님의 분부대로 성막의 왼편인 남쪽에 진을 세웠고, 성막의 주요 제사 기구들을 관리하는 일을 맡았다. 모세는 말을 잇는다.

"다음으로 므라리 집안에 속한 가문들은 성막 옆의 북쪽에 진을 치도록 하시오. 그들의 임무는 성막을 세울 때 쓰는 널빤지와 가로다지, 기둥, 밑받침, 말뚝, 매는 줄, 그리고 이것들을 조립하는 데 필요한 여러 부속품들과 기구들을 관리하는 것이오."

레위의 삼남 므라리의 자손들은 성막의 오른편인 북쪽에 진을 쳐야 했고, 성막의 뼈대를 이루는 널판들과 기둥 받침들과 띠와 줄을 관리하는 일을 맡았다. 모세의 말은 계속되었다.

"이제 마지막으로 아론과 그의 두 아들의 집안은 성막 앞쪽인 동쪽 해 뜨는 곳에 진을 치도록 하시오. 특별히 제사장 직분을 맡은 여러분은 이스라엘 백성들을 대신하여 성소에서 주께 제사 드리는 일을 맡아야 하오. 여러분 외에 성소에 가까이 나가는 사람은 누구든지 죽임을 면치 못할 것이오."

모세는 아론의 아들 엘르아살을 불러 그에게 따로 일러주었다. 본래 그는 아론의 셋째 아들이었다. 하지만 장자인 나답과 차자인 아비후가 제사 규례를 어긴 죄로 졸지에 죽임 당하자, 이제는 그가 장자가 되어 아론의 대제사장 직분을 이어받을 후계자가 된 상태다.

"엘르아살, 그대는 레위 지파에 속한 여러 가문들의 최고 책임자가 되어, 그들이 성막에서 하는 여러 일들을 지도하고 감독하는 일을 맡도록 하시오."

"네, 명하신 대로 성심껏 주님과 백성들을 섬기겠습니다."

레위인이 이스라엘의 장자들을 대속하다 (3:40-51)

"모세야!"

주께서 다시금 모세를 부르신다.

"너는 이스라엘 백성들 가운데 1개월 이상 된 장자들의 수효를 계수하여 그 명단을 작성토록 하여라. 내가 나를 위하여 레위인들을 택하여 모든 이스라엘 백성들의 장자를 내신하게 하겠노라."

"네, 주님. 분부대로 받들겠습니다."

"나는 또한 레위인들의 가축을 택하여 이스라엘 백성들이 소유한 가축의 초태생들을 대신하게 하겠노라."

하나님께서 레위인들로 이스라엘의 모든 장자들을 대속하게 하고, 또한 레위인들의 가축들로 이스라엘 백성들이 소유한 모든 가축의 초태생들을 대신하게 하겠다는 말씀이다. 레위인들로 하여금 이스라엘의 장자들을 대신하게 하신 이유는 이러하다.

만일 이스라엘의 장자들마다 직접 하나님께 헌신하여 성막 봉사의 일에 전념토록 한다면, 각 가정마다 장자의 부재로 인해 가정과 가문을 유지하는 데 큰 어려움이 있다. 또한 여러 지파의 장자들이 한데 섞여 성막에서 봉사한다면, 그 체계성과 효율성도 현저히 떨어진다. 그렇기 때문에 하나님은 특별히 레위 지파의 사람들 곧 레위인들을 택하여 그들로 이스라엘의 장자들을 대신하여 성막 봉사의 일에 전적으로 헌신케 함으로써 이런 문제점들을 해결하셨던 것이다.

여기서 주목할 점은 '대속(代贖)의 원리'다. 레위인들로 하여금 이스라엘의 장자들을 대신하게 하는 이 같은 대속 원리의 사역은, 장차 인류의 모든 죄를 대신 짊어지고 십자가 제단 위에서 죽으신 메시아 예수의 대속 사역을 예표해 주는 것이다.

모세는 주의 명령대로 이스라엘 백성들 가운데서 장자들의 수효를 파악하도록 지시했다.

"여러분, 이스라엘 백성들의 각 가정마다 처음 태어난 자들, 곧 장자들을 계수하여 그 명단을 등록하도록 하시오. 또한 소유한 가축들 중에서도 처음 태어난 것들, 곧 초태생들의 수효를 계수하도록 하시오."

이미 20세 이상 남자들의 숫자를 파악한 경험들이 있어서인지 그 일은 신속하게 진행되었다. 그 결과, 이스라엘 백성들 가운데 태어난 지 1개월 이상 된 장자들의 수효는 모두 2만 2,273명이었다. 이때 주께서 모세에게 말씀하신다.

"모세야, 이스라엘 백성들의 장자들이 레위인들의 수효보다 273명이 더 많구나. 그러므로 초과된 자들에 대해서는 그들의 몸값으로 한 사람당 5세겔씩 계산하여 거두어들이되, 성소에서 사용하는 세겔로 거두어들이도록 하여라. 1세겔은 20게라니라."

"네, 주님. 그리하겠습니다."

"그렇게 초과된 장자들의 수효만큼 거두어들인 몸값은 아론과 그의 아들들에게 주도록 하여라."

앞서 레위 지파의 사람들을 대상으로 1개월 이상 된 남자들의 수효를 조사하니 모두 2만 2천 명이었다. 이제 레위 지파의 사람들을 제외한 나머지 이스라엘 백성들을 대상으로 집안의 장자들을 전부 조사하니, 모두 2만 2,273명이었다. 이렇게 이스라엘 장자들의 총 수효가 레위인들의 총 수효보다 273명이 더 많았다.

하나님은 이렇게 초과된 장자 273명에 대해서 그들의 몸값 곧 속전(贖錢)으로 한 사람당 성소 세겔로 5세겔씩 거두어들이라고 명하셨다. 그리고 그 금액은 대제사장 아론과 제사장 된 그의 두 아들(엘르아살, 이다말)에게 주어서 성막 운용 및 유지 기금으로 사용토록 하라고 명하셨다.

모세는 주께서 명하신 대로 준행하였다. 레위인들에 의해 대속하게 되는 수효보다 초과된 273명의 수효에 해당되는 속전을 거두어들였다. 그렇게 거두고 보니, 모두 1,365세겔이었다. 아마도 이 금액은 이스라엘 각 지파 족장들에 의해 이스라엘 각 지파 내의 공동 기금에서 지불되었을 것이다.

세겔(Shekel)은 성경시대의 무게 혹은 화폐 단위로, 1세겔은 대략 11.4g이다. 화폐의 경우로 따지면, 은(銀) 1세겔은 노동자 4일치의 품삯이고, 은 30세겔은 장정 노예 한 사람의 몸값이다. 게라(Gerah)는 세겔의 1/20의 가치를 지니고 있었다. 또한 금 세겔은 은 세겔에 비해 15배의 가치가 있었다.

"자, 이 돈을 받으시오. 초과된 273명분에 해당하는 장자들의 속전이오. 이 돈을 창고에 잘 보관해 두었다가, 성막 운영과 유지 기금으로 사용하도록 하시오."

주께서 이르신 대로 모세는 초과된 장자들의 몸값(속전)을 대제사장 아론과 일반 제사장인 그의 두 아들에게 모두 건네주었다.

4

고핫, 게르손, 므라리 자손

고핫 자손이 할 일은
거룩한 언약궤를 관리하는 것
진설병과 등잔을 관리하되
성물에 함부로 손대지 마라

레위 지파 중 각 자손의 임무 - 고핫 자손의 임무 (4:1-20)

하나님은 성막 업무를 위해 특별히 레위 지파를 선택하셨고, 그 지파 사람들인 레위인들을 이스라엘의 모든 장자 대신에 자신의 소유로 삼아 그들에게 성막 일을 전적으로 맡기셨다. 이제 하나님은 레위인들이 각 자손별로 담당해야할 성막 일의 직무를 구체적으로 일러주신다.

"모세야, 그리고 아론아!"

주께서 모세와 아론을 성막으로 부르신 뒤 그들에게 말씀하신다.

"너희는 레위인들 가운데서 고핫 자손의 사람들을 그 가문과 가족별로 인구조사를 실시하여라. 그리하여 성막에서 일할 수 있는 30세 이상부터 50세까지의 남자들이 얼마나 있는지, 그 수효를 세어 보아라."

레위인들 가운데 공식적으로 성막 일을 할 수 있는 나이 제한이 공고되었다. 즉 '30세 이상부터 50세까지의 남자'다. 이는 '20세 이상의 남자'로 규정된 군대의 징집 연령보다 더욱 제한적이다. 이 같은 사실은,

성막 일을 잘 감당하기 위해서는 그만큼 육체적 · 정신적으로 더욱 성숙하고 강건해야 함을 암시해 준다.

나중에 확인된 조사 결과에 따르면, 고핫의 자손들 가운데 성막 일을 할 수 있는 30세 이상 50세까지의 수효는 전체 1개월 된 남자들 수효 8만 6천 명 가운데 2,750명이었다. 하나님은 계속해서 모세와 아론에게 말씀하신다.

"명심하여라. 고핫의 자손들이 해야 할 일은 성막에 있는 지극히 거룩한 물건들을 관리하는 것이니라."

레위의 둘째 아들인 고핫의 자손들은 성막에서 가장 중요한 기물들, 곧 법궤, 분향단, 등잔대, 진설병상, 번제단 등과 그 부속품을 관리하는 일을 맡았다. 참고로, 모세와 아론은 고핫의 자손이고, 특히 아론의 가문은 레위인들을 통솔하는 제사장 가문이다. 이제 하나님은 광야 이동 시에 제사장들이 해야 할 일을 일러주신다. 일반 레위인들은 해선 안 되고, 오직 제사장들만이 해야 하는 임무다.

"진영을 옮길 때, 아론과 그의 아들들은 성막 안으로 들어가 법궤 앞을 가리고는 휘장을 걷어내어 그 휘장으로 법궤를 싸라. 그리고 그 위를 해달 가죽으로 덮고, 마지막으로 순청색 보자기로 싸라. 그런 뒤에 법궤 옆에 달린 고리에 채를 꿰어라."

성막 내 지성소에 안치된 법궤(증거궤, 언약궤)의 운반에 관한 지침이다. 광야생활 동안 다른 장소로 이동하기 위해 진영을 옮길 때, 대제사장 아론과 일반 제사장들인 그의 두 아들 엘르아살과 이다말은 먼저 법궤를 휘장과 해달 가죽과 보자기로 잘 감싸고 덮은 뒤에, 그것을 들어서 옮길 수 있도록 법궤 고리에 채를 꿰어야 했다. '해달'은 홍해 및 인근 바다에 서식하는 바다소(sea cow)나 듀공(dugong, 산호 해역에 서식하는 바다짐승), 또는 돌고래를 가리킨다. 주님은 모세와 아론에게 계속 말씀하신다.

“다음으로 제사장들은 진설병상 위에 청색 보자기를 펴고, 대접과 접시와 부어드리는 제물을 담는 병과 잔들을 그 위에 올려놓아라. 항상 차려놓는 빵도 함께 올려놓아라.”

“네, 주님. 분부하신 대로 준행하겠습니다.”

“그런 뒤 진홍색 보자기를 덮고, 그 위를 해달 가죽으로 덮어라. 그런 다음에 그것을 들어서 옮길 수 있도록 그 상(床)에 달린 고리에 채를 꿰어라.”

성소 내 오른쪽(북쪽)에 안치된 진설병상(床)의 운반에 관한 지침이다. 진설병상에 딸린 모든 부속품을 청색 보자기와 진홍색 보자기와 해달 가죽으로 잘 덮은 뒤에, 그것을 들어서 옮길 수 있도록 진설병상의 고리에 채를 꿰어야 했다. 주님의 말씀은 계속 이어진다.

“그런 다음에는 청색 보자기를 가져다가 등잔대와 그 위에 올려놓는 등잔들, 부집게와 불똥을 담는 그릇, 또 그것들과 함께 쓰는 기름 그릇들을 싸라. 그런 뒤에 해달 가죽으로 잘 덮고, 그것을 들것 위에 얹도록 하여라.”

성소 내 왼쪽(남쪽)에 안치된 등잔대(금촛대)의 운반에 관한 지침이다. 청색 보자기에 등잔대와 그에 딸린 모든 부속품을 잘 싸서 해달 가죽으로 덮은 뒤에, 그것을 들어서 옮길 수 있도록 들것 위에 올려놓아야 했다. 주님은 계속해서 말씀하신다.

“그 다음에 제사장들은 금제단을 청색 보자기로 싸라. 또 그 위를 해달 가죽으로 덮은 뒤에 금제단에 달린 고리에 채를 꿰어라.”

성소 내 중앙, 곧 지성소의 휘장 바로 앞에 안치된 금제단의 운반에 관한 지침이다. 금제단은 곧 ‘분향단’을 가리킨다. 그것을 청색 보자기로 싸고 해달 가죽으로 덮은 뒤에, 들어서 옮길 수 있도록 분향단에 달린 고리에 채를 꿰어야 했다. 주님은 계속 말씀하신다.

“모세와 아론은 잘 듣고 있느냐?”

"네, 주님. 귀담아 잘 듣고 마음에 단단히 새기고 있습니다."

"좋다. 또 제사장들은 성소에서 사용하는 여러 기물들을 청색 보자기로 싸고, 그 위를 해달 가죽으로 덮은 뒤에 그것을 들것 위에 얹도록 하여라."

제사장들은 성소의 세 가지 주요 기물(분향단, 등잔대, 진설병상) 이외의 다른 모든 성소 기구들과 그릇들도 청색 보자기로 잘 싸고 해달 가죽으로 덮은 뒤에, 그것을 들어서 옮길 수 있도록 들것 위에 올려놓아야 했다. 주님은 이어서 계속 말씀하신다.

"번제단을 옮길 때는 제사장들이 번제단 위에 남아있는 재를 퍼 담아서 버리고, 번제단 위에 자주색 보자기를 펴라. 그런 뒤 번제단에서 사용하는 여러 기구들, 곧 불 옮기는 그릇, 갈고리, 부삽, 대야 등을 그 위에 올려놓고 해달 가죽으로 덮은 다음에, 번제단에 달려 있는 고리에다 채를 꿰어라."

성막 뜰의 중앙에 안치된 번제단의 운반 지침이다. 희생제물의 타고 남은 재는 모두 퍼서 갖다버린 뒤, 번제단에 딸린 모든 기구들을 자주색 보자기 위에 올려놓고 해달 가죽으로 덮어야 했다. 그리고는 그것을 들어서 옮길 수 있도록 번제단에 달린 고리에 채를 꿰어야 했다.

이처럼 성막과 성막의 기물들을 운반하는 데 정교한 절차 지침이 주어졌다. 성막과 성막 안의 거룩한 물건들은 제사를 위해 설치된 경우에만 거룩한 것이 아니었다. 그것들은 여호와께 속한 것들이기 때문에 언제나 거룩한 성물이다. 그래서 성막을 운반하기 위해 각각의 기물들을 분리하거나 포장할 때에도 한결같이 정교한 절차를 밟아 거룩하게 취급함으로써 하나님의 거룩함을 온전히 나타내야만 했다. 이어서 하나님은 계속 말씀하신다.

"아론과 그의 아들들은 진영을 옮길 때마다 이렇게 성막 안에 있는 모든 기물들을 싸고 덮고 또 고리에 채를 꿰어야 하느니라. 그러면 고핫의 자손들은 그것들을 운반해야 한다. 고핫의 자손들은 이 거룩한 물건들을 손으로 만져서는 절대로 안 된다. 만일 누구든지 만졌다가는 죽임을 면치 못하리라."

아론과 그의 아들들은 제사장들이고, 그 외 고핫의 자손들은 일반 레위인들이다. 고핫 자손들은 자신들이 운반하는 성막의 성물들을 절대로 들여다보거나 만질 수 없었다.

성막을 이동할 때 제사장들은 절차에 따라 성소의 거룩한 물건들을 정성스럽게 포장한 다음, 운반하기 편하도록 성물 고리에 채를 꿰어놓았다. 그러면 고핫의 자손들은 단지 채를 어깨에 메고 성물을 운반해야 했다. 규정을 어기고 성물을 만진다거나 그 내용물을 들여다보면 죽임을 면할 수 없었다.

실제로 후대의 이스라엘 역사에서 그런 비극적인 일이 있었다. 사사시대 말엽에 벧세메스 사람들이 호기심으로 법궤를 들여다보다가 70명이 한꺼번에 목숨을 잃었다. 그리고 그 이후 다윗시대에는 '웃사'란 사람이 수레로 법궤를 운반하는 도중에 법궤가 땅에 떨어지려 하자 얼떨결에 손으로 법궤를 만졌다가 그 자리에서 죽고 말았다.

성막 이동과 관련해서 고핫의 자손들이 하나님께 부여받은 임무를 요약하면 이러하다. 고핫의 자손들은 성막을 이동할 때 법궤(언약궤, 증거궤), 진설병상, 등잔대, 금제단(분향단), 번제단 등 지성소와 성소와 성막 뜰에 있는 모든 성물들을 어깨에 메고 운반하는 막중한 임무를 부여받았다. 이어 하나님은 제사장 엘르아살의 임무에 대해 말씀하신다.

"아론의 아들 제사장 엘르아살은 성막 전체와 등잔을 밝힐 기름, 분향할 향품, 곡식 제물, 거룩하게 구별하는 데 사용하는 기름, 그 밖에 성막에서 사용하는 여러 기물들을 맡아서 관리해야 하느니라."

본래 엘르아살은 아론의 셋째 아들이었다. 하지만 그의 두 형인 나답과 아비후가 제사 규례를 어긴 죄로 졸지에 죽은 뒤로는, 대제사장 아론의 장자가 되어 대제사장 직분을 계승할 자가 되었다. 그런 엘르아살에게 성막의 모든 기물들과 용품들을 관리하고, 또한 고핫 자손들의 직무를 감독하는 막중한 임무가 주어졌다.

"모세야, 그리고 아론아!"

주께서 모세와 아론에게 또 말씀하신다. 특별히 고핫 자손들에 대해 엄격한 주의를 주신다.

"너희는 고핫 자손들의 대가 끊어지지 않도록 하여라. 그들이 거룩한 물건들을 만졌다가 목숨을 잃기 쉽기 때문이니라. 아론과 그의 아들들은 그들과 함께 성소로 들어가서 각자 해야 할 일과 옮겨야 할 짐을 일일이 할당해 주도록 하여라. 고핫 자손들이 잠시라도 거룩한 물건을 들여다보았다가는 죽임을 면치 못하리라."

레위의 세 아들 가운데서도 특별히 고핫의 자손들은 법궤(언약궤, 증거궤), 분향단(금제단), 등잔대(금촛대), 진설병상(떡상), 번제단 같은 성막의 지극히 거룩한 물건들을 운반하는 크나큰 책임을 부여받았다.

그런 만큼 고핫의 자손들은 그것들을 자칫 잘못 다룰 경우에는 죽임을 면치 못했다. 그래서 그들은 자신들의 직무를 수행할 때 삼가 아주 신중하게 처신해야 했기 때문에 하나님께로부터 엄격한 주의를 받았던 것이다. 맡은 직무가 크고 막중한 만큼, 그에 따르는 책임과 위험도 컸던 것이다.

레위 지파 중 각 자손의 임무 - 게르손 자손의 임무 (4:21-28)

"모세야!"

이번에는 주께서 모세만 부르신 뒤에 그에게 말씀하신다.

"너는 게르손의 자손들도 그 가족과 가문별로 인구를 조사하여라 성막에서 일할 수 있는 30세 이상부터 50세까지의 남자가 얼마나 있는지 알아보아라."

게르손은 레위의 세 아들 중 장남이다. 앞서 고핫의 자손들처럼 게르손의 자손들도 30세 이상부터 50세까지의 남자들이 성막 일을 감당했다. 나중에 조사한 결과에 따르면, 게르손의 자손들 중 1개월 이상 된 남자들의 수효는 7천 500명이었는데 그중에서 30세 이상부터 50세까지의 남자는 2,630명이었다. 하나님은 계속해서 그들 게르손의 자손들이 맡아야 할 성막 일에 대해서 일러주신다.

"성막을 이동할 때 게르손 자손들이 운반해야 할 일은 이러하니라. 그들은 성막의 휘장들, 해달 가죽으로 만든 속덮개와 겉덮개, 성막 입구의 휘장, 성막과 번제단 사면을 치는 울타리 휘장과 그 울타리를 치는 줄, 그리고 성막 뜰 입구에 치는 휘장을 옮겨야 하느니라."

"네, 주님. 조금도 혼동 없도록 분부하신 대로 이르겠습니다."

"게르손의 자손들은 짐을 꾸리고 풀고 옮기면서 아론과 그의 아들들의 지시에 따라야 한다. 특별히 그들은 제사장 이다말의 감독 하에 그런 일을 해야 하느니라."

광야생활 중 성막이 한 장소에서 다른 장소로 이동할 때 게르손의 자손들은 성막의 외형을 구성하고 있는 각종 덮개(앙장)와 휘장 등을 운반하고 관리할 임무를 부여받았다. 이런 천막 종류는 부피가 상당히 크고 또 무거웠기 때문에 수레 두 대와 소 네 마리를 이용하여 운반하였다. 그리고 그들은 엘르아살의 동생인 제사장 이다말의 감독을 받았다.

레위 지파 중 각 자손의 임무 - 므라리 자손의 임무 (4:29-33)

므라리는 레위의 세 아들 중 막내인 셋째 아들이다. 앞서 고핫의 자손들과 게르손의 자손들처럼, 므라리의 자손들도 30세 이상부터 50세까지의 남자들이 성막 일을 담당하였다. 나중에 조사한 결과에 따르면, 므라리의 자손들 중 1개월 이상 된 남자들의 수효는 모두 6,200명이었는데 그중 30세 이상부터 50세까지의 남자는 3,200명이었다. 하나님은 계속해서 그들이 맡아야 할 성막 일에 대해서 일러주신다.

"모세야, 성막을 이동할 때 므라리 자손들이 옮겨야 할 것들은 이러하니라. 성막을 치는 데 쓰는 휘장의 널빤지, 가로대와 기둥, 기둥 밑받침, 성막 뜰 사면에 칠 울타리 휘장의 기둥과 기둥 밑받침, 말뚝, 그리고 이러한 것들을 세울 때 사용하는 줄과 그에 딸린 모든 부속품이니라. 그들은 제사장 이다말의 감독 아래 맡은 일을 해야 하느니라."

광야생활 중 성막이 다른 장소로 이동할 때 레위의 셋째 아들인 므라리의 자손들은 성막을 세우는 데 뼈대가 되는 건축 구조물, 즉 널판들과 각종 기둥들과 받침들, 그리고 말뚝들과 줄들을 운반하고 관리할 임무를 부여받았다. 이런 것들은 크고 무거웠기 때문에 수레 네 대와 소 여덟 마리를 지원받아 그것으로써 운반하였다. 그리고 그들은 제사장 이다말의 감독을 받았다.

이처럼 각각의 레위 자손들에게 해야 할 일들이 꼼꼼하게 맡겨졌다. 성막 일과 관련하여 각자 책임지고 봉사할 임무가 구체적으로 맡겨짐으로써 각각의 레위 자손들은 별다른 혼동이나 사고 없이 빠르고 정확하게 맡은 일을 처리해 나갈 수 있었다. 태초에 혼돈하고 무질서한 우주에 질서와 체계를 만드신 하나님은 결코 혼동과 어지러움의 하나님이 아니시다. 질서와 화평의 하나님이시다.

레위인 성막 봉사자들의 수효(4:34-49)

"자, 이제 하나님의 명령에 따라 레위 지파 사람들 중 성막 봉사를 감당할 자들을 조사하도록 하셨소."

모세와 아론은 하나님의 지시에 따라 레위 지파 사람들의 인구를 조사하였다. 12지파의 지도자들과 함께 30세 이상부터 50세까지의 남자들을 조사하였다. 성막에서 봉사할 자들의 수효를 각 가문과 가족별로 알아보기 위해서였다.

먼저 모세와 아론과 이스라엘 백성의 지도자들은 고핫 자손들의 수효를 그 가족과 가문별로 헤아려 보았다. 오래지 않아, 그 수효가 보고되었다.

"고핫 자손들 중에서 성막 봉사자들의 수효는 모두 2,750명입니다."

"좋소! 다음 게르손 자손들은 그 수효가 얼마나 되오?"

"네, 게르손 자손들 중에서 성막 봉사자들의 수효는 모두 2,630명입니다."

"좋소! 그러면 마지막으로 므라리의 자손들은 그 수효가 얼마나 되오?"

"네, 므라리 자손들 중에서 성막 봉사자들의 수효는 모두 3,200명입니다."

"좋소! 모두들 수고하셨소. 주께서 명하신 바를 잘 따랐으니 주께서 복 내려주실 것이오."

모세와 아론은 이스라엘 백성의 지도자들의 도움을 받아 레위 지파 사람들, 곧 레위인들의 수효를 각 가족과 가문별로 모두 헤아렸다. 그렇게 조사한 결과, 성막에서 일할 만한 30세부터 50세까지의 남자는 모두 8,580명이다. 이를 각 자손별로 살펴보면, 고핫 자손들은 2,750명, 게르손 자손들은 2,630명, 그리고 므라리 자손들은 3,200명이었다. 모세는 주께서 지시하신 대로 각 자손들이 맡아야 할 일들과 옮겨야 할 짐들을 할당해 주었다.

이리하여 주께서 모세에게 명하신 대로 시내산 아래에서 실시한 이스라엘 백성들의 인구조사가 전부 마무리되었다.

① 군대 징집을 목적으로, 이스라엘 백성들 중 20세 이상 된 남자들로 싸움에 나갈 만한 신체 건강한 자들을 조사하였는데, 그 수효는 모두 60만 3,550명이었다.

② 이스라엘 백성들의 장자들을 대속할 목적으로, 레위 지파의 사람들

중 1개월 이상 된 남자들을 조사하였는데, 그 수효는 모두 2만 3,300명이었다.

③ 하나님의 성막에서 봉사할 자들을 알아보기 위한 목적으로, 레위 지파의 사람들 중에서 30세부터 50세까지의 남자들을 조사하였는데, 그 수효는 모두 8,580명이었다.

이번의 인구조사는 출애굽 제2년째 되던 해(주전 1445년경)의 정월 초하루부터 실시되었고, 실시된 장소는 시내산 아래의 넓은 광야였다. 모세와 아론은 하나님의 명령에 따라 이스라엘 12지파의 지도자들과 함께 인구조사를 주관하였다.

5

부정한 사람들

부정한 사람들과 가까이하지 말고
거룩한 진영 더럽히지 마라
피, 고름 흐르는 악성 피부병 환자와
부정탄 자는 진 밖으로 내보내라

이스라엘 진영의 정결 유지 (5:1-4)

'흐흠, 구름은 여전히 성막 위를 뒤덮고 있군.'

인구조사도 마쳤으니 혹시 구름이 높이 떠올라 출발 신호가 떨어지려나 은근히 한번 기대해 본다. 허긴 오늘 장막을 걷고 행진할 계획이라면 주께서 벌써 말씀하셨을 것이다. 그래서 모세는 출발 기대는 접고, 오늘은 주께서 무슨 말씀을 주실 것인지를 기대한다. 요즘의 나날은 아침이면 매일 성막으로 나아가 주님의 말씀을 듣고 적고 시행하는 것이 하루 일과가 되었다. 아닌 게 아니라 그날도 주께서는 어김없이 모세를 찾으셨다. 시내산 아래 광야의 이스라엘 진영 한가운데에 있는 성막으로 부르신 것이다.

"모세야!"

"네, 주님. 제가 여기 있나이다."

"오늘은 이스라엘 진영을 정결하게 하는 규례를 말하겠노라."

"네, 말씀하소서."

모세는 귀담아 들을 자세를 취한다. 하나님은 이스라엘 백성들이 못내 못 미더우신가 보다. 대충 큰 규범을 주시고 자세한 것은 살아가면서 백성들이 스스로 생활규칙을 만들면 될 텐데, 아주 세세한 것까지 다 챙기신다. 모세는 그렇게까지 신경을 써주시는 하나님이 고마울 뿐이다. 하나님께서 자세한 규칙들을 만들어주시지 않으면 그 모든 일이 모세의 몫이기 때문이다.

"모세야, 나는 이스라엘 진영 한가운데에 임하여 있노라."

그렇다. 하나님의 지상 임재의 처소인 성막이 이스라엘 진영 한가운데에 세워져 있으니 당연한 말씀이다. 하나님은 말씀을 이어가신다.

"내가 임하여 있는 성막 사방의 이스라엘 진영은 정결해야 하느니라."

지극히 거룩하신 하나님의 속성상, 하나님의 임재 처소인 성막은 말할 것도 없고, 성막 사방에 있는 이스라엘 진영 역시 거룩하고 정결해야 한다는 말씀이다. 하나님께서 얼마나 거룩함과 정결에 신경을 쓰시는지 잘 알 수 있다. 또한 그게 모든 죄와 악으로부터 분리되어 계시는 지극히 거룩하신 하나님의 속성이다.

"주님, 그렇다면 이스라엘 진영을 오염시킬 수 있는 것들이 무엇인지 말씀해 주소서. 우리가 지켜야 할 사항들을 지시해 주소서."

하나님께서 말씀하신다.

"모세야, 너는 이스라엘 백성들에게 명하여 나병환자, 악성 피부병환자, 몸에서 피나 고름이 흘러나오는 유출병 환자, 시체를 만져서 부정하게 된 사람들을 이스라엘 진영에서 내보내도록 하여라."

"네, 주님. 분부하신 대로 준행하겠나이다."

"이스라엘 진영 내에 그런 부정한 자들이 있다면 남자든 여자든 가리지 말고 모두 진영 밖으로 내보내어 진영을 더럽히는 일이 없도록 하라. 내가 이스라엘 진영 한가운데에 거하고 있느니라."

하나님의 명령인즉슨, 이스라엘 백성들 중 특정한 환자들이나 부정한 자들을 이스라엘 진영 밖으로 내보내어 그들을 따로 격리시키라는 말씀이다. 이것은 죄에 대한 징벌로 그렇게 한 것이 아니다. 단지 율법상 종교적인 정결법에 따라 나병환자와 각종 유출병 환자 및 주검(시체)에 접촉된 자들을 부정한 자들로 규정하였기 때문이다. 따라서 그들은 거룩하신 하나님이 임하고 계시는 이스라엘 진영 안에 머무를 수 없었다. 당시 하나님은 이스라엘 진영 한가운데 있는 성막을 지상 거처의 장소로 삼아 거기에 계셨기 때문이다.

"모세야! 환자들을 영구적으로 내보내는 것은 아니다. 진영에서 멀지 않은 곳에 따로 진을 치고 그들을 거기에 거주하도록 하여라."

"아, 네네!"

"먹을 양식도 충분히 공급하여라."

"아, 네네!"

"또한 제사장들로 종종 방문하게 하여 그들의 상태를 면밀하게 진단하도록 하여라."

"네, 주님. 잘 알겠습니다."

"제사장이 진단한 결과, 그들의 병이 나으면 규정된 정결 절차를 거친 다음에 다시 이스라엘 진영 안으로 들어오게 하여라."

"네, 주님. 그리하겠습니다."

"내가 이런 규칙을 정해놓는 것은 나 자신의 거룩함을 수호하고, 너희 백성들의 청결하고 건강한 위생을 위해서니라. 전염병이라도 창궐하면 어떻게 되겠느냐?"

"아하, 그렇군요. 제가 주님의 깊은 뜻을 헤아리지 못했습니다."

이처럼 하나님은 평안한 안식처가 아닌 광야의 거친 장막생활 중에서라도 자기 백성들에게 예외 없이 거룩함과 정결함을 요구하셨다. 이처럼 하나님의 백성들에게 절대적으로 요구된 삶의 모토(motto)는 '거룩함'

이었다. 즉, 모든 죄악과 부정(不淨)으로부터의 철저한 분리였다.

그 까닭은, 지극히 거룩하신 하나님께서 그렇게 모든 죄악과 부정으로부터 절대적으로 분리되어 계시기 때문이다. 따라서 하나님의 백성으로서 그분과 소통하고 교제하기 위해서는 역시 그렇게 분리되어 거룩함을 유지해야 했다. 그래서 하나님은 성경 전체를 통하여 거듭 강조하셨다.

"내가 거룩하니, 너희도 거룩하여라!"

모세는 주께서 지시하신 대로 준행하였다. 이스라엘 백성들 가운데 부정한 사람들을 예외 없이 추려내어 진영 밖으로 모두 내보냈다. 하나님의 말씀을 지키며 산다는 것은 때로는 불편하고, 때로는 백성들에게 무정하게 여겨지는 경우들도 있었다. 그러나 지나고 보면, 하나님을 위해서 행한 모든 일들이 결국에는 백성들을 보호해주시기 위한 하나님의 사랑이요 배려라는 사실을 깨닫게 되곤 하였다.

타인에 대한 잘못은 배상하여라 (5:5-10)

"모세야, 너는 이스라엘 백성들에게 일러주어라."

하나님께서 모세를 부르셔서 다시금 말씀하신다. 타인에게 잘못을 저질렀을 경우에 그 죄를 어떻게 속함 받을 것인가, 하는 규례다.

"이스라엘 백성들 중 남자든 여자든 하나님의 뜻을 거슬러 다른 사람에게 잘못을 행한 일이 있는 자가 있다 치자. 그는 먼저 자기가 저지른 잘못을 자백한 뒤, 자신이 타인에게 끼친 손해액에 5분의 1을 더 얹어 보상해야 하느니라."

어떤 사람이 누군가에게 잘못을 저질러 해를 끼쳤을 경우, 그 죄를 해결하는 방법은 2단계로 이루어졌다.

① 자신이 행한 죄를 고백함으로써 하나님 앞에서 참회한다.
② 피해자에게 손해를 끼친 원금의 5분의 1, 즉 20%를 피해 배상금으로 덧붙여 갚는다.

이것은 이웃 간에 복수의 악순환을 막는 적극적인 화해 방법이기도 했다. 하나님은 모세에게 계속해서 말씀하신다.

"만일 잘못에 대해 배상을 받을 만한 피해자나 그 피해자의 가까운 친척도 없는 경우, 그 사람은 그 배상액을 주께 바쳐야 한다. 그리고 그것은 제사장의 몫으로 돌릴지니라. 이때 속죄를 위해 함께 바쳐야 하는 숫양 한 마리도 제사장의 몫이니라."

어떤 사람이 타인에게 잘못을 범해 해를 끼쳤는데, 만일 배상할 피해자나 그 피해자의 친족이 없는 경우에 관한 규례다. 이런 경우에라도 죄를 범한 자의 배상 책임은 면제되지 않았다. 이때 그 범죄자는 규정된 배상액을 하나님께 바쳐, 그것이 제사장의 몫으로 돌려지게 해야 했다.

이 규례는 두 가지 교훈을 준다.

① 반드시 끼친 피해를 배상해야만 지은 죄를 속함 받을 수 있다는 '속죄 원리'를 가르쳐준다.
② 하나님은 전적으로 성막 일에 헌신하는 제사장들의 생계 문제를 결코 가볍게 여기지 않으시고 살뜰하게 챙기신다는 사실을 가르쳐 준다. 하나님은 절대로 인색하고 야박한 주인이 아니시다. 언제나 후하고 자비로운 주인이시다.

이때 속죄를 위해 함께 바쳐야 하는 '숫양 한 마리'는 속건제 제물이다. 타인에게 해를 끼침으로써 주의 금령을 어긴 가해자는 주님께 숫양 한 마리를 속건제 제물로 삼아 제사를 드림으로써 자신의 죄를 사함

받을 수 있었다.

의심의 법 – 남편이 아내의 부정을 의심할 경우의 규례 (5:11-31)

"모세야!"

하나님께서 다시금 모세를 성막으로 부르신다. 이번에는 전혀 새로운 규례에 대해 일러주신다. 이른바 '의심의 법'이라 불리는 규례로, 남편에게 그 정조를 의심받는 아내의 유죄 혹은 무죄를 판결하여 문제를 해결하는 법이다.

"모세야, 한 남자의 아내가 자기 남편에게 충실하지 않고 잘못된 행실로 외간 남자와 동침했다 치자. 그런데도 남편에게 그 일을 숨기고 다른 사람의 눈에 띄지도 않아서 그녀의 부정(不貞)이 탄로되지 않았을 경우, 남편이 아내의 부정을 의심하는 일이 생길 수 있다."

"맞습니다. 남편 입장에서는 당연히 그러겠지요."

"그와 반대로, 아내가 아무런 부정한 짓을 행하지 않았는데도 남편이 질투하여 아내를 의심하는 일도 있을 것이다."

"그렇습니다. 그런 경우도 분명 있겠지요."

"이스라엘 백성들 사이에서도 이 같은 일이 발생하지 않겠느냐?"

"그렇습니다. 사람 사는 곳에는 어디에서나 남녀나 부부 간에 그런 불미스런 일들이 일어날 것입니다."

"그래, 그래서 내가 지금부터 그런 일을 해결할 수 있는 규례를 일러주겠노라."

"네, 주님 그런 경우에 처리하는 법을 알려주십시오. 주님의 규례를 기준으로 삼아 의심하는 자들에게 해결책을 주도록 하겠습니다."

"어떤 남편이 아내의 불륜을 의심하게 된다면, 그는 자기 아내를 데리고 제사장에게로 나아가야 한다."

"제사장에게로 말입니까?"

"그렇다. 제사장에게로 가서 사실을 고해야 한다."

하나님의 말씀인즉슨 이러하다. 아내가 정말로 부정을 자행했든 자행하지 않았든, 남편이 상당한 이유로 아내의 정조에 대해 강한 의심을 품는다면, 가정 내에서 다투거나 시비를 가리지 말고 일단 그 문제를 해결하기 위해 부부가 함께 제사장에게로 나아가라는 말씀이다. 당시 제사장은 하나님과 사람 사이의 중보자 역할을 했는데, 이 경우에는 하나님의 대리자에게로 나아가라는 의미다. 하나님만이 참된 진실을 알고 계시기 때문이다. 모세가 주님께 여쭙는다.

"주님, 의심하는 남편이 자기 아내를 데리고 제사장에게로 나간 다음에는 어떤 절차를 밟아야 합니까?"

['의심의 법'을 집행하는 절차]

"의심하는 남편은 자기 아내의 몫으로 보릿가루 10분의 1에바(대략 2.3리터)를 예물로 가져가야 한다. 이때 이 예물에는 기름을 붓거나 향을 얹으면 안 된다. 이 예물은 죄를 밝히기 위해 드리는 것이기 때문이니라."

감사와 기쁨으로 바치는 일반 소제의 제물에는 고운 밀가루 위에 기름과 유향을 얹었다. 그러나 의심의 법에 따른 소제 예물은 죄를 밝히기 위한 것이었기 때문에, 그 성격상 거친 보릿가루를 사용했고 기름이나 유향도 얹지 않았다. 이는 당시 소제 제물을 바치는 부부의 심령 상태가 아내의 순결을 의심하는 문제로 인해 불안하고 곤혹스런 상태에 있음을 보여준다. 하나님은 계속해서 의심의 법을 집행하는 절차에 관해 일러주신다.

"부부가 나아오면 제사장은 여자를 주님 앞에 세우고 머리를 풀게 하여라. 그런 뒤에 죄를 밝혀주는 소제 예물, 곧 의심의 소제물을 손에 들고 있게 하여라."

여기서 '의심의 소제물'이란 아내의 순결이 의심스러울 때 그녀의 남편이 바치는 소제 예물로 보릿가루 십분의 일(1/10) 에바를 말한다. 이때에는 일반 소제 예물과는 달리 기름이나 유향이나 소금을 첨가하지 않는다.

에바(Ephah)는 구약시대에 고체의 부피를 재는 단위로, 1에바는 대략 23리터에 해당되었다. 따라서 10분의 1에바는 2.3리터가량의 분량이다. 하나님은 말씀을 이으신다.

"그런 다음에 제사장은 질그릇을 가져다 그 안에 거룩한 물을 붓고, 성막 바닥에 있는 먼지를 긁어모아 그 물에 타도록 하여라. 그런 뒤에 제사장은 저주를 가져오는 쓰디쓴 물이 담긴 그 질그릇을 들고, 여인에게 맹세를 시킨 다음에 말하기를……."

모세는 잠자코 하나님의 말씀에 귀를 기울인다. 어쨌든 부부지간에 불륜의 문제를 갖고 제사장 앞에까지 간다는 것은 비극이다. 하나님은 계속 말씀하신다.

"제사장은 자기 앞에 있는 여인에게 맹세를 시킨 다음에 말하기를 '그대는 외간 남자와 동침한 적이 있는가? 지금의 남편과 결혼 상태에 있는데도 남편을 배반하여 몸을 더럽힌 일이 있는가? 만일 그런 일이 없다면, 저주를 가져오는 이 쓰디쓴 물이 그대에게 아무런 해도 끼치지 않을 것이다.' 하여라."

그랬다. 여인이 부정을 저지르지 않고 남편에 대해 정조를 지켰다면, 그녀는 그 저주의 쓴 물을 마셔도 아무런 해를 입지 않았다. 저주의 쓴 물을 마시기 전에 여인은 여호와 앞에서 저주의 맹세를 해야 했는데, 그것은 만일 죄가 있다면 제사장이 말한 대로 어떤 저주도 달게 받겠다는 맹세였다. 하나님은 '의심의 법'에 관해서 계속 말씀하신다.

"제사장은 이어 그 여인에게 말하기를 '그러니 네가 남편을 버젓이 두고도 외간 남자와 동침하여 몸을 더럽힌 적이 있다면, 저주를 가져오는 이 쓰디쓴 물이 네 몸에 들어가서 네 배를 퉁퉁 붓게 만들고 네 하체를 못 쓰게 만들 것이다. 그리고 백성들도 너를 저주하고 비난할 것이다.' 하여라."

"네, 주님. 잘 알겠습니다."

"제사장이 자기 앞에 서 있는 여인에게 이렇게 맹세시키면, 그 여인은 대답하기를 '아멘, 그렇게 되소서!' 해야 하느니라."

그랬다. 정말로 부정을 저질렀다면 저주의 쓴 물을 마신 그 여인은 저주를 받아 배가 붓고 하체가 못 쓰게 된다. 이때 쓴 물 자체에 어떤 효능이 포함되어 있는 것은 아니다. 만일 여인에게 죄가 있다면, 그녀가 마신 쓴 물은 단지 하나님의 공의로운 형벌을 전달하는 매개체가 될 것이라는 의미다.

여기서 여인에게 죄가 있을 경우에 저주를 받아 나타나는 증상, 곧 배가 퉁퉁 붓고 하체(넓적다리)가 말라 못 쓰게 되는 증상은 여자의 생식기와 관련된 수종증(水腫症)으로 보인다. 그 병은 여자의 생식기를 파손시켜 임신이나 출산 등 더 이상 여자로서의 생산 기능을 하지 못하게 만드는 악성 질병이다. 하나님은 계속해서 말씀하신다.

"여인이 '아멘! 그렇게 되소서!' 하고 대답하면, 제사장은 이 같은 저주의 말을 두루마리에 써서 쓰디쓴 물에 담갔다가 꺼내라. 그런 다음, 그 저주의 쓴 물을 여인으로 하여금 마시게 하여라."

이런 의문이 충분히 들 수 있다. 한 여인의 불륜 여부를 가려내는 부부 간의 진실 게임, 곧 쓴 물로 시행하는 이 같은 '의심의 법'이 과연 효력이 있을까? 그렇다. 효력이 있었다. 당시 신정국가 이스라엘 공동체 사회에서는 충분히 효력이 있었다. 그때는 하나님께서 직접 자기 백성을 치리하시던 시절이기 때문이다.

하나님께서 모세에게 명하신 '의심의 법'은 이방 종교나 미개 사회에서 시행하는 것과 같은 주술적인 행위가 아니다. 저주의 말을 기록한 두루마리를 쓴 물에 담근다거나, 그 쓴 물을 마시도록 한 것은 당시의 원시적인 사회상을 반영한 것이다. 그것은 단지 하나님의 초자연적인 통치를 이스라엘 백성들에게 시각적으로 보여준 것일 뿐이다.

실제로 제사장을 통해 판결의 전체 과정을 주관하시는 분은 절대무오하신 하나님이시다. 그러하기 때문에 오늘날 현대인의 눈으로 보기엔 약간 조악하게 보일 수도 있지만, 당시에 '의심의 법'은 하나님의 공의를 충분히 나타낼 수 있었다. 하나님의 말씀은 계속 이어진다.

"저주의 쓴 물을 마신 여인이 남편을 두고도 외간 남자와 동침하여 몸을 더럽혔다면, 그 여인은 쓰라린 고통과 함께 배가 부풀어 오를 것이고 하체를 못 쓰게 될 것이니라."

"오, 주여."

"그러나 그 여인이 부정을 저지르지 않아 자기 몸을 더럽힌 일이 없다면, 그 쓴 물로 인해 어떤 해도 받지 않을 것이고, 그녀는 아이를 가질 수 있을 것이니라."

그랬다. '의심의 법'은 제사장을 통해 하나님께서 전적으로 주관하시는 일이기 때문에 그 판결에 아무런 착오가 없었다. '의심의 법'을 통해 유죄와 무죄가 정확하게 판결되었고, 판결 결과에 따라 여인은 저주를 받을 수도 있었고, 아무런 해를 입지 않을 수도 있었다.

그렇다면 여기서 한 가지 문제점을 지적할 수 있다. '그렇다면 왜 남편의 불륜을 시험하는 의심의 법은 없었는가?' 하는 점이다. 사실 '의심의 법'을 제정한 근본 의도는 아내의 불륜을 추석하기 위해서라기보다는 남편의 의심으로부터 아내의 결백을 밝혀주기 위해서였다. 고대사회에서 남자들은 여자들과는 달리 가정 내 폭력과 이웃의 무고(誣告)로부터 특별히 보호받을 필요가 없었다.

고대사회에서 남성의 인권은 충분히 보장받은 반면, 여성의 인권이 현저히 보장받지 못했기에 '의심의 법'을 통해 남성의 의심과 폭력으로부터 여성을 보호해준 것이다. 하지만 당시에 남녀의 간통이 발견되면 그에 대한 형벌은 남자와 여자 모두에게 똑같이 내려졌다. 모세의 율법은 남자와 여자를 구별하거나 차별하지 않고 둘 다 처형시켰다. 하나님의 말씀은 이어진다.

"제사장은 여인에게 저주의 쓴 물을 마시게 하기 전에, 먼저 여인이 들고 있는 소제 예물을 건네받아 주님 앞에서 흔들어 요제로 바쳐라. 그리고는 그 예물을 주님께 바친다는 표시로 한 움큼의 곡식을 집어 번제단 위에서 불사르도록 하여라."

한 움큼의 곡식은 전체 소제물을 대표한다. 소제는 언제나 이렇게 기념물로 한 움큼의 곡식만 취해져 번제단 위에서 불살라졌고, 나머지는 제사장의 몫으로 돌려졌다.

이처럼 제사장은 소제를 주께 드린 다음에 그 여인으로 하여금 저주의 쓴 물을 마시게 했다. 그렇게 함으로써 소제의 제물을 흠향하신 하나님께서 최종 판결을 내려주시게 한 것이다.

이제 하나님은 '의심의 법'에 대한 규례를 마무리하신다.

"모세야, 이 법은 남편을 버젓이 두고도 아내가 외간 남자와 동침하여 몸을 더럽혔을 경우와, 아내가 남편에게 의심받을 만한 행동을 했을 경우에 적용되는 규례니라."

"네, 주님. 잘 알겠습니다."

"이스라엘의 제사장들은 남편이 자기 아내를 의심하여 데리고 오면 이 법에 따라 여인을 다루어야 한다. 남편이 아내에 대해서 이렇게 행하여도 남편에게는 죄가 없다. 그러나 만일 아내에게 죄가 있다면, 그녀는 죄의 대가를 마땅히 치러야 될 것이니라."

이처럼 '의심의 법'은 아내의 부정을 의심하는 남편 때문에 아내가 자신의 결백을 밝히기 위해 저주의 쓴 물을 마셔야 하는 법이다. 그러나 이 법은 의처증(疑妻症) 증세가 있는 남자가 아내를 무작정 의심하는 경우에 적용되는 법은 아니다. 아내가 정말로 부정을 자행했거나 또는 부정을 의심할 만한 상당한 빌미를 제공했을 경우에 적용되는 법이다.

남편의 의심을 받은 아내는 '의심의 법'에 따라 제사장 앞에서 저주의 맹세를 한 후에 쓴 물을 마셔야 하는 엄숙한 판결 과정을 밟아야 했다. 얼핏 보면, 이 같은 법이 아내에게 절대적으로 불리한 것 같지만 실제로는 그렇지 않다. 이 법은 억울하게 의심받는 아내를 보호해주는 역할을 했다. 고대 세계의 가부장적 사회에서 남편이 아내의 불륜을 의심하여 감정적으로 대처하게 되면, 폭행은 물론이고 자칫 살인까지도 저질러질 수 있었기 때문이다.

따라서 '의심의 법'은 불륜을 의심받는 아내를 두고서 남편의 사적인 보복 행위를 막고, 대신 제사장의 정당한 판결에 맡기도록 하는 법으로서, 그 당시에는 무고하게 의심받는 아내들을 위해 꼭 필요한 법이었다.

한 가정의 가장이 확실한 증거도 없이 아내를 의심하고 불륜으로 내몰아 폭행을 가하고, 그것이 지나쳐서 살인이라도 저지르게 된다면, 그 가정은 완전히 무너지고 만다. 그래서 '의심의 법'은 여인만 아니라 가정을 지켜주는 법이기도 했다. 나아가 여인에게는 남편에 대한 아내의 순결을 목숨처럼 여기라는 경고이기도 했다.

모세는 그날 자신의 신실한 아내 십보라를 생각하며 웃으면서 자기 장막으로 돌아갔다. 부부가 서로 신뢰하고 서로에게 잘못을 저지른 적이 없는 모세 부부에게, '의심의 법'은 사실상 전혀 상관없는 법이었기 때문이다. 그 절차와 결과를 보면 '의심의 법'은 무서운 법임에 분명하였지만 순수하고 거짓 없는 사람들에게는 전혀 두렵지 않는 법이었다.

6
나실인 제도

주께 한 몸을 바쳐
나실이 되기로 서약하려면
독주 금하고 머리털을 깎지 말 것이며
오직 주를 위해 살아야 한다.

나실인에 관한 규례(6:1-21)

새벽에 눈을 떠보니, 시내산에 안개가 가득하게 내려앉아 있다. 저 멀리 위용을 자랑하는 시내산 꼭대기는 구름에 가려 보이지 않는다. 그러니 산이 더욱 신비스럽게 보인다. 장막을 나서며 모세는 시내산을 한번 바라본다. 하나님께로부터 십계명을 비롯하여 각종 율법과 각양 규례를 수여받은 산이다. 이스라엘 역사에서 길이길이 남을 명산이다.

'아, 지금 떠나면 언제 다시 시내산을 볼 수 있으려나….'

모세가 상념에 잠긴다. 오늘도 성막 위에 내려앉은 구름은 움직일 생각을 하지 않는다. 그 대신에 하나님의 부르심이 있었고, 모세는 다시 성막으로 나아간다.

"모세야, 잘 잤느냐?"

"네, 주님!"

"오늘은 나실인의 규례에 대해 말해줄 테니 잘 새겨듣도록 하여라."

"나실인의 규례라니요?"

"나에게 헌신을 다짐하는 특별 서약을 하는 사람들이 지켜야 하는 규례니라."

"네, 주님. 말씀하소서."

"이스라엘 백성들 가운데 남자든 여자든 누구든지 나실인으로 살겠다고 특별 서약을 하면, 그는 나 주께 온전히 헌신하여 거룩하게 지내야 하느니라."

나실인(Nazirite)! 히브리어로 '나지르'다. 이 말은 '분리하다' 또는 '헌신하다'라는 뜻에서 유래했는데, '세상에서 분리되어 하나님께 헌신된 사'를 가리키는 말이다. 자기 자신을 세상의 모든 쾌락과 욕망으로부터 완전히 분리시켜, 하나님의 일에 온전히 헌신하기로 특별히 서원한 사람이다.

나실인은 그 헌신 기간에 따라 두 종류가 있다. ① 일정한 기간을 정해놓는 '한시적 나실인' ② 죽을 때까지 일평생 헌신하는 '평생 나실인'.

나실인의 서원은 자신이 할 수도 있고, 부모가 자녀를 대신해서 할 수도 있다. 때로는 하나님께서 특정인을 지명하여 나실인으로 살아갈 것을 명령하기도 하셨다. 이제 하나님은 나실인으로 살아가는 자들이 행해서는 안 되는 세 가지 금령(禁令)을 주신다.

[나실인의 세 가지 금령 중 첫번째 규령]

"나실인은 포도주와 독주를 마시지 말아야 하느니라. 포도즙조차 마시지 말고, 포도 또한 날것이든 말린 것이든 먹으면 안 된다. 나실인으로 살아가는 동안에는 포도나무에서 나는 것은 무엇이든 먹으면 안 된다. 포도 씨나 포도 껍질조차도 먹으면 안 되느니라."

나실인의 첫 번째 금령은, 술을 마시지 말라는 것이다. 그래서 하나님은 포도나무의 소산은 그 무엇도 먹지 말 것을 명하셨다. 여기서 포도나무 소산은 '포도주'로 상징되는 세상의 기쁨과 육적 욕망을 나타낸다. 나실인은 거룩하신 하나님께 전적으로 헌신한 나실인답게 세상 기쁨과 육적 욕망으로부터 철저히 분리된 채, 절제와 경건의 삶으로 자신을 온전히 구별하여 오직 하나님만을 기뻐하며 살아가야 한다. 나실인의 금령에 대해서 하나님은 계속 말씀하신다.

[나실인의 세 가지 금령 중 두 번째 금령]

"나실인으로 살기로 서약한 기간에는 머리털을 자르면 안 된다. 서약한 기간이 다 찰 때까지 머리털이 자라도록 그냥 놔두어야 하느니라."

나실인의 두 번째 금령은, 머리털을 자르지 말라는 것이다. 머리털은 그 사람의 면류관 같은 것으로, 영광과 승리와 생명을 상징한다. 나아가 자기 위에 주관하는 자가 계심을 상징한다. 나실인이 머리털을 자르지 않고 기르는 것은 오직 하나님만이 자신의 주관자가 되심을 인정하는 행위다. 그래서 자신의 모든 생명과 영광과 승리를 다 바쳐 하나님의 뜻을 좇아 살겠다는 신앙고백의 행위다. 나실인의 금령에 대해서 하나님은 계속 말씀하신다.

[나실인의 세 가지 금령 중 세 번째 금령]

"나실인은 주께 자신을 바치기로 작정한 기간에는 시체를 가까이해서는 안 되느니라. 아버지나 어머니, 형제나 자매가 죽더라도 부정한 것을 만져서는 안 된다. 나실인은 자기 몸을 구별하여 하나님께 바쳤다는 표가 그의 머리 위에 있기 때문이니라."

나실인의 세 번째 금령은 어떤 시체도 가까이 하지 말라는 것이다. 시체 곧 주검은 죄의 삯이라는 것이 성경의 기본 사상이다. 모든 죽음은

'죄' 때문에 비롯된 것이다. 따라서 죄의 결과로 파생된 주검과 접촉할 경우, 그는 죄의 영향을 받은 것으로 간주되어 부정을 입게 되었다. 그래서 하나님께 자신을 바침으로써 정결하고 거룩한 삶을 살아가야 했던 나실인은 부모나 형제자매 같은 가까운 직계 혈족이라 할지라도 시체와의 접촉은 엄히 금해야 했다.

요약하면, 하나님 앞에서 나실인으로 살아갈 것을 서원한 모든 나실인들은 세 가지를 금해야 했다.

① 술을 금할 것
② 머리털을 깎지 말 것
③ 어떤 시체도 가까이 하지 말 것

이 같은 금기 사항을 제외하고는 나실인도 일반인들처럼 일상적인 가정생활을 할 수 있었다. 이제 하나님은, 나실인은 시체를 가까이 해서는 안 된다는 세 번째 금령과 관련하여 보충적인 규례를 일러주신다.

"만일 누군가가 자기 눈앞에서 갑자기 죽는 바람에 나실인이 어쩔 수 없이 자신의 몸을 더럽혔을 경우에도 그는 부정하게 되느니라."

피치 못하게 갑작스런 주검과 접촉한 경우에도 나실인은 예외 없이 부정을 입었다. 그 이유가 무엇이든 모든 주검은 죄의 결과물로 간주되어 부정한 것으로 여겨졌고, 주검과의 접촉은 곧 부정(不淨)의 오염을 의미했기 때문이다. 그래서 하나님은 갑작스럽게 주검과 맞닥뜨림으로써 본의 아니게 부정을 입은 나실인이 그 부정에서 정결하게 되는 절차에 관해 일러주신다.

"주검으로 인해 부정하게 된 나실인은 이레를 기다렸다가 머리털과 수염을 밀어야 하느니라. 여드레째 되는 날, 산비둘기 두 마리나 집비둘기 새끼 두 마리를 제사장에게 바쳐야 한다. 제사장은 한 마리는 속죄제 제물로, 다른 한 마리는 번제 제물로 바쳐서 그의 죄를 사해 줄지니, 그가 시체를 만져 죄를 지었기 때문이니라. 이렇게 그날에 그 나실인은 자기 몸을 정결케 해야 하느니라."

부지불식간에 불가항력적으로 시체(주검)에 접촉하여 부정을 입은 나실인은 조용히 자숙하고 있다가, 정결케 되는 날인 제7일에 머리털과 수염을 다 밀고, 그 다음날인 제8일에 지정된 희생 제물(산비둘기 두 마리 또는 집비둘기 새끼 두 마리)로써 주님께 제사(속죄제, 번제)를 드림으로써 시체로 인한 부정에서 정결하게 될 수 있다는 말이다. 이어서 하나님은 정결을 회복한 나실인에 대해 말씀하신다.

"그런 뒤 그 사람은 다시 주께 헌신할 기간을 정하고 1년 된 어린 숫양을 속건제 제물로 바쳐야 한다. 그동안 나실인으로 지냈던 기간은 부정을 입은 까닭에 모두 무효가 되느니라."

시체에 접촉하는 순간, 그 사람이 나실인으로 살아온 모든 기간이 무효가 된다. 그래서 그는 자신의 몸을 정결하게 한 뒤에 다시 하나님 앞에서 새롭게 기간을 정해 나실인의 서원을 해야 했다. 처음부터 다시 시작해야 하는 것이다.

[나실인의 서원 기간이 완료되었을 때 지켜야 하는 규례]

이제 하나님은 나실인의 서원을 행한 자가 나실인으로 지내야 하는 기간이 다 찼을 때 지켜야 하는 규례에 대해 일러주신다. 나실인의 서원을 마치고 일반인으로 돌아가는 규례다. 이른바 '나실인의 법'이다.

"정한 기간이 종료되면, 그 나실인은 주께 제물을 바쳐야 한다. 번제 제물로 1년 된 흠 없는 숫양 한 마리를, 속죄제 제물로 1년 된 흠 없는 암양 한 마리를, 화목제 제물로 흠 없는 숫양 한 마리를 바쳐야 한다. 잘 듣고 있느냐?"

"네, 주님! 종이 귀담아 잘 듣고 있습니다."

“나실인의 서원 기간이 완료된 이들은 여러 희생 제사와 함께 누룩 넣지 않은 빵과 고운 가루에 기름 섞어 만든 과자, 누룩을 넣지 않고 기름 발라 구운 속 빈 과자를 광주리에 담아 주께 소제물로 바쳐야 한다. 이때 마실 것도 함께 바치도록 하여라.”

나실인은 일정 기한을 정함 없이 평생을 서원할 수도 있지만, 일정 기한을 자발적으로 정하여 서원할 수도 있었다. 이런 경우, 작정한 나실인의 기한이 차면 ‘나실인의 법’이라는 특별한 제사의식을 거쳐 나실인의 서원에서 해방되고, 이후로는 나실인의 모든 규례에서 자유롭게 될 수 있었다.

나실인의 서원 기간이 끝났을 경우, 그는 하나님께 나아가 각각 규정된 희생제물로 네 가지 제사(번제, 속죄제, 화목제, 소제)를 드리고, 머리털을 밀어야 했다. 하나님은 나실인의 법에 관해 계속 말씀하신다.

— “나실인이 규정된 희생제물을 바치면, 제사장은 그것을 받아서 속죄제물과 번제물로 주께 바쳐라.”

— “또한 제사장은 화목제 제물인 숫양 한 마리에 누룩을 넣지 않은 빵 한 광주리를 소제물 및 마실 것과 함께 주께 바치도록 하여라.”

— “그런 다음, 나실인은 성막 입구에서 머리털을 밀어 화목제 제물 밑에서 타고 있는 불 속에 집어넣어라.”

나실인은 나실인으로 지내는 기간 동안에는 머리털을 깎지 말아야 했기에 머리털은 길게 되었다. 그리고 그 긴 머리털은 나실인으로 구별되어 하나님께 헌신되었음을 나타내는 가시적(可視的) 증표였다. 나실인의 기한이 끝나면 그 증표인 머리털을 깎음으로써 나실인의 서원에서 자유롭게 되었음을 나타냈다.

잘려진 나실인의 긴 머리털은 화목제 제물 밑에서 타오르고 있는 불 속에 던져 넣어야 했다. 나실인의 서원 동안에 길렀던 긴 머리털을 잘라 화목제 제물을 태우는 불 속에 던져 넣어 태운 것은, 하나님의 은혜로 무사히 나실인 서원을 마칠 수 있게 되었음을 감사하고, 또한 나실인 기간 동안의 모든 삶을 하나님께 바친다는 의미가 담겨 있다. 이제 하나님은 나실인의 법에 관해 마무리하신다.

"나실인이 머리털을 다 밀고 나면, 제사장은 삶은 숫양의 어깨 부위와 광주리에서 꺼낸 누룩 넣지 않은 과자 한 개, 그리고 속 빈 과자 한 개를 그 나실인의 손에 쥐어 주어라. 그런 뒤 제사장은 그것을 주께 흔들어 요제로 바쳐라. 이런 제사의식을 다 마치면, 그 나실인은 자신의 나실인 서원에서 해방되었으므로 포도주를 마셔도 되느니라."

나실인의 법을 마무리 짓는 최종 제사다. 제사장은 화목제 제물(흠 없는 숫양 한 마리) 중 숫양의 삶은 어깨 부위와 소제물(누룩을 넣지 않은 빵과 고운 가루에 기름 섞어 만든 과자, 누룩을 넣지 않고 기름 발라 구운 속 빈 과자) 중 누룩을 넣지 않은 과자 한 개와 속 빈 과자 한 개를 그 나실인의 손 위에 올려놓은 다음, 제사장이 제물을 든 그 나실인의 손을 밑에서 받쳐 들고 주께 요제로 흔들어 바침으로써 모든 제사를 마무리하였다.

이후로 그 나실인은 자신의 나실인 서원에서 해방되어 나실인에게 적용된 모든 규례에서 벗어날 수 있었다. 그래서 술도 마실 수 있었고, 머리털도 깎을 수 있었으며, 시체도 가까이 할 수 있었다.

나실인이 '나실인의 법'을 이행할 때 주께 흔들어 요제로 바친 제사 제물과 주께 높이 들어 거제로 바친 제사 제물은 모두 하나님의 대리자인 제사장 몫으로 돌려졌다. 이는 나실인의 헌신을 주께서 온전히 받으셨다는 사실과 함께, 나실인이 하나님과 풍성한 교제를 나누고 화목을 이루었다는 사실을 암시한다.

한편, 어떤 사람이 나실인이 되는 경우로는 세 가지가 있다.

① 남자든 여자든 자기 스스로 나실인이 되겠다고 서원하는 경우
② 부모가 자신의 자녀들 중 누군가를 나실인으로 바치겠다고 하나님께 서원하는 경우
③ 하나님께서 누군가를 출생 때부터 나실인으로 지명하시는 경우

성경에 언급된 대표적인 나실인들로는 삼손, 사무엘, 레갑 족속, 세례 요한 등이 있다.

이스라엘 백성들을 위한 제사장의 축도문(6:22-27)

"모세야!"

하나님이 다시금 모세를 부르셔서 그에게 말씀하신다.

"모세야, 너는 아론과 그의 아들들에게 이르기를 '너희가 이스라엘 백성을 축복할 때는 이렇게 하라!' 하여라."

하나님은 이스라엘의 제사장 된 아론과 그의 아들들이 이스라엘을 위하여 축복할 때 선포해야 하는 축도문(祝禱文)에 관해 말씀하신다. 제사장들은 백성들을 위하여 이렇게 축복 기도를 해야 했다.

"여호와께서 네게 복을 내리시고, 너를 지켜주시기를 비노라!
여호와께서 네게 밝은 빛을 비추어 주시고,
네게 은혜 베푸시기를 비노라!
여호와께서 너를 항상 지켜주시고, 네게 평강 주시기를 비노라!"

이스라엘 백성들을 위한 제사장의 축도문이다. 축도문 속에는 이스라엘 백성들을 향한 하나님의 보호와 은혜와 평강의 복이 나타나 있다. 백성들을 향해 복을 선포하는 자는 제사장이지만, 그 복을 베푸시는 주체는 '여호와' 하나님이시다. 그래서 짧은 축도문 속에 '여호와'라는

말이 세 번이나 언급되었다.

후대의 발전된 계시에 따르면, 여기서 세 번 언급된 '여호와'라는 신(神) 명칭은 삼위(三位)로 존재하시지만 일체(一體)로 역사하시는 삼위일체 하나님과 관련된 것이다. 그렇게 볼 때, 축도문 속에는 복의 근원으로서 택한 백성을 보호하시는 성부 하나님의 사역과 죄인에게 구원의 은혜를 베푸시는 성자 하나님의 사역, 그리고 구원의 은혜를 믿는 자들 각자에게 적용시켜 평강을 가져다주시는 성령 하나님의 사역이 잘 나타나 있다.

한편, 히브리어 '여호와'(יהוה)라는 말은 본래 모음 없이 네 개의 자음(YHWH)만으로 이루어졌다. 그래서 그것을 발음하면 '야훼'가 된다. 그런데 히브리인들은 하나님의 이름을 지극히 거룩하게 여겨 두렵고 떨리는 경외심으로 '야훼'라는 이름을 부르지 않았다. 그것은 '여호와의 이름을 망령되이 일컫지 말라!'는 십계명의 율법을 문자적으로 따랐기 때문이다.

그래서 경건한 정통파 유대인들은 성경 본문을 읽어 나가다가 '야훼'라는 이름이 나오면 '야훼' 대신에 '아도나이'라고 읽었다. '아도나이'는 '나의 주님'이란 뜻이다. 이 같은 관습으로 인해 후일의 히브리인 서기관들은 '야훼'(YHWH)라는 자음에다가 '아도나이'(adonai)란 말의 모음을 합성하여 '여호와'(Yehovah)라고 하나님의 신명(神名)을 정하게 되었다. 그리고 바로 이 이름이 오늘날 우리에게까지 전해져오고 있다. '여호와'란 이름의 뜻은 '스스로 있는 자'란 뜻이다.

"모세야, 잘 들었느냐?"

"네, 주님! 귀담아 잘 듣고 마음에 깊이 새겼나이다."

"좋다. 내게서 들은 그대로 아론과 그의 아들들에게 일러주어라. 대제사장 아론과 제사장 된 그의 아들들이 이렇게 내 이름으로 이스라엘 백성들을 축복하면, 내가 그들에게 복을 내리겠노라."

옛 유대인 학자들은 말하곤 했다. "복을 베푸는 자는 제사장이 아닌데 제사장의 축도가 무슨 소용이 있겠느냐고 말하면서, 제사장의 축도를 경시하지 말아야 한다. 제사장의 입을 빌어, 복을 베푸시는 거룩하신 하나님께서 말씀하시기 때문이다."

모세 또한 이스라엘 백성들에게 이런 당부를 간절히 하고 싶었을 것이다.

7
주 앞에 예물을

주 앞에 예물을 바칩니다
각 지파 대표가 차례대로
정성을 다해 바치니
이 예물을 받아 주소서

이스라엘 12지파의 지도자들이 주께 바친 예물 (7:1-4)

하나님께서 임재하시는 지상 처소인 성막! 지금 그 성막은 이스라엘 진영의 한가운데에 굳건히 자리 잡고 있다. 하나님의 지시에 따라 시내산 아래에서 제작한 그 성막은 대략 6개월 동안의 공사 기간을 거쳐 출애굽 제2년 정월 초하루에 완공되었다(주전 1445년경 1월 1일). 완공으로 모든 일이 끝난 것은 아니었다. 성막 안을 여러 기물들로 채우는 일과 그 성막을 성결하게 하는 일은, 성막 건축 못지않게 시간이 필요하고 수고와 정성과 솜씨가 들어가는 일이었다.

하나님께서 보여주신 식양에 따라 성막을 완공한 모세는, 성막에 딸린 여러 기물들에 기름을 발라 거룩하게 구별하였다. 관유(灌油)로 불리는 거룩하게 제조된 기름을 성막과 성막에 안치된 여러 성물들(법궤, 분향단, 등잔대, 진설병상, 번제단, 물두멍 등)과 그런 성물들에 딸린 여러 부속품에 발라, 그것들을 세상적인 용도로부터 분리시켜 오직 하나님의 거룩한 일에만 사용하도록 구별시켰다. 말하자면 '성막 봉헌식'을 거행한 것이다.

이렇게 성막을 거룩하게 구별하여 하나님께 봉헌하던 그 날에, 이스라엘 12지파의 우두머리들, 곧 각 지파의 지도자들이 하나님께 봉헌 예물을 바쳤다. 이들 12지파의 지도자들은 앞서 이스라엘 백성들의 인구를 조사할 때 모세와 아론을 거들어 함께 일한 사람들이다.

성막 봉헌식은 이스라엘 백성들의 제1차 인구조사가 있었던 출애굽 제2년(주전 1445년경) 2월 1일 이후에, 시내산을 떠나가기 직전에 거행되었다. 이스라엘 백성들이 시내산을 떠나간 날은 출애굽 제2년 2월 20일이었고, 지도자들의 예물 봉헌식은 하루에 한 지파씩 모두 12일에 걸쳐 이루어졌으므로, 아마도 성막 봉헌식은 출애굽 제2년(주전 1445년경) 2월 8일경에 거행된 것으로 보인다. 바로 그 날에, 모세가 이스라엘 12지파의 지도자들에게 말했다.

"자, 여러분, 잘 들으시오. 오늘 주께서 내게 이르시기를 '이스라엘 12지파의 지도자들은 두 사람당 수레 한 대씩, 그리고 각 지도자당 황소 한 마리씩을 주께 봉헌 예물로 바쳐야 한다.' 하셨소. 그러니 이스라엘 12지파의 지도자들은 각 지파를 대표하여 주께 봉헌 예물을 바치도록 하시오."

"네, 잘 알겠습니다. 저희가 분부대로 준행하겠습니다."

이스라엘 각 지파를 대표하는 12지파의 지도자들은 주께서 모세에게 이르신 대로, 덮개가 있는 수레 여섯 대와 수레를 끌 수 열두 마리를 예물로 바쳤다. 두 사람당 수레 한 대씩, 각 지도자당 황소 한 마리씩을 주께 바친 셈이다. 지도자라는 특권이 있는 곳에는 또한 그만한 책임과 수고가 따르는 법이다.

주께 바쳐진 예물을 레위인에게 분배하다(7:5-9)

성막 봉헌식을 치르는 날에 이스라엘 12지파의 지도자들이 주께 바친 봉헌 예물을 모두 합하면, 덮개가 있는 수레가 여섯 대요 황소가 열두 마리였다.

"모세야, 너는 이스라엘 12지파의 지도자들이 나 주께 바친 봉헌 예물을 받아서 성막에서 하는 일에 사용하도록 하라. 성막에서 일하는 레위인들이 저마다 맡은 임무에 따라 필요할 때 사용하도록 그들에게 분배해 주어라."

"네, 주님. 분부하신 대로 준행하겠나이다."

모세는 대제사장 아론을 대동하고 레위인들이 모여 사는 장막촌을 방문했다. 일반 백성들과는 다른 복장으로 일하던 레위인들이 반가운 얼굴로 맞이했다. 하늘같이 우러러보는 대지도자 모세가 자신들과 같은 혈통이라는 것은 레위인들을 자부심 넘치게 하는 일이었다.

"자, 성막에서 일하는 레위인들은 앞으로 나오시오."

모세는 주의 지시대로 12지파의 지도자들이 바친 여섯 대의 수레와 열두 마리의 황소를 레위인들에게 분배했다. 아론의 아들인 제사장 이다말을 시켜서 나누어주었다.

"게르손의 자손들은 가벼운 기구를 맡았으니 수레 두 대와 황소 네 마리요!"

"네, 감사합니다!"

"무거운 기구를 맡은 므라리의 자손들은 수레 네 대와 황소 여덟 마리요!"

게르손 자손들과 므라리 자손들은 맡은 임무에 따라 수레와 황소를 차등 있게 지급받았다. 고핫의 자손에게는 수레와 황소를 나누어주지 않았다. 그들에게는 수레와 황소가 필요 없었기 때문이다.

모세가 레위의 아들들인 게르손의 자손들, 고핫의 자손들, 므라리의 자손들에게 각각 다르게 수레와 황소를 분배해준 것은, 각 자손들이 운반할 성물의 부피와 무게에 따른 것이다. 성막을 구성하는 물품들 가운데 성막의 골격을 이루는 널판, 기둥, 받침대, 말뚝 등 가장 무거운 기구들을 운반해야 하는 므라리 자손에게는 수레 네 대와 황소 여덟 마리가 제공되었다. 반면, 성막의 휘장과 덮개 등 주로 천막 종류의 물품들을 운반해야 하는 게르손 자손들에게는 수레 두 대와 황소 네 마리만 제공되었다.

그러나 고핫의 자손들에게는 아무것도 제공되지 않았다. 그들은 법궤(언약궤, 증거궤), 분향단(금제단), 등잔대(금촛대), 진설병상(떡상), 번제단 등 지극히 거룩한 기물들을 운반해야 하는 책임을 맡은 자들로, 그들에게는 오직 고리에 꿰여진 채를 어깨에 메어 그것들을 운반하는 일만 주어졌기 때문이다.

번제단 봉헌을 위해 12지파의 지도자들이 바친 예물 (7:10-89)

성막 봉헌식을 치르던 날, 곧 번제단에 기름을 발라 거룩하게 구별하던 날, 각 지파를 대표하는 이스라엘 12지파의 지도자들은 주께서 명하신 봉헌 예물을 가져와 각자 번제단 앞에 바쳤다. 지도자들이 주께 바치는 예물의 목적은 번제단을 거룩히 구별하여 하나님께 봉헌하기 위해서였다. 앞으로 번제단 위에서 드릴 모든 희생제물을 하나님께서 기쁘게 받으실 수 있도록 하기 위해 번제단을 하나님께 바치는 예식이었다.

이스라엘 12지파의 지도자들이 12일 동안에 걸쳐 번제단의 봉헌을 위해 주께 예물을 바친 순서는 이러하다.

① 제1일에는 유다 지파의 지도자인 암미나답의 아들 나손.
② 제2일에는 잇사갈 지파의 지도자인 수알의 아들 느다넬.

③ 제3일에는 스불론 지파의 지도자인 헬론의 아들 엘리압.
④ 제4일에는 르우벤 지파의 지도자인 스데울의 아들 엘리술.
⑤ 제5일에는 시므온 지파의 지도자인 수리삿대의 아들 슬루미엘.
⑥ 제6일에는 갓 지파의 지도자인 르우엘의 아들 엘리아삽.
⑦ 제7일에는 에브라임 지파의 지도자인 암미훗의 아들 엘리사마.
⑧ 제8일에는 므낫세 지파의 지도자인 브다술의 아들 가말리엘.
⑨ 제9일에는 베냐민 지파의 지도자인 기드오니의 아들 아비단.
⑩ 제10일에는 단 지파의 지도자인 암미삿대의 아들 아히에셀.
⑪ 제11일에는 아셀 지파의 지도자인 오그란의 아들 바기엘.
⑫ 제12일에는 납달리 지파의 지도자인 에난의 아들 아히라.

번제단의 봉헌을 위하여 주께 예물을 바친 순서는 앞서 규정된 이스라엘 12지파의 행군 순서를 따랐다. 성막을 중심으로 동쪽에 진을 친 유다 지파로부터 시작해서 시계 방향으로 돌아가면서 마지막 납달리 지파에 이르기까지, 하루에 한 사람씩 순차적으로 예물을 드렸다.

이스라엘 12지파 중 유다 지파가 가장 먼저 제물을 봉헌했다. 일찍이 야곱이 임종 직전에 열두 아들을 두고 유언의 축복을 할 때, 특별히 유다를 향하여 백수의 왕인 사자(獅子)와 통치자의 권위인 홀(笏)의 축복을 베푼 이래로, 과연 유다 지파는 이스라엘 12지파 중 줄곧 지도적인 위치를 차지했다. 모세가 이스라엘 12지파의 지도자들에게 말한다.

"너희는 주께서 명하신 대로 각각 성소 세겔로 130세겔 나가는 은쟁반 하나와 70세겔 나가는 은대접 하나를 바쳐라. 이것들을 바치되, 이 두 그릇에 소제물로 기름 섞은 고운 가루를 가득 채워서 바쳐라. 또한 10세겔 나가는 금잔에 향(香)을 가득 채워 바치도록 하여라."

성경에 나타나는 세겔(shekel) 종류는 세 가지다.

① 일반 세겔 ② 성소 세겔 ③ 왕실 세겔

일반 세겔의 중량은 대략 11.4그램이고, 성소 세겔은 그보다 가벼운 9.7그램 정도다. 그리고 왕실 세겔은 일반 세겔의 두 배인 22.8그램이다. 따라서 성소 세겔로 130세겔 나가는 은쟁반은 무게가 1,261그램 정도이고, 70세겔 나가는 은대접은 679그램 정도이다. 그리고 10세겔 나가는 금잔은 97그램 정도이다.

각 지파의 지도자 한 사람당 이렇게 예물을 바쳤으므로, 열두 명의 지도자들이 바친 전체 예물은 130세겔(대략 1,261그램) 무게의 은쟁반이 열두 개, 70세겔(대략 679그램) 무게의 은대접이 열두 개, 그리고 10세겔(대략 97그램) 무게의 금잔이 열두 개였다.

이때 열두 명의 지도자들이 주께 바친 귀한 예물은 이스라엘 백성들의 출애굽 시 오랜 노동의 대가로 이집트 사람들로부터 정당하게 취한 것들이다. 그때 하나님은 이집트 사람들의 마음을 움직여 이스라엘 백성들이 구하는 대로 갖가지 귀한 물품들을 제공해 주도록 역사하셨다.

이스라엘 12지파의 지도자들은 번제단의 봉헌을 위하여 주께 희생제물을 바쳤다. 순서에 따라 자신이 희생제물을 바치는 날에 하나님께서 지시하신 대로 바쳤다. 그들이 주께 바친 희생제물은 그 내용과 수량에 있어서 12지파 모두가 똑같았다. 열두 명의 지도자들이 각 지파를 대표하여 주님께 드린 희생제물은 이러하다.

① **번제 제물**: 수송아지 한 마리, 숫양 한 마리, 일 년 된 어린 숫양 한 마리.

② **소제 제물**: 은쟁반과 은대접을 가득 채운 기름 섞은 고운 가루와 금잔을 가득 채운 향(香). 이때 향은 냄새로 하나님께 영광을 돌리기 위한 것이다.

③ **속죄제 제물**: 숫염소 한 마리.

④ **화목제 제물**: 수소 두 마리, 숫양 다섯 마리, 숫염소 다섯 마리,

1년 된 어린 숫양 다섯 마리.

번제단 봉헌식 제사에 드린 짐승은 정결한 짐승 가운데서 골라 드렸는데, 곧 소와 양과 염소 등 다양한 종류의 짐승들을 봉헌 제물로 드렸다. 그것들은 이스라엘 백성들이 소유한 모든 짐승을 대표하는 것들로서, 그중 최상의 것을 드림으로써 하나님께 경외심을 나타냈다.

그런데 잘 살펴보면, 속죄제 제물보다 화목제 제물의 양이 훨씬 많다. 번제단 봉헌식에 있어 속죄제 제물은 숫염소 한 마리인데 비해, 화목제 제물은 수소 두 마리와 숫양 다섯 마리와 숫염소 다섯 마리와 1년 된 어린 숫양 다섯 마리다.

이처럼 속죄제 제물보다 화목제 제물의 양이 훨씬 많은 이유는 무엇일까? 번제단 봉헌식은 기본적으로 죄를 사함받기 위한 제사라기보다 하나님과 친교와 화목을 위한 감사의 제사 성격이 짙었기 때문이다. 하지만 화목제의 제물보다 속죄제의 제물을 먼저 드린 이유는, 먼저 죄를 사함 받은 후에야 비로소 하나님과 더불어 참된 친교와 화목이 가능하기 때문이다.

번제단 봉헌식 때 이스라엘 12지파의 지도자들이 주께 드린 예물과 제물의 총량은 이러하다. 지도자 한 사람당 ① 130세겔 무게의 은쟁반 한 개 ② 70세겔 무게의 은대접 한 개 ③ 10세겔 무게의 금잔 한 개였다.

따라서 이스라엘 12지파의 지도자들이 주님께 드린 봉헌 예물의 총량은 은쟁반 열두 개(1,560세겔), 은대접 열두 개(840세겔), 금잔 열두 개(120세겔)였다. 이때 성소 세겔로 계산해서 드렸는데, 일반 세겔의 중량보다 가벼운 성소 세겔은 1세겔이 9.7그램 정도다.

이스라엘 12지파의 지도자들은 그 순서에 따라 하루에 한 사람씩 12일 동안 모두 똑같은 제물을 드렸다. 구약의 5대 제사(번제, 소제,

화목제, 속죄제, 속건제) 가운데 속건제 제물을 제외한 나머지 네 가지 제사의 제물을 드렸다. 이스라엘 12지파의 지도자들이 주께 드린 희생제물의 총량은 이러하다.

① **번제 제물용**: 수송아지 12마리와 숫양 12마리와 어린 숫양 12마리
② **소제 제물용**: 고운 가루와 향(香) 다량
③ **속죄제 제물용**: 숫염소 12마리
④ **화목제 제물용**: 수소 24마리와 숫양 60마리와 숫염소 60마리와 어린 숫양 60마리

이처럼 하나님은 이스라엘 각 지파를 대표하는 이스라엘 12지파의 지도자들로 하여금 하루에 한 사람씩 무려 12일에 걸쳐 반복적으로 예물을 바치게 하셨고, 또한 반복적으로 희생제물을 바쳐 제사를 드리게 하셨다. 어째서 하나님은 이처럼 각 지파마다 일일이 봉헌 예물과 희생제물을 계속해서 반복적으로 바치도록 했을까? 왜 12지파의 지도자들로 하여금 모두 한꺼번에 바치도록 명하지 않으셨을까?

① 하나님은 이스라엘 각 지파의 예물과 제물을 독립적으로 하나하나 받으시고, 일일이 복 주시고 기억하시기를 원하셨기 때문이다.
② 하나님은 각각의 제사를 통하여 이스라엘 백성들과 일일이 교제를 나누시고, 일일이 소통하시기를 기뻐하셨기 때문이다.

이처럼 출애굽 제2년 2월 8일 무렵부터 2월 19일 무렵까지 12일 동안, 그러니까 이스라엘 백성들이 시내산을 떠난 날이 2월 20일이므로, 떠나기 전날까지 모세는 하나님의 명을 좇아 12지파의 지도자들로 하여금 주께서 명하신 예물과 제물을 바치게 함으로써 번제단 봉헌식을

엄숙하게 거행하였다.

하나님은 이스라엘 백성들에게 이르실 말씀이 있을 때마다 모세를 성막으로 부르셨고, 모세는 하나님의 부르심에 응해 이스라엘 진영 한가운데에 우뚝 세워져 있는 성막으로 나아갔다. 모세가 하나님의 지시를 받기 위해 성막 안으로 들어갈 때마다 하나님은 지상 임재의 처소인 법궤 뚜껑 위 곧 속죄판 위의 두 천사(그룹) 사이에서 모세에게 말씀하셨다.

이스라엘 백성들은 출애굽한 지 만 2달 만에 시내산에 이르렀고(주전 1446년경 3월 15일), 그 시내산 아래의 광활한 평지에다 각자 천막을 치고 거대한 진영을 이루며 머물렀다. 거기서 십계명을 비롯한 각종 율법과 규례와 법도를 부여받았고, 성막을 건립하였으며, 각종 제사 제도를 익혔고, 제1차 인구조사를 실시하여 60만 이상의 군대를 조직하였다. 그리고 성막 봉헌식 때에는 12일 동안에 걸쳐 이스라엘 12지파의 지도자들이 각자 제물과 예물을 바침으로써 번제단 봉헌식까지 마무리 지었다. 이런 일들을 하느라 시내산에 도착한 지 어느덧 11개월가량이 흘렀다. 이집트에서 빠져나온 날로부터는 13개월(1년 1개월)가량이 지났다.

이제 시내산을 떠나 약속의 땅 가나안으로 행군할 날이 시시각각 다가오고 있었다. 모세와 아론은 하나님의 지시만 떨어지면 언제라도 시내산을 떠날 만반의 채비를 갖추고 있었다.

8
레위인의 직무

모두 주의 뜻대로 하소서
금을 두드려 만든 등잔대
그 불빛이 성소를 밝혀
주의 영광 나타내게 하소서

성소의 등불과 관련된 등잔대 규례(8:1-4)

"모세야!"

주께서 다시 모세를 부르신다. 모세는 성막으로 나아간다. 성막 안은 고요했다. 하나님은 지성소 안 법궤의 뚜껑 위, 곧 속죄판 위의 두 천사(그룹) 사이에서 모세에게 말씀하신다. 성막의 본체를 이루는 성소와 지성소, 그 두 공간은 휘장으로 가로막혀 있다. 그래서 모세는 하나님을 볼 수 없고, 그 음성만 들을 수 있다. 주께서 말씀하신다.

"모세야, 너는 대제사장 아론에게 이르기를 '등잔대의 등불을 밝힐 때는 등잔 일곱 개가 등잔대 앞쪽을 환히 밝힐 수 있게 하라' 하여라."

"네, 주님. 분부하신 대로 행하겠나이다."

대제사장 아론은 성소에 안치된 등잔대의 일곱 등잔에 맨 처음으로 불을 켜는 일을 해야 했다. 이때 아론은 일곱 등잔을 등잔대 앞쪽으로 비추게 해야 했다. 다시 말해 일곱 가지로 엮어진 등잔대의 불빛이

▲ 일곱 개의 등잔이 있는 성소의 등잔대

맞은편에 놓여 있는 진설병 상(床) 쪽을 향하여 비추도록 해야 했다. 그렇게 함으로써 등잔불이 성소 내부 전체를 밝힐 수 있었고, 성소 안에서 제사장의 활동을 용이하게 할 수 있었다.

대제사장 아론은 주께서 모세를 통해 지시하신 대로 등잔대의 일곱 등불이 등잔대 앞쪽을 환히 비출 수 있도록 배치해 놓았다.

한편, 성소 내 왼쪽(남쪽)에 놓인 등잔대는 금덩이를 두드려 펴서 만든 것이다. 밑받침부터 꼭대기에 있는 꽃모양 장식까지 모두 하나의 금덩이를 두드려 펴서 만들었다. 주께서 시내산 정상에서 모세에게 일러주신 식양(式樣)대로 만든 것이다.

성소에 등잔대가 필요한 이유는 분명하다. 네 겹의 덮개(앙장)로 둘러쳐진 성소 내부는 낮에는 출입구를 통하여 약간의 빛이 들어왔지만, 밤에는 아주 캄캄했기 때문이다. 그래서 밤 동안에 성소 안을 밝히기 위해서는 등잔대가 꼭 필요했다. 따라서 제사장은 매일 저녁에 순수한 올리브기름을 사용하여 등잔대의 일곱 등잔에 불을 켜고, 아침이 되면 그 등잔불을 껐다.

레위인의 위임에 따른 정결 의식 (8:5-22)

"모세야!"

주께서 모세에게 또 말씀하신다.

"너는 이스라엘 백성들 가운데서 레위인들을 따로 데려다가 그들을 정결하게 하여라."

레위인들이 거룩한 하나님의 성막에서 봉사하는 임무를 감당하기 위해서는 먼저 정결의식을 거행해야 한다는 말씀이다. 이처럼 레위인들에게 정결의식을 거행하는 이유는 분명하다. 레위인들에게 속죄의 물을 뿌리고, 온 몸을 삭도로 밀며, 그들의 의복을 빠는 등 외적인 정결의식을 시행하는 것은 곧 내적이며 영적인 정결을 상징하는 행위다.

레위인들은 거룩하신 하나님이 임하여 계시는 거룩한 성막에서 봉사할 자들이었으므로, 모든 죄와 부정으로부터 정결해야 했다. 그래서 하나님은 레위인들의 위임에 따른 정결의식의 절차에 대해 일러주신다.

"먼저 레위인들에게 속죄의 물을 뿌려 그들을 정결하게 하여라."

모세와 아론은 레위인들을 불러 모아 그들에게 깨끗한 물을 뿌린다. 그 물은 희생제물인 붉은 암송아지를 태운 뒤에 그 재를 섞어 만든 정결 의식용 물이다. 따라서 그 물은 그들의 죄를 속하는 속죄의 물, 곧 '죄를 씻겨내는 물'이다. 하나님의 다음 지시가 내려진다.

"물로써 레위인들을 정결하게 하였느냐?"

"네, 주님. 명하신 대로 시행했습니다."

"좋다. 다음에는 온몸의 털을 깨끗이 밀고 옷을 빨아 입게 하여라."

온몸의 털을 깨끗이 밀고 옷을 빨아 입는 일은 속죄의 물을 뿌리는 것처럼 간단하지가 않았다. 그렇지만 주께서 명하신 대로 전신의 털을 정성껏 밀고 또 옷을 빨아 입혔다. 이런 행위 역시 모든 죄악과 부정으로부터 깨끗해지는 것을 상징하는 정결의식이다. 하나님은 계속해서 모세와 아론에게 말씀하신다.

"다음 순서로 들어가기 전에 번제 제물로 수송아지 한 마리를, 소제 제물로 기름 섞은 고운 밀가루를, 속죄제 제물로 수송아지 한 마리를 가져오게 하여라."

모세의 명에 따라 레위인들은 수송아지 두 마리와 고운 밀가루를 가져왔다. 물론, 이미 준비된 제사 예물들이다.

① **번제**는 하나님께 전적인 헌신과 충성을 다짐하는 제사이고
② **소제**는 순결한 심령으로 하나님께 감사를 표하는 제사이며
③ **속죄제**는 죄 사함을 구하는 제사다.

하나님의 일을 맡은 자들은 세 가지 제사 속에 담긴 의미를 늘 마음에 새기고 있어야 했다.

하나님은 레위인들을 성막 앞으로 나오게 하신 뒤, 이스라엘 온 백성들을 불러 모았다. 그리고 하나님은 모세에게 명하신다.

"백성들로 하여금 레위인들의 머리 위에 손을 얹어 안수하게 하여라. 그러면 대제사장 아론은 레위인들을 백성들이 주께 흔들어 바치는 요제 제물로 바쳐야 한다. 이런 절차를 거쳐야만 레위인들은 성막에서나 주를 섬기는 직무를 수행할 수 있느니라."

안수 행위에는 두 가지 의미가 내포되어 있다. 위임(委任)과 전가(轉嫁)다. 그래서 이스라엘 온 백성들이 레위인들의 머리에 안수하는 행위는 하나님께 대한 헌신과 봉사의 의무를 레위인들에게 전가시켜, 그들로 하여금 백성들을 대신하여 성막에서 하나님을 섬기는 일을 하도록 위임한다는 것을 의미한다.

또한 레위인들이 성별된 신분으로 거듭나기 위해 하나님께 드리는 제사는 흔들어 바치는 방식, 곧 요제(搖祭)로 바쳐졌다. 요제는 제사 드리는 4대 방법(불살라 바치는 화제, 흔들어 바치는 요제, 높이 들어 바치는 거제, 부어서 바치는 전제) 중 하나로, 제사장이 희생제물의 가슴 부분을 양손 위에 올려놓고 번제단 앞에서 앞뒤 수평으로 흔들어 바치는 것을 가리킨다.

그렇지만 여기서는 레위인들을 실제로 그렇게 흔들어서 바쳤다는 의미가 아니라, 레위인들을 대신하는 제물을 그렇게 흔들어 요제로 바쳤다는 의미다. 모세는 하나님의 명에 따라 계속해서 레위인들에

대한 성별 예식을 진행한다.

레위인들은 이스라엘 백성들 중에서 특별히 구별된 자들이다. 그래서 다른 지파들의 백성들과는 달리, 레위인들은 자신들의 토지를 소유하지 않았고 농사도 짓지 않았다. 대신에 하나님의 성막에서 제사장들을 도와 전적으로 주의 일만 했는데, 그 대가로 그들은 하나님께로부터 생계를 보장받았다. 이처럼 레위인들은 오직 하나님의 일만 하도록 '따로 구별된' 사람들이다.

"자, 이제 레위인들을 요제로 주님께 바치도록 하겠습니다."

하나님의 지시에 따라 레위인들은 흔들어 바치는 요제의 제사 방식으로 먼저 하나님께 바쳐졌다. 그런 뒤, 하나님은 그들 레위인들을 제사장들에게 선물로 내주었다. 레위인들로 하여금 제사장들의 조력자가 되어 성막 일을 해나가도록 하기 위해서다. 하나님은 계속해서 말씀하신다.

"나는 이렇게 이스라엘 백성들 가운데 레위인들을 가려 뽑아 아론과 그의 아들들에게 선물로 주었노라. 이스라엘 백성들을 대신하여 성막에서 주의 일을 하게 하려고 아론과 그의 아들들에게 레위인들을 준 것이니라."

하나님은 이처럼 레위인들을 가려 뽑아 이스라엘의 장자들을 대신하여 제사장 밑에서 성막 일을 하도록 하셨다. 만일 이스라엘의 장자들이 직접 하나님께 헌신하여 성막 봉사에 전념한다면, 각 가정마다 장자가 빠져나가게 됨으로써 가정과 가문을 유지하는 데 큰 어려움이 있을 것이기 때문이다. 또한 여러 지파의 장자들이 한데 섞여 성막에서 봉사하면 그 효율성도 크게 떨어지기 때문이다. 그렇기 때문에 하나님은 특별히 레위 지파의 사람들 곧 레위인들을 택하여 이스라엘의 장자들을 대신하여 성막 봉사에 전념케 함으로써 이런 문제점들을 말끔히 해결하셨던 것이다.

"이스라엘 백성들 가운데 처음 태어나는 것들은 전부 내 것이니라."

하나님은 출애굽 구속(救贖) 사건에 근거하여, 이스라엘 백성들에게서 태어난 모든 장자(맏이)는 전부 자신의 것이라고 선언하셨다. 이스라엘 백성들의 출애굽을 위해 하나님은 사람이든 가축이든 막론하고 이집트의 초태생들을 모조리 쳐서 죽였는데, 그때 이스라엘의 초태생들은 죽이지 않고 살려주었기 때문이다. 이 같은 사실에 근거하여, 하나님은 이스라엘 백성들의 모든 장자들을 대신하여 모든 레위인들을 자신의 것으로 택하셨던 것이다.

모세와 아론과 이스라엘 백성들은 주께서 명하신 대로 레위인들의 성별 예식을 시행하였다. 레위인들은 정결의 물로써 자신들을 깨끗하게 하였고, 또 옷을 깨끗이 빨아 입었다. 또한 대제사장 아론은 레위인들을 데리고 가서 하나님 앞에 흔들어 요제로 바쳤다. 그리고 레위인들을 정결케 하기 위해 죄를 씻는 제사 의식도 모두 치렀다. 그런 후에 레위인들은 성막에서 제사장들인 아론과 그의 아들들을 도와 그들이 시키는 대로 맡은 성막 봉사의 직무를 수행하였다.

"자, 여러분들은 이스라엘 모든 백성들 가운데서 특별히 택함 받아 주의 성막에서 일하는 자들이므로, 게으름 피우지 말고 최선을 다해 정성껏 일해야 합니다. 자부심을 갖고 열심히 일해야 합니다."

레위인들이 성막에서 해야 할 일은 많았다. 제사를 직접 집전하는 일은 아론의 자손인 소수의 제사장들이 담당했지만, 제사장들의 손길이 미치지 않는 성막의 여러 잡다한 일들은 모두 레위인들이 해야 했다. 희생제물을 도살하고 그 피를 준비하는 일, 번제단의 재를 치우는 일, 성막을 걷고 세우며 옮기는 일 등등…. 레위인들은 성막의 허드렛일들을 전부 도맡아 처리했다.

모세 율법에 따르면, 제사장과 레위인은 뚜렷한 차이가 있다. 이스라엘 12지파 가운데 레위 지파에서 태어난 사람들은 모두 레위인이 될 수 있었던 데 반해, 제사장은 레위 지파 중에서도 오직 아론 집안의 직계 후손들만 될 수 있었다. 그래서 종교적 신분상 제사장들이 레위인들을 거느리는 위치에 있었다. 다시 말해 레위인들은 제사장들에게 속하여 제사장들을 돕는 조력자의 위치에 있었다.

그렇다면 왜 오직 아론 집안의 직계 자손들만 제사장이 될 수 있었을까? 그 이유는, 하나님께서 그렇게 명하셨기 때문이다. 무엇 때문에 하나님께서 그렇게 명하셨는지 우리는 그 분명한 이유를 알 수 없다. 하나님께서 개인, 종족, 나라를 선택하시는 것은 오직 그분의 고유한 주권에 속하는 비밀스러운 일이다. 그런 비밀스러운 섭리와 경륜 하에서 하나님은 이스라엘 12지파 중에서 오직 레위 지파의 사람들, 곧 레위인들만 성막과 성막의 물건들을 관리할 수 있다고 명하셨고, 또한 레위인들 중에서도 오직 아론 집안의 직계 자손들만 제사장으로 봉사할 수 있다고 명하셨다.

레위인의 정년에 관한 규례 (8:23-26)

"모세야."

주께서 모세를 부르신 뒤 그에게 말씀하신다.

"모세야, 레위인들은 25세부터 성막에서 일을 하기 시작하되, 50세가 넘으면 물러나 쉬어야 한다. 그때부터는 다른 레위인들이 성막에서 하는 일을 거들 수는 있으나 혼자 일을 맡아 해서는 안 되느니라."

레위인들의 정년에 관한 규례다. 이처럼 성막에서 봉사하는 일에 나이 제한을 둔 이유는 분명하다. 성막 일에는 힘든 노동이 뒤따랐기 때문이다. 실제로 성막 이동시에 성막을 걷고 운반하며 세우는 일이나 화제(火祭)를 위해 장작을 마련하고, 정결 예식을 위해 물을 길어 나르며, 번제단 위에서 불시를 희생제물의 각을 뜨는 일 등을 하기 위해서는 왕성한 체력이 요구되었다.

만일 나이 제한을 두지 않을 경우, 자칫 기력이 쇠한 탓에 본의 아니게 성막 일을 하는 도중에 실수할 가능성이 다분히 있었다. 성막에서의 실수는 하나님의 거룩함을 훼손하는 일이기에 죽임을 면치 못했다. 그러하기에 레위인들의 보호 차원에서도 나이 제한이 꼭 필요하였다.

"모세야, 너는 이와 같이 나이 제한을 두어 레위인들로 하여금 그들의 직무를 수행하게 해야 하느니라."

"네, 주님. 명심하겠습니다."

앞서 모세와 아론이 성막에서 봉사할 레위인들의 인구를 조사할 때 30세부터 50세까지의 인원을 계수하였다. 따라서 공식적인 직무 수행자가 되기 전에 25세부터 5년 동안은 수습 기간을 거치게 한 것으로 보인다.

하나님은 이스라엘 백성들이 시내산을 떠나가기 직전에 참으로 다양한 규례와 법도를 주셨다. 구름이 성막 위로 높이 떠오름으로써 이스라엘 백성들이 마침내 시내산을 떠나간 날은 출애굽 제2년(주전 1445년경) 2월 20일이다. 시내산에 도착한 날로부터는 11개월 5일이 지난 때이고, 이집트를 빠져나온 날로부터는 13개월 5일이 지난 때였다.

9
유월절 규례, 불과 구름기둥

성막 세운 날, 구름이 성막을 덮네
낮에는 구름이 성막을 덮고
밤에는 불 모양 같은 것이
아침까지 그렇게 덮네

시내 광야에서 지킨 유월절 (9:1-5)

"모세야!"

이스라엘 백성들이 이집트에서 나온 이듬해 정월(주전 1445년경 1월), 주께서 시내 광야에서 모세를 불러 그에게 말씀하신다. 그러니까 시간상으로 보면, 이때는 조금 앞으로 거슬러 올라가 이스라엘 백성들이 성막을 세운 직후이고, 군대 편성을 위해 인구조사를 실시하기 이전이다.

이스라엘 백성들이 성막을 다 만들어 세운 때는 출애굽 제2년 정월 초하루(주전 1445년경 1월 1일)였고, 그들이 인구조사를 실시한 때는 출애굽 제2년 2월 초하루였다(주전 1445년경 2월 1일).

"모세야, 너는 이스라엘 백성들로 하여금 유월절을 지키게 하여라. 이 달 14일 해질 무렵부터 유월절을 지키되, 내가 일러준 규정과 법규에 따라 지켜야 하느니라."

이스라엘 백성들은 출애굽하기 전날 밤에 처음으로 유월절을 지켰다

(주전 1446년경 1월 14일 저녁). 이제 출애굽한 지 어느덧 1년의 세월이 흘렀기 때문에, 출애굽 제2년 1월 14일 밤에 두 번째로 유월절을 지키라는 명령이다. 유월절은 이스라엘 백성들이 하나님의 크신 능력과 은혜로 이집트 땅에서 해방된 날을 기념하는 큰 절기다.

출애굽 전날 밤, 곧 여호와 하나님께서 심판을 대행하는 죽음의 천사를 통해 이집트의 모든 초태생들을 쳐 죽이시던 밤에, 문의 좌우 문설주와 인방에 어린양의 피가 발라져 있는 이스라엘 사람들의 집은 그냥 '넘어갔다'(passed over). 유월절(逾越節, Passover)이란 말은 바로 그날 밤의 사건에서 붙여진 이름이다.

이후 이스라엘 백성들은 매년 그날 저녁에 어린양을 잡아 무교병(누룩 없는 빵) 및 쓴 나물과 함께 먹었는데, 이 같은 유월절 음식은 출애굽하던 날 밤의 구속 사건을 잊지 않도록 하기 위함이었다.

유월절에 바로 이어지는 절기가 무교절이다. 흔히 유월절과 무교절은 똑같은 절기로 여겨지는 경향이 있지만, 자세히 살펴보면 차이점이 있다. 유월절은 유대 종교력으로 정월(아빕 월) 14일 밤에 지키는 절기로, 유월절 어린양을 잡는 절기다. 반면, 무교절은 유월절 밤이 지난 그 다음날 아침부터 일주일 동안 지키는 절기로(정월 15~21일), 누룩 없는 빵(무교병)을 먹는 절기다.

유월절이나 무교절 기간 동안에 누룩 없는 빵 곧 무교병을 먹어야 하는 이유는 이러하다. 이때의 '누룩'은 이집트의 부패하고 죄악 된 옛 생활을 상징하는 것이다. 따라서 이집트로부터의 구원과 해방을 기념하는 절기인 유월절과 무교절 기간에는 그런 누룩을 먹지도 보지도 말아야 했다.

"여러분, 주목해 주시기 바랍니다. 주께서 명하시기를 '이 달 14일 해질 무렵부터 유월절을 지키라!' 하셨소. 그러니 모두 차질 없이 준비하여 유월절을 엄숙하게 지켜주시기 바랍니다."

모세가 이스라엘 백성들에게 유월절을 지키라고 명하자, 백성들은 주께서 모세에게 지시하신 대로 출애굽 제2년 정월 14일 밤에 시내 광야에서 유월절을 지켰다. 출애굽 전날 밤에 지킨 첫 번째 유월절에 이어 두 번째로 지키는 유월절이다.

유월절 준수에 관한 특례법 (9:6-14)

"아, 어쩌면 좋단 말입니까? 우리는 시체에 몸이 닿아 부정을 입은 자들입니다. 이제 우리는 어찌해야 합니까? 우리는 유월절을 지킬 수 없는 것입니까?"

모든 일에는 사연이 있는 법이다. 이스라엘 백성들 가운데 몇몇이 시체에 몸이 닿음으로써 부정을 입은 상태였기에, 유월절을 지키지 못할 처지에 놓이게 되었다.

이처럼 본의 아니게 시체에 몸이 닿음으로써 부정을 입은 자들이 모세와 아론에게 나아와서 자신들의 처지를 하소연하였다.

"자, 자, 모두 진정들 하시오. 그러니까 그대들은 하필 유월절 밤에 부정을 입었다는 것이로군요. 잠시 기다려 보시오. 내가 주님께 여쭈어 보겠소."

모세가 그들을 달래며 진정시켰다. 그런 뒤 모세가 주님께 그 사연을 여쭈었고, 오래지 않아 주님의 말씀이 모세에게 임했다.

"모세야, 너는 백성들에게 일러주어라. 누구든지 시체에 몸이 닿아 부정을 입었거나, 멀리 여행 중에 있다고 해서 유월절을 지킬 수 없는 것은 아니다. 한 달 뒤, 그러니까 2월 14일 해질 무렵에 유월절을 지키면 되느니라."

요컨대 유월절 준수에 관한 특례법이 주어진 것이다. 유월절 밤에 정결 의식상 부정을 입은 자들이나 장거리 여행 등 불가피한 사정으로 인해 유월절을 지키지 못한 자들은 공식적인 유월절보다 한 달 뒤인 제2월 14일 저녁에 반드시 유월절을 지켜야 했다. 하나님은 모세에게 계속 말씀하신다.

"한 달 뒤 그들이 유월절을 지킬 때, 어린양을 잡은 뒤 누룩을 넣지 않은 빵과 쓴 나물을 그 양고기와 함께 먹어라. 다음날 아침까지 그 유월절 음식을 조금이라도 남겨서는 안 되며, 희생제물의 뼈를 부러뜨려서도 안 된다. 유월절에 지켜야 하는 규정을 그대로 준수해야 하느니라."

유월절 기념 의식 때 먹는 세 가지 음식이 있다.

① 어린양
② 무교병(無酵餠, 누룩 없는 빵)
③ 쓴 나물

여기서 어린양은 대속의 희생양 되시는 메시아 예수를 상징하고, 무교병은 죄와 부패가 없는 성결한 삶을 상징하며, 쓴 나물은 과거 이집트에서 종살이를 할 때 이스라엘 백성들이 겪은 고난을 상징한다. 이스라엘 백성들은 유월절 밤에 이 같은 음식들을 먹으면서 유월절의 의미를 가슴속에 깊이 되새겨야 했다.

또한 유월절 음식은 당일 밤에 다 먹어야 했고, 다음날까지 조금이라도 남겨두어선 안 되었다. 하나님의 구속 사역과 메시아 예수를 상징하는 유월절 음식은 지극히 거룩한 음식이었고, 그래서 남은 음식들이 외인이나 짐승들로 인해 함부로 취급당하거나 더럽혀져서는 안 되었기 때문이다.

또한 유월절 저녁에 희생제물인 어린양을 잡을 때에는 그 뼈를 부러뜨리지 말아야 했다. 즉, 유월절 어린양은 온전한 상태로 도살되어야 했다. 유월절 어린양은 장차 십자가에서 고난 겪으실 메시아 예수의 몸을 예표하기 때문이다. 과연 놀랍게도 후일에 메시아 예수가 십자가에 매달려 죽으실 때 그 뼈가 하나도 꺾이지 아니함으로써 이 예언적인 규례를 온전히 성취하셨다. 사도 요한이 그 사실을 기록했다.

> "예수가 이미 숨을 거두신 것을 보고는 로마 군인들이 예수의 다리를 꺾지 않았다."

하나님은 모세에게 계속 말씀하신다.

"모세야, 만일 너희들 중에 어떤 자가 부정을 입지도 않았고 먼 길을 여행 중이 아닌데도 유월절에 참여하지 않는 자가 있으면, 그자는 이스라엘 가운데서 제거될 것이다. 그런 자는 정해진 때에 유월절을 지키지 않았기 때문에 자신이 저지른 죗값을 받아야 하느니라."

아무런 불가피한 사연이 없는데도, 유월절을 일부러 지키지 않는 자는 하나님의 백성 되기를 스스로 거부한 자로 간주되어 이스라엘 공동체 사회에서 추방당하는 징벌을 받았다. 하나님의 말씀은 계속 이어진다.

"이스라엘 가운데 몸 붙여 사는 외국인이 유월절 지키기를 원한다면, 그들도 유월절 규례를 그대로 따라 지켜야 한다. 유월절 규례는 이스라엘 본토인이나 너희 가운데 몸 붙여 사는 외국인에게나 똑같이 적용되느니라."

여기서 외국인은 잠깐 스쳐가는 외국인이 아니다. 히브리어로 '게르'라 불리는 이들은 이스라엘 백성들 가운데서 오랫동안 거주함으로써 그 사회에 동화된 이방인들이다. 이들도 유월절 의식에 참여하기를 원한다면 할례를 받은 뒤 유월절 규례에 따라 행하면 된다.

구약시대에 할례는 하나님의 백성임을 입증하는 언약의 표징이다. 이렇게 할례를 받음으로써 하나님의 백성이라는 자격을 얻으면, 그는 이스라엘 본토인들과 마찬가지로 아무런 차별 없이 유월절 규례에 따라 유월절을 지킬 수 있었다.

자, 그렇다면 오늘날에도 유월절을 계속 지켜야 하는가? 유대인들은 오늘날에도 구약시대의 규례를 좇아 유월절 절기를 기념한다. 하지만 기독교인들은 유월절의 절기를 지키지 않고, 대신에 예수님의 뜻을 좇아 예수님의 최후 만찬 곧 성찬식을 기념한다. 구약시대의 유월절 어린양은 인류를 죄와 죽음에서 구원해 내신 메시아(그리스도) 예수를 상징하고 예표하는 것으로, 메시아 예수야말로 참된 유월절 어린양이기 때문이다.

이스라엘 백성을 인도한 구름기둥과 불기둥 (9:15-23)

기억하는가? 성막이 세워진 그날(출애굽 제2년 정월 초하루), 하늘의 신령한 구름이 그 성막 위를 완전히 뒤덮은 사실을! 그렇게 성막을 뒤덮은 빽빽한 구름은 저녁부터 아침이 될 때까지는 마치 활활 타오르고 있는 불길 같은 형상이 되어 성막 위를 환히 비추고 있었다. 거대한 불길 같은 하나님의 영광스런 광채가 구름 속에서 찬란하게 빛을 발하고 있었던 것이다.

"와, 보라! 구름이 활활 불타고 있는 불기둥 같다!"

정말로 그랬다. 성막 위를 항상 뒤덮고 있는 구름이 밤에는 불이 활활 타오르고 있는 불기둥 같은 모습이 되었다. 하지만 그 불기둥이 낮에는 거대한 구름기둥의 모습으로 변했다.

이렇듯 구름기둥과 불기둥은 각기 다른 두 개의 기둥이 아니다. 한 개의 기둥 모양 같은 빽빽한 구름이 해가 떠 있는 낮에는 구름으로, 해가 지는 저녁 무렵부터 해가 떠오르기 전의 새벽까지는 불로 나타난 것이다. 그리하여 구름기둥은 이스라엘 백성들에게 시원한 그늘을 제공하여 푹푹 찌는 광야의 낮 더위를 막아주었고, 불기둥은 따스한 온기를 제공하여 낮과 밤의 큰 일교차로 인해 급격히 추워지는 광야의 밤

추위를 막아주는 역할을 했다. 이처럼 성막 안 지성소에 임재하신 하나님은 낮의 구름기둥과 밤의 불기둥으로 자기 백성 이스라엘을 자상하게 보호하시고 인도하셨다.

향후 본격적으로 진행되는 광야생활 동안에 하나님께서 이스라엘 백성들을 구름기둥과 불기둥으로 인도하는 방식은 이러했다. 이 같은 방식은 이스라엘 백성들이 시내산을 떠난 출애굽 제2년 2월 20일부터 그들이 요단강을 건너 가나안 땅에 들어간 출애굽 제41년 1월 10일 직전까지 똑같은 형태로 진행되었다. 이제 그 방식을 살펴보자.

"보라, 구름이 성막 위로 높이 떠올랐다!"

구름이 성막 위로 높이 떠올랐다는 것은 각자 천막을 거두어 길을 떠나라는 신호였다. 그래서 구름이 성막 위로 높이 떠오를 때는 이스라엘 백성들도 즉시 진영을 거두어 행군 순서에 따라 길을 떠났다.

"보라, 구름이 성막 위로 내려앉았다!"

구름이 성막 위로 내려앉았다는 것은 가던 길을 멈추고 각자 천막을 치고 머물라는 신호였다. 그래서 구름이 성막 위로 내려와 머물면 이스라엘 백성들도 행진을 멈추고 천막을 쳐서 숙영 규례대로 진영을 이루었다.

이와 같이 성막 위에서 때로는 머물고 때로는 떠오르는 구름은 하나님의 인도와 동행을 상징한다. 따라서 이스라엘 백성들은 하나님을 직접 볼 수는 없었지만, 성막 위에 떠오르고 내려앉는 구름을 통해 하나님의 동행하심과 인도하심을 날마다, 매순간에 분명히 확인할 수 있었다.

이처럼 이스라엘 백성들은 자신들과 동행하시는 하나님의 인도하심에 따라 행진을 멈춘 채 진을 치기도 했고, 또 천막을 거두어 길을 떠나 행진하기도 했다. 구름이 성막 위에 내려앉고 떠오르는 시기는 하나님 외에는 아무도 몰랐다. 그래서 이스라엘 백성들에게 요구되는 것은, 구름이 떠오르고 내려앉는 시기를 미리 짐작하는 감각이 아니었다. 구름의 변화에 따라 언제든지 즉각적으로 순종할 수 있는 신실한 마음자세였다.

"흐흠… 이곳에 머문 지가 한참인데, 왜 구름이 여태 떠오르지 않는 거지? 아, 지겨워!"

"글쎄다, 구름이 성막 위에 여전히 머무르고 있구먼 그래. 이제 그만 여길 떠났으면 좋겠는데…."

구름이 성막 위에 그대로 머물러 있는 동안에는 이스라엘 백성들도 진을 친 곳에 그대로 머물러 있어야 했다. 구름이 성막 위에 오랫동안 머물러 있을 때에도 그들은 계속해서 머물러야 했다. 그렇게 구름이 일주일이든 한 달이든 일 년이든 성막 위에서 떠오르지 않으면, 이스라엘 백성들 역시 그 기간 동안에는 진을 친 그곳을 내내 떠나지 않았다.

그러다가 어느 날 구름이 성막 위로 높이 떠오르면, 그제야 이스라엘 백성들도 즉시 천막을 거두어 그곳을 떠나 행진하기 시작했다.

구름이 오랫동안 성막 위에 머무를 때, 이스라엘 백성들에게 요구되는 것은 인내와 기다림이었다. 머물고 있는 장소가 지겹고 여건이 안 좋아 한시바삐 떠나가고 싶어도 구름이 성막 위로 떠오르지 않으면 절대로 떠나선 안 되었다. 하나님의 때를 기다리면서 인내와 기다림으로 묵묵히 그 자리에 계속 머무는 가운데 일상의 삶을 성실히 살아가야 했다.

"앗, 보라! 구름이 성막 위로 떠올랐다!"

"아니, 벌써 구름이 떠올랐단 말이야?"

"이거야 원, 천막을 치자마자 또 거두어야 하다니…. 귀찮아 죽겠네."

구름이 불과 하루 이틀 동안만 성막 위에 머무르고는 금방 떠오를 때도 있었다. 그럴 때에도 이스라엘 백성들은 즉시 천막을 거두어 행진해야 했다. 심지어 구름이 저녁때부터 아침까지만 성막 위에 머무를 때도 있었다. 그럴 때에도 이스라엘 백성들은 구름이 성막 위로 높이 떠오르면 즉시 그곳을 떠나 다른 장소로 이동해야 했다.

이럴 때 이스라엘 백성들에게 요구되는 것은 열심과 부지런함이었다. 노약자들과 환자들을 포함하여 200만 명이 훨씬 넘는 사람들이 천막을 치고 거두는 일은 결코 손쉬운 일이 아니었다. 더구나 가축이 딸린 경우가 많았다. 어렵사리 천막을 치고 신영을 이루었는데, 또 다시 서둘러 천막을 걷고 짐을 챙기는 일은 여간 귀찮고 힘든 일이 아니었다. 그래도 구름이 성막 위로 높이 떠오르면 지체 없이 천막을 거두고 짐을 챙겨 그 장소를 떠나 앞으로 행진해야 했다. 이는 마치 주께서 우리를 향해 "오라!" 하고 부르시면 즉시 육신의 장막을 걷어 이 세상을 하직해야 하는 것과 같은 이치다. 우리 몸은 천막과 같다. 훗날 바울 사도는 이렇게 말했다.

> "여러분, 우리는 땅에 있는 우리 육신의 천막집이 무너지면 하나님께서 하늘에 손수 지으신 영원한 집이 우리에게 있는 줄을 알고 있습니다."

"아, 피곤하다. 이토록 오래 걸었는데도 왜 구름이 성막 위로 내려앉지 않는 걸까? 이젠 천막을 치고 쉬고 싶다."

때로는 광야의 땡볕 아래에서 오랫동안 행진해도 구름이 성막 위로 내려앉지 않는 경우도 있었다. 그러면 아무리 쉬고 싶어도 멈추지 말고 계속 행진해야 했다. 구름이 성막 위로 내려앉을 때까지 계속 걸어야 했다. 이처럼 이스라엘 군대를 총지휘하시는 왕이신 하나님께서 구름을 통해 신호를 보내기까지 오직 그분의 뜻에 따라 움직여야 했다.

이렇게 이스라엘 백성들은 광야생활을 하는 동안에 모세를 통하여 지시하신 하나님의 명령에 따라 장막을 치기도 했고, 또 장막을 거두어 행진하기도 했다. 낮의 구름기둥과 밤의 불기둥은 이스라엘 백성들의 광야 여정 내내 앞에서 친절하게 인도하였고, 사방의 위험으로부터 안전하게 지켜주었다.

10

힘찬 나팔소리로

성막 위로 구름이 높이 떠오르네
출애굽 제2년 둘째 달 20일
약속의 땅 향해 언약궤 앞세워
군대별로 힘차게 행진하네

은나팔 신호에 관한 규례 (10:1-10)

'흐음, 시내산에 머문 지도 어언 1년이 다 되어 가는군.'

또 새로운 하루를 맞이한 모세가 상념에 잠긴다. 그렇다. 이스라엘 백성들이 시내산에 머문 지도 어언 1년이 다 되어갔다. 모세의 인솔 하에 이집트 땅을 떠난 이스라엘 백성들이 시내산에 도착한 날은 이집트에서 나온 지 두 달 만인 출애굽 원년(주전 1446년경) 3월 15일. 그리고 이스라엘 백성들이 마침내 시내산을 떠나 가나안 땅을 향해 출발한 날은 출애굽 제2년(주전 1445년경) 2월 20일.

그러니까 이스라엘 백성들은 대략 11개월 5일 동안 시내산 아래의 평지, 곧 시내 광야에 장막을 친 채 머물고 있었다. 그런데 드디어 시내산 출발을 눈앞에 두고서, 하나님은 이스라엘 백성들로 하여금 광야 여정을 질서 있고 효율적으로 진행해 나가도록 하기 위해 꼭 필요한 규례를 일러주신다. 이른바 '은(銀)나팔 신호'에 관한 규례다.

"모세야!"

하나님이 성막으로 모세를 부르신다. 모세가 성막으로 나아가자, 하나님은 그에게 말씀하신다.

"너는 은을 망치로 두드려 펴서 나팔 두 개를 만들어라. 그런 뒤, 백성들을 불러 모으거나, 진영을 거두어 행진을 시작할 때에는 이 나팔을 사용하도록 하여라."

여기서 나팔은 히브리어로 '헤초체라'라 불리는 나팔로, 얇은 은판(銀板)을 망치로 두들겨 펴서 만든 행군용 및 전쟁용 나팔을 일컫는다. 가늘고 길게 쭉 뻗은 곧은 관에 주둥이가 넓게 벌어진 모양새다.

여기서 말하는 은나팔은 희년이나 나팔절 등 이스라엘의 절기나 축제 때 사용하는 곡선형의 긴 뿔나팔과는 다르다. 이때의 뿔나팔은 히브리어로 '쇼파르'라 불리는데, 짐승의 긴 뿔을 잘라 만들었다. 이제 하나님은 은판을 두들겨 펴서 만든 은나팔의 사용법에 관하여 모세에게 일러주신다. 그 내용을 요약하면 이러하다.

—온 회중의 집합 신호: 두 개의 은나팔을 동시에 길게 울려 불라!
—지도자들의 소집 신호: 하나의 나팔만 길게 울려 불라!
—동쪽 진영의 출발 신호: 나팔을 1차로 짧고 크게 울려 불어라!
—남쪽 진영의 출발 신호: 나팔을 2차로 짧고 크게 울려 불어라!

이처럼 은 나팔을 짧고 크게 부는 것은 행진을 시작하라는 신호다.

—은나팔이 1차로 짧고 크게 울리면, 해 뜨는 동쪽에 진영을 친 제1군단인 유다 진영(유다 지파, 잇사갈 지파, 스불론 지파)이 행진했다.

—은나팔이 2차로 짧고 크게 울리면, 성막의 남쪽에 진영을 친 제2군단인 르우벤 진영(르우벤 지파, 시므온 지파, 갓 지파)이 행진했다.

—은나팔이 3차로 짧고 크게 울리면, 성막의 서쪽에 진영을 친 제3군

단인 에브라임 진영(에브라임 지파, 므낫세 지파, 베냐민 지파)이 행진했다.

—은나팔이 4차로 짧고 크게 울리면, 성막의 북쪽에 진영을 친 제4군단인 단 진영(단 지파, 아셀 지파, 납달리 지파)이 행진했다.

이어서 하나님은 대적들과의 싸움에서도 은나팔로 신호를 주고받도록 명하신다.

"모세야, 만일 적들이 쳐들어와서 그들과 대적하러 나갈 때는, 은나팔을 짧게 급히 계속해서 크게 불어라. 그러면 너희의 주 하나님이 너희를 기억하고, 적들로부터 너희를 구해 주리라."

전쟁과 같은 급박한 상황에서는 은나팔을 짧게 끊어 계속 울려 불라는 말씀이다. 그렇게 부는 것은 하나님께 긴급히 도움을 요청하는 신호가 되어, 하늘의 하나님께서 들으시고 이스라엘을 도우실 것이라는 말씀이다.

이처럼 하나님은 은나팔을 불어 여러 신호들을 전달하도록 명하셨다. 그렇게 명하신 이유는 분명하다. 무엇보다 이스라엘은 가나안 땅을 정복하러 가는 하나님의 당당한 군대다. 고대로부터 군대를 효율적으로 통솔하는 방법은 나팔을 다양하게 불어 여러 가지 명령을 전달하는 것이었다.

시내산 아래의 이스라엘 백성들은 더 이상 이집트의 노예가 아니다. 나팔 소리에 따라 질서 정연하게 움직이는 하나님의 당당한 60만 군대다. 이런 의미에서 다양한 나팔 소리는 이스라엘 군대를 이모저모로 지휘하시는

▲ 신호용으로 사용된 은나팔

하나님의 음성이다. 하나님은 은 나팔 규례에 관한 말씀을 마무리하신다.

"모세야, 나팔은 제사장들인 아론의 아들들이 불어야 한다. 이 규정은 너희가 대대로 지켜야 하느니라."

이때 나팔은 하나님의 뜻을 이스라엘 백성들에게 전달하는 도구로서, 하나님의 거룩한 일을 위해 구별된 성물이다. 따라서 나팔의 사용과 관리는 가까이서 항상 하나님을 모시면서 그 뜻을 받들고 있는 하나님의 대리자인 제사장들이 맡아야 했다.

이스라엘 백성들이 시내산 아래에 머물고 있을 당시, 제사장들은 모두 세 명이다. 대제사장 아론을 비롯하여 그의 두 아들인 엘르아살과 이다말이 바로 그들이다. 따라서 시내산을 출발하여 광야를 행진할 때 오직 이들 세 사람만이 은나팔을 불어 하나님의 뜻을 이스라엘 백성들에게 전달할 수 있었다.

마침내 시내산을 떠나 가나안 땅을 향해 행진하다 (10:11-13)

"이보게, 이보게! 저기 좀 보게나. 구름이 성막 위로 높이 떠올랐다네."

"뭐라고? 정말? 진짜야? 어디, 어디 좀 보세."

"와- 정말 그렇군! 드디어 구름이 성막 위로 높이 떠올랐구먼!"

"보라! 저기, 저기 구름이… 구름이 높이 떠올랐다!"

아닌 게 아니라 오랫동안 성막 위에 머물고 있던 구름이 성막 위로 높이 떠올랐다. 그 모습을 보고, 이스라엘 진영 곳곳에서 환호성이 터져 나왔다.

"와, 마침내 출발이다! 이제 우리가 시내산을 떠난다!"

"자, 어서 짐을 챙겨 약속의 땅 가나안으로 행진해 나가자!"

이스라엘 백성들이 이집트를 나온 지 제2년째 되던 해(주전 1445년 경) 2월 20일, 마침내 성막을 뒤덮고 있던 구름이 성막 위로 높이 떠올랐다. 하나님의 임재를 상징하는 구름은 성막이 건립된 날(주전

▲ 이스라엘 백성들이 시내산을 떠나다

1445년경 1월 1일)에 성막 위에 임하였으므로, 무려 50여 일만에 성막 위로 떠오른 것이다. 하나님께서 이스라엘 군대를 향해 출발 신호를 내리신 것이다.

구름이 성막 위로 높이 떠오름으로써 이스라엘 백성들이 시내산을 떠난 날(출애굽 제2년 2월 20일)은 그들이 이집트에서 나온 날(출애굽 원년 1월 15일)로부터는 1년 1개월 하고도 5일이 지난 때였고, 그들이 시내산에 도착하여 그곳 시내 광야에 장막을 치고 진영을 이룬 날(출애굽 원년 3월 15일)로부터는 11개월 5일이 지난 때였다.

이스라엘 백성들이 시내산에 도착하여 시내 광야에서 거주하는 11개월 5일 동안 많은 일들이 있었다. 모세를 통해 십계명을 비롯한 각종 사회법, 도덕법, 정결법을 하나님께로부터 부여받았고, 그 외 여러 절기들과 성일들과 기념일 등에 관한 다양한 규례와 법도와 율례를 지시받았다.

또한 하나님이 보여주신 식양대로 5~6개월가량에 걸쳐 성막을 건립하고 또 성막에 딸린 각종 기물들을 제작하였다. 이어서 각종 제사 제도와 제사장 규례에 관해서도 지시받았다. 그 외에도 성막 봉헌식, 제사장 위임식과 취임식, 인구조사, 군대 조직의 편성과 행군 및 숙영 지침, 성막 운반에 관한 레위인들의 임무, 그리고 떠나기 직전에는 은나팔 규례에 관해서도 지시받았다.

이리하여 200만 이상의 이스라엘 백성들은 이집트의 노예 백성에서 완전히 탈피하여 성막의 지성소에 여호와 하나님을 왕으로 모신 채 나라의 법을 가졌고, 60만 군대를 소유한 어엿한 신정국가로 거듭났다. 이스라엘은 이제 왕, 백성, 법, 군대를 갖춘 당당한 나라였다. 시내산에서 얻은 유익은 너무도 크고 많았다. 정말 잊을 수 없는 산이다. 그건 모세에게도 마찬가지다.

이스라엘 백성들에게 이제 하나 남은 것은 '땅'이다. 백성들이 터를 잡고 자손 대대로 살아갈 영토, 곧 하나님께서 신정(神政)의 거룩한 뜻을 펼칠 영역을 갖는 것이다. 바로 그 땅을 차지하기 위해 이스라엘 백성들은 시내산을 떠나 약속의 땅 가나안으로 행진해 나아가야 했다. 일찍이 하나님께서 이스라엘 백성들의 조상들인 아브라함과 이삭과 야곱에게 주시겠다고 약속하신 그 땅, 젖과 꿀이 흐르는 가나안 땅으로 당당하게 진군해 가야만 했다.

"자, 모두 장막을 걷고 짐을 챙겨 출발합시다!"

이스라엘의 최고 지도자 모세가 힘차게 출발 명령을 내렸다. 그리하여 모두가 부푼 기대와 소망을 안고서 자신의 장막을 거두고 짐을 챙긴다. 그들은 무질서하게 아무렇게나 떠난 것이 아니고, 하나님께서 일러주신 행군 순서대로 질서 있게 길을 떠났다. 행군 순서는 이러하다.

① 행렬의 맨 앞에는 언약궤가 있었다. 그리고 그 언약궤와 함께, 모세와 아론과 제사장들이 있었다.

② 이어서 제1군단인 유다 진영의 세 지파(유다 지파, 잇사갈 지파, 스불론 지파)가 뒤따랐다.

③ 이어서 성막의 가장 무거운 부품들을 수레에 실은 게르손 자손들과 므라리 자손들이 뒤따랐다.

④ 이어서 제2군단인 르우벤 진영의 세 지파(르우벤 지파, 시므온 지파, 갓 지파)가 뒤따랐다.

⑤ 이어서 성막의 주요 기물들을 어깨에 멘 고핫 자손들이 뒤따랐다.

⑥ 이어서 제3군단인 에브라임 진영의 세 지파(에브라임 지파, 므낫세 지파, 베냐민 지파)가 뒤따랐다.

⑦ 이어서 행군의 맨 뒤에는 제4군단인 단 진영의 세 지파(단 지파, 아셀 지파, 납달리 지파)가 뒤따랐다.

이렇게 하나님의 군대인 이스라엘 백성들은 아주 질서 있게 순서대로 광야를 행진하였다.

"애야, 멀리 떨어져선 안 된다. 내 곁에 꼭 붙어 있어야 돼."

각 집안의 어른들은 각자 자기 자녀들을 알뜰히 챙긴다.

음메에~, 움메~. 가축들도 오랜만에 길을 떠나는 것이 좋은가 보다. 소, 양, 염소 등과 같은 가축들도 울음소리를 내며 함께 길을 떠난다. 시내산 아래의 시내 광야에서 길을 떠난 이스라엘 백성들은 거대한 구름기둥의 인도에 따라 광야를 행진한다. 구름기둥이 머물 때까지 행진을 계속한다.

"보라, 구름기둥이 머물렀다!"

높이 떠서 이스라엘 백성들을 인도하던 구름기둥이 마침내 한 곳에 이르러 머물렀다. 그곳은 바란 광야다. 이스라엘 백성들이 주께서 모세를 통해 명령하신 대로 각 진영의 순서대로 길을 떠나 군대답게 행군한 것은 이번이 처음이다. 그 첫 행군은 시내 광야에서부터 바란 광야까지였다(사실 도중에 두 군데 이상 더 숙영했지만, 큰 줄기로 볼 때 시내 광야에서 바란 광야까지가 이스라엘 백성들의 첫 번째 행군 노정이었다).

시내 반도에 위치하고 있는 바란 광야는 시내 광야에서 3일 정도

떨어진 곳에 위치해 있었다. 동쪽으로는 험준한 아라바 골짜기에 접해 있었고, 서쪽으로는 술 광야와 맞닿아 있었다. 남쪽으로는 호렙 산과 연결되었고, 북쪽으로는 가나안 남단의 국경에 맞붙어 있었다. 모세가 가나안 땅에 12정탐꾼들을 보낸 가데스-바네아는 바란 광야의 북단에 위치하고 있었다.

이처럼 시내산에서 출발할 때 이스라엘 백성들의 광야 행진은 이집트에서 시내산에 이를 때와는 달리 각 진영과 각 대(隊)와 각 지파에 따라 조직적이고도 질서 정연하게 이루어졌다. 이스라엘 백성들은 더 이상 이집트의 압제에서 어렵사리 벗어난 오합지졸이 아니었다. 약속의 땅 가나안을 정복하러 당당하게 진군하는 여호와의 거룩한 군대였다.

이스라엘 백성들의 행진 순서 (10:14-28)

하나님은 앞서 모세에게 각 지파의 행군 순서에 관해 자세히 일러주셨다. 그래서 이스라엘 12지파는 하나님께서 모세에게 일러주신 대로 각각 순서에 따라 차례대로 행진하였다. 행진은 전부 7열로 이루어졌다.

제1열: 행진 대열의 맨 앞에는 언약궤 또는 증거궤로도 불리는 법궤가 있었다. 법궤는 레위인들 중 고핫 자손에 속한 몇몇 사람들의 어깨에 메여 운반되었다. 법궤와 함께 이스라엘의 최고 지도자인 모세와 대제사장 아론, 그리고 일반 제사장인 엘르아살과 이다말이 앞장섰다. 법궤가 이스라엘 백성들의 앞에서 행진 대열을 이끌었다는 것은, 이스라엘의 왕이신 하나님께서 자기 백성을 친히 인도하고 계신다는 사실을 상징적으로 잘 보여준다.

제2열: 법궤 뒤에는 유다 진영에 소속된 제1군단이 깃발을 앞세우고 행진했다. 이스라엘 12지파의 행진 대열에서는 유다 진영이 가장 먼저 출발하였다. 유다 진영에 소속된 세 지파는 유다 지파를 비롯하여 잇사갈 지파와 스불론 지파였다. 유다 지파의 지휘관은 암미나답의 아들 나손이었고, 잇사갈 지파의 지휘관은 수알의 아들 느다넬이었으며, 스불론 지파의 지휘관은 헬론의 아들 엘리압이었다.

제3열: 제1군단인 유다 진영(유다 지파, 잇사갈 지파, 스불론 지파) 다음으로는 레위인들 중 게르손 자손들과 므라리 자손들이 모두 열두 마리의 황소가 이끄는 여섯 대의 수레에 성막과 성막의 부품들을 싣고 뒤따랐다. 각종 무거운 성막의 부품들을 실은 수레 한 대를 황소 두 마리가 끌고 갔다.

제4열: 게르손 자손과 므라리 자손 다음으로는 르우벤 진영에 소속된 제2군단이 깃발을 앞세우고 행진했다. 르우벤 진영에 소속된 세 지파는 르우벤 지파를 비롯하여 갓 지파, 시므온 지파였다. 르우벤 지파의 지휘관은 스데울의 아들 엘리술이었고, 갓 지파의 지휘관은 르우엘의 아들 엘리아삽이었으며, 시므온 지파의 지휘관은 수리삿대의 아들 슬루미엘이었다.

제5열: 제2군단인 르우벤 진영 다음으로는 레위인들 중 고핫 자손들이 성소 안에서 사용되는 여러 중요한 기물들을 어깨에 메고 뒤따랐다. 성막은 고핫 자손들이 다음 목적지에 도착하기 전에 미리 세워져 있어야 했다.

고핫 자손들이 목적지에 이르기 전에 성막이 미리 세워져 있었던 까닭은, 게르손 자손들과 므라리 자손들이 이들보다 앞서 출발했기 때문이다. 성막의 전체 뼈대와 구조를 이루는 성막 부품들을 운반하는 게르손 자손들과 므라리 자손들이 먼저 도착하여 성막을 조립해 놓았다.

그렇게 조립해놓은 성막 안에 고핫 자손들이 어깨에 메고 운반한 성소의 주요 기물들(분향단, 등잔대, 진설병상, 번제단 등)이 안치되었다.

제6열: 고핫 자손 다음으로는 에브라임 진영에 소속된 제3군단이 깃발을 앞세우고 행진했다. 에브라임 진영에 소속된 세 지파는 에브라임 지파를 비롯하여 베냐민 지파와 므낫세 지파였다. 에브라임 지파의 지휘관은 암미훗의 아들 엘리사마였고, 베냐민 지파의 지휘관은 기드오니의 아들 아비단이었으며, 므낫세 지파의 지휘관은 브다술의 아들 가말리엘이었다.

제7열: 제3군단인 에브라임 진영(에브라임 지파, 베냐민 지파, 므낫세 지파) 다음으로는 단 진영에 소속된 제4군단이 깃발을 앞세우고 행진했다. 단 진영은 이스라엘 백성들의 행진 대열 중 맨 뒤쪽에서 행진했다. 단 진영에 소속된 세 지파는 단 지파를 비롯하여 아셀 지파와 납달리 지파였다. 단 지파의 지휘관은 암미삿대의 아들 아히에셀이었고, 아셀 지파의 지휘관은 오그란의 아들 바기엘이었으며, 납달리 지파의 지휘관은 에난의 아들 아히라였다.

이처럼 이스라엘 12지파의 백성들은 앞서 하나님께서 모세에게 자세히 일러주신 대로 각 진영과 각 군단별로 순서를 지켜가며 차례대로 시내산을 떠나 가나안 땅을 향하여 행진하였다.

모세가 처남 호밥에게 길 안내를 부탁하다(10:29-32)

"이보게, 처남!"

시내산을 떠나기 직전, 모세가 자기 처남 되는 호밥에게 진지하게 말했다. 그 무렵, 호밥은 모세와 함께 시내산에 있었다. 호밥은 미디안 사람 르우엘(일명 이드로)의 아들로, 모세의 아내인 십보라의 남동생이었기에 모세의 처남이었다. 모세 일행이 오래 전 르비딤에 진 치고 있을 때, 그러니까 시내산을 떠나기 대략 1년 전쯤에 미디안 땅에 살던 모세의 장인 르우엘이 십보라와 손자들을 데리고 모세를 찾아왔는데, 그때 호밥도 따라왔던 것이다.

그때 모세의 장인 르우엘은 얼마 동안 머무르며 사위 되는 모세에게 유익한 충고를 해준 뒤에 미디안 땅의 자기 집으로 돌아갔다. 그런데 그의 아들이자 모세의 처남 되는 호밥은 아버지와 함께 미디안으로 돌아가지 않고 계속 모세 곁에 머무르고 있었던 것이다.

"처남, 이제 우리는 시내산을 떠나 여호와께서 우리에게 주시겠다고 약속하신 가나안 땅을 향하여 출발하려 한다네. 그러니 처남도 우리와 함께 그곳으로 가도록 하세. 주께서 우리 이스라엘 백성들에게 젖과 꿀이 흐르는 좋은 땅을 주시겠다고 약속하셨으니, 우리가 처남을 잘 대우해 주도록 하겠네. 어떤가? 우리와 함께 가지 않겠나? 함께 가세!"

모세가 이처럼 처남 호밥에게 가나안 땅으로 함께 갈 것을 권면한 것은, 단순히 친척의 정 때문만은 아니었다. 시내 반도 인근인 미디안 광야에서 태어나고 자라난 호밥은 누구보다도 광야의 지리와 환경과 기후 등에 익숙한 인물이었다. 그래서 이제 시내산을 떠나 앞으로 머나먼 광야 길을 가야 하는 이스라엘 백성들에게, 그리고 이스라엘 백성들을 이끌고 가야 하는 모세에게, 호밥은 꼭 필요한 인물이었다.

"아닙니다, 매형. 성의는 무척 고맙지만 저는 함께 가지 않겠습니다. 제가 이곳에 머문 지도 벌써 1년이 되었습니다. 이젠 저도 부모님과 친족들이 살고 있는 제 고향 미디안 땅으로 돌아가야 합니다. 함께 가지 못해 미안합니다."

호밥이 미안한 기색을 내비치며 정중하게 거절했다.

"아닐세, 처남. 그러지 말게. 제발 우리를 떠나지 말아 주게. 처남은 누구보다도 광야 지리에 밝지 않은가. 이토록 많은 이스라엘 백성들을 나 혼자 어찌 인도한단 말인가. 그러니 처남이 내 곁에서 나를 좀 도와주게나. 광야 여정에서 우리가 무엇을 조심해야 하며, 또 우리가 어떤 장소에 진을 쳐야 할지, 알려주게나. 부탁일세, 우리와 함께 가세나."

모세는 거듭해서 간곡하게 부탁한다.

"저… 매형, 아무래도 저는… 저는 이제 미디안 집으로 돌아가 봐야 할 것 같아요. 그러니…."

그래도 모세는 포기하지 않고 거듭 부탁한다.

"이보게 처남, 저토록 수많은 백성들을 좀 보게나. 그들을 외면하지 말고 우리와 함께 가세나. 만일 처남이 우리와 함께 간다면, 주께서 우리에게 주시는 복을 처남도 풍성히 누리게 될 걸세. 내가 진심으로 부탁하네."

모세는 처남 호밥의 손을 꼭 붙잡으며 간곡히 부탁했다. 그러자 호밥이 더는 거절하지 못하고 마음이 흔들리는 눈치였다. 그 틈을 파고들어 모세는 혈육의 정을 강조한다.

"처남! 자네가 이렇게 훽 떠나버리면 누님이 외로워서 매우 힘들어 할 것이네. 또 게르손과 엘리에셀도 자네를 무척 따르지 않는가. 그러니 더 이상 고민하지 말고 우리와 함께 가도록 하세나!"

호밥도 누님과 조카들을 두고 떠난다는 것이 마음에 걸리던 차였다. 결국 호밥은 모세의 부탁을 따르기로 결정한다.

"아, 매형, 음… 정 그러시다면 제가 얼마나 도움이 될는지는 모르겠지만 그렇게 하도록 하겠습니다. 함께 가겠습니다!"

"고맙네, 정말 고맙네! 처남. 잘 생각했네!"

호밥은 자기 고향 미디안 땅으로 돌아가려 했던 생각을 접고, 모세의 강권을 받아들여 이스라엘 백성들의 가나안 여정에 동행하였다. 그리하여 후일 호밥의 자손들은 가나안 땅에 정착하여 이스라엘 백성들 가운데 섞여 살게 된다. 그들도 할례를 통해 이스라엘 공동체의 일원이 된 것이다.

법궤를 이동하고 정지할 때 올린 모세의 기도문 (10:33-36)

"자, 계속 행진해 갑시다!"

모세가 이스라엘 백성들을 향해 힘차게 말했다. 이스라엘 백성들은 시내산을 떠나 여호와의 언약궤를 앞세우고 행진을 계속하면서 쉴 만한 곳을 찾았다.

이처럼 이스라엘 백성들의 맨 앞에서 행진을 이끈 것은 하나님의 임재와 동행을 상징하는 언약궤였다(언약궤는 '법궤' 또는 '증거궤'로도 불린다). 그 언약궤와 함께 이스라엘의 최고 지도자 모세, 대제사장 아론, 일반 제사장들인 아론의 두 아들 엘르아살과 이다말, 그리고 언약궤를 어깨에 멘 몇몇 레위인들이 어마어마한 행진 대열의 맨 앞에서 백성들을 이끌었다.

이 같은 광야 여정에서 이스라엘 백성들이 길을 떠날 때면, 하나님의 임재와 동행의 상징인 구름기둥이 넓게 펼쳐지며 그들 위를 덮어주었다. 그리고 어떤 장소에 머물다가 행진을 위해 법궤가 출발할 때마다 모세는 이렇게 기도했다.

"오, 주여. 일어나소서! 일어나사 주의 대적들을 흩으소서! 주를 미워하는 모든 대적들이 주님 가시는 길 앞에서 도망치게 하소서!"

모세는 또 행진을 멈추고 법궤가 쉴 때마다 이렇게 기도했다.

"오, 주여! 돌아오소서! 수백만 이스라엘 백성들에게로 이제 돌아오소서!"

11
백성의 불평과 70인의 장로

주여, 고기를 먹게 하소서
주께서 땅위에 메추라기 떼 떨어뜨려
한 달을 먹게 하시자
백성들은 배부르다고 진저리치네

다베라 사건 (11:1-3)

이스라엘 백성들의 광야 행진은 처음에는 당당하고 힘이 넘쳤다. 거의 1년을 시내산 아래의 광야에서 지루하게 머물며 보냈기에, 가나안 땅을 향한 행진은 가슴 부푼 여정이었다. 이스라엘 백성들은 낮에는 구름기둥, 밤에는 불기둥의 인도와 보호를 받으면서 시내 광야를 뒤로 하고 있었다. 백성들은 삼삼오오 짝을 이루어 걸으며 가나안 땅에 대한 이야기로 꽃을 피웠다.

"그 땅은 젖과 꿀이 흐르는 곳이라는데 정말이겠지?"

"그럼, 우리가 선민이니까 주께서는 세상에서 가장 비옥하고 아름다운 땅을 주셨을 거야!"

"맞아! 우리 조상님들이 살았던 땅인데 좀 좋겠어?"

이스라엘 백성들은 며칠이면 가나안 땅에 도착하리라고 기대했다. 그러나 아무리 걸어도 가나안 땅에 가까워지고 있다는 느낌이 들지 않았다. 시내산을 떠나 사흘 길을 걸었다. 그래도 온통 사방이 광야뿐이었다. 끝도 없이 펼쳐지는 암갈색 광야에 가슴이 턱턱 막혔다. 그러자 여기저기에서 불평불만이 쏟아지기 시작했다.

"에이, 죽겠네. 왜 이리 힘든 거야. 가도 가도 황량하고 거친 광야뿐이잖아."

"그러게 말이야. 이렇게 계속 가다가는 가나안 땅에 도착하기도 전에 광야에서 다 죽고 말겠어."

"우리가 괜히 이집트 땅에서 나온 게 아닐까? 대체 하나님은 왜 우리를 이끌어내어 이렇게 생고생을 시키는 거야. 에이, 짜증나 죽겠네."

"대체 모세는 우리를 제대로 이끌고 있는 거야, 뭐야?! 이거 도대체 가나안 땅은 어디에 있다는 거야. 사방이 온통 모래와 바위투성이뿐이잖아…."

시내산을 떠나 가나안 땅으로 향하는 광야 여정에서 이스라엘 백성들은 광야 생활이 너무 힘들다고 온갖 불평을 해대기 시작했다. 심지어 이집트에서 나온 것을 후회하면서, 갖가지 악한 말로 하나님을 원망하고 모세에 대해 불만을 터뜨렸다. 출애굽의 감격과 시내산의 영광을 망각한 채, 당장의 어려움을 견디지 못하고 투덜대며 불평불만을 마구 쏟아냈다.

'아, 저리도 패역한 무리들 같으니라고…!'

주께서는 많은 무리의 악한 말들과 원망과 불평을 들으시고 몹시 화가 나셨다. 그때였다!

"으아아악, 불이다, 불이야!"

"으악, 갑자기 불이 떨어져내려 진영을 태운다! 아악! 사람 살려!"

주께서 이스라엘 진영에 진노의 불을 내리셨다. 그 불은 이스라엘 진영의 외곽 일부를 태워버렸다. 이때의 불은 자연스럽게 발생한 불이 아니라, 여호와에게서 비롯된 초자연적인 불이었다. 분명 이 불은 성막 위의 구름으로부터 세차게 뿜어져 나왔으리라. 일전에 아론의 두 아들인 나답과 아비후가 성소에서 제사 규례를 어겼을 때에도 성막을 덮은 구름에서 여호와의 초자연적인 불이 확 뿜어져 나와 그들을 순식간에 살랐었다.

"아악! 사람 살려!"

"아이고, 제발 살려주십시오!"

백성들은 불길을 피해 이리저리 날뛰면서 모세에게 살려달라고 절규하듯 부르짖었다. 모세가 급히 땅에 엎드려 주께 간절히 기도드렸다.

"오, 주님! 저 백성을 불쌍히 여기시고, 저 불길을 속히 거두어 주소서! 크신 은총을 베풀어주소서!"

그러자 불이 일시에 꺼졌다. 사람들은 그곳을 '다베라'라 불렀다. '불사른 곳'이란 뜻이다. 주께서 이스라엘 백성들의 진영에 불을 내리셔서 그들의 장막을 불살랐기 때문에 그런 이름을 붙인 것이다. 그러므로 이 장소는 이스라엘 백성들의 불평불만과 그에 따른 하나님의 진노의 불 심판을 후세에 경고해주고 있다.

이스라엘 백성들의 불평과 모세의 한탄 (11:4-15)

당시 이집트에서 빠져나와 가나안 여정에 오른 무리 가운데에는 아브라함과 이삭과 야곱의 후손인 이스라엘 민족뿐만 아니라 다른 인종의 사람들도 상당수 섞여 있었다. 이들은 이스라엘 백성들이 출애굽할 때에 여러 가지 이유로 이스라엘 백성들과 함께 이집트 땅을 빠져나와 가나안 여정에 합류한 이방의 다양한 족속들이었다.

그들 중 상당수는 이집트 땅에 임한 여호와 하나님의 크신 능력을 보고 이스라엘 백성들을 따라 가면 좋은 일이 생길 것으로 기대하고 따라나선 자들이었다. 따라서 그들은 아브라함과 이삭과 야곱의 후손인 이스라엘 백성들과는 달리, 아무래도 여호와 신앙이나 히브리인으로서의 민족적인 자긍심, 그리고 가나안 땅에 대한 소망 등이 현저히 결여되어 있었다. 그렇기 때문에 가나안 여정 중 역경과 난관에 봉착할 때마다 항상 불평불만의 시초가 되었다. 아니나 다를까!

"아, 입맛이 없다. 맨날 똑같은 거나 먹고 있으니, 그럴 수밖에…."

"내 말이 바로 그거야. 이거야 원! 제대로 된 음식을 먹지 못하니 당최 힘을 쓸 수가 있나."

다베라 사건이 있은 지 얼마나 지났을까? 이스라엘 백성들 가운데 섞여 살던 이방인들이 먹을 게 없다고 또다시 투덜대기 시작했다. 그러자 불평불만은 순식간에 사방으로 전염되어 이스라엘 백성들 가운데에서도 덩달아 불평하는 사람들이 늘어났다.

"아, 고기 좀 먹어 봤으면!"

"그래도 우리가 이집트에 있을 때는 고기도 먹고, 생선도 얼마든지 먹을 수 있었는데! 그때가 정말 그립군…."

"어디 그뿐이던가. 이집트에선 오이, 참외, 부추, 파, 마늘도 풍성했었지. 그런데 이제는 눈에 보이는 것이라곤 온통 만나뿐이니, 에이, 입맛이 그만 떨어지고 말았어!"

놓친 물고기가 더욱 크게 보인다고, 사실 이스라엘 백성들이 이집트 땅에서 한낱 종살이할 때 어찌 고기, 생선, 오이, 참외, 부추, 파, 마늘 등을 맘껏 먹을 수 있었겠는가! 어쩌다 가끔은 먹을 수 있었겠지만…. 여하튼 그들은 가나안 땅에 대한 신실한 소망보다는 이집트 땅에 대한 사악한 미련에 젖어 마냥 불평불만을 쏟아내고 있었다.

이스라엘 백성들이 먹기 싫증낸 만나(Manna)는 광야 여행 시에 이스라엘 백성들을 먹이기 위해 하나님께서 특별히 하늘에서 내려 보내신 광야의 식량이었다. 이집트에서 가지고 나온 식량이 떨어질 무렵인 출애굽 한 달 뒤(출애굽 원년 2월 15일), 신(Zin) 광야에서 처음 내려온 이후로 하루도 빠짐없이 매일 하늘에서 내려온 신령한 광야의 음식이었다. 밤이 되어 이슬이 내릴 때면 만나도 함께 내렸다.

만나, 그것은 깟씨 열매처럼 생겼는데 색깔은 하얗고 그 맛은 꿀을 섞어 만든 과자 같았다. 깟씨는 물가에 사는 높이 50-60cm 가량의 미나리과 일년생 초목인데, 직경 3mm쯤 되는 백색의 작고 둥근 알맹이처럼 생긴 열매가 열린다. 쌀과 비슷하게 생겼다. 이스라엘 백성들은 아침에 일어나면 만나를 거두어다가 맷돌에 갈거나 절구에 찧거나 가마에 삶는 등 다양한 형태로 요리해서 먹었다.

만나는 '이것이 무엇이냐?'란 뜻이다. 맨 처음 하늘에서 내려온 그것을 보고 이스라엘 백성들이 그것이 무엇인지 몰라 '이것이 무엇일까?' 하고 말한 데서 비롯되었다.

지금 이스라엘 백성들은 매일 먹는 이 만나가 싫증난다고 불평을 터뜨리고 있는 것이다. 만나보다 더욱 자극적이고 입맛을 돋우는 음식이 먹고 싶다고 원망을 쏟아내고 있는 것이다. 처음에는 몇몇 이방 사람들에 의해 불평이 터지다가, 그것이 이내 사방으로 전염되어 점점 눈덩이처럼 커져 갔다. 결국 온 이스라엘 백성들이 엉엉 울면서 불평하기 시작했다.

"아, 고기가 먹고 싶다! 고기를 먹어본 지가 언제던고?"

"우리에게 고기를 달라! 고기와 함께 부추와 파와 마늘도 달라!"

"좀 더 잘 먹을까 싶어 이집트에서 나왔더니, 이게 웬 생고생이람! 이럴 줄 알았다면 이집트에 그냥 머물러 있을 걸! 내가 무얼 바라고 모세를 따라 나왔던고!"

백성들이 각자 자기네 천막 입구에 모여 하나님과 모세를 향해 온갖 불평불만을 마구 터뜨리고 있었다.

"아니, 저럴 수가! 어찌 저리도 배은망덕할 수가!"

백성들이 함께 모여 온갖 불평과 원망을 터뜨리며 소리 내어 우는 모습을 보고, 모세는 몹시 화가 났다. 그러면서도 한편으로는 걱정이 태산이었다. 모세는 주께 신세 한탄을 하기 시작했다.

"아, 주님. 주께서는 어찌하여 이 종을 이리도 괴롭게 하십니까.

어째서 이 종을 그렇게도 밉게 보시어, 이 백성을 저에게 짐 지우시는 것입니까. 제가 이 백성을 전부 낳기라도 했단 말입니까. 어째서 주께서는 제게 유모가 아기를 챙기듯이 저들을 팔에 안고 가라 하십니까. 어찌하여 주께서는 제게 저들을 약속하신 땅으로 데려가라 하십니까."

계속되는 백성들의 불평불만에, 모세마저 크게 낙담하여 출애굽의 위대한 사명을 잊고 하나님을 향해 자기 신세를 마냥 한탄하였다. 모세의 한탄은 계속되었다.

"주님, 보십시오! 저 백성들이 고기가 먹고 싶다고 저리도 울부짖고 있습니다. 이 모든 백성들이 배부르게 먹을 고기를 도대체 이 광야에서 어떻게 구할 수 있겠습니까."

신세 한탄을 하다 보니, 모세는 정말로 자신의 처지가 불쌍하고 가련하다는 생각이 들었다. 서러움이 북받쳤다. 하소연이 더욱 짙어진다.

"오, 주님, 이 백성이 제게는 너무도 힘에 부칩니다. 혼자서 이 많은 무리를 다 책임지려고 하니, 정신이 아득할 따름입니다. 주님, 종에게 정녕코 이 백성을 계속 맡기시겠다면, 차라리 제 목숨을 거두어 가십시오. 부디 제게 은혜를 베푸셔서, 저로 하여금 더 이상 이런 꼴을 보지 않게 해 주십시오!"

과연 그랬다. 이스라엘 백성들은 어려움을 겪을 때마다 자주 불평불만을 터뜨렸다. 그들은 참을성이 없었고 좁은 시야를 가졌다. 당장에는 광야 생활이 힘들고, 또 많은 율법을 실천하는 일이 쉽지 않겠지만, 그래도 그들은 장차 주어질 약속의 땅 가나안을 기대하며 소망 중에 인내해야만 옳았다. 그러나 그들은 인내하기는커녕, 도리어 뒤에 남겨진 이집트 땅의 종살이 시절이 더 편안하고 안전했던 것처럼 생각하고 그 시절을 그리워했다.

게다가 함께 이집트에서 떠나온 다른 족속의 사람들이 갖가지 불평거리를 찾아내어 이스라엘 사람들을 선동하기까지 했다. 이스라엘 백성들은 그들의 그런 선동에 쉽게 넘어갔다. 그러니 그런 백성들을 하루도 빠짐없이 매일 매순간 대하는 모세의 심정이야 오죽했으랴!

70인의 장로와 고기 제공의 약속 (11:16-30)

"모세야!"

모세의 신세 한탄을 들으시고 주께서 대답하신다.

"네가 힘들다는 것을 어찌 내가 모르겠느냐."

"주님, 정말이지 자존심 상할 때가 한두 번이 아닙니다."

"그럴 것이다. 내 백성이기는 하지만, 나도 그들이 시내산 아래에서 금송아지를 만들어 놓고 그 앞에서 춤출 때는 그들을 버리고 싶었다. 그건 너도 잘 알고 있지 않느냐?"

"네, 주님. 그건 그랬습니다."

"그래도 저 백성들은 아브라함과 이삭과 야곱의 자손들이고, 나는 저들의 조상들과 맺은 언약 때문에 저들을 버릴 수가 없다."

"알고 있습니다."

"네가 짊어지고 가는 무거운 짐의 무게도 내 모르는 바가 아니다."

"황송합니다, 주님."

"내 너의 한탄을 듣고 함께 짐을 나눠 질 지도자들을 세우려고 한다."

"오, 주님. 그래 주시면 정말로 감사합니다!"

"너는 이스라엘 백성들 중에서 70인의 장로를 뽑아 내게로 데려오너라. 그들을 성막 입구로 나오게 한 뒤 그들과 함께 서라."

"네, 주님. 그리하겠습니다!"

"그들과 함께 서면 내가 임하여 너와 말하고, 내가 네게 내려주었던 영(靈)을 그들에게도 내려주겠노라. 그리하여 이제는 너 혼자 짐을 지게 하지 않고, 그들도 백성들의 짐을 나누어지게 하겠노라."

모세 혼자 이스라엘 백성들의 모든 짐을 감당하지 않도록 70인의 장로들을 협력자로 세워주겠다는 말씀이다. 그리고 이때 하나님께서 70인의 장로들에게 약속하신 영이란, 하나님의 영이신 '성령'을 가리킨다. 구약시대에도 하나님은 어떤 특별한 목적을 이루시기 위해 필요할 경우에는 이처럼 성령을 부어주셨다.

이어서 하나님은 모세에게 말씀하신다.

"모세야, 이스라엘 백성들에게로 가서, 내가 모든 불평하는 소리를 다 들었다고 전해라. 그들은 울면서 불평하기를 '제발 고기를 좀 먹어 봤으면! 차라리 이집트에서 살 때가 더 좋았어!'라고 하였느니라."

"오, 주님. 어떻게 그런 말들을 마음에 두십니까? 너무 덥고 지친 나머지 나온 헛소리일 뿐입니다."

"아니다. 헛소리가 아니다. 너는 백성들에게 가서 일러라. 내일부터 고기를 먹게 될 것이다. 그것도 하루 이틀이 아니라 닷새, 열흘, 스무 날, 아니 한 달 동안 내내 그 냄새가 지겨울 정도로 고기 맛을 보게 해주겠노라."

"아, 주님…."

모세는 하나님의 말씀에서 넉넉한 배려를 느낀 것이 아니라 뭔가 불길한 예감을 느꼈다. 그 말씀에 하나님의 분노가 들어 있다는 느낌을 받았기 때문이다. 하나님은 계속 말씀하신다.

"너희가 나를 멸시하면서 대들었다. 우리가 무엇 때문에 이집트에서 나왔느냐고, 우리가 주님을 믿고 이집트에서 나왔는데 고작 이런 대접이나 해주느냐고, 그러면서 엉엉 우는 백성들의 소리를 내가 다 들었노라!"

"오, 주님…."

분명 주님은 화가 단단히 나신 것이다. 모세도 안다. 하나님께서 왜 이리 노하고 계시는지…. 주께서 베풀어주시는 놀라운 기적을 경험하면서도 시시때때로 원망하고 배신하는 이스라엘 백성들의 심보가 얼마나 괘씸할 것인가.

이스라엘 백성들이 단순히 고기를 먹고 싶다고 요구한 자체가 크게 잘못된 것은 아니다. 문제는 하나님의 능력을 믿지 못한 채 하나님을 원망하고 모세에게 불평을 터뜨린 데 있었다. 그들은 하나님을 얕보고 멸시한 것이다. 그래서 화가 단단히 나신 하나님은 질리도록 고기를 공급하여 백성들 스스로 자신들의 불신앙과 어리석음을 깨닫게 하고자 하셨다.

사실, 이스라엘 백성들은 이집트 땅에서 종살이를 할 때 혹독한 압제와 고된 노역으로 신음하고 탄식하며 하나님께 구원을 부르짖었다. 그래서 하나님은 그들의 신음소리를 듣고 고통을 보셔서 모세를 통해 이집트 땅에 놀라운 이적의 권능을 베푸심으로써 이스라엘을 이집트의 종살이에서 해방시키셨다.

그런데 이제 와서 광야 여정이 힘들다는 핑계로 '우리가 어찌하여 이집트에서 나왔던고!' 하면서, 엉엉 울며 부르짖는 이스라엘 백성들의 행위는 하나님의 구원 사역을 업신여기고 멸시하는 가증하고 패역한 태도가 아닐 수 없었다.

그렇지만…. 그렇다고 해서 한 달 내내 고기를 공급해 주시겠다고 덥석 약속하시는 하나님의 그 약속도, 모세로서는 가히 상상이 가지 않았다.

"주님! 지금 행진하는 일행이 무려 200만 명은 족히 넘을 것입니다. 그러할진대 어떻게 이 많은 무리에게 한 달 내내 고기를 먹게 해주신다는 말씀입니까?"

하나님은 침묵하신다. 모세의 발언이 못마땅하다는 뜻이다. 하지만 모세는 이왕 말을 꺼낸 김에 계속 이어간다.

"이스라엘 진영에 있는 양떼와 소떼를 모조리 잡는다고 한들, 그들이 만족할 수 있겠습니까? 바다에 사는 물고기를 모조리 잡아들인다고 한들, 이 백성들이 모두 배부르게 먹을 수 있겠습니까?"

이스라엘 백성들에게 한 달 내내 질리도록 고기를 공급하겠다는 하나님의 말씀에 모세는 황당하지 않을 수 없었다. 인간적인 상식으로는 도무지 납득할 수 없었기 때문이다. 이에 주께서 모세에게 대답하신다.

"모세야, 나에게는 불가능한 일이 없다는 것을 모르느냐. 내 말이 정말인지 거짓말인지, 네가 곧 너의 두 눈으로 똑똑히 보게 되리라."

"오, 주님…."

모세는 반신반의하며 밖으로 나갔다. 모세는 어찌할 바를 몰랐다. 모세는 하나님께서 보여주실 이번의 기적이 이상하게 두렵고 불안했다. 처음 느끼는 감정이다. 지금까지 하나님께서 보여주신 모든 기적은 항상 모세에게 기대감을 주었고, 결과는 언제나 감동이고 대만족이었다. 이집트에서 일어났던 이적에도 그랬고, 홍해에서의 이적도 그랬다. 구름기둥 불기둥의 이적도 매일 감동이고 힘이 되었다. 그런데 이번에 임하는 이적은 아무래도 뭔가 찜찜했다.

모세는 주께서 하신 말씀을 백성들에게 전하고는, 장로 70명을 불러 모아 성막 주위에 빙 둘러서게 했다. 그러자 주께서 구름 가운데서 내려오셔서 모세에게 말씀하셨고, 이어서 모세에게 내리셨던 하나님의 영 곧 성령을 장로 70명에게도 내려주셨다. 성령이 70인의 장로들에게 임하자, 그들은 성령에 감동되어 일제히 예언을 발하기 시작했다.

70명의 장로들은 성령의 감동으로 황홀경에 몰입되어 신비한 언어들로 저희들끼리 말을 하고 있었다. 그 말들은 여호와의 전능하심을 찬양하고, 여호와가 하시는 위대한 일들에 대한 감사의 송축이었다. 하지만 그들에게 그런 예언의 능력이 발휘된 것은 그때뿐이었다.

이처럼 성령이 임할 때 70인의 장로가 예언을 했다는 것은, 하나님께서 온 이스라엘 백성들 앞에서 70인의 장로를 이스라엘의 지도자로 공식 인준했다는 것을 의미한다. 다시 말해, 70인의 장로들이 하나님께로부터 신적인 권위를 부여받았다는 사실을 가시적으로 보여주신 것이다.

그때 70인의 장로들 중 엘닷과 메닷이라는 두 사람은 성막 입구로 가지 않고 자신들의 장막에 그대로 머물러 있었다. 그런데 그 두 사람에게도 하나님의 영이 임했고, 그들 역시 성령에 감동되어 자신들의 장막에서 예언을 했다.

"지도자님, 70인의 장로로 뽑힌 엘닷과 메닷이 지금 자신들의 장막 안에서 예언을 하고 있습니다!"

엘닷과 메닷이 성령에 감동되어 예언하는 광경을 보고, 한 젊은이가 헐레벌떡 모세에게로 달려와서 그 사실을 급히 전했다. 그러자 젊을 때부터 모세의 부관이 되어 곁에서 일을 거들어주던 눈의 아들 여호수아가 흥분된 어조로 모세에게 큰 소리로 말했다.

"어르신, 이 일을 그대로 두어서는 안 됩니다. 저들의 예언을 즉시 말려야 합니다."

이때 여호수아는 거룩한 성막에서가 아니라 개인 장막에서 예언과 같은 신령한 일이 엘닷과 메닷에게 일어난 데 대해 적잖이 당황하고, 또 한편으로는 얼마간 시기심도 일어났던 것 같다. 그래서 여호수아는 자신이 모시는 모세의 명예와 권위를 위한다는 명분으로, 엘닷과 메닷의 예언 행위를 즉시 제지해 줄 것을 모세에게 요청한 것이다. 하지만 모세의 대답은 여호수아의 기대와는 달랐다.

"아니다, 여호수아야. 지금 네가 나를 위한답시고 그들을 질투하는 것이냐? 사실 나는 온 이스라엘 백성들에게 주의 영이 내려서 모두가 예언자가 되었으면 좋겠노라."

예언자는 하나님의 메시지를 직접 받아서 그대로 전하는 자를 가리킨다. 모세는 70인의 장로들뿐만 아니라 온 이스라엘 백성들이 주의 영 곧 성령을 받아서 하나님의 메시지를 직접 받고 전했으면 좋겠노라고 말한 것이다. 그것이 모세의 솔직한 심경이었다.

모세는 성령의 은사를 혼자 독점함으로써 자신의 지위와 권위를 절대화하려고 하지 않았다. 그는 자신의 지위와 권위를 중요시하기보다 이스라엘 공동체 전부의 영적 성숙을 더욱 바랐던 것이다. 이렇게 볼 때, 모세야말로 하나님의 왕국에서 참으로 필요로 하는 모범적인 지도자상이라고 할 수 있다. 그리고 모세의 이 같은 바람은 후일 신약시대의 초대교회 시절에 오순절 성령강림 사건으로 말미암아 현실화되었다.

하나님의 영을 처음으로 경험한 70인의 장로들은, 두렵고 놀랍고 경이로운 마음을 품은 채 각자 자기들의 장막으로 돌아갔다. 이리하여 모세를 도와 이스라엘 백성을 이끌 지도자들로 70인의 장로들이 세워졌다.

주께서 메추라기 떼를 보내 주시다 (11:31-35)

드디어 일이 벌어졌다. 기적은 분명 맞지만 불길한 예감과 함께 날아든 기적이다. 아침에 눈을 뜬 백성들은 뭔가 하늘에서 후두둑 후두둑 떨어지는 소리를 들었다.

"와, 저길 보라! 거대한 새 떼가 몰려온다."

"아니 도대체 저게 뭐지?"

"정말이다! 무수한 새 떼가 날아와서 우리 진영에 떨어지고 있다!"

이스라엘 진영에 놀라운 현상이 나타났다. 어디선가 무수한 새들이 떼를 이루어 출몰하더니 이스라엘 진영으로 몰려와 힘없이 뚝뚝 떨어지고 있었다. 주께서 지중해 바다 쪽에서 큰 바람을 일으키시어 메추라기 떼를 이스라엘 진영으로 몰아주신 것이다.

그래서 땅 위에 무려 2규빗 정도나 쌓일 만큼 엄청나게 많은 메추라기 떼가 이스라엘 진영의 사방 주변에 떨어졌다. 메추라기는 하룻길 되는 곳까지 떨어져 쌓였다. 2규빗은 대략 90cm 정도이고, 하룻길은 32km 가량이다. 참으로 어마어마한 양이 떨어져 쌓인 것이다.

메추라기는 아프리카 내지에서 주로 서식하는 꿩 아과(亞科)의 철새로, 작고 둥근 머리에 통통한 몸집과 짧은 날개를 가졌다. 이스라엘 진영에 날아든 무수한 메추라기 떼는, 봄에 북아프리카에서 북상하여 계절풍을 타고 이집트, 시내 반도, 가나안을 거쳐 아시리아 쪽으로 이동하던 중이었다.

이때 메추라기 떼는 홍해를 건너 오래도록 날았기 때문에 힘이 거의 소진된 상태였다. 하나님이 일으키신 큰 바람에 메추라기 떼는 손쉽게 떠밀려 이스라엘 진영에 마치 장대비처럼 후두둑 후두둑 떨어졌던 것이다. 메추라기들은 거의 날지 못했다. 그래서 이스라엘 백성들은 힘들이지 않고 누구나 쉽게 메추라기를 잡을 수 있었다. 아니, 거의 손으로 줍는 수준이었다.

"히야, 이거 구워 먹으면 정말 맛있겠다!"

"히히, 난 삶아 먹어야지!"

"핫핫핫, 오랜만에 고기 맛을 실컷 볼 수 있겠군. 거참, 통통하게 생긴 게 무척 맛있게 보이는걸? 하하하!"

이스라엘 백성들은 '이게 웬 떡이냐!' 하는 심정으로 다들 크게 좋아라 하며 메추라기를 바구니에 가득가득 주워 담았다. 백성들은 그날 하루 밤낮과 다음 날 종일토록 메추라기를 잡아 바구니에 담았다. 아무리 적게 잡은 사람도 10호멜 이상씩은 모았다. 호멜(Homer)은 구약 시대에 고체의 부피를 재는 최대 단위다. 1호멜은 대략 230리터(12말 7되) 정도다. 따라서 10

▲ 통통하고 맛있게 생긴 메추라기

호멜은 2,300리터 정도다.

이스라엘 진영의 사방은 온통 메추라기 천지가 되었고, 장막마다 메추라기가 가득했다. 백성들은 메추라기들을 자기 장막 주변에 널리 펴두었다. 햇볕에 말려 보관해 두었다가 두고두고 먹기 위해서였다.

"히야, 정말 맛있구나!"

"아, 얼마나 그리웠던 고기 맛이더냐! 그것도 통통한 새 고기를 이렇게 실컷 먹다니, 이게 꿈이냐? 생시냐? 하하하."

오랫동안 고기에 굶주렸던 백성들은 허겁지겁 맛있게 정신없이 먹었다. 그렇게 맛있는 고기를 먹어 배가 든든하니, 모두가 만면에 웃음이 가득했다. 그러나… 그때!

"아이고 배야. 나 죽네."

"이보게, 정신 좀 차리게! 갑자기 이게 웬일인가?"

백성들이 한창 메추라기 고기를 씹고 있을 때, 하나님의 진노가 백성들 사이에 임했다. 주께서는 심한 전염병으로 백성들을 졸지에 치신 것이다. 모세가 불길하게 여겼던 예감이 맞아 떨어졌다. 하나님께서 이스라엘 백성들에게 주시는 이적 중에 처음으로 고통과 탄식을 동반한 이적이었다. 하나님은 백성들에게 고기를 공급해 주신 후에 왜 이처럼 역병의 재앙을 내리셨을까?

하나님의 심판이 내리게 된 까닭을 모를 사람들이 누가 있겠는가. 너무도 뻔한 결과였다. 백성들이 고기를 달라는 과정에서 하나님을 무시하고 멸시했기 때문이다. 하나님은 고기를 달라고 불평하는 백성들에게 일단 메추라기 떼를 보내셔서 질릴 만큼 충분히 고기를 공급해 주셨다. 하지만 하나님은 앞장서서 불만불평을 터뜨리며 다른 사람들을 선동함으로써 하나님을 얕잡아보고 경멸한 자들에게 엄한 징벌을 내리셨던 것이다.

그렇게 하나님은 불평과 탐욕이 어떤 결과를 초래하는지를 엄중하게 경고하셨다. 탐욕에 눈이 먼 많은 이들이 더 이상 젖과 꿀이 흐르는 가나안 땅을 향하여 나아갈 수 없는 신세가 되었다. 시체가 되어 탐욕을 부리던 그 자리에 묻히게 되고 만 것이다. 그리하여 사람들은 그곳을 '기브롯 핫다아와'라 불렀다. '탐욕의 무덤'이란 뜻이다. 탐욕의 비참한 결과를 경고하고 있는 지명이다.

"자, 여러분, 이제 일어나 계속해서 행진합시다!"

이스라엘 백성들은 메추라기 사건을 뒤로 하고 기브롯 핫다아와를 떠나 계속 행진하였다. 길을 가다가 하세롯에 이르자, 그곳에 진영을 쳤다. 하세롯은 '울타리' 또는 '마을'이란 뜻을 지닌 지명이다. 오늘날 이곳의 유석지는 시내산에서 북동쪽으로 55km가량 떨어진, 아카바 만(灣) 북쪽에 위치한 '아인 카드라'(Ain-Khadra)로 추정된다.

12
미리암과 아론

모세가 이방 여인을 아내로 맞자
미리암과 아론이 비방을 하네
주께서 들으시고
미리암과 아론을 꾸짖으시네

미리암과 아론이 모세를 시기하여 비난하다 (12:1-16)

이스라엘 백성들은 시내산을 떠나 가나안 땅의 남방 경계 지역인 가데스바네아로 가는 도중에 하세롯이라는 곳에 진을 쳤다. 시내산에서 북동쪽으로 대략 55km 떨어진 곳으로, 아카바 만(灣) 서쪽 지역이다. 시내산을 떠난 이스라엘 백성들이 기브롯 핫다아와를 지나 두 번째 진을 친 곳이다. 하세롯이란 곳은 모세 집안의 내분이 일어났던 곳으로 유명하다.

당시 모세의 본처인 르우엘(일명 이드로)의 딸 십보라가 갑자기 죽고 말았고, 모세는 구스 여인과 재혼했다. 구스(Cush)는 이집트 남쪽, 그러니까 오늘날 아프리카 북동부 지역인 에티오피아 지역을 가리킨다. 그러니까, 모세의 후처는 이방 여인이었다. 모세의 누이 미리암은 이방 여인을 맞아들인 모세가 못마땅했다.

"아니지요. 이럴 수는 없지요. 어찌 이스라엘의 최고 지도자란 사람이 이방 여인을 아내로 맞아들일 수 있단 말인가요? 이스라엘 여인들 가운데서는 아내로 고를 만한 여자가 하나도 없단 말입니까?"

미리암은 이런 식으로 드러내놓고 모세를 비방했다. 미리암! 아므람과 요게벳의 딸로 3남매(미리암, 아론, 모세) 중 가장 손위다. 이집트 왕의 히브리인 남아 학살 정책을 피해 아기를 살리고자 갓난아이 모세를 갈대 상자에 담아 나일 강에 띄웠을 때, 강둑을 따라가며 동생 모세를 알뜰하게 챙긴 다정한 누나다. 하세롯에 머물 당시 미리암의 나이는 94세가량이었고, 아론은 84세, 모세는 81세였다. 미리암은 모세보다 열세 살가량 많았고, 아론은 모세보다 세 살 많은 형이다.

아므람과 요게벳의 소생들인 세 남매는 모두 지도자의 위치에 있었다. 모세는 이스라엘의 최고 지도자로, 미리암은 여자 선지자로, 아론은 초대 대제사장 신분으로 하나님을 섬기고 있었다.

하나님은 모세를 이스라엘의 최고 지도자로 부르신 후, 그를 중심으로 아론과 미리암을 모세의 협조자로 삼아 셋이 마음을 합쳐 이스라엘 공동체를 잘 이끌고 가기를 원하셨다. 그런데 하세롯에서 모세의 후처 문제로 세 남매가 충돌하는 일이 벌어지고 말았다. 미리암은 모세가 구스 여인을 아내로 맞아들인 것에 대해 대놓고 비방하였고, 아론은 은근히 동조하며 미리암을 거들었다.

"쯧쯧, 그러게 말이야. 어찌 하고많은 여인들 중에 이방 여인을 후처로 삼을 수 있담. 거참, 이해할 수가 없네!"

모세가 이방 아내를 맞아들인 것을 놓고 미리암과 아론이 비방한 것은 단순히 핑계였을 뿐이었다. 그들은 모세만이 누리는 특별한 권위와 지위를 은근히 시샘하고 있었다. 대부분 모세 혼자서 성막으로 나아가 하나님께 모든 지시를 받은 뒤, 거의 혼자서 이스라엘 백성들을 인솔하고 있었기 때문이다. 미리암과 아론이 보기에, 모세 혼자서 모든 권위의 영광을 누리고 있다고 생각한 것이다. 모세가 이방 여인을 아내로 맞아들이자 그들은 본심을 드러내놓고 모세를 비방하기 시작했다.

“기왕 말이 나왔으니 말인데…, 말이야 바른 말이지, 동생이 우리보다 나은 게 무엇이더냐?”

“그러게요. 누님 말이 맞아요! 우리가 나이로 보나 히브리 동족들과 함께한 세월로 보나 우리가 훨씬 더 봉사하고 수고했지요.”

“그런데 모세는 항상 혼자서만 주님과 단독 면담을 해왔어! 여호와께서 오직 동생을 통해서만 말씀하시고 싶어 하는 것은 아니지 않겠느냐?”

“그래요, 주님은 우리하고도 말씀하고 싶어 하는데, 모세가 우리를 성막으로 나아가지 못하게 막고 있는 것 같아요.”

“맞다! 그러면서 이제는 이방 사람인 구스 여인을 아내로 취하기까지 했어! 뭔가 단단히 잘못 되었어. 이제는 바로잡아야 해!”

미리암과 아론이 평소 품고 있었던 모세에 대한 시기심을 드러내기 시작했지만, 모세는 아무런 반응도 하지 않았다. 그들은 모세를 직접 찾아와서 대놓고 힐난하기도 했다. 그러나 이때도 모세는 아무런 대꾸도 하지 않고 그저 잠자코 누나와 형의 비난을 듣고 있었다.

‘나 혼자 영광과 명예를 차지하려고 한 적이 없는데….’

‘주께서는 혈통을 보고 사람을 차별하시지 않는데….’

‘사실, 누님과 형님 입장에서는 불평을 품을 만도 해….’

모세는 할 말이 많았다. 그러나 참았다. 모세는 온유하고 겸손한 사람이었다. 세상에서 모세만큼 온유하고 겸손한 사람이 없을 정도였다. 모세는 그저 죄인인 양 묵묵히 미리암과 아론의 모든 비난과 불평을 듣고 있었다. 그들 두 사람은 누구보다도 무거운 짐을 지고 있는 모세를 이해하고 모세를 힘껏 도와주어야 하는 입장이었지만, 이해하고 돕기는 커녕 도리어 더욱 힘들게 하고 있는 것이다.

모세는 참았지만, 하나님은 아니었다. 하나님은 모세를 향한 미리암과 아론의 비난을 들으시고, 크게 진노하셨다.

"미리암, 아론, 모세! 너희 세 사람은 당장 성막으로 나오너라."

주님의 부르심에 세 남매가 성막으로 들어서자, 주께서 구름기둥 가운데에 내려오셔서 성막 입구에 서신 채 아론과 미리암을 따로 부르셨다.

"아론과 미리암! 너희 둘은 내 앞으로 나와라!"

하나님의 말씀에는 노기가 잔뜩 배여 있었다. 두 사람이 벌벌 떨며 앞으로 나서자, 주께서 그들에게 엄중하게 말씀하신다.

"미리암과 아론은 내 말을 잘 들어라. 너희 가운데 예언자가 있을 때, 내가 그에게 환상이나 꿈으로 나를 나타내고 그에게 말한다. 내 말이 틀렸느냐?"

"아닙니다, 주님! 맞습니다. 맞는 말씀입니다, 주님."

미리암과 아론은 황급히 손을 내저으며 대답한다. 벌벌 떨고 있다.

"하지만 나의 종 모세는 다르다. 내가 모세에게 나의 온 집을 맡겼다. 그래서 나는 모세와 얼굴을 마주하고 이야기하면서 그에게는 하나도 숨기지 않고 분명히 말한다. 그래서 모세는 내 형상을 직접 보기까지 한다. 내 말이 틀렸느냐?"

"아닙니다. 맞습니다, 주님!"

"누구든지 나의 부름 없이 내 앞으로 나아올 수 있는 자가 있더냐? 내가 종종 모세 혼자만 불렀거늘, 너희는 어찌하여 모세 혼자 나에게 나아오는 걸 비난할 수 있단 말이냐?"

"아, 주님. 그게…, 그게 아니라 저희는 다만…."

"듣기 싫다! 너희가 이렇게 감히 내 종 모세를 시기하여 비난할 수 있단 말이냐? 심히 어리석도다!"

"주…, 주님, 저희가 잘못했습니다. 부디 용서를…."

아론과 미리암은 파랗게 질린 채 부들부들 떨었다. 하나님을 직접 대면하면서 그 말씀을 듣는 것이 이렇게 힘든 일인지를 처음 알았다.

하나님께서는 말씀을 마치신 후, 미리암과 아론에게 진노하시며 떠나가셨다. 하나님께서는 떠나가시면서 이렇게 말씀하시는 것 같았다.

"너희 세 사람! 누가 옳고 그른지는 이제 곧 결과를 보면 알게 되리라!"

구름이 성막 위로 높이 떠올랐다. 바로 그때였다!

미리암이 갑자기 자기 몸을 보더니 경악하며 비명을 질렀다.

"아악! 이게… 이게…. 아, 어찌 이런 일이…."

아론도 미리암의 비명에 같이 놀랐다.

"왜, 왜 그러세요, 누님!"

그러다가 아론도 경악했다.

"아, 아니! 누님 몸이 어찌 이렇게 갑자기 변할 수가 있단 말입니까? 나병이 아닙니까?"

참으로 순식간에 벌어진 일이었다. 졸지에 미리암의 몸에 나병이 생긴 것이다. 분명 나병이었다. 하나님의 징벌로 갑자기 나병이 생겨 미리암의 살갗이 눈처럼 희게 변했다. 구약시대에 히브리 사회에서 나병은 가장 끔찍한 천형(天刑)의 불치병으로 여겨졌다. 미리암은 공포감에 젖어 벌벌 떨며 어쩔 줄을 몰라 했다.

"오, 주님! 제발…, 제발 저를 불쌍히… 오, 주님!"

"누님, 이 일을 어쩌면 좋습니까? 불쌍한 우리 누님…."

나병으로 인해 몸부림치는 미리암을 바라보며 아론 역시 큰 두려움에 빠졌다. 자신에게도 나병이 내릴 것임은 뻔했기 때문이다. 그러나 나병에 걸린 것은 미리암뿐이었다. 미리암에게만 하나님의 징벌이 내려진 이유는, 모세를 비방하는 일에 미리암이 주도적으로 앞장섰고, 아론은 소극적으로 동조했기 때문이다.

더구나 대제사장 아론은 날마다 제사를 집전해야 하는 거룩한 직임을 맡고 있었다. 하나님은 아론의 그 직임 때문에 부득불 징벌을 면제해 주셨을지도 모른다. 하지만 모세를 비방한 죄로 나병에 걸린 미리암을 통해 아론 역시 간접적으로 하나님의 징벌을 충분히 느꼈다. 아론이 애절한 목소리로 모세에게 간청했다.

“오, 모세, 참으로 슬픈 일이네. 우리가 정말 바보 같은 짓을 하였어. 우리가 죄를 지었으니, 부디 용서해 주시게.”

모세도 순간적으로 일어난 놀라운 사건 앞에서 어떻게 해야 할지 종잡을 수가 없었다. 아론은 모세에게 계속 매달리며 탄원했다.

“보시게, 우리 누이 미리암의 살이 벌써 반이나 썩었네. 마치 어머니 태에서 죽은 채로 나온 사람 같네. 그러니 제발 우리 누이를 저 상태로 그냥 내버려두지 말게.”

모세는 그제야 상황 판단이 섰다. 미리암의 비난과 냉랭한 말에 상처를 입은 것은 사실이지만, 지금은 그런 것을 따질 상황이 아니다. 무엇보다 미리암이 나병에 걸리고 집안에 분란이 일어나면 모세 자신의 지도력 또한 손상된다. 모세는 급히 땅에 엎드려 주께 부르짖었다.

“오, 주님! 제발 도와주소서. 부디 제 누이 미리암을 고쳐주소서!”

그러자 주께서 모세에게 대답하신다.

“알겠노라. 내가 고쳐 주겠노라. 하지만 미리암의 아비가 미리암의 얼굴에 침을 뱉었다고 해도 미리암이 이레 동안은 수치스러워해야 하지 않느냐? 그러니 미리암을 이레 동안 이스라엘 진영 밖에 가둬두어라. 이레가 지난 뒤, 그녀를 진영 안으로 데리고 들어오도록 하여라.”

고대 히브리 사회에서는 자녀가 집안의 명예나 가장의 권위를 크게 훼손시켰을 경우, 가장은 그 자녀에게 침을 뱉음으로써 공개적으로 징계를 했다. 그럴 경우, 가장에게 모욕을 당한 자녀는 일정 기간 동안 사람들에게 모욕을 당하면서 참회하는 시간을 가져야 했다.

하나님은 이 같은 시대의 관습에 근거하여 미리암에게도 7일 동안의 수욕(受辱)과 참회 기간을 제시하신 것이다. 말하자면 미리암은 하나님께서 세우신 일꾼인 모세를 비방함으로써 하나님 집의 명예와 권위를 훼손시킨 죄를 범한 것이다.

“여러분, 하나님의 명령이오. 나병에 걸린 미리암을 이스라엘 진영 밖에 이레 동안 격리시키도록 하시오.”

미리암은 나병에 걸린 채 이레 동안 이스라엘 진영 밖에 격리되어 갇혀 있었다. 이스라엘 백성들은 미리암이 다시 진영 안으로 돌아올 때까지 이동할 수 없었다. 이레 후, 나병에서 회복된 미리암이 다시 진영 안으로 돌아오자 이스라엘 백성들은 하세롯을 떠나 바란 광야까지 이동했고, 거기에 진을 치고 머물렀다.

나병 사건이 있은 후, 미리암이 아론을 대동하고 모세의 장막을 찾았다. 얼마나 고생했는지 미리암의 얼굴이 반쪽이다. 그 모양을 보니, 모세도 가련하게 보여 눈물이 핑 돌았다. 구스인 부인은 자기 문제로 집안의 분란이 일어난 것에 대해 안절부절 몸 둘 바를 모른다. 미리암은 나병에 걸렸던 몸이었기에 모세가 어떻게 생각할까봐 가까이 다가가지도 못한 채 좀 떨어진 곳에서 용서를 구한다. 아론도 쭈볏쭈볏 미리암과 같이 행동한다.

“지도자님! 누이의 좁은 생각을 너그러이 용서해 주시게.”

“아, 아닙니다. 누님! 그동안 얼마나 충격이 크셨습니까?”

“내가 지도자님을 비방하다 그런 벌을 받았으니, 입이 열 개라도 할 말이 없네. 앞으로는 절대로 그런 일이 없을 것이야.”

“아, 누님….”

세 남매는 서로 용서하고 다독인다. 이제 다시 화목한 한 가족이 되었다. 모세의 온유함이 만들어낸 아름다운 모습이다. 모세는 그런 사람이었다.

13
가나안 땅을 정탐하다

가나안 땅에 열두 정탐꾼들을 보내어
그 땅을 살펴보고 보고하게 하자,
모두들 가나안이 너무 강하다고 하지만
갈렙과 여호수아만은 승리를 확신하네

모세가 가나안 땅에 열두 정탐꾼을 파견하다 (13:1-24)

이스라엘 백성들이 시내산을 떠난 날은 출애굽 제2년 2월 20일. 그렇게 시내산을 떠나 가나안 땅을 향하여 행군한 지 세 달 남짓 되었을까? 대략 출애굽 제2년(주전 1445년경) 5월 하순경, 이스라엘 백성들은 마침내 약속의 땅 가나안을 눈앞에 두고 있는 바란 광야의 가데스바네아에 이르렀다.

가데스바네아는 '바네아의 거룩한 곳'이란 뜻인데, 여기서 '바네아'는 한 개인의 이름이다. 다른 많은 '가데스'들과 구별하기 위해 '바네아'라는 말을 특별히 덧붙인 것이다.

가데스바네아는 가나안 땅의 최남단 변경지대로, 헤브론 남쪽 약 123km, 브엘세바 남쪽 약 80km 지점에 위치하고 있다. 시내산을 떠난 이스라엘 백성들은 이곳에 이르러 오랫동안 숙영했다. 그곳은 오늘날 '아인 쿠데이랏' 지역으로 추정된다.

"모세야!"

이스라엘 백성들이 바란 광야의 가데스바네아에 머물고 있을 때 주께서 모세를 부르신다.

"모세야, 가나안 땅은 내가 이스라엘 백성들에게 주겠다고 약속한 땅이 아니냐? 이제 너는 가나안 땅에 사람들을 보내어 그곳이 어떤 곳인지 알아보고 오게 하여라. 각 지파별로 한 사람씩 뽑아 보내도록 하여라."

모세는 곧바로 하나님의 명령에 따른다.

"자, 여러분, 잘 들으십시오. 이제 우리는 하나님께서 주시겠다고 약속하신 가나안 땅을 눈앞에 두고 있소. 그 땅을 취하기 전에 먼저 사람들을 보내어 그 땅이 어떠한지 탐지하려 하오. 이스라엘 12지파 중에서 한 명씩 정탐꾼을 뽑을 테니, 이제부터 내가 호명하는 사람들은 앞으로 나오도록 하시오."

모세는 주의 말씀대로 바란 광야의 가데스바네아에서 이스라엘 각 지파마다 한 명씩 정탐꾼들을 뽑아 가나안 땅으로 들여 보냈다. 정탐꾼들로 뽑힌 자들은 모두가 각 지파의 지휘관들이었다. 모세는 그들 하나하나를 큰 소리로 호명했다.

"르우벤 지파에서는 삭굴의 아들, 삼무아!
시므온 지파에서는 호리의 아들, 사밧!
유다 지파에서는 여분네의 아들, 갈렙!
잇사갈 지파에서는 요셉의 아들, 이갈!
에브라임 지파에서는 눈의 아들, 호세아!
베냐민 지파에서는 라부의 아들, 발디!
스불론 지파에서는 소디의 아들, 갓디엘!
므낫세 지파에서는 수시의 아들, 갓디!

단 지파에서는 그말리의 아들, 암미엘!
아셀 지파에서는 미가엘의 아들, 스둘!
납달리 지파에서는 웝시의 아들, 나비!
깃 지파에서는 마기의 아들, 그우엘!
자, 호명된 열두 명은 모두 내 앞으로 나오시오."

이렇게 해서 가나안 땅을 탐지할 이스라엘 열두 정탐꾼이 구성되었다. 이때 모세는 에브라임 지파를 대표해서 뽑힌 눈의 아들 호세아의 이름을 '여호수아'라고 개명해 주었다. 이 여호수아는 이전부터 모세 곁에서 수종 들고 있던 인물로, 말하자면 모세의 최측근 부관이었다. 그는 출애굽 직후에 아말렉 족속이 이스라엘 대열의 후미를 기습적으로 공격했을 때, 모세의 명을 받들어 군대를 이끌고 나가 대적과 싸워서 승리를 거둔 인물이기도 했다.

모세가 '호세아'란 이름을 '여호수아'로 개명한 이유는, 장차 여호수아가 자신의 후계자가 되어 중요한 역할을 감당할 인물로 예감했기 때문이다. 호세아(Hoshea)는 단순히 '구원'을 뜻하지만, 여호수아(Joshua)는 '여호와는 구원이시다'란 뜻이다. 오직 여호와를 의지하여 이스라엘의 구원을 이루어가라는 의미가 담긴 이름이다. 모세가 죽은 뒤에 가나안 정복전쟁을 수행할 이스라엘의 지도자에게 매우 적합한 이름이었다.

호명된 열두 명이 모세 앞으로 나오자, 모세가 그들에게 명을 내렸다.

"여러분, 그대들은 각자 여러분들의 지파를 대표해서 아주 중요한 사명을 맡은 자들이오. 이제부터 내가 하는 말을 주의 깊게 잘 듣고 차질 없이 임무를 수행토록 하시오."

모세는 이스라엘 진영을 떠나 가나안 땅을 탐지하러 나설 열두 명의 정탐꾼들에게 이것저것을 일러주었다.

"가나안 땅에 들어가거든 여러분은 일단 북쪽으로 올라간 뒤, 그 땅의 남부를 거쳐 산악지역으로 들어가시오. 그렇게 이동하면서 그곳의 지형이 어떠한지 잘 살펴보시오. 또한 그 땅에 사는 주민들이 강한지 약한지, 주민들의 수효가 많은지 적은지도 자세히 알아보시오."

팽팽한 긴장감이 흘렀다. 마침내 약속의 땅 가나안을 두 발로 밟는다는 기대감에다, 가나안 족속들의 삼엄한 경계를 피해 몰래 탐지 활동을 벌여야 하는 정탐꾼으로서의 사명감이 겹쳤기 때문이다. 모세는 계속 말을 잇는다.

"여러분은 또한 그 땅이 좋은지 나쁜지, 그들이 살고 있는 곳은 어떻게 생겼는지, 요새화된 성읍인지 아니면 성벽이 없는 시골 마을인지 잘 살펴보시오. 또 그 땅이 어떠한지도 살펴보시오. 기름진 땅인지 메마른 땅인지, 나무가 많은지 적은지도 잘 살펴보시오. 그리고 탐지 활동을 마치고 이스라엘 진영으로 돌아올 때는 잊지 말고 반드시 그 땅에서 나는 과일을 따오도록 하시오. 알아들었소?"

"네, 잘 알겠습니다! 이르신 말씀을 깊이 명심하고 사명을 완수한 뒤에 무사히 귀환토록 하겠습니다."

"좋소! 자, 그러면 이제 떠나시오. 주께서 그대들을 지켜주실 것이오."

열두 정탐꾼은 사명을 숙지한 채 이스라엘 진영을 출발하여 가나안 땅으로 떠났다. 그때는 가나안 땅의 농사 절기상 포도를 처음 수확하기 시작할 무렵이었다. 가나안의 첫 포도수확은 오늘날의 태양력으로 7-8월경에 시작된다. 그렇다면 출애굽 제2년 2월(오늘날 태양력으로 4-5월) 20일에 시내산을 출발한 백성들은 대략 3개월의 여정 끝에 가나안의 남방 국경지대인 가데스바네아에 도착한 셈이 된다. 유대 종교력으로 출애굽 제2년(주전 1445년경) 5월 하순경이다.

열두 정탐꾼은 막중한 임무를 띠고 가나안 땅에 잠입해 들어갔다. 정체를 숨기고 현지 원주민으로 가장해서 모세가 당부한 사항들을 일일이 살폈다. 가나안 땅의 남쪽 지역인 신(Zin) 광야에서부터 가장 북쪽 지역인 하맛 어귀의 르홉까지 샅샅이 훑어보았다.

또 가나안 남부 지역의 이곳저곳을 살펴본 후에 헤브론 성읍에 이르렀다. 이집트의 소안 성읍보다 7년이나 더 빨리 지어진 헤브론 성읍에는 당시 아낙 자손인 아히만 부족, 세새 부족, 달매 부족이 살고 있었다. 가나안 땅의 원주민인 아낙 자손은 장대한 신체를 가진 거인 족속으로 유명했다.

▲ 이스라엘 정탐꾼들의 가나안 땅 탐지 경로

"자, 이제 우리의 정탐 활동도 거의 끝나가니 모세가 명하신 대로 가나안 땅의 과일을 따가도록 합시다!"

열두 정탐꾼은 에스골 골짜기로 들어갔다. 에스골은 '포도송이'란 뜻을 지닌 지명으로, 가나안 남방의 비옥한 골짜기였다. 오늘날 헤브론 북서쪽 5km 지점에 위치한 베잇 이스카힐 지역으로 추정되는데, 지금까지도 이곳에서는 포도 재배가 활발하다.

가나안 남방의 에스골 골짜기로 들어간 이스라엘 열두 정탐꾼은 포도 한 송이가 달린 가지를 베어낸 뒤, 두 사람이 막대기에 꿰어 어깨에 메었다. 석류와 무화과도 딴 뒤에 그들은 모든 정탐 활동을 마치고 이스라엘 진영으로 무사히 귀환하였다. 한 명의 사상자도 없이 전원이 무사히 귀환한 것은 하나님의 보호하심이 있었기 때문이다.

정탐꾼들이 귀환하여 정탐 결과를 보고하다 (13:25-33)

"오, 어서 오시구려. 그동안 참으로 수고 많았소!"

정탐꾼들을 가나안 땅에 보낸 뒤 초조하게 기다리던 모세와 백성들은 귀환하는 정탐꾼들을 반갑게 맞아들였다. 정탐꾼들은 40일 동안 가나안 땅 곳곳을 탐색하고 돌아왔다. 모두 승리자의 얼굴이었다.

가나안 땅의 남북 거리는 대략 180km 정도다. 따라서 10일 정도면 대략적으로 둘러볼 수 있었다. 그런데 정탐꾼들이 그 땅을 40일 동안 살펴보았다는 것은 아주 꼼꼼하게 그 땅의 구석구석을 살폈음을 의미한다. 모세가 지시한 대로 충실히 이행한 것이다.

"그래, 가나안 땅은 어떠했소?"

무사 귀환을 환영하는 반가운 인사가 끝나자, 모세가 진즉부터 궁금한 것을 물어보았다.

"네, 명하신 대로 가나안 땅을 두루두루 자세히 살펴보았습니다. 과연 그 땅은 젖과 꿀이 흐르는 기름진 땅입니다. 보십시오. 이것이 그 땅에서 따온 과일들입니다."

정탐꾼들은 가지에 달린 커다랗고 탐스러운 포도송이와 빛깔 좋은 석류와 먹음직한 무화과를 내놓았다. 그야말로 꿀이 흐르는 듯한 탐스런 과일들이었다.

"와, 정말 좋다! 탐스런 과일들이다. 그 땅은 분명 젖과 꿀이 흐르는 기름진 땅이 분명하다! 이제 우리는 그 땅에서 풍요롭게 살아갈 수 있게 되겠구나."

정탐꾼들이 내보인 탐스런 과일들을 보고 백성들이 환호성을 지르며 기뻐했다. 정탐꾼들은 가나안 땅에서 보고 들은 것들을 이야기하기 시작했다. 그들의 보고를 들을 때마다 백성들 사이에는 환호성이 터졌다. 그러나 정탐꾼들의 보고는 갈수록 안 좋은 쪽으로 흘러갔다.

"그런데 그게 말입니다, 그것이…."

정탐꾼들이 머뭇거리며 말을 이어가지 못했다.

"아니, 무슨 문제라도 있는 겁니까?"

백성들이 불안한 기색으로 조심스럽게 되물었다.

"그런데, 그 땅 원주민들은 무척 강해 보였습니다. 성읍들은 요새화되어 있었고, 그 규모도 매우 컸습니다. 심지어 우리는 아낙 자손들도 보았습니다. 정말이지, 그들은 신체가 장대한 거인들입니다. 남부 지역에는 아말렉 족속이 터 잡고 있었고, 산악 지역에는 헷 족속과 여부스 족속과 아모리 족속이 버티고 있었으며, 바닷가 쪽과 요단 강가 쪽에는 여러 가나안 원주민들이 살고 있었습니다."

이 같은 정탐꾼들의 보고는 백성들의 상기되었던 얼굴에 순간 어두운 그림자를 불러왔다. 들떴던 마음들은 싹 사라지고, 뭔지 모를 불안들이 백성들 사이를 휩쓸고 지나갔다.

"그 땅에 그렇게 많은 족속들이 살고 있다고요? 그들이 그토록 강해 보인단 말입니까?"

"거인 족속인 아낙 자손들의 수효는 얼마나 됩니까?"

"성읍들이 도대체 얼마나 견고하다는 것입니까?"

여기저기서 질문이 쏟아졌다. 모두가 불안해하는 기색이 역력했다. 도처에서 수군대는 소리가 들렸다.

"아, 그렇다면 가나안 땅은 그림의 떡이란 말인가!"

"틀렸다! 그런 땅을 우리가 대체 무슨 수로 취할 수 있단 말인가!"

그때였다! 이스라엘 열두 정탐꾼 가운데서 갈렙과 여호수아가 앞으로 불쑥 나서며, 모세 앞에 모인 사람들을 진정시켰다. 갈렙이 대표로 말했다. 그의 목소리는 힘이 있었고 확신에 차 있었다.

"자, 여러분! 모두들 진정하십시오. 진정들 하시고, 제 말 좀 들어보십시오!"

갈렙이 큰 소리로 당당하게 말했고, 여호수아가 곁에서 거들었다.

"여러분, 비록 가나안 땅의 성읍들이 견고하고 그 땅의 주민들이 장대하다고는 하지만, 사실은 별거 아닙니다. 그 땅은 하나님이 오래 전에 우리에게 이미 주신 땅입니다. 그러니 우리가 힘을 합해 쳐들어가면 그 땅을 능히 차지할 수 있습니다!"

듣고 있는 누군가가 혼잣말을 하듯이 뇌까렸다.

"과연 그럴 수 있을까…?"

"그럴 수 있고 말고요! 우리에겐 전능자 하나님이 계시지 않습니까. 하나님께서 도우시면 얼마든지 그 땅을 쉽게 정복할 수 있습니다."

"아닙니다! 그건 그렇지 않습니다!"

갈렙, 여호수아와 함께 갔던 다른 열 명의 정탐꾼 중 몇 명이 도중에 갈렙의 말을 가로막으며 끼어들었다.

"여러분, 섣불리 가나안 땅을 공격하면 절대로 안 됩니다. 우리가 가나안 땅을 정복하기는 불가능합니다. 우리가 직접 보니, 그들은 우리보다 훨씬 강합니다. 우리는 그들에게 상대가 되질 않습니다."

"여러분, 절대로 그렇지 않습니다! 그들은 우리의 먹잇감에 불과합니다. 무엇보다 우리에겐 전능하신 하나님께서 함께 하십니다. 그러니 당장이라도 올라가 그 땅을 취하도록 합시다!"

갈렙과 여호수아가 밀리지 않고 힘주어 말했다. 그러나 그들은 두 명이었고, 나머지는 열 명이었다. 열 명의 정탐꾼들은 부정적인 보고를 계속했다. 그들은 자기들이 보고 온 가나안 땅에 대해서 부풀려 나쁘게 말하기 시작했다.

"여러분, 어디 그뿐인 줄 아십니까? 사실 말이야 바른 말이지, 우리가 정탐하고 온 그 땅은 주민들을 집어삼키는 땅이었소."

예로부터 가나안 땅은 비옥할 뿐만 아니라 군사적, 정치적으로도 매우 중요한 곳이었다. 그렇기 때문에 많은 나라들과 민족들이 그 땅을 차지하기 위해 끊임없이 침략 전쟁과 살육 전쟁을 펼칠 것이고, 그로 인해 가나안 땅에서 수많은 희생자가 생겨날 것이라는 의미다. 그러므로 아예 처음부터 가나안 땅을 포기하는 편이 나을 것이라는 주장이었다. 그 땅을 주시겠다는 하나님의 약속을 경멸하고 도외시하는 불신앙적인 말이었다. 열 명의 정탐꾼은 계속해서 말했다.

"여러분, 그곳 사람들은 하나같이 모두 신체가 장대한 거구들이었소. 특히 아낙 자손들은 거인 족속으로 유명한 네피림의 후손들이란 말이오. 그들에 비하면 우리는 정말이지 메뚜기 같았소. 그들이 보기에도 분명 우리가 메뚜기처럼 보였을 것이오!"

"아낙 자손들이 그 땅에 살고 있는 게 정말입니까?"

"그렇다니까요! 우리가 두 눈으로 똑똑히 보았단 말이오!"

"아, 이를 어쩌면 좋단 말인가! 아낙 자손들이 그 땅에 살고 있다니! 이럴 수가…."

"세상에… 누가 아낙 자손들을 능히 당할 수 있으랴!"

이스라엘 백성들은 크게 한숨 쉬며 한탄했다. 그들이 아낙 자손을 그토록 두려워한 까닭은 분명했다. 아낙 자손들은 한눈에 보기에도 장대하고 체력이 강한 사람들이다. 이스라엘 사람들은 아낙 자손들이 고대로부터 전해져 오는 거인 족속인 네피림의 후손들이라고 믿었다.

네피림(Nephilim)은 일찍이 노아 시대 때부터 그들의 존재가 알려진 족속으로, 장대한 체격과 폭력적인 성격으로 전쟁과 약탈을 일삼던 거인 족속이다. 그런 사실로 인해 열 명의 정탐꾼들로부터 보고를 받은 이스라엘 백성들은 싸우기도 전에 전의를 상실한 채 크게 낙담하고 절망했던 것이다.

"아, 이제 우리는 여기서 꼼짝없이 죽게 생겼구나."

"이를 어쩌지? 이제는 오도 가도 못하게 생겼네."

"내 이럴 줄 알았어! 젖과 꿀이 흐르는 그 좋은 땅을 우리가 어떻게 감히 차지할 수 있겠어? 우리가 잠깐 무엇에 단단히 홀린 거야!"

분위기가 이상하게 흘러갔다. 갈렙과 여호수아는 다시 한 번 동요하는 이스라엘 백성들을 진정시키려고 애썼다. 이스라엘 백성이 가나안 땅을 차지하게 되리라는 것은 하나님의 약속이고, 하나님께서 도우시면 그건 시간문제일 뿐이라고 힘써 주장했다.

"여러분, 낙담하지 마십시오! 모두 진정들 하시고, 내 말 좀 들어보십시오. 우리는 능히 이길 수 있습니다. 하나님께서 분명 우리를 도우실 것입니다. 우리는 그 땅을 충분히…."

하지만 갈렙과 여호수아의 말은 백성들의 떠드는 소리와 한탄과 불평불만에 파묻히고 말았다. 대신, 열 명의 정탐꾼들의 부정적인 보고는 이스라엘 진영 전체에 급속도로 확산되었고, 그런 부정적인 군중심리가 장막촌을 무겁게 뒤덮었다.

'아, 이 백성들을 어찌하면 좋을꼬?'

모세는 가슴이 답답했다. 이스라엘 백성들은 아직도 가나안 땅에 들어갈 준비가 안 된 상태는 아닐까? 불안한 생각이 밀려들었다. 어느덧 해는 서쪽으로 많이 기울어져 있었다.

민수기 14장

14
이스라엘의 거역, 하나님의 징벌

이스라엘 백성이 가나안 족속 두려워하자
주께서 진노하시네
주께서 행하시는 능력 보고도 믿지 않으니
40년 동안 광야를 방황하게 되리라

이스라엘 백성들이 불평하며 통곡하다 (14:1-10)

"아이고, 여기서 죽게 되다니! 이러자고 내가 이집트 땅에서 그토록 고생고생하며 나왔단 말인가! 아이고! 아이고!"

불신앙의 독(毒)이 무서운 전염병처럼 백성들 사이에 빠르게 번져나갔다. 여기저기에서 울음소리가 터져 나왔다.

"아이고! 이제 우리는 어쩌면 좋단 말이냐!"

"앞으로 나가자니 아낙 자손이요, 되돌아가자니 파라오의 칼이로구나! 이렇게 광야에서 죽어야 한단 말인가! 아이고, 내 신세야!"

갈렙과 여호수아의 주장은 들은 체도 않고 가나안 땅에 대한 부정적인 보고만을 귀담아 듣고서, 이스라엘 백성들은 낙담한 채 땅바닥에 주저앉아 밤새도록 큰 소리로 아우성치면서 통곡했다. 이런 때면 꼭 백성들을 선동하는 사람이 등장한다.

"이게 다 모세와 아론 때문이다! 그들이 이집트 땅에서 잘 살고 있는 우리를 공연히 꾀어 이곳까지 끌고 왔기에 우리가 이런 지경에 빠진 거다!"

"옳소! 우리를 이곳까지 끌고 온 자들은 모세와 아론이오!"

"맞소! 모세와 아론 때문에 우리가 다 죽게 생겼소!"

백성들의 원망과 불평은 일제히 모세와 아론에게로 향했다. 마치 좋은 사냥감을 찾았다는 듯, 그들은 모세와 아론에게로 우르르 몰려가 거친 어투로 따졌다.

"보시오, 당신들은 어째서 우리를 여기까지 끌고 온 거요! 우리가 차라리 이집트 땅에서 죽는 편이 더 나을 뻔했소! 아니지, 도중에 광야에서 죽었더라도 이보다는 더 나을 뻔했소!"

"당신들이 우리를 여기까지 끌고 온 이유가 대체 뭐요? 아낙 자손의 칼에 쓰러지게 하려고 이곳까지 끌고 온 거요? 이제 우리 처자식들이 가나안 족속들에게 다 사로잡히게 생겼소! 어떻게 책임질 거요?"

"차라리 지금이라도 이집트로 되돌아가는 편이 더 낫지 않겠소? 그렇게 가만히 있지 말고, 뭐라고 말 좀 해보시오!"

말이 씨가 된다고 했던가! 광야에서 죽는 편이 더 낫겠다고 말한 대로, 과연 이스라엘 백성들 중 20세 이상의 장정들은 이후 하나님의 징벌로 광야에서 모두 전멸한다. 다만 두 사람, 신앙적인 보고를 한 갈렙과 여호수아를 제외하고는, 하나님의 징벌로 40년 광야 유랑을 겪는 동안 출애굽 1세대 전부는 광야에서 죽음을 맞고 말았다. 그 편이 더 낫다고 말한 그대로 되고 만 것이다. 하지만, 그들이 그토록 걱정하던 그들의 어린 자녀들은 후일 여호수아의 인솔 하에 요단강을 건너 가나안 땅으로 들어가 그 땅을 차지하게 된다.

"여러분, 제발 진정하시고 내 말 좀 들어보시오. 가나안 땅의 아낙 자손들을 조금도 두려워하지 마시오. 우리에겐 전능자 하나님이 계시지 않소! 일찍부터 여호와 하나님은 가나안 땅을 우리에게 주시겠다고 거듭 약속하셨잖소! 그러니 여호와 하나님을 믿으시오."

"시끄럽소! 그만 닥치시오! 이제는 더 이상 당신 말을 듣지 않겠소!"

모세가 흥분한 백성들을 진정시키려 애썼지만, 그들은 귓등으로도 들으려 하지 않았다. 모세의 말을 도중에 끊고 자기들끼리 떠들어 댔다.

"자, 이제 우리에게는 여호와도, 모세도, 아론도 다 필요 없소. 그러니 우리가 새로운 지도자를 뽑아서 그를 따라 다 같이 이집트로 돌아갑시다!"

"옳소! 그게 좋겠소! 이제라도 늦지 않았으니, 한시라도 빨리 돌아가도록 합시다! 새로운 지도자를 세웁시다!"

어처구니없는 광경이 펼쳐지고 있었다. 마치 시내산 아래에서 금송아지 우상을 만들어 놓고 광란의 축제를 벌이던 광경을 연상시켰다. 하나님을 향해 막말을 해대는 백성들을 모세와 아론은 필사적으로 말렸다.

"여러분, 그러면 안 됩니다. 정말 그럴 순 없습니다! 여호와 하나님이 두렵지도 않습니까? 출애굽 때 이집트 땅에 임한 그 무시무시한 재앙들을 벌써 잊으셨단 말입니까? 제발 진정들 하십시오!"

"뭐요? 저리 썩 꺼지시오! 이제 당신들은 우리의 지도자가 아니란 말이오!"

열 명의 정탐꾼들을 지지하는 사람들은 아예 귀찮다는 듯 모세와 아론을 한쪽으로 밀쳐냈다. 모세와 아론이 사람들에 떠밀려 한쪽으로 나가떨어졌다.

"아, 주님…."

모세와 아론은 긴 탄식을 디뜨리며, 서기 모인 이스라엘 백성들 앞에서 얼굴을 땅에 내고 엎드렸다. 그때, 다시금 갈렙과 여호수아가 백성들 앞으로 나서며 자신들의 주장을 펼쳤다.

"여러분, 안 됩니다! 이러시면 정말 안 됩니다!"

여호수아와 갈렙이 자기들의 옷을 찢으며 비통한 심정을 드러냈다.

히브리 사회에서 옷을 찢는 행위는 매우 강렬한 슬픔과 고통과 분노의 표시였다. 여호수아와 갈렙은 백성들이 가나안 땅을 정복하러 올라갈 생각은 꿈도 꾸지 못한 채 이집트로 돌아갈 것을 도모하는 것을 보고는 그들의 불신앙에 크게 의분(義憤)을 느껴 자신들의 옷을 찢은 것이다.

"여러분, 우리가 두루 다니면서 살펴본 그 땅은 정말로 기름진 땅입니다. 주께서는 우리를 반드시 그 땅으로 인도해 주실 것입니다. 우리 조상들에게 거듭 약속하신 대로, 젖과 꿀이 흐르는 그 땅을 우리에게 틀림없이 주실 것입니다. 그러니 제발 주를 거역하지 마십시오!"

갈렙의 말을 여호수아가 받았다. 그의 말에는 힘이 있었고 눈빛은 펄펄 살아 있었다.

"여러분, 그 땅에 살고 있는 족속들을 조금도 두려워할 필요가 없습니다. 그들은 우리의 좋은 먹잇감에 불과합니다. 전능하신 주께서 우리와 함께 하십니다. 그들에게는 자신들을 지킬 만한 힘이 없습니다. 당장 그 땅을 취하러 올라갑시다!"

그러나 이미 군중 심리에 휩싸인 백성들은 조금도 물러나려 하지 않았다. 극도로 흥분한 백성들은 여호수아와 갈렙을 향해 돌을 집어던지려 했다.

"헛소리 그만해라! 우리를 그들의 먹잇감으로 던져주려는 얄팍한 수작일랑 당장 집어치워라! 이집트로 돌아가려는 우리를 막지 마라!"

그들이 막 돌을 집어 던지려고 할 때였다. 그들을 향해 찬란한 빛이 쏟아지더니, 그들의 시야를 가려 버렸다.

"아아악! 아, 이거야 원, 눈을 뜰 수가 없군!"

백성들은 갑자기 그들을 비추는 찬란한 광채에 저마다 양손으로 눈을 가렸다. 온 백성이 볼 수 있도록 여호와의 영광이 성막 위에 환하게 나타났다. 거룩하신 여호와 하나님의 영광과 위엄을 상징하는 크고 눈부신 광채가 성막 위의 구름 가운데서 세차게 뿜어져 나왔던 것이다.

하나님의 진노와 모세의 중보기도(14:11-25)

"모세야! 모세야!"

머리끝까지 화가 나신 주께서 모세를 급히 부르신다.

"모세야, 보았느냐? 대체 이 백성이 언제까지 나를 무시하고 멸시한단 말이냐! 내가 그토록 많은 기적과 표징(標徵)을 보였건만, 도대체 언제까지 나를 얕잡아보고 믿지 못한단 말이냐?"

"오, 주님. 송구스럽습니다!"

"내가 더 이상 두고 볼 수 없구나. 독한 전염병을 퍼뜨려 저들을 모조리 쓸어버리겠노라. 그런 뒤에 내가 너를 통해 저들보다 더 크고 강한 민족을 세우겠노라!"

실로 무시무시한 말씀이다. 아브라함과 이삭과 야곱의 후손들인 이스라엘 백성들을 그 자리에서 전멸시키고, 이제부터 모세를 시조(始祖)로 그의 후손들을 통해 새롭게 구속의 역사를 펼치겠다는 말씀이다. 하나님은 정말로 크게 진노하셨고, 실제로 그렇게 하실 작정이셨다.

"오, 주님! 그건 안 됩니다. 주님, 제발 그렇게 하지 마소서! 부디 이 백성을 불쌍히 여기소서!"

온유의 사람 모세는 자신을 돌로 치려 한 백성들을 위해 하나님께 빌었다. 앞서 시내산 아래에서 있었던 금송아지 숭배 사건에서도 잘 드러났듯이, 모세는 자신의 생명을 담보물로 내걸 만큼 이스라엘 민족을 사랑했다. 그런 동족애로 하나님께 자비와 긍휼을 간구했다. 하지만 모세는 무엇보다도 여호와의 이름과 영광을 중시했다. 그동안 하나님은 놀라운 권능과 이적으로 이스라엘을 인도하셨고, 그런 사실을 이웃 나라 백성들도 익히 듣고서 여호와께서 하시는 일을 두려운 마음으로 주시하고 있었다.

그런데, 이제 와서 이스라엘 백성들이 광야에서 멸절당한다면, 무엇보다 여호와의 크신 이름과 영광이 열국 가운데서 크게 실추될 것이다. 모세는 바로 그런 사실에 근거하여, 이스라엘 백성들이 죽어 마땅한 죄를 지은 것이 분명하지만, 그럴지라도 백성들을 다시금 용서해줄 것을 간곡히 빌었던 것이다. 이제 백성들을 위하고, 여호와 하나님의 이름과 영광을 위하는 모세의 중보기도를 들어보자. 가슴을 활짝 열고, 그 뜨겁고 진솔한 중보기도에 귀 기울여 보자.

"오, 주여, 주께서는 이 백성을 크신 능력으로 이집트 땅에서 이끌어 내셨나이다. 그런데 주께서 이 백성을 여기서 멸절시키신다면 이집트 사람들이 그 사실에 대해 듣게 되지 않겠습니까! 그러면 그들은 가나안 땅에 사는 사람들에게 그 사실에 대해 말할 것이 분명합니다.

주님, 그들은 주께서 이 백성과 함께 하신다는 사실을, 주께서 이 백성에게 직접 얼굴을 보이셨다는 사실을 전해 들어서 익히 알고 있습니다. 주님의 구름이 이 백성 위에 머무르고, 또한 주께서 낮에는 구름기둥으로 밤에는 불기둥으로 이 백성을 인도하신다는 사실을 그들은 잘 알고 있습니다."

기도하는 모세의 눈에는 눈물이 그렁그렁 맺혔고, 그의 목소리는 불안감과 두려움으로 심하게 떨리고 있었다. 피 끓는 모세의 중보기도는 계속된다.

"그런데 주님, 이제 와서 갑자기 이 백성을 여기서 모두 쓸어버리신다면, 이를 알게 된 뭇 나라들과 민족들이 분명 주님께 대해 이러쿵저러쿵 입방아를 찧을 것입니다. 그들은 말하기를, 주께서 자기 백성에게 주겠다고 약속한 그 땅을 줄 능력이 없기에 자기 백성을 광야에서 그냥 쓸어버렸다고 할 것입니다.

하오니 주여, 열방의 모든 나라들과 민족들에게 주님의 크신 능력을 보여주소서. 주께서 이 백성에게 약속하신 대로 주님의 크신 능력을 드러내소서. 주여, 주께서는 진즉에 말씀하시기를 '나는 화를 더디 내고 사랑은 한없이 많아서 죄와 반역에 대해서도 용서를 베푸노라. 죄를 벌하지 않은 채 그냥 내버려두지는 않겠지만, 그래도 나는 내 백성에게 용서를 베푸는 자니라.' 하시지 않으셨습니까?

그러하오니 주여, 이제 주님의 크신 사랑으로 이 백성의 죄를 용서하소서. 무한하신 긍휼로 용서해 주소서. 주께서 이집트에서 이 백성을 이끌어 내신 이래, 이 백성의 계속된 거역과 배반에도 불구하고 줄곧 참으시고 용서하셨듯이, 주여! 이제 다시금 용서를 베풀어 주소서!"

모세의 중보기도다. 하나님께서 백성들에게 용서를 베풀지 않으시면, 자신의 목숨을 내걸고 용서를 베푸실 때까지 하염없이 매달리겠다는 자세다. 배수진을 친 필사의 기도였다. 과연 의인의 기도는 효과가 컸다. 모세의 중보기도를 들으시고, 주께서 침묵을 깨셨다. 한숨 섞인 소리로 말씀하신다.

"그래, …알겠노라. 네가 그토록 간청하니, 내가 백성들에게 용서를 베풀겠노라."

"오, 주님, 감사합니다. 정말 감사합니다."

하지만 하나님의 용서가 죄의 책임까지 없애주는 것은 아니었다. 비록 이스라엘 백성들이 하나님의 용서하심으로 멸절당하지 않고 살 수는 있게 되었지만, 하나님을 크게 멸시한 죗값은 치러야 했다. 그래서 거역하고 불순종한 백성들은 광야에서 죽어야 할 비극적 운명에 처하게 되었다. 주께서 그런 말씀을 하신다.

"내가 이 백성을 징벌하겠노라. 이 백성은 나의 영광을 두 눈으로 똑똑히 보고서도, 이집트와 광야에서 내가 행한 기적의 놀라운 표징들을 밝히 보고서도, 열 번씩이나 거듭해서 나를 거역하고 나를 시험한 자들이니라. 그러므로 그렇게 패역한 백성들 중에서는 한 사람도 내가 그들의 조상들에게 주겠다고 약속했던 그 땅을 밟아보지 못하리라."

"아, 주님. 그건…. 그건…."

"모세야, 더 이상은 아니다. 나를 더 이상 말리지 마라. 내가 정녕 그렇게 행하겠노라. 나를 얕잡아보고 멸시한 사람들 중에서는 한 명도 그 땅에 들어가지 못하리라."

그렇다. 하나님을 거역하고 멸시한 자들은 가나안 땅에 들어갈 수 없었다. 그런 자들은 광야를 유랑하던 도중에 죽음을 맞이할 것이라는 준엄한 형벌이 내려졌다. 이때 하나님께서 '열 번'이나 나를 거역했다고 하신 것은 문자적으로 10회를 가리키는 말이 아니다. 히브리 문학에서 '열(10)'은 완전수(完全數)를 상징한다. 따라서 이 말은 매번 일이 있을 때마다 거듭해서 하나님을 거역하고 배반했다는 뜻이다. 하나님은 계속해서 모세에게 말씀하신다.

"그러나 모세야, 나의 종 갈렙은 다른 사람들과는 달리 나에게 충성하였노라. 그는 온 마음으로 나를 따랐노라. 그러니 갈렙은 광야에서 죽지 않고 그가 살피고 온 그 땅에 들어가 살게 될 것이고, 그의 자손들은 그 땅을 물려받게 되리라."

여기서 '갈렙'은 개인 갈렙을 포함하여, 20세 이상으로 하나님의 형벌 대상에서 면제된 모든 자들까지 대표하는 말이다. 당시 열두 정탐꾼들 중의 한 명인 갈렙은 일반 백성들의 신앙 수준에서 가장 온전히 여호와를 신뢰한 인물이었기에 하나님은 그를 대표로 내세운 것이다. 따라서 갈렙뿐만 아니라, 여호수아를 비롯하여 제사장 엘르아살과 이다말 등 여호와 하나님을 멸시하지 않고 원망과 불평을 터뜨리지 않은 신실한 자들은, 광야에서 죽지 않고 요단강을 건너 가나안 땅에 들어갈 수 있었다.

과연 하나님의 말씀대로 이후에 갈렙과 그의 자손들은 가나안 땅을 차지하였다. 가나안 입성 후에 갈렙은 거인 족속인 아낙 자손을 여지없이 쳐부수고 헤브론과 드빌을 점령했다. 그 후 갈렙은 유다 남부지역에 거주하는 갈렙(갈멜) 족속의 선조가 되었다. 이어 하나님은 모세에게 명령하신다.

"모세야, 아말렉 족속과 가나안 족속이 너희 가는 길의 골짜기에 살고 있다. 그러니 내일 너희는 가던 길을 돌이켜 홍해 쪽으로 난 길을 따라 광야를 향하여 출발하도록 하여라."

가데스바네아에서 방향을 틀어 홍해 길을 따라 광야로 다시 들어가라는 말씀이었다. 그 까닭은, 하나님의 징벌로 인해 이스라엘 백성들은 광야를 정처 없이 유랑해야 했기 때문이다. 가나안 땅을 눈앞에 두고서도 올라가 취하기를 거부하고 울며불며 불평하면서 다시 이집트로 돌아가려고 시도한 불신앙의 무리들에게 하나님은 '40년 광야 유랑'의 징벌을 내리신 것이다. 이스라엘 역사에서 참으로 쓰라리고 뼈아픈 순간이다.

하나님의 징벌이 임하다 - 40년 광야 유랑(14:26-38)

"모세와 아론은 내 말을 들어라."

주께서 모세와 아론에게 말씀하신다. 그 말씀은 바란 광야의 가데스바네아에서 하나님을 멸시하고 거역한 자들에게 내리는 준엄한 징벌이었다.

"나는 나를 거역하는 백성들의 원망소리를 다 들었노라. 이 사악한 자들이 나를 거역하고 원망하는 소리를 내가 더 이상은 견디지 못하겠노라. 그러니 너희는 이 백성들에게로 가서 내 말을 전하여라. 내가 살아 있는 한, 너희가 나를 향해 도해낸 말 그대로 내가 이 백성에게 이루어 주리라."

모세와 아론은 하나님께서 전하라고 하신 말씀 그대로 백성들에게 말해 주었다.

"여러분, 주께서 여러분들에게 이렇게 말씀하셨소. 이르시기를 '이 광야에 너희 시체가 즐비하게 널릴 것이다. 인구조사 명단에 오른 사람들 중 20세 이상으로 나에 대해 불평을 늘어놓은 자들은 모두 광야에서 죽게 되리라.' 하였소!"

인구조사에서 20세 이상으로 계수된 자들은 하나님의 징벌을 받아 40년 광야 유랑 도중에 전부 죽게 될 것이라는 말이었다. 20세 이상으로 싸움에 나갈 만한 남자들을 대상으로 인구조사를 실시한 시점은 출애굽 제2년(주전 1445년경) 2월 1일이다.

하나님은 그때를 기준으로 징벌의 대상을 정하셨다. 그 이유는, 20세 이상 된 남자들은 여호와 군대의 군사로 편입된 자들로서 싸움에 나갈 수 있었고, 가나안 땅을 취하러 싸움에 응당 나가야 했음에도 불구하고 "올라가 취하라!"는 하나님의 명령을 거부했기 때문이다. 신정국가 이스라엘의 왕 되신 하나님은 특별히 군사들에게 항명죄를 물어 군법으로 엄하게 다스린 것이다. 모세는 계속해서 하나님의 말씀을 전한다.

"주께서 우리에게 주시겠다고 손을 들어 맹세하셨던 그 땅을 여러분들 가운데 20세 이상 된 자들 중에서는 누구도 밟아보지 못할 것이오. 그러나 갈렙과 여호수아만은 그 땅에 들어가게 될 것이오. 그들은 우리 주님께 온 마음으로 충성했기 때문이오."

이스라엘 군대에 편입된 20세 이상 된 군사들 중 갈렙과 여호수아 단 두 명만이 군사 재판에서 제외되어 가나안 땅에 들어갈 수 있을 것이라는 말씀이다. 따라서 20세 이상의 인구조사에서 제외됨으로써 이스라엘 군대에 편입되지 않은 레위 지파의 사람들 또한 징벌 대상에서 면제되었다. 모세는 계속해서 하나님의 말씀을 이스라엘 백성들에게 전해 준다.

"여러분이 포로로 붙잡혀가게 될 것이라고 걱정했던 여러분의 자녀들은 가나안 땅에 들어가 자리 잡고 살 것이오. 하지만 주님의 약속을 걷어찬 여러분은 광야에서 시체가 되어 뒹굴 것이오."

아이러니하다. 가나안 족속을 피해 살겠다고 이집트로 돌아가려 한 자들은 모두 죽게 되고, 가나안 사람들에게 붙잡혀 죽고 말 것이라던 그들의 자녀들은 모두 살게 된다는 말이다. 모세는 계속해서 주님의 말씀을 전한다.

"그렇지만 여러분의 자녀들은 광야에서 방랑하면서 패역한 부모들이 한 사람도 남지 않고 모조리 광야에 묻힐 때까지, 부모가 저지른 죄로 인해 고통을 받을 것이오. 여러분들이 그 땅을 40일 동안 살피고 돌아왔으니, 하루를 1년으로 계산하여 40년 동안 광야를 유랑하면서 주님을 거역한 죄로 인해 고통을 받을 것이오."

모세가 선포한 40년 광야 유랑의 기간은 두 가지 중요한 의미를 포함하고 있다.

① 유랑 기간 40년은 이스라엘 백성들로 하여금 하나님을 거역한 그들의 죄를 뼈저리게 깨닫도록 하는 참회의 기간이다.
② 유란 기간 40년은 이집트에서 나온 과거의 패역한 세대가 사라지고, 장차 가나안 땅을 차지할 새로운 세대가 구성되는 변화와 교체의 기간이다.

모세는 이스라엘 백성들이 광야를 유랑할 기간은 '40년'이라고 선포하였다. 하지만 보다 정확하게 말하면 38년이다. 가나안 남쪽의 가데스 바네스에서 정탐꾼들의 보고가 있은 때로부터(출애굽 제2년 5월경) 대제사장 아론의 죽음 이후에 새로운 인구조사가 시행될 때까지(출애굽 제40년 5월) 38년 동안 이스라엘 백성들은 광야의 곳곳을 유랑하였다.

그렇지만 성경은 통상적으로 '40년 광야 유랑'이라는 표현을 사용한다.

"정탐꾼으로 가나안 땅에 들어갔던 열 명은 앞으로 나오라!"

이스라엘의 열두 정탐꾼 중 갈렙과 여호수아를 제외한 열 명이 벌벌 떨며 앞으로 나왔다. 그들은 가데스바네아에서 모세가 가나안 땅의 형편을 자세히 살펴보라고 보냈던 자들인데, 정탐 후에 돌아와서는 불신앙적인 보고를 한 자들이었다. 그런 불신앙적인 말로 그 땅에 대해 나쁜 소문을 퍼뜨림으로써 이스라엘 백성들로 하여금 하나님을 불신하게 하고 또 모세를 향해 불평하도록 만든 악한 자들이었다.

"너희의 죄를 알렷다! 너희는 두고두고 백성들에게 원망의 대상이 될 것이다!"

가나안 땅에 대해 부풀려 나쁜 소문을 퍼뜨렸던 열 명의 정탐꾼은 주께서 내리신 재앙으로 인해 그 자리에서 모두 즉사하고 말았다.

이스라엘 백성들을 불신앙의 늪에 빠뜨린 죄를 물어 하나님께서 친히 그 장본인들을 공개 처형한 것이다. 가나안 땅을 살피고 돌아온 열두 정탐꾼 중에 여호수아와 갈렙은 죽지 않았다. 열 명의 정탐꾼들과는 달리 그들 두 사람은 '당장 올라가 가나안 땅을 취하자!'라고 주장함으로써 하나님을 신뢰하고 따랐기 때문이다.

이스라엘 백성들의 무모한 가나안 침공과 패배 (14:39-45)

"아, 우리가 참으로 어리석었구나. 이제 어쩌면 좋단 말이냐?"

모세를 통해 주께서 하신 말씀을 들은 온 이스라엘 백성들은 한숨을 내쉬며 크게 한탄했다. 다음날 이른 아침, 백성들은 진영을 떠나 엉뚱하게도 높은 산악지대로 나아가며 말했다.

"가만 생각해 보니, 우리가 주님께 큰 죄를 지었다. 비록 늦었지만 이제라도 주께서 약속하신 가나안 땅으로 올라가자! 모두 올라가 가나안 족속을 쳐서 그 땅을 취하자!"

백성들의 그런 움직임을 보고, 모세가 부랴부랴 나서며 만류했다.

"안 되오! 여러분은 어찌하여 주님의 명령을 또 따르지 않는 겁니까? 이래서는 성공할 수 없소. 올라가지 마시오! 지금은 주께서 여러분과 함께 하시지 않을 터이니, 여러분이 대적에게 패할 것이 분명하오!"

"아닙니다. 이제라도 우리가 올라가 싸우겠습니다. 그래서 우리 죄를 씻어야 합니다. 주께서는 분명 우리를 도와주실 것입니다."

이스라엘 군사들은 하나님의 명령에 귀 기울이지 않고 출전을 고집했다. 앞서 하나님은 모세를 통해 명하시기를 '돌이켜 홍해 길을 따라 광야로 들어가라.'고 하셨다. 그래서 모세는 군대의 출전을 한사코 막았다. 하지만 군사들은 모세의 만류에도 불구하고 뒤늦게 인간적인 열심을 내어 가나안 땅을 취하려고 굳이 출전하고자 했다. 그렇게 하면, 혹시라도 하나님께서 마음을 바꿀지도 모른다고 기대했기 때문이다.

하지만 그것은 착각이고 오산이었다. 지금 그들에게 필요한 것은 철저한 회개와 전적인 순종이다. 그래서 모세는 힘써 그들의 출전을 막았다.

"아니, 그렇지 않소! 여러분이 또다시 주님의 명령을 어기고 올라간다면, 아말렉 족속과 가나안 족속이 여러분을 쳐서 패퇴시킬 것이오. 여러분이 주께 등을 돌렸으니 주님도 여러분에게서 등을 돌려 지금은 여러분과 함께 하시지 않는단 말이오. 그러니 여러분은 분명 저들의 칼에 쓰러지고 말 것이오. 당장 출전을 멈추고, 각자 자기 진영으로 돌아가시오!"

"아닙니다. 그럴 순 없습니다. 우리는 올라가서 반드시 승리를 쟁취하겠습니다. 두고 보십시오!"

모세가 그렇게 말렸는데도 이스라엘 군사들은 부득부득 고집을 피웠다. 그들은 가나안 땅의 산악지역을 향해 곧장 쳐들어갔다. 하지만 모세는 물론이고, 여호와의 언약궤도 이스라엘 진영을 떠나지 않고 그대로 머물러 있었다.

“엇! 보라, 저기 이스라엘 군사들이 쳐들어온다!”

가나안 땅의 산악지역에 살던 아말렉 족속과 가나안 족속은 이스라엘 군대가 쳐들어오는 것을 보고는 즉시 내려와 맞서 싸웠다. 지금껏 제대로 된 싸움이라곤 해본 적이 없는 이스라엘 군사들은 상대가 되지 않았다. 가나안 원주민들은 예상 외로 간단하게 이스라엘 군대를 물리치고 승리를 거머쥐었다.

“와! 와! 우리가 이겼다! 이제 보니 별거 아니다. 보라, 이스라엘 군사들이 도망간다. 계속 추격하라!”

모세가 경고한 대로 이스라엘 군대가 크게 패했다. 순종 없는 인간적인 고집과 왜곡된 열심이 낳은 당연한 결과였다. 승기를 잡은 가나안 족속과 아말렉 족속은 도망치는 이스라엘 군사들을 뒤쫓았다. 그들은 호르마까지 추격하면서 이스라엘 군사들을 계속 공격했다. 호르마(Hormah)는 가데스바네아 부근에 위치한 가나안 땅의 성읍이다. 오늘날 ‘텔 엘 밀’(Tell el-Milh) 지역으로 추정되는데, 이곳은 브엘세바에서 11km 가량 떨어진 지점에 자리잡고 있다.

이스라엘 군대의 뼈아픈 패배였다. 이유야 어찌 되었든, 가나안 땅 정복을 위한 첫 교전에서 무참하게 깨짐으로써 가나안 족속들과 주변 국가들은 이스라엘을 얕잡아보게 되었다. 나아가 그들은 이스라엘의 하나님 여호와를 별것 아닌 양 우습게 여겼다. 하나님의 명령과 인도에 따르지 않고 자신들의 인간적인 뜻과 고집대로 행한 결과, 이스라엘 군대는 이처럼 이방 족속들로부터 치욕과 멸시를 당하고, 하나님의 영광 또한 크게 실추시킨 것이다.

첫 교전에서 쓰라린 패배를 맛본 이스라엘 백성들은 너나 할 것 없이 비통함에 젖었다. 가데스바네아의 이스라엘 진영에는 어둡고 무거운 침묵만이 감돌았다.

민수기 15장

15
그 땅은 약속의 땅

겉옷 가장자리에 술을 달고
그 술에는 청색 끈 달아라
그걸 볼 때마다 주를 기억하고
주의 계명대로 행하도록 하라

가나안 땅에서 지켜야 할 제사 규례(15:1-31)

"자, 이제는 다들 일어나 각자 장막을 거두고 짐들을 챙기시오. 주께서는 홍해 쪽으로 난 길을 따라 다시 광야로 들어가라 명하셨소. 또다시 주의 명령을 거역해서는 절대로 안 됩니다. 모두 서두르시오."

다음날 이른 아침, 모세는 슬픔에 잠겨 있는 백성들을 독려하여 길을 떠날 채비를 했다. 모세는 막막했다. 지금까지의 여정은 가나안 땅을 취하러 앞으로 나아가는 당당한 행군이었다. 그러나 이제부터는 가야 할 목적지가 없었다.

주님의 명령에 따라 이미 지나왔던 길을 되돌아가 광야로 들어가야 했지만, 모세는 어디로 향해 어떻게 나아가야 할는지 도무지 알 수 없었다. 그저 낮의 구름기둥과 밤의 불기둥이 가는 데까지 무작정 따라가고, 그 구름기둥과 불기둥이 머무는 곳에 머물러야 할 따름이다. 뚜렷한 목적지가 없는 긴긴 유랑의 길이 시작된 것이다.

'오, 주여.'

모세는 절로 한숨이 터져 나왔다. 걸핏하면 불평하고 여차하면 원망하는 패역한 백성들을 이끌고 그토록 긴 세월 동안 광야에서 정처 없이 유랑할 생각을 하니 앞이 캄캄했다. 참으로 암담했다. 40년을 어디에서 헤매야 하나? 목적지를 잃어버린 백성들을 인도해야 하는 모세는 답답하기만 했다.

"자, 여러분! 준비가 끝났으면 이제 출발하도록 합시다!"

구름이 성막 위로 높이 떠올랐다. 이스라엘 백성들은 행진 순서에 따라 바란 광야의 가데스바네아를 떠나 홍해 쪽으로 난 길을 따라 광야로 들어갔다. 38년 광야 유랑이 본격적으로 시작된 것이다.

이스라엘 백성들은 광야 길을 걷고 또 걸었다. 그리고 광야에서 머물고 또 머물렀다. 어제도 광야의 여기저기를 유랑했고, 오늘도 광야를 이곳저곳을 유랑했다. 물론 내일도 그러할 것이다. 그러는 사이에 세월은 한 해 두 해 흘러갔다.

"모세야!"

정처 없이 광야를 이리저리 떠돌던 유랑시절의 어느 날, 주께서 특별히 하실 말씀이 있으신 듯 모세를 성막으로 부르셨다. 부르셔서, 장차 가나안 땅에서 이스라엘 백성들이 주께 드려야 할 제사에 관해 명하신다. 이 같은 사실은, 지금은 비록 정처 없이 기나긴 광야 유랑을 하지만, 언젠가는 하나님의 약속대로 가나안에 들어가 그 땅을 차지하게 될 것임을 시사한다. 모세는 하나님의 말씀을 백성들에게 전한다.

"여러분, 너무들 낙심하지 마시오. 하나님께서 여러분의 자녀들은 책임지고 가나안 땅에 입성시킨다고 하셨소. 그 증거로 나에게 가나안 땅에 들어가서 주님께 드릴 제사 규례를 명하셨소."

백성들은 다소곳이 듣고만 있었다. 목적지를 잃어버린 그들은 이미 살아가야 할 의미를 놓친 사람들이다. 희망의 빛이라고는 얼굴 어디에도 없다. 저들도 참 안 되었다. 하나님의 말씀을 전하는 모세의 얼굴도 밝지 않다. 그래도 모세는 하나님의 말씀을 충실히 전한다.

"너희가 불살라 바치는 번제든, 화목제 중에서 특별한 서원을 위한 제사든, 자발적으로 드리는 낙헌제든, 혹은 절기에 바치는 제사든, 주를 기쁘시게 하려고 제사를 드릴 때 그 희생제물의 향기로 나 주를 흐뭇하게 하여라."

주님께 제사 드릴 때, 희생제물을 태우는 냄새를 '향기'라고 말하고 있다. 사실 번제단 위에서 희생제물의 고기를 불사르는 냄새는 향기롭지 않다. 그냥 고기 타는 매케한 냄새가 날 뿐이다. 그럼에도 그 냄새를 향기롭다고 표현한 것은, 주께서 그 속에 깃든 백성들의 순종과 헌신의 마음을 기뻐하시고 향기롭게 받으시기 때문이다. 모세는 계속해서 하나님의 말씀을 일러준다.

번제를 드릴 때 소제(素祭, 곡물 제사)를 곁들여 드리고, 또한 전제(奠祭, 포도주나 기름 등을 희생제물 위에 부어 드리는 제사)도 곁들여 드리라는 말씀이다. 소제 및 전제 규례는 희생제물의 크기(어린양, 숫양, 수송아지)에 따라 그 규정이 각기 달랐다.

① **번제의 제물이 어린양일 경우**: 소제로 고운 밀가루 1/10에바(대략 2.3리터)와 기름 1/4힌(대략 0.95리터)을 섞은 것에, 전제로 포도주 1/4힌(대략 0.95리터)을 곁들여 함께 드려야 했다.

② **번제의 제물이 숫양일 경우**: 소제로 고운 밀가루 2/10에바(대략 4.6리터)와 기름 1/3힌(대략 1.3리터)을 섞은 것에, 전제로 포도주 1/3힌(대략 1.3리터)을 곁들여 함께 드려야 했다.

③ **번제의 제물이 수송아지일 경우**: 소제로 고운 밀가루 3/10에바(대략 6.9리터)와 기름 1/2힌(대략 1.9리터)을 섞은 것에, 전제로 포도주 1/2힌(대략 1.9리터)을 곁들여 함께 드려야 했다.

하나님께서는 이스라엘 본토인은 물론이고 이스라엘 백성들 중에 섞여 사는 타국인에게도 똑같은 제물을 요구하셨다. 고대 사회에서는 특히 혈족이나 가문 중심으로 사회 조직이 탄탄하게 구성되어 있었다. 하지만 하나님은 특정한 혈연적 연결고리가 없을지라도 누구든지 여호와의 신앙 공동체 속으로 들어올 수 있도록 문을 활짝 열어놓으셨다. 그래서 하나님은 이스라엘 사회 내에서 소외된 자들 곧 고아나 과부나 객은 물론이고, 타국인들에게조차 아무런 차별 없이 이스라엘 본토인들과 똑같은 규례대로 똑같은 제물을 요구하셨다. 그것이 하나님의 구속사 계획이었다.

이스라엘 백성들은 성막 위의 구름이 움직이는 대로 행진하였고, 멈추는 곳에서 숙영하였다. 광야 곳곳을 그렇게 정처 없이 떠돌아다녔다. 그렇게 세월은 또 흘러갔다.

"모세야!"

광야를 유랑하던 어느 날, 주께서 다시금 모세를 성막으로 부르신다. 부르신 뒤, 가나안 땅에서 처음 거두어들인 소산물로 구운 빵은 대대로 잊지 말고 반드시 하나님께 거제로 바치라고 명하신다.

거제(擧祭)는 하나님께 제사 드리는 4대 방법(화제, 거제, 요제, 전제) 중 하나다. 제물을 붙잡고 위로 높이 들었다가 내리는 제사 방법이다. 화제(火祭)는 제물을 불살라 바치는 방법이고, 요제(搖祭)는 제물을 손바닥 위에 올려놓고 앞뒤로 흔들어 바치는 방법이다. 그리고 전제(奠祭)는 포도주나 기름 등을 제물 위에 부어 드리는 제사 방법이다.

가나안 땅에서 매년 수확한 첫 소산물로 구운 빵을 대대로 바치라는 하나님의 말씀 속에는, 가나안 입국과 정복이 반드시 성사될 것임이 암시되어 있다. 즉 가데스바네아의 거역과 불순종에 따른 하나님의 징벌로 비록 20세 이상으로 계수된 남자들은 광야에서 모두 죽게 될 것이지만, 그들의 어린 자녀들은 반드시 가나안 땅에 들어가게 될 것임을 확신시켜 준다. 가나안 땅에 들어가서 농사를 지어야만 그 땅의 첫 소산물을 주님께 거제의 예물로 바칠 수 있을 것이기 때문이다.

이스라엘 백성들은 또다시 정처 없는 광야 유랑의 길을 떠난다. 성막 위의 구름이 움직이는 대로 행진하였고, 멈추는 곳에서 숙영하였다. 광야 곳곳을 그렇게 떠돌아다녔다. 그렇게 세월은 한 해 두 해 또 흘러갔다.

"모세야!"

광야를 유랑하던 어느 날, 주께서 모세를 성막으로 부르신 뒤, 모세를 통해 백성들에게 말씀하신다. 이번에는 그릇 범죄를 지질렀을 때 그 죄를 용서받을 수 있는 속죄제 규례에 대한 말씀이다.

여기서 '그릇 범죄'란 '부지중(不知中) 범죄'라는 말과 같은 말이다. 알면서도 일부러 범하는 고의성 범죄가 아니라, 인간의 나약한 본성 때문에 실수 혹은 무지로 범하는 죄를 말한다. 본성상 나약한 인간은 누구든지 이 같은 '그릇 범죄'에 항상 노출되어 있다. 하나님은 이렇게 '그릇 범죄'까지도 속죄 받을 수 있는 길을 열어 놓으셨다.

이스라엘 온 백성이 그릇(실수로 또는 알지 못하고) 죄를 지었을 경우, 그 죄를 용서받기 위해 드려야 하는 희생제물은 ① 번제 제물: 수송아지 한 마리 ② 속죄제 제물: 숫염소 한 마리였다.

특히 번제 제물로 수송아지 한 마리를 드릴 때는 규례대로 소제와 전제도 함께 드려야 했다. 앞서 주께서 일러주신 대로, 소제로는 고운 밀가루 3/10에바(대략 6.9리터)와 기름 1/2힌(대략 1.9리터)을 섞은 것을, 전제로는 포도주 1/2힌(대략 1.9리터)을 번제와 함께 드려야 했다.

이 같은 제사의 속죄 효과는 이스라엘 본토인들은 물론이고, 그들 중에 섞여 사는 타국인들에게도 똑같이 적용되었다. 아무런 구별이나 차별이 없었다. 하나님은 모세를 통해서 이스라엘 백성들에게 계속 말씀하신다.

"한 개인이 죄를 짓게 되면, 1년 된 암염소를 속죄제 제물로 내게 바쳐야 한다. 그러면 제사장은 그릇 죄를 지은 그 사람을 위해 내 앞에 서서 속죄하여라. 그러면 그자의 죄가 용서받게 되리라. 이 규정은 이스라엘 본토인이든 너희 가운데 몸 붙여 사는 외국인이든 모두에게 똑같이 적용되느니라."

개인이 무의식적으로 짓는 죄 곧 그릇 범죄는 온 회중의 그릇 범죄에 비해 작은 제물이 요구되었다. 이스라엘 온 회중의 그릇 범죄일 경우에는 수송아지(번제용)와 숫염소(속죄제용)가 요구되었다. 하지만 개인의 그릇 범죄일 경우에는 속죄제용으로 '1년 된 암염소'만 요구되었다. 이때 경제적으로 형편이 안 되는 가난한 자들에게는 산비둘기나 집비둘기 새끼도 허용되었다. 그보다 더욱 가난한 극빈자의 경우에는 고운 밀가루까지도 허용되었다. 그러나 어떤 경우에도 빈손은 허용되지 않았다.

그 까닭은 분명하다. 그 죄가 어떤 죄든, 죄를 속하는 데는 반드시 '피 흘림'이 있어야 했기 때문이다. 이런 규례는 장차 어린양이신 메시아 예수의 십자가 보혈(寶血)이 있어야만, 사람이 죄를 사함 받고 구원받을 수 있다는 불변의 진리를 교훈하는 것이다.

그러나 죄인 줄 알고서도 고의로 죄를 짓는 사람들에게는 단단히 그 죗값을 치르도록 했다. 여기서 '고의로'란 말을 직역하면 '높은 손으로'이다. 곧 주먹 쥔 손을 높이 치켜든 것처럼 적극적이고 공개적으로 하나님의 명령에 대항하여 거스르는 행위를 가리킨다.

어떤 자가 고의적으로 죄를 지었는지, 실수로 그릇 죄를 지었는지 여부는 제사장이 판단하였다. 하나님의 규례를 범한 죄인이 범죄 사실에 대해 제사장에게 바른 대로 말하면, 제사장은 율법에 따라 그 죄의 고의성 여부를 판단하였다. 제사장의 판단 여하에 따라 속죄제를 통해 죄 사함을 받을 수도 있었고, 이스라엘 공동체에서 추방당하거나 심하면 공개적으로 처형당할 수도 있었다. 이는 하나님의 언약 공동체인 이스라엘 사회에서 영영 단절되는 상태를 말한다.

하나님께 규례를 받은 후, 이스라엘 백성들은 또다시 정처 없는 유랑의 길을 떠난다. 백성들은 성막 위의 구름이 움직이는 대로 행진하였고 멈추는 곳에서 숙영하였다. 광야 곳곳을 그렇게 떠돌아다녔다. 그렇게 세월은 한 해 두 해 또 흘러갔다. 그러던 어느 날이다.

안식일 규례를 어긴 자를 처형하다 (15:32-36)

"이보게, 이보게! 저기 저 사람 좀 보게나."

"누구…? 누구 말인가?"

"저기 큰 바위 근처에서 나무를 모으고 있는 저 사람 말일세."

"아니? 오늘이 안식일인데 어째서 저 사람은 땔감을 구하고 있는 거지? 이거 큰일이로세. 저 사람 때문에 이스라엘 진영에 하나님의 재앙이 임할는지도 모르잖아!"

이스라엘 백성들이 광야에서 유랑하며 지내던 시절, 하루는 안식일에 땔나무를 몰래 줍던 사람이 발각되었다. 사람들은 안식일에 땔나무를 모으고 있는 그를 붙잡아, 모세와 아론과 온 회중이 모여 있는 곳으로 데려왔다. 모세가 먼저 그자를 붙들어 온 사람들에게 물었다.

"너는 분명 저자가 땔감을 모으고 있는 것을 보았느냐?"

"네, 이 사람과 함께 들판에 나갔다가 땔감을 긁어모으고 있는 저 사람을 제 두 눈으로 똑똑히 보았습니다."

"네, 맞습니다. 저도 분명히 목격했습니다."

곁에 있던 다른 사람도 적극 거들었다. 모세가 붙들려온 자를 향해 물었다.

"형제여, 묻는 말에 바른 대로 대답하여라. 오늘이 안식일인 줄 알고 있었느냐?"

"……."

"형제여, 다시 한 번 묻겠다. 너는 오늘이 안식일인 줄 알고 있었느냐?"

"네…. 알고는 있었지만, 밥 지을 땔감이 없는 걸 어떡합니까? 그냥 쫄쫄 굶고 있을 순 없잖습니까?"

안식일에 땔감을 좀 긁어모은 게 무어 그리 대수냐는 듯 불평 섞인 말투였다. 사실 확인을 마친 모세가 명령을 내렸다.

"이자를 일단 가두어두도록 하라. 내가 주께 나아가 이자를 어떻게 처리해야 할지 여쭙고 난 뒤에 조치하도록 하겠다."

모세가 성막으로 나아가 안식일을 어긴 자의 처리 문제에 대해 주께 여쭈었다. 그러자 주의 말씀이 모세에게 임했다.

"모세야, 그자를 반드시 죽여야 한다. 그자를 이스라엘 진영 밖으로 끌고 나가, 이스라엘 온 회중이 다함께 그자를 돌로 쳐 죽일지니라."

"아!"

모세는 자신도 모르게 소리 냈다. 안식일에 일을 했다고 투석형(投石刑)이라니, 너무 무서운 형벌이었다. 투석형은 돌로 쳐 죽이는 끔찍한 처형이다.

"모세야, 지금 규율을 제대로 잡지 않으면 앞으로 가나안 땅에서 안식일 준수가 힘들어진다. 그러니 마음을 단단히 먹고 그자를 처형하도록 하라."

"네, 주님."

모세는 순종했다. 회중은 그자를 진영 밖으로 끌고 나가 다함께 돌로 쳐 죽였다. 하나님의 율법은 애매모호한 것이 아니다. 앞서 하나님은 분명히 일러주셨다. 누구든지 고의로 안식일을 범하면, 그자를 반드시 죽이라고 밝히 명령하셨다. 그런데 그자는 분명 고의로 안식일을 범했고, 그래서 율법에 따라 극형이 집행된 것이다.

안식일 범한 자를 온 회중이 다함께 공개적으로 처형하도록 명하신 이유는 분명하다. 그것은 이스라엘 공동체의 연대책임 의식을 생생하게 일깨워 주기 위함이었다. 그래서 똑같은 죄의 재발을 강력하게 방지하기 위함이었다.

옷의 네 끝단에 매다는 술에 관한 규례 (15:37-41)

"모세야!"

광야를 유랑하던 시절, 하루는 하나님께서 모세를 성막으로 부르신다. 하나님의 부르심을 받고 모세가 성막으로 나아가자, 주께서 모세에게 말씀하신다.

"모세야, 너는 이스라엘 백성들에게 일러주어라. 이르기를 '주께서 말씀하셨다. 너희는 입고 있는 겉옷의 가장자리에 술을 만들어 달고, 그 끝에는 청색 끈을 매달아라. 너희는 자손 대대로 그렇게 해야 한다.' 하여라."

이스라엘의 겉옷은 통으로 되어 있었고, 앞면과 뒷면이 분리되어 있었다. 따라서 자연히 네 개의 끝단 모서리 부분이 생긴다. 하나님은 바로 이 네 끝단에 술을 달라고 명하신 것이다. 술(tassel)은 여러 개의 가늘고 고운 실로 마치 꽃처럼 장식용으로 만든 타래를 가리킨다. 그리고 청색 끈은 술을 옷단 귀에 단단히 묶기 위한 것이다.

하나님은 왜 옷의 네 끝단에 술을 달라고 명하셨을까? 왜 사소한 것까지 규례를 만드시는 것일까. 여기서 술은 율례와 법도, 곧 '율법'을 상징한다. 옷단 귀에 매달려 달랑거리는 술은 보는 이로 하여금 하나님의 율법을 생각나게 만들었다. 하나님은 '술'이라는 시각적 효과를 통해 그것을 볼 때마다 율법을 기억하여 거룩한 언약 백성답게 살아가도록 훈련시키신 것이다. 이런 의미에서 술은 이스라엘 백성들의 성결을 위한 훌륭한 시각 교재라 할 수 있다.

16
고라 일당의 반역

모세와 아론에게 거역하는 고라 일당,
주께서 징벌로 그들을 진멸하니
땅이 입 벌려 고라 일당과
그들의 재산을 삼켜 버리네

고라 일당의 반역과 하나님의 심판 (16:1-35)

"이거 해도 해도 너무 한 거 아닌가?"

"뭐가 말인가?"

"생각해 보게나. 모세와 아론은 형제인데, 둘이 이스라엘의 모든 통솔권을 독차지하고 있는 게 아니냔 말일세. 그 둘이 특별난 것 같지도 않은 사람들이 우리들 위에 군림하니, 이거야 자존심이 상해서 원…."

"듣고 보니, 자네 말이 맞긴 맞네 그려. 사실 모세와 아론이 모든 권력을 독점하고 있으니 무언가 불공평한 게 분명해. 뭔가 단단히 잘못되었어!"

광야를 유랑하던 시절의 어느 때쯤, 이스라엘 사회에 반역의 조짐이 일었다. 주동자는 레위의 증손이며 고핫의 손자이고 이스할의 아들인 고라였다. 그리고 그의 말에 동조하여 르우벤 지파의 지도자 몇 사람이 모세와 아론에게 반기를 들었다. 르우벤 지파 중에서 엘리압의 아들인 다단과 아비람, 그리고 벨렛의 아들인 온이 합세하였다.

반역의 주동자인 고라는 모세와 아론의 숙부인 이스할의 아들로, 모세와 아론은 사촌간이다. 당시 레위 지파 소속이었던 레위인 고라는 아론 계열의 제사장들에게 소속되어 성막에서 제사장들을 도와 봉사하고, 백성들의 종교 교육을 담당하고 있었다.

하지만 고라는 이 같은 자신의 직분에 만족하지 못하고, 모세와 아론처럼 정치 및 종교의 최고지도자 직위를 탐냈다. 특히 모든 레위인들과 제사장들의 최고 우두머리인 아론의 대제사장 직분을 탐냈다. 그래서 고라는 동조 세력들을 모아 모세와 아론을 거슬러 반역을 일으켰다.

고라의 반역에 다단과 아비람 같은 르우벤 지파의 지도자들이 적극 가담하였다. 그들은 서열상 야곱의 첫째 아들인 르우벤의 자손으로서, 자신들이 장자 지파로서 지도권을 행사해야 한다고 생각했기 때문이다. 그들은 자신들의 조상인 르우벤의 실수로 인해 실추된 자신들 가문의 명예와 지위를 회복하기 위해 고라의 반역에 쉽게 동조했다.

"그래, 그건 고라의 말이 맞아. 어째서 모세와 아론 형제가 이스라엘의 모든 통솔권을 독점적으로 행사하고 있는 거야! 아무리 생각해도 그건 불공평해!"

고라와 르우벤 지파의 몇몇 지도자들로부터 시작된 반역의 움직임은 급속도로 퍼져나갔다. 250명의 족장들까지 고라에게 동조하여 목소리를 높였다. 그들은 우르르 몰려가서 모세와 아론에게 대들었다.

"모세와 아론, 우리들 좀 봅시다! 아무래도 당신들은 도가 지나친 것 같소! 주께서는 이스라엘 공동체 전체와 함께하시는 분입니다. 그런데 어째서 당신들 둘이서 모든 백성들 위에 군림하는 것이오? 당신들의 권세가 너무 큰 것 같소! 대체 누가 그런 권세를 당신들에게 주었단 말이오!"

고라 일당이 반역을 위해 내세운 명분은 모세와 아론이 뚜렷한 이유없이 지나치게 많은 권력을 행사하고 있다는 것이었다. 모세는 정치적 통솔권을, 아론은 종교적 통솔권을 독점하고 있다는 것이 그들이 내세운 반역의 명분이었다. 반역의 주동자인 레위인 고라는 아론이 가진 대제사장 직분을 탐냈고, 가담자인 르우벤 지파 소속의 다단과 아비람과 온은 자신들이 장자 지파임을 내세워 모세의 정치적 지도권을 노렸다.

하지만 그들이 착각하고 오해한 게 있다. 모세와 아론은 스스로 자신들을 높이지 않았다. 이스라엘 전체 백성들이 보는 앞에서 하나님께 직접 부르심을 받아 하나님께로부터 권위를 부여받았다. 고라 일당도 이 같은 사실을 잘 알고 있었다. 하지만 권세에 눈먼 그들은 그러한 사실을 무시하고 모세와 아론을 거스르는 반역의 명분으로 삼은 것이다. 따라서 결국 고라 일당은 모세와 아론을 정치, 종교의 지도자로 세우신 하나님의 주권에 도전한 것이다.

"오, 주님, 주께서 판단해 주소서!"

모세는 고라 일당의 말을 듣고 땅에 넙죽 엎드렸다. 그런 모세에게 주님의 말씀이 임했다. 이에 모세가 일어나 모반자들에게 말한다.

"여러분, 내일 아침에 주께서는 누가 주께서 세운 사람이고, 누가 이스라엘의 지도자인지를 똑똑히 보여주실 것입니다. 주께서 뽑아 세우신 그 사람만이 제단 앞으로 가까이 나아갈 수 있습니다. 그러니 고라와 그의 추종자들은 모두 향로를 취한 뒤, 거기에 불과 향을 담아 주님 앞으로 나아오십시오. 그러면 주께서 몸소 한 사람을 가려 뽑으실 것입니다."

모세는 고라와 그를 따르는 일당에게 향로를 준비하라고 했다. 향로는 '불 옮기는 그릇'이다. 번제단의 불을 향로에 담아 오직 그 불로써 성소 안의 분향단에서 향을 살라야 했다. 따라서 이 일은 오직 하나님께 구별된 제사장들만이 감당할 수 있는 일이었다.

모세는 고라 일당이 제사장 직분을 탐내고 있다는 것을 간파하고 그들에게 향로를 준비시켰던 것이다. 누가 진정한 제사장인지, 누가 하나님께 가까이 나아가 그분을 섬길 수 있도록 구별된 자인지, 하나님 앞에서 떳떳하게 판명해보기로 한 것이다. 향로를 준비하라고 말한 뒤, 모세는 고라 일당을 향하여 마음에 있는 말을 쏟아냈다.

"그대들 레위인은 들으시오. 사실, 여러분 레위인이야말로 너무 도가 지나치오! 주께서는 그대들을 특별히 가려 뽑아 주께 가까이 나아가도록 하여 성막에서 일하게 하셨소. 이스라엘 공동체를 대표하여 그런 귀한 일을 하게 하신 것이오. 그런데도 이제는 제사장의 일까지 차지하겠다는 것이오? 그것을 탐하여 이렇게 무리를 지어 몰려오다니, 이는 분명 주를 거역하는 일이오. 아론에게 대드는 것은 곧 주께 반기를 드는 것이라는 사실을 정녕 모른단 말이오?"

제사장과 레위인은 이스라엘 전체 백성을 대표하여 성막 일을 감당해야 하는 하나님의 일꾼들이다. 하지만 맡은 사역은 분명히 달랐다. 제사장들은 제사를 직접 집례하는 사역을 맡은 반면, 일반 레위인들은 제사장들을 도와 제사에 필요한 여러 허드렛일을 했다. 레위인들 중에서 오직 아론의 후손들만이 제사장이 될 수 있었던 것이다.

일반 레위인인 고라와 그의 무리는 이 같은 사실에 불만을 품었다. 그래서 모세는 하나님께서 세우신 제사 제도의 체계와 질서를 무시하는 그들의 탐욕을 꾸짖은 것이다. 그런 뒤 모세는 사람을 보내어 고라의 반역에 적극 가담한 엘리압의 아들들인 다단과 아비람을 불렀지만 그들은 호락호락 응하지 않았다.

"무엇이라? 모세가 우리를 오라 했다고? 우리가 왜 모세의 말을 들어야 하는데? 우리는 못 가겠다고 전하라!"

이렇게 말하면서 그들은 모세를 향하여 불평불만을 쏟아냈다.

"생각해 보라. 모세가 우리를 이집트에서 이끌어내면서 젖과 꿀이 흐르는 땅으로 인도하겠다고 말했지 않았느냐? 그런데 지금 우리 꼴이 이게 무어냐? 거친 광야에서 모두 죽게 생기지 않았느냐? 모세가 우리 모두를 이 지경에 빠뜨린 것이 아니냐? 그것으로도 부족하여 우리들 위에 왕처럼 군림하고 있지 않느냐?"

"가나안이 젖과 꿀이 흐르는 땅? 턱도 없는 소리! 우리가 눈먼 소경인 줄 아는 모양이지! 가나안 땅을 유산으로 주겠다고? 모두 부질없는 헛소리! 모세는 우리를 속였다. 그런 모세가 부른다고 해서 왜 우리가 그에게로 가야 한단 말인가? 우리는 못 간다. 아니, 안 간다!"

모세는 시종이 전달하는 말을 듣고 말문이 턱 막혔다.

"무엇이? 다단과 아비람이 분명 그리 말했단 말이냐? 아니, 세상에, 어찌 그런 참담한 말을…."

모세는 몹시 화가 났다. 그래서 엎드려 주께 아뢴다.

"오, 주님, 저들이 바치는 예물은 받지 마소서. 이 몸은 저 사람들에게서 나귀 한 마리조차 빼앗은 일이 없습니다. 저들에게 어떤 잘못도 행한 적이 없습니다. 부디 주께서 헤아려 주시고 판단해 주소서."

이때 모세는 자신의 청렴결백을 주장하였다. 고라의 반역에 적극 가담한 다단과 아비람의 실제 관심은 모세가 가진 최고의 정치적 위상이었다. 그들은 모세를 밀어내고 그 자리를 차지하기를 바랐다. 그 자리를 차지하여 권세를 누리고 재물을 축적하기를 원했다. 그래서 모세는 탐욕에 눈먼 그들에게 자신의 청렴결백을 주장했던 것이다.

모세는 고라에게, 자신은 권력자가 아닌 봉사자이며 다만 하나님께서 맡기신 지도자의 책무를 충실히 감당했을 뿐이라는 사실을 분명히 일깨워주었다. 그런 뒤 모세는 다시 고라를 향해 말했다.

"고라여, 내일 그대의 동조자들과 함께 주님 앞으로 나오시오. 아론도 나올 것이오. 그대의 일행들 각자가 향로를 하나씩 들고서 주께로 나오시오. 그러면 향로가 250개가 될 것이오. 물론 고라 그대도 향로를 갖고 나오시오. 아론도 역시 향로를 가지고 나올 것이오."

그러자 고라가 어디 두고 보자는 식으로 모세를 노려보며 사납게 말을 받았다.

"좋소! 그리 하겠소. 내일 어디 한번 하나님의 판단을 제대로 받아봅시다!"

다음날 아침, 고라와 그의 동조자들이 저마다 불을 담은 향로를 들고 성막 입구로 나아왔다. 모세도 아론과 함께 성막 입구에 섰다. 고라와 그의 일당은 성막 입구에 모여 맞은편의 모세 및 아론과 대치하고 있었다. 바로 그때였다!

성막 입구에 모인 사람들에게 주의 영광의 광채가 홀연히 나타났다. 사람들은 놀라움에 모두 입을 다물지 못했다. 주께서 모세와 아론에게 이르신다.

"모세와 아론아! 너희 두 사람은 저들 고라의 무리에게서 따로 떨어져라. 내가 저들을 순식간에 전부 쓸어버리겠노라!"

그 말씀에 모세와 아론은 즉시 땅에 엎드려 주께 아뢰었다.

"오, 주님. 인간들에게 생명의 영을 불어넣어 주시는 하나님, 어찌하여 한 사람이 저지른 죄를 두고 저들 모두에게 진노를 쏟으려 하십니까. 부디 자비를 베풀어 주소서."

모세와 아론을 거슬러 반역을 일으킨 주동자는 레위 지파의 고라였고, 고라의 반역에 적극 가담한 자들은 르우벤 지파의 다단과 아비람과 온이었다. 그리고 각 지파에서 알 만한 집안의 족장 250명이 가담했다. 또 많은 무리가 고라의 반역을 지지했다. 이들을 싹 도려내지 않으면 안 된다.

하나님은 이스라엘 진영에서 점점 번져갈 반역의 암세포를 이번 기회에 철저히 제거하기 위해 고라와 그의 추종자들을 모조리 진멸하려 했다. 하지만 모세와 아론은 주동자인 고라 한 사람만으로 족하다고 간청하였다. 그러자 주께서 모세에게 대답하신다.

"좋다. 모세야, 그렇다면 너는 저들 무리에게 이르기를 '고라와 다단과 아비람이 기거하는 장막에서 멀찌감치 물러서라.' 하여라."

이에 모세가 일어나서 고라와 다단과 아비람에게로 갔고, 장로들이 모세를 뒤따랐다. 고라와 다단과 아비람의 장막에 다다른 모세가 무리에게 큰 소리로 일렀다.

"모두 들으시오. 주님의 명령이오. 살고 싶은 자들은 저 악한 자들에게서 멀찌감치 물러서도록 하시오! 저들의 물건에 절대로 손대지 마시오. 그랬다가는 저들의 죄로 인해 여러분도 함께 죽게 될 것이오. 자, 지금 즉시 저들에게서 물러나시오. 되도록 멀리 물러나시오!"

고라의 선동에 휩쓸렸던 무리들이 모세의 말에 겁을 집어먹고는 서로 슬슬 눈치를 보더니 고라와 다단과 아비람이 기거하는 장막 주위에서 다들 슬그머니 물러났다. 고라와 다단과 아비람은 가족들과 함께 각자 자신들의 장막에서 나와 그 입구에 서 있었다.

그런데 여기서 잠깐! 맨 처음 주동자급으로 분류된 르우벤 지파 소속의 '온'(On)의 이름은 보이지 않는다. 분명 처음에는 고라를 비롯하여 다단, 아비람, 그리고 온이 주동자급으로 소개되었다. 하지만 이후에 온의 이름은 나타나지 않는가. 왜 그랬을까? 시간이 경과함에 따라 그는 반역 의사를 누그러뜨려 주동자급 인물에서 빠졌기 때문이다. 어쨌든 무리가 고라와 다단과 아비람의 장막에서 멀찌감치 물러나자, 모세가 입을 열어 큰 소리로 말한다.

"여러분! 이제 여러분은 여러분의 눈앞에서 일어날 놀라운 광경을 똑똑히 지켜보도록 하십시오. 여러분은 이 모든 일이 내 뜻에 의한 것이 아니라 하나님의 뜻에 의해 이루어지는 것임을 밝히 알게 될 것이오."

모세의 어조는 아주 단호했다. 그의 말에는 하나님께서 주신 신적 권위가 배여 있었다.

“만일 고라와 다단과 아비람이 다른 사람들과 똑같이 자연적으로 죽게 된다면, 나는 주께서 보내신 사람이 아닙니다. 그러나 여러분은 생전 듣지도 보지도 못한 기이한 일을 보게 될 것이오.”

“생전 듣지도 보지도 못한 기이한 일…?”

“이제 땅이 그 입을 크게 벌려 이 사람들과 이 사람들에게 속한 모든 것들을 몽땅 삼킬 것이오. 그래서 그들 모두가 산 채로 깊은 구덩이 속에 빠질 것이오. ‘스올’에 빠질 것이란 말이오. 그제야 여러분은 주께서 이 모든 일을 행하셨고, 이 사람들이 주 하나님을 경멸했다는 사실을 분명 깨닫게 될 것이오!”

스올(Sheol)이란, 죽은 자들이 예외 없이 들어가서 거처하는 곳으로 여겨진 컴컴한 지하 세계를 말한다. 고대 히브리인들은 우주를 하늘, 땅, 땅밑(지하)의 3층 구조로 이해했다. 그 중에서 땅밑, 곧 스올은 모든 죽은 자들이 누구나 들어가는 망자들의 사후 거처로 인식되었다.

‘그게 저, 정말일까…? 아, 이를 어쩌지…?’

모세가 말을 끝내자 반역의 무리인 고라 일당이 두려움에 벌벌 떨었다. 그들은 잔뜩 겁을 집어먹고 슬슬 뒷걸음질 쳤다. 그때였다! 쩌억 쩍! 하는 굉음과 함께, 고라와 다단과 아비람 및 그들의 가족들이 버티고 서 있던 땅이 좌우로 크게 갈라졌다. 마치 무덤이 무엇을 삼키려고 그 입을 아주 크게 벌리는 것 같았다. 과연 그랬다. 갈라진 땅은 고라와 다단과 아비람뿐만 아니라 그들의 가족들, 불순한 추종자들, 그리고 그들의 모든 재산을 몽땅 집어삼켰다.

“으아! 으아아 으아!”

모세와 아론을 거슬러 반역을 꾀한 자들은 모두가 산 채로 자신들의 온갖 소유물과 함께 죽은 자들의 세계, 스올로 깊이 떨어졌다. 크게 입을 벌린 땅은 반역의 무리를 몽땅 집어삼킨 뒤 다시금 예전처럼 그 입을 굳게 다물었다. 결국 모세와 아론을 거스른 반역자들 모두가 이스라엘 공동체에서 감쪽같이 사라져버린 것이다.

"아, 이러다가 땅이 우리까지 삼키고 말겠다!"

땅 밑으로 떨어지는 반역자들의 처절한 비명 소리에 그들 주변에 있던 백성들이 혼비백산하여 크게 소리치며 우르르 도망쳤다.

"아악, 아아, 아아악!"

그때 향로를 들고 주께 분향을 하고 있던 고라 일당 250명도 모조리 죽고 말았다. 성막 위 구름 가운데서 맹렬한 진노의 불길이 뿜어져 나와 그들 모두를 한꺼번에 불살라버린 것이다.

하나님이 성소에서 분향하던 250명을 불사른 이유는 그들이 제사 규례를 범했기 때문이다. 성소에서 주께 분향하는 일은 오직 구별된 제사장들만이 할 수 있는 고유한 직무다. 250명의 레위인들은 이 같은 사실을 잘 알고 있음에도 불구하고 제사장 직분을 탐하여 분향을 시도하다가 하나님의 징벌을 받아 참변을 당한 것이다. 그들의 행위는 레위인들 가운데서 제사장을 따로 구별하여 오직 그들에게만 제사의 일을 맡기신 하나님의 주권에 대한 명백한 도전이었기 때문이다.

일전에 아론의 두 아들인 나답과 아비후는 제사장들임에도 불구하고 하나님께서 명하시지 않은 다른 불로 분향하다가 역시 성막 위의 구름에서 뿜어져 나온 불에 타서 죽고 말았다. 이처럼 하나님이 정하신 제사 규례와 체계는 아주 지엄한 것이다. 그것을 가볍게 여겼다가는 그 누구도 하나님의 두려운 징벌을 피할 수가 없다.

'아아, 참으로 비극적인 날이다. 슬프고 애닯도다.'

모세와 아론은 스올(무덤)에 떨어진 반역자들의 영혼이 가엾게만 느껴졌다. 그리고 자신들이 부족한 연유로 반역자들이 생겼다는 생각에 그날 밤 제대로 잠들지 못했다.

무수한 사람들이 죽어간 그날의 충격으로, 이스라엘 온 회중도 그날 밤 잠들지 못했다. 광야의 밤은 그 어느 때보다 길었고 적막감에 휩싸였다. 가끔씩 울어대던 광야의 들짐승들도 그날만큼은 울지 않았다. 광야의 땅이 크게 입을 열어 사람들을 삼키다니, 정말 떨리고도 무서운 날이었다.

번제단을 싸는 철판이 된 반역자들의 향로(16:36-40)

"모세야!"

제사장 직분을 탐하여 향로에 불을 담아 분향하던 250명의 반역자들을 모조리 불사른 뒤, 주께서 모세를 불러 말씀하신다.

"너는 대제사장 아론의 아들 엘르아살을 시켜 남아 있는 향로들을 모으도록 하여라. 그리고 향로 속의 타다 남은 불들은 멀리 이스라엘 진영 밖에 버리도록 하여라. 향로는 거룩한 것이기 때문이니라."

불에 타서 죽은 250명의 반역자들이 들고 있던 향로도 거룩한 것으로 간주되었다. 하나님께로부터 진노의 불이 나와 250명을 불사르기 전에 이미 그 향로들이 하나님께 바쳐졌기 때문이다. 이유야 어쨌든, 일단 하나님께 바쳐진 것은 거룩한 물건으로 간주되어 더 이상 일반 용도로는 사용할 수 없었다.

이때 250인의 향로 속에 타고 있던 불은 번제단의 불이 아닌 일반 불이었기 때문에, 그 불들은 이스라엘 진영 바깥의 먼 곳에다 쏟아버려야 했다. 거룩한 향로와 속된 불은 절대로 함께할 수 없기 때문이다. 하나님은 모세에게 계속 말씀하신다

"모세야, 향로를 들고 왔던 자들은 죄를 지어 모두 목숨을 잃었다. 하지만 그들이 들고 있던 향로는 나에게 바쳐진 것이므로 거룩하다. 그러므로 그들의 향로를 두드려 펴서 그것으로 번제단을 덧입히도록 하여라. 그것은 이스라엘 백성들에게 두고두고 경고의 표시가 되리라."

놋으로 만들어진 250개의 향로를 두들겨 펴서 얇은 놋 철판을 만든 뒤에, 그 250개의 얇은 놋판을 이어 붙여 번제단을 덧입히라는 말씀이다.

이처럼 제사장 직분을 탐하다가 죽임당한 250인의 향로를 두들겨 펴서 만든 철판으로 덮인 번제단은 이스라엘 백성들에게 생생한 교훈을 줄 수 있는 시각적인 재료가 되어 줄 것이다.

과연 그러했다. 그 번제단은 모세가 지도자로 활동하던 당대뿐 아니라 오고 오는 세대에게 제사장 직분을 탐낸 250인의 교만과 거역에 대한 경각심과 더불어, 제사장 직분은 오직 아론의 자손들만이 가능하다는 사실을 일깨워주기에 아주 좋은 기념물이 되었다.

모세는 주님의 말씀대로 즉각 행했다. 제사장 엘르아살에게 주의 명령을 전했고, 엘르아살은 불에 타 죽은 자들이 가져왔던 250개의 놋 향로를 모두 모은 뒤 그것들을 얇게 두드려 편 다음에 그것으로써 번제단을 덧씌웠다.

이 사건이 주는 교훈은 분명하다. 주님께 택함 받고 구별 받아 제사장 직분을 맡은 아론의 자손들 외에는 어느 누구도 주님 앞에서 향을 피워서는 안 된다는 것이다. 만일 이런 규례를 어겼다가는 고라와 그의 일당들처럼 하나님의 징벌을 받아 죽임을 당하게 될 것이다.

백성들에게 임한 전염병과 아론의 속죄 사역 (16:41-50)

이튿날, 고라 일당의 반역사건으로 인해 수많은 사람들이 하나님의 징벌로 죽자, 백성들이 떼를 지어 모세와 아론에게 우르르 몰려와 불평하며 대들었다.

"우리에게 이런 끔찍한 비극이 닥치다니! 결국은 당신들 때문에 많은 사람들이 죽은 게 아니오? 당신들이 주의 백성들을 죽인 거나 다름없소! 그러고도 뻔뻔하게 우리의 지도자가 되려 하다니!"

아직도 고라 사건의 교훈을 깨닫지 못하고 어리석음에서 벗어나지 못한 백성들은, 고라 일당의 죽음이 하나님의 징벌이 아니라 단순히 모세와 아론으로 인해 야기된 정치적, 종교적 분쟁 사건으로만 이해했다.

그래서 그 책임을 모세와 아론에게 묻고 있는 것이다.

"그러니 당신들도 책임지고 물러나란 말이오!"

"맞소, 무슨 낯짝으로 계속 우리 위에 지도자 행세를 하려는 거요? 썩 물러나시오! 우리는 새로운 지도자를 세워야겠소!"

이스라엘 회중은 고라 일당에게 임한 하나님의 두려운 심판을 생생하게 목격하고서도 무지몽매한 태도로 모세와 아론에게 대들며 도전하였다. 이는 회중 속에 뿌리박힌 불신앙이 얼마나 고질적이고 깊은지를 잘 보여준다. 고라는 그러한 회중들의 마음에 불을 지핀 인물이었다. 그래서 고라의 추종자들이 된 불신앙의 무리들은, 모세를 이스라엘의 지도자로 삼고 아론을 대제사장으로 세운 하나님의 주권을 도무지 인정하지 않으려 했다.

"당신들이 주의 백성을 죽였소! 어째서 당신들만 지도자가 되어 우리 위에 군림하는 거요! 대체 누가 당신들에게 그런 권세를 주었단 말이오!"

많은 무리가 떼를 지어 우르르 몰려와서는 모세와 아론에게 대들며 협박하였다. 당장이라도 폭동이 일어날 기세였다.

"여러분! 그게 아닙니다. 모두 진정들 하시고 내 말 좀 들어보시오. 그들이 죽은 것은…."

모세가 회중들에게 고라 사건에 대해 자초지종을 이야기하려는 순간이었다. 또다시 놀라운 일이 벌어졌다. 성막 전체에 짙은 구름이 온통 뒤덮이면서 구름 사이로 주의 영광이 찬란하게 빛났다. 성막 위에 높이 떠있던 구름이 성막을 감싸듯 내려앉으면서 빽빽한 구름 사이로 눈부시게 찬란한 광채가 비치며 여호와의 영광이 밝히 드러난 것이다.

"오, 주님!"

찬란한 광채에 놀란 모세와 아론이 얼른 성막 문 앞으로 나아가 엎드리자, 주께서 그들에게 이르신다.

"모세와 아론아! 너희는 속히 저 악한 무리에게서 멀리 물러서라.

내가 순식간에 저들을 모조리 없애 버리겠노라!"

"아…. 안 됩니다, 주님! 제발… 저들을 불쌍히 여겨주소서."

모세와 아론은 얼른 땅에 얼굴을 대고 엎드리면서 애원했다. 간곡하게 중보기도를 드렸다. 두 사람은 거듭되는 백성들의 거역과 그에 대한 하나님의 크신 진노 사이에서 그저 엎드려 사죄의 중보기도를 드리는 것 외에는 다른 방도가 없었다. 그러면서 모세가 대제사장 아론에게 말했다.

"대제사장님! 속히 향로를 가져다가 번제단의 불을 담은 뒤에 제단 앞에서 향을 피워 저들을 위해 속죄하도록 하십시오. 어서 서두르십시오. 지금 주께서 크게 진노하셔서 무서운 재앙이 임하고 있습니다."

제사 규례의 원칙상, 속죄 의식은 반드시 희생제물의 피를 통해서 하게끔 되어 있었다. 하지만 당시 하나님께서 내리신 전염병이 급속도로 백성들 사이에 퍼져나가는 아주 긴박한 상황이었으므로, 모세는 아론에게 명하여 가까이에 있는 향로를 이용하여 속죄하려 한 것이다. 사실, 향로에 향을 사르는 것도 율법이 인정하고 있는 속죄 의식의 일부였다.

"알겠습니다, 지도자님! 즉시 그리 하도록 하겠습니다."

▲ 대제사장이 들고 있는 향로

대제사장 아론은 모세의 말대로 향로를 가져다가 번제단의 불로써 향을 피운 뒤에 무리가 있는 곳으로 서둘러 뛰어갔다. 당시 사람들 사이에는 이미 하나님의 무서운 재앙이 임하고 있었다. 악성 전염병이 장막촌에 무섭게 번져나가고 있었다. 전염병이 확산되는 현장으로 급히 달려간 아론은 향로의 향을 피우며 무리의 죄를 씻어내는 속죄 의식을 올렸다. 속죄 의식을 치른 아론이 살아있는 사람들과 전염병으로 죽은 사람들 사이에 서자, 그 순간에 하나님의 두려운 재앙이 거짓말처럼 딱 멈추었다.

"오, 드디어 전염병이 그쳤다. 아, 이제 우리는 살았다!"

무섭게 번져나가던 전염병이 멈추자 백성들은 안도의 숨을 내쉬었다. 하지만 이미 죽은 고라 일당 외에도, 이때 퍼진 전염병 재앙으로 죽은 사람들이 무려 1만 4,700명에 달했다.

그렇다. 대제사장 아론이 향로에 향불을 피워 달려오기 전에, 전염병으로 삽시간에 죽은 자들이 1만 4,700명이다. 하나님이 전염병 재앙이 얼마나 무섭고 강렬했는지를 잘 보여준다. 당시 이스라엘 전체 인구가 200만 명 정도인 것을 감안한다면, 이 정도 규모의 재앙은 가히 민족적인 큰 비극이라 할 수 있다. 이는 전염병 재앙이 단순히 일반 전염병이 아니라 하나님의 진노로 임한 무서운 심판이었기 때문이다.

17
아론의 지팡이에 싹이 나다

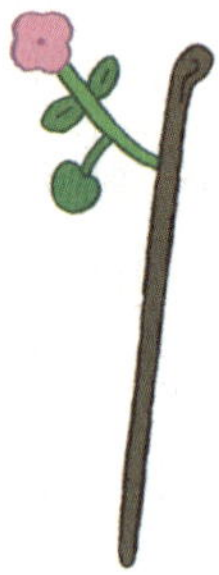

지파마다 지팡이 하나씩 가져와
거기에 지도자 이름을 써라
지파마다 지팡이 살피는데
아론의 지팡이에만 싹이 나고 꽃이 피네

아론의 지팡이에서 싹이 돋아나다 (17:1-13)

고라 일당의 반역 사건으로 큰 소동과 홍역을 치른 뒤, 하나님께서 성막으로 모세를 부르셨다. 모세가 성막으로 나아가자, 주께서 모세에게 말씀하신다.

"모세야, 이스라엘 12지파의 지도자들에게 지팡이 하나씩을 가져오게 하여라. 각 지파별로 지팡이가 하나씩 있어야 하느니라. 그렇게 모인 열두 개의 지팡이에 각 지파의 지도자 이름을 써넣어라. 레위 지파의 지팡이에는 아론을 써넣도록 하여라."

광야 행진 시에 이스라엘 지파의 구성은 레위 지파가 빠지는 대신에 요셉의 두 아들인 므낫세와 에브라임이 각각 한 지파씩을 이루어 12지파를 형성했다. 그 까닭은, 일찍이 야곱이 임종 직전에 요셉의 두 아들을 자신의 양자로 삼아 아들의 반열에 올려놓았기 때문이다.

그런데 이번의 경우에는 특별히 레위 지파도 포함되었으므로, 이스라엘 12지파는 다시 본래대로 에브라임 지파와 므낫세 지파가 요셉 지파의 이름으로 하나의 지파가 되었다. 그래서 여전히 12지파를 이루고, 따라서 지팡이도 열두 개였다. 하나님은 모세에게 계속 말씀하신다.

"모세야, 너는 열두 개의 지팡이들을 내가 너희와 만나는 곳인 성막 안, 법궤의 앞쪽에 가져다 놓아라. 그러면 내가 택한 지도자의 지팡이에서는 싹이 돋아날 것이다. 이렇게 하면, 백성들이 더 이상 너와 아론에 대해 원망하지 못할 것이니라."

12지파를 대표하는 열두 개의 지팡이들에는 각 지파 지도자들 이름이 적혀 있었다. 따라서 이 지팡이들을 하나님 임재의 처소인 법궤(언약궤) 앞에 둔다는 것은, 12지파의 지도자들이 여호와 하나님 앞에 서 있음을 의미한다. 하나님은 그 열두 개의 지팡이들 중 하나를 택하여 그 지팡이에 싹을 돋게 하시겠다고 말씀하신 것이다.

오래 전에 죽은 바싹 마른 지팡이에 생명의 싹이 돋아난다는 것은 가히 초자연적인 기적이다. 하나님은 이 같은 기적을 통해 자신이 택한 지도자를 백성들에게 분명히 드러내려 하신 것이다. 그래서 고라 일당의 경우처럼 다시는 지도자 문제로 원망하는 일이 없도록 확실하게 조치하려 하신 것이다.

하나님은 반역을 일으킨 고라 일당에 대하여 땅이 갈라지는 지진 심판, 반역에 동조하여 모세와 아론을 거스른 250인의 족장들에 대한 불 심판을 내리시고, 고라 일당과 250인 족장들의 죽음을 모세와 아론의 탓으로 돌리며 원망하는 회중들에 대해서는 악성 전염병 심판을 내리셨다. 이제 하나님은 죽은 지팡이에 싹을 돋우는 초자연적인 이적을 통해 아론 계통의 제사장 직분을 굳건히 세워주시고자 하셨다. 하나님께서 친히 세우신 제사장 직분에 대해 누구도 감히 넘볼 수 없게끔 하시려 하는 것이다.

"여러분, 내 말을 잘 들으시오! 열두 지파는 각각 지팡이 하나씩을 마련한 뒤 거기에 자기 지파의 지도자 이름을 적도록 하시오. 그런 뒤에 그 지팡이들을 내게로 가져오시오. 내가 그 지팡이들을 성막 안의 법궤 앞에 둘 것이오. 그러면 하나님께서 택하신 지팡이에는 싹이 돋아날 것이오. 바로 그것이 하나님께서 친히 그 지도자를 택하셨다는 확실한 증거가 될 것이오."

모세가 주께서 명하신 말씀을 백성들에게 이르자, 12지파는 각각 자기 지파 지도자의 이름을 적은 지팡이를 하나씩 가져왔다. 그 열두 개의 지팡이들 중에는 아론의 이름이 새겨진 레위 지파의 지팡이도 포함되어 있었다. 모세는 주께서 명하신 대로 열두 개의 지팡이들을 주께서 항상 임하여 계시는 성막 안의 법궤 앞에 가져다 놓았다.

이튿날, 하나님의 명에 따라 법궤가 모셔져 있는 성막 안으로 들어갔을 때 모세의 눈앞에는 놀라운 광경이 펼쳐져 있었다.

"앗! 아, 정말 이런 놀라운 일이 일어나다니!"

아론의 이름이 적혀 있는 지팡이에는 싹이 움터서 순이 돋고 꽃이 피어나, 감복숭아 열매가 맺혀 있는 것이 아닌가! 하나님은 레위 지파, 그중에서도 아론의 자손을 제사장으로 선택하셨다는 사실을 입증해 주기 위해 바싹 마른 지팡이에 싹이 트고 잎이 나고 열매가 맺히는 초자연적인 기적을 베푸셨던 것이다.

"오, 주님!"

모세는 하나님의 놀라운 기적에 감탄하며 법궤 앞에 놓아둔 지팡이들을 모두 들고 나와 백성들에게 보여주었다.

"자, 여러분, 이 지팡이들을 잘 보십시오! 오직 아론의 이름이 적힌 레위 지파의 지팡이에만 싹이 돋아났소. 이것은 하나님께서 이스라엘 열두 지파 중에서 레위 지파, 그 중에서도 아론의 집안을 제사장 집안으로 선택하셨다는 확실한 증거입니다!"

그렇게 말하면서 모세는 싹 난 아론의 지팡이를 높이 들어 이스라엘 백성들에게 보여주었다.

"아니, 세상에 저럴 수가! 마른 지팡이에서 싹이 돋아나다니!"

"정말이다! 바싹 마른 지팡이에서 싹이 돋아나 꽃이 피고 열매가 맺혔다! 오, 저건 주님의 기적이 분명하다!"

이스라엘 백성들은 아론의 싹 난 지팡이를 보고 모두가 크게 놀라워했다. 그러는 사이에 레위 지파를 제외한 나머지 열한 지파의 지도자들은 예전 그대로인 자기 지파의 지팡이를 찾아갔다.

열두 개의 지팡이 중에서 오직 아론의 이름이 적힌 레위 지파의 지팡이만이 하룻밤 만에 바싹 마른 지팡이에서 싹이 돋고 꽃이 피며 열매가 맺힌 생명의 지팡이로 변화되었다는 이 사실은 두 가지 교훈을 준다.

① 이스라엘 12지파 중 오직 레위 지파 소속의 아론 집안이 하나님께서 친히 선택하신 제사장 집안이라는 사실을 밝히 보여준다.

② 주님께 제사를 드림으로써 백성들의 죄를 속죄하는 제사장의 사역은 마른 지팡이 같은 죽음을 극복하고 싹 난 지팡이처럼 생명을 가져다주는 구원의 사역임을 상징적으로 보여준다. 이런 맥락에서 대제사장 아론의 사역은 장차 온 인류의 영원한 대제사장으로 이 땅에 오실 메시아 예수의 생명과 구원의 사역을 예표한다고 볼 수 있다.

"모세야!"

주께서 모세에게 또 말씀하신다.

"주님, 말씀하소서."

"너는 싹 난 아론의 지팡이를 법궤 앞에 도로 갖다 놓아라. 이로써 반역자들에게 표징이 되게 하여라. 다시는 내가 세운 제사장에 내해 불평을 터뜨려 죽는 일이 없게 되리라."

아론의 싹 난 지팡이! 그것은 모세와 아론에게 대적한 고라 일당과 250인의 족장들, 그리고 모세와 아론에게 원망을 퍼부은 백성들에 대한 하나님의 공개적인 답변이다. 따라서 그 지팡이를 성막 안의 법궤 앞에 잘 간직해두어 행여 앞으로 있을지도 모를 제2, 제3의 고라 사건에 대한 생생한 표징으로 삼아야 했다.

하나님의 명령에 따라 법궤 안에는 '십계명 두 돌판'을 비롯하여 '만나 항아리'와 '아론의 싹 난 지팡이'가 함께 보관되었다. 하지만 이후 이스라엘 백성들이 가나안 땅에 들어가 정착한 뒤 사사시대를 거치는 동안 '만나 항아리'와 '아론의 싹 난 지팡이'는 손실되고 말았다. 훗날 솔로몬 시대(주전 970-930년경)에는 법궤 안에 '십계명 두 돌판' 외에는 아무것도 남아 있지 않았다.

모세는 주께서 이르신 대로 아론의 싹 난 지팡이를 성막 안의 법궤 앞에 고이 간직해두었다. 모세가 다시 자기 장막으로 돌아오자, 백성들이 모세에게 우르르 몰려와 잔뜩 겁에 질린 목소리로 울먹였다.

"아, 지도자님. 어쩌면 좋단 말입니까? 우린 이제 죽고 말 것입니다. 우리는 완전히 망했어요. 완전히 망했단 말입니다!"

백성들이 두려움에 떨며 울부짖었다. 최근 고라 무리와 회중에게 임한 두렵고 무시무시한 재앙의 근원이 모세와 아론 때문에 생겨난 것이 아니라, 여호와 하나님에게서 비롯되었다는 사실을 이제야 비로소 깨달았기 때문이다. 백성들의 갑작스런 울부짖음에 모세가 도리어 놀라서 되물었다.

"여러분, 진정하십시오. 여러분은 무엇 때문에 이토록 울부짖는 것이오?"

"생각해 보십시오. 오직 아론 집안만 제사장 직분을 맡았으니, 이제 우리는 주의 성막에 가까이 가기만 해도 누구나 죽게 될 것이 아닙니까?

이를 어쩌면 좋단 말입니까?”

끔찍하고 무시무시한 고라 사건을 겪은 백성들은 이제부터 자신들은 여호와 하나님께서 계시는 성막 근처에도 가까이 나아갈 수 없음을 깨닫고 절망으로 부르짖은 것이다. 하지만 이것은 제사장을 통한 중보(仲保) 사역의 원리를 이해하지 못한 데서 기인한 쓸데없는 두려움이었다. 백성들은 직접 성소 안으로 들어갈 수는 없었지만, 제사장을 중보자 삼아 드리는 여러 가지 제사 행위를 통해 얼마든지 하나님과 소통하고 교제하며 친목을 도모할 수 있었기 때문이다.

광야에 바람이 분다. 땅에서 올라오는 지열과 하늘에서 내리쪼이는 열기로 바람조차도 무덥다. 울상을 짓고 있는 백성들의 모습을 바라보는 모세의 마음은 착잡하기 이루 말할 수 없었다. 이런 철부지 백성들을 이끌고 광야를 40년이나 헤매고 다녀야 하다니, 문득 맨 처음 출애굽 사명을 받았던 호렙산의 불붙은 떨기나무가 눈앞에 어른거렸다.

벌써 오랜 세월이 지났다. 미디안 목자 시절, 그는 호렙산에서 양떼를 돌보던 중 가시나무 덤불에 불이 붙어 활활 타오르는 것을 보았다. 여호와 하나님의 임재를 상징하는 그 찬란한 불꽃에 얼마나 가슴이 떨렸던가. 그 가시나무 덤불에 붙은 불은 거침없이 활활 타올랐는데, 지금 모세 자신에게 붙어있는 사명과 열정의 불길은 무지몽매하고 어리석은 백성들로 인해 갈수록 사그라지고 있는 느낌이다.

‘아니다. 내가 이러면 안 되지…. 나부터 정신 똑바로 차려야 한다.’

온유한 사람 모세는 그런 생각조차도 죄로 여겨져서 머리를 흔든다 옛적 호렙산의 가시나무 덤불에 활활 타오르던 그 불길을 생각하며 다시금 출애굽의 사명을 활활 불태운다.

18
제사장과 레위인

레위인은 주께 십일조 바쳐라
이 십일조는 제사장들 몫
남은 것은 너희 소출이니
너희와 권속이 먹으리라

제사장의 직무와 레위인의 직무 (18:1-7)

"자, 오늘도 구름기둥을 따라 다 함께 나아갑시다!"

가데스바네아에서의 거역 사건으로 40년 유랑의 징벌을 받은 이스라엘 백성들이 정처 없이 광야를 떠돌던 시절의 일이다.

"아론아!"

주의 말씀이 이번에는 특별히 이스라엘의 대제사장 아론에게 임한다. 대부분 모세를 부르시던 하나님께서 이처럼 아론을 찾아 직접 대면하는 일은 흔치 않는 일이다. 아론은 잔뜩 긴장한다. 이럴 때면, 동생 모세가 더욱 위대하다는 생각이 든다. 동생은 가까운 벗을 대하듯이 언제나 하나님을 친숙하게 대면하기 때문이다.

"네, 주님. 제가 여기 있습니다."

하나님의 부르심을 받고 대제사장 아론이 성막으로 나아가자, 주께서 그에게 말씀하신다. 제사장의 직무와 레위인의 직무에 관한 말씀이다.

그래서 하나님께서 특별히 아론을 찾은 것이다.

“아론아, 제사장 직분을 맡은 너와 네 아들들은 성소에서 잘못된 일이 있으면 책임을 져야 한다. 제사장 일을 잘못 보는 경우에는 너와 네 아들들에게 책임이 있느니라.”

제사장은 번제단에서 희생제물을 불사르고, 그 피를 뿌리며, 등잔대의 불을 관리하고, 진설병 상의 떡을 교체하며, 또 분향단에서 향을 사르는 일 등을 도맡아 했다. 이 같은 제사장의 직무를 수행하는 과정에서 규례를 어긴다든지 제물이 바뀐다든지 하는 잘못을 범하면, 그에 따르는 책임을 감당해야 한다는 말씀이다. 권리와 명예가 클수록 그에 따르는 책임과 의무 또한 무겁다는 사실을 알 수 있다.

하나님은 말씀을 이어가신다.

“너는 네 형제 레위 지파 사람들을 데려다가 너와 네 아들들이 성막에서 일을 보는 동안 곁에서 거들도록 하여라. 레위인들은 너와 네 아들들을 도와 성막에서 하는 일을 도울 책임이 있다. 하지만 그들이 성소나 제단의 기구들에 가까이 가서는 안 되느니라. 만일 그랬다가는 너와 레위인들이 죽임을 면치 못하리라.”

제사장의 주관 하에 레위인들이 제사장을 보필하게 하여 성막 일을 수행하라는 말씀이다. 제사장들은 번제단과 성소에서 각종 제사를 직접 주관하였고, 레위인들은 제사장 곁에서 부수적인 여러 허드렛일을 거들어 주어야 했다. 어떤 경우에도 레위인들이 제사장들만의 고유 업무인 번제단의 일(번제단에서 제사를 드리는 일)과 성소 관련의 일(분향단과 등잔대와 진설병상에 관한 일)을 직접 해서는 안 되었다.

만일 그랬다가는 제사장의 영역을 침범한 레위인은 죽임을 면치 못했고, 또한 레위인이 그렇게 침범하도록 방임한 제사장 역시 죽임을 면치 못했다. 하나님은 아론에게 계속 말씀하신다.

“아론아, 레위인들 외에 누구도 너와 네 아들들이 하는 일을 거들어서는 안 되느니라. 제사장 집안은 대대로 성소와 번제단을 돌보아야 할 책임이 있다. 그러니 제사장 직무를 잘 감당하여 백성들에게 나의 진노가 내리지 않도록 하여라."

하나님께서 아론에게 주신 주의사항은 이러하다.

① 하나님의 성막 일은 제사장들이 제사 집례를 주관하고, 레위인들이 곁에서 도와주는 형식으로 수행해야 한다.
② 제사장들은 번제단과 성소 관련의 일들을 고유하게 맡았고, 레위인들은 제사장들이 그런 고유 업무를 잘 수행할 수 있도록 성막의 여러 부수적인 일들을 맡아야 한다.
③ 어떠한 경우에도 레위인들이 제사장의 고유 업무인 번제단의 일과 성소 기구에 관한 일을 침범해서는 안 된다.

아론을 향한 하나님의 말씀은 계속된다.

"아론아, 나는 네게 제사장의 직무를 선물로 주노라. 제사장 외에는 누구라도 성소에 가까이 나아오면 죽임을 면치 못할 것이니라."

제사장 직분은 분명 하나님의 선물이다. 오직 제사장들만이 하나님께 가까이 나아가 하나님을 섬길 수 있고, 오직 제사장들만이 하나님과 백성들 사이의 중재자로서 백성들의 죄를 속죄할 수 있기 때문이다. 그런 의미에서 참으로 제사장 직분은 하나님의 고귀한 선물인 것이다. 그리고 성막에서 제사장들을 도와 봉사할 수 있는 사람은 오직 레위인들이다. 그런 의미에서 제사장의 직무 못지않게 레위인들의 직무 역시 하나님의 소중한 선물이다.

제사장들이 받을 몫 (18:8-20)

"아론아! 백성들이 나에게 바치는 제물은 모두 네가 맡아 관리하여라.

백성들이 나에게 바치는 거룩한 제물 중에서 번제단에서 불사르고 남은 것들은 모두 네 몫이니라. 불사르고 남은 것들이 소제 제물이든 속죄제 제물이든 속건제 제물이든, 모두 너와 네 아들들이 받을 몫이니라."

이스라엘 백성들이 주께 바친 제물들 가운데 번제단에서 불사르고 남은 제물을 제사장들의 몫으로 주시겠다는 말씀이다. 그 까닭은, 하나님께서 자신의 성막 일을 전적으로 감당하도록 제사장들을 고용했기 때문이다. 그래서 제사장들은 별도의 기업 없이 오직 하나님의 성막에서 주를 위해 봉사해야 했으므로, 하나님은 제사장들과 그들 가족의 생계를 위해 합당한 몫을 마련해주신 것이다.

이처럼 하나님은 자신이 고용한 일꾼들을 절대로 공짜로 부리시는 분이 아니다. 일꾼들의 노고에 합당한 몫을 챙겨주시어 생계를 후히 마련해주시는 마음 넉넉한 분이시다. 하나님은 대제사장 아론에게 계속 말씀하신다.

"아론아, 내가 너희에게 주는 몫을 너희는 거룩한 곳에서 먹어라. 너희는 내가 주는 제물을 거룩하게 여기고, 오직 제사장 된 남자들만 먹어야 한다. 하지만 화목제 제물 중 이스라엘 백성들이 흔들어서 바치는 요제의 제물과 높이 들어 올려서 바치는 거제의 제물은 너와 네 자녀들의 몫이다. 네 집안 식구들 중에서 부정하지 않은 사람들은 누구든지 그것을 먹을 수 있느니라."

하나님이 제사장들에게 제공하는 몫 가운데 번제단에서 불사르지 아니안 소제물, 속죄제물, 속건제물은 오직 제사장 된 남자들만 거룩한 곳, 즉 번제단 곁이 남쪽 뜰에서 먹을 수 있었다. 하지만 화목제 제물 중 요제로 드린 제물과 거제로 드린 제물은 제사장 가족이 모든 남녀노소가 부정을 입지 않았다면 누구든지 먹을 수 있었다.

요제로 드린 제물은 '요제의 방식으로' 드린 제물을, 거제로 드린 제물은 '거제의 방식으로' 드린 제물을 가리킨다. 요제(搖祭)는 제사장이 양손 위에 제물을 올려놓고 번제단 앞에서 앞뒤 수평으로 흔드는 방식으로 드리는 제사 방법이다. 거제(擧祭)는 제사장이 번제단 앞에서 희생제물의 오른쪽 뒷다리 부분을 부여잡고 그것을 위로 높이 치켜들었다가 다시 아래로 내리는 방식으로 드리는 제사 방법이다. 이어서 하나님은 아론에게 말씀하신다.

"아론아, 나는 또 추수 때의 첫 수확물로 나에게 바친 가장 좋은 올리브유와 가장 좋은 새 포도주와 곡식을 너에게 주노라. 백성들이 나에게 바치는 이 땅의 모든 첫 수확물은 너의 몫이다. 네 집안 식구들 중에서 부정하지 않은 사람은 누구든지 그것을 먹어도 된다. 이 밖에도 백성들이 나에게 특별히 바친 모든 것들도 전부 네 몫이니라."

하나님은 백성들이 바친 제물들이 누구의 몫인가도 세심하게 구분해 주신다. 번제단에서 불사르고 남은 소제와 속죄제와 속건제의 제물은 제사장의 몫이요, 화목제 제물 중에서 요제로 드린 제물과 거제로 드린 제물은 제사장과 그들 가족의 몫이었다. 여기에 더해 하나님은 이스라엘 백성들이 주께 바친 첫 수확물들도 제사장들의 몫으로 주셨다.

이스라엘 백성들은 추수의 첫 수확물을 주께 바쳐야 했다. 그렇게 해야 하는 까닭은, 자신들의 모든 소산물이 하나님께로부터 비롯되었음을 인정하고, 그처럼 소산물을 허락하신 하나님께 감사를 드리기 위해서다. 하나님은 아론에게 계속 말씀하신다.

"이스라엘 백성들이 나에게 바치는 맏배는 사람이든 가축이든 다 네 몫이다. 사람의 맏배인 경우에는 그 몸값을 치러야 한다. 낳은 지 한 달 된 아이의 몸값은 성소 세겔로 은(銀) 5세겔이니라."

이스라엘 백성들의 출애굽을 위해 하나님은 이집트 사람들의 모든 맏배 곧 초태생을 멸하셨다. 그 유월절 사건에 근거하여, 이스라엘의 모든 사람들과 가축들의 맏배는 하나님의 소유가 되었다. 따라서 이스라엘 백성들의 모든 장자를 하나님께 바쳐야 했는데, 그 실제적인 방법으로 속전 제도가 채택되었다.

'속전(贖錢) 제도'를 기억하는가? 앞서 이미 언급되었지만 여기서 다시 살펴보자. 속전 제도는 합당한 돈으로 대신 값을 치르는 제도다. 장자의 몸값은 성소 세겔로 은 5세겔이 책정되었다. 이 돈을 제사장들에게 주어 성막 운용의 자금으로 사용하게 하였다.

세겔(Shekel)은 구약시대에 그 무게로 가치를 결정하는 기본적인 화폐 단위다. 당시 1세겔은 대략 11.4g의 무게를 지녔는데, 은 1세겔은 일반 노동자 4일치의 품삯이다. 그리고 은 30세겔은 장정 노예 한 사람을 살 수 있는 가치를 지녔다. 성경에 나타나는 세겔의 종류는 세 가지다.

① 일반인들 사이에서 흔히 통용되는 '일반 세겔'
② 성전에서만 사용되는 '성소 세겔'
③ 왕실에서 사용되는 '왕실 세겔'

이 중 일반 세겔의 중량은 대략 11.4g이고, 성소 세겔은 그보다 5분의 1(20%) 가량의 무게가 줄어든 9.7g 정도다. 그리고 왕실 세겔은 일반 세겔의 두 배인 22.8g이다.

따라서 거래를 위해 가격을 정할 때는 먼저 어떤 세겔을 사용할 것인지를 확인하는 절차가 반드시 필요했다. 맏배와 관련하여 그 몸값을 정하는 일은 성막의 일과 관련된 거룩한 일이었기에 성소에서 사용하는 세겔, 곧 성소 세겔을 사용하였다.

사람의 맏배(장자)와 달리 가축의 맏배(초태생)를 바칠 때에는 낙타나 노새나 나귀처럼 부정한 짐승의 경우에는 그 값을 정하여 돈으로 바쳐야 했다. 소나 양이나 염소처럼 정결한 짐승의 경우에는 가슴 부위는 요제로, 오른쪽 넓적다리 부분은 거제로 드리고, 다른 부위들은 번제단 위에서 모두 불살라 그 향기를 하나님께 올려드려야 했다.

이때 요제로 드린 가슴 부위와 거제로 드린 오른쪽 넓적다리 부분은 제사장들과 그들 가족의 몫으로 돌아갔다. 제사장들의 몫과 관련하여 이제 하나님은 결론적으로 아론에게 말씀하신다.

"아론아, 너와 네 자손들에게는 다른 백성들과는 달리 기업의 땅이 주어지지 않는다. 그러므로 백성들이 내게 바치는 여러 제물들과 예물들 가운데서 내가 네게 합당한 몫을 제공해 주리니, 이는 너와 네 자손들을 위한 나의 영원한 소금 언약이니라."

다른 이스라엘 백성들과는 달리 아론과 그의 후손 된 제사장들에게는 가나안 땅이 기업으로 분배되지 않고, 대신에 하나님 자신이 제사장들에게 합당한 몫을 제공해 주심으로써 그들의 몫과 기업이 되어 주시겠다는 말씀이다. 하나님은 이를 영원한 '소금 언약'이라 칭하셨다.

소금은 음식물의 부패를 막고 맛을 내는 데 꼭 필요한 생활필수품이다. 그래서 고대에는 계약 당사자들이 계약을 확증할 때, 맺은 계약이 절대 변치 않을 것임을 다짐하는 표시로 소금을 함께 먹었다. 말하자면 소금은 예로부터 그것이 갖고 있는 속성에 따라 '변치 않음'에 대한 상징물로 사용되었다.

하나님은 아론에게 이스라엘 백성들이 하나님께 바친 제물들 중 일정 부분을 영원히 제사장의 몫으로 주겠다고 약속하신 후에, 그것을 영원한 '소금 언약'이라 칭하셨다. 그것은 하나님과 제사장들 사이에 세워진 '직무에 따르는 보상의 약속'이 소금처럼 영원토록 결코 변치 않을 것임을 나타내는 말이다. 이런 맥락에서 하나님께서 우리에게 하신 모든 약속은 영원히 변치 않는 이른바 '소금 언약'이다. 소금을 먹을 때마다 '소금 언약'이란 말을 떠올리자.

레위인의 몫과 십일조 (18:21-32)

레위 지파의 사람들, 곧 레위인들은 아론과 그의 자손 제사장들을 도와 성막에서 일하는 자들로 주께 택함 받았다. 성막에서 제사장들을 도와 전적으로 하나님의 일에 전념해야 하는 레위인들의 생계를 위해 하나님은 이스라엘 백성들의 십일조로 그들의 몫(분깃)을 보장해 주신다.

이스라엘 백성들은 하나님께 십일조를 바쳐야 했다. 십일조(十一條)란, 말 그대로 소득의 10분의 1 곧 10퍼센트를 하나님께 바치는 것을 말한다. 이 같은 십일조는 자신이 얻은 모든 소득이 오직 하나님께로부터 비롯된 것임을 인정하는 행위다. 나아가 모든 산업과 삶의 주인은 하나님이라는 사실을 받아들이는 신앙고백 행위다.

이스라엘의 십일조 기원은 일찍이 이스라엘의 조상인 아브라함이 승리의 전리품 가운데 10분의 1을 예루살렘의 왕이요 제사장인 멜기세덱에게 바쳤던 사건에서 비롯된다. 이후 이스라엘 12지파의 조상인 야곱도 벧엘 서원에서 하나님께 10분의 1의 헌납을 맹세한 적이 있었다. 이러한 배경 하에서 모세 율법은 십일조의 헌납을 명시하고 있다. 이제 하나님은 성막에서 전적으로 봉사해야 하는 레위인들의 몫에 대해서 말씀하신다.

"아론아, 너와 네 자손들과 마찬가지로 레위인들에게도 다른 이스라엘 백성들과는 달리 기업의 땅이 주어지지 않는다. 대신에 나는 이스라엘 백성들이 나에게 바치는 열의 하나, 곧 십일조를 레위인들에게 기업으로 주겠노라."

레위인들은 이스라엘의 모든 장자들 대신에 하나님께 바쳐진 자들로서 오직 성막 일에만 전념해야 했다. 따라서 레위인들에게는 가나안 땅의 기업이 주어지지 않았다. 그 대신에 제사장들과 마찬가지로 하나님께서 레위인들의 기업이 되어주셨기에, 레위인들은 하나님께서 주시는 양식으로 생계를 보장받을 수 있었다. 그래서 하나님은 백성들이 바친 십일조를 레위인의 몫으로 돌리신 것이다. 하나님께서는 이제 아론을 물러나게 하시고, 모세를 부르셔서 그에게 말씀하신다.

"모세야, 너는 레위인들에게 일러주어라. 이르기를 '주께서 이르시기를, 이스라엘 백성들이 내게 바친 열의 하나를 내가 너희 몫으로 돌리면, 너희는 그중에서 또 열의 하나를 떼어서 나 주께 바쳐라. 너희는 너희가 받은 예물 가운데서 가장 좋은 것, 가장 거룩한 것을 골라 나 주께 바쳐야 한다. 이렇게 나 주께 바쳐진 예물은 제사장 아론의 몫이니라.' 하여라."

레위인들은 이스라엘 백성들이 주께 바친 십일조를 성막 봉사의 대가로 받았는데, 그렇게 받은 십일조 중에서 다시 십일조를 떼어 하나님께 바쳐야 했다. 비록 레위인들이 전적으로 성막 봉사를 담당하고 있지만, 그들 역시 다른 이스라엘 지파의 일반 백성들과 마찬가지로 오직 하나님만을 주인으로 섬기는 그분의 백성임을 나타내야 했기 때문이다.

이처럼 레위인들은 일반 백성들로부터 받은 십일조에서 다시 십일조를 떼는 '십일조의 십일조'를 하나님께 바쳐야 했다. 이때 그것을 높이 치켜들어 바치는 거제의 방식으로 바쳐야 했다. 이렇게 거제의 방식으로 바쳐진 십일조의 십일조는 제사장들인 아론과 그의 자손들의 몫이 되었다. 하나님은 모세를 통해 레위인들에게 계속 말씀하신다.

"너희 레위인들은 들어라. 나에게 바치고 남은 것은 너와 네 가족들이 어디에서나 먹어도 된다. 너희가 전적으로 성막에서 일한 것에 대해 받는 합당한 몫이기 때문이니라. 하지만 너희가 받은 예물 가운데 가장 좋은 것을 골라 십일조로 나에게 바치는 것을 잊지 않도록 하여라. 그로 인해 죄를 짓거나 거룩한 예물을 더럽히지 않도록 하여라. 만일 더럽힌다면, 너희는 죽임을 면치 못할 것이니라."

레위인들은 하나님께로부터 받은 백성들의 십일조 중에서 반드시 또다시 십일조를 떼어 하나님께 바쳐야만 했다. 만일 십일조의 십일조를 하나님께 바치지 않는다면, 백성들이 주께 바친 십일조를 더럽히는 일이 되었다. 또한 하나님의 것을 도적질한 것이 되어 하나님의 징벌로 죽임을 면할 수 없었다.

그러므로 성막 봉사에 전념한 대가로 레위인들에게 순수하게 주어진 몫은 '십일조의 십일조'를 제외한 나머지 부분이다. 그 부분은 레위인들이 성막에서 일한 합당한 보수로 주어졌기 때문에 각자의 필요에 따라 자유롭게 사용할 수 있었다. 이는 소득의 십일조를 바친 일반 백성들이 나머지 열에 아홉(9/10)을 자신들의 생계를 위해 자유롭게 쓸 수 있는 것과 같은 이치다.

당시 일반 이스라엘 백성들의 수효는 레위인들보다 50배가량 많았다. 따라서 하나님께서 명하신 십일조 규례가 충실하게 지켜졌다면, 레위인들은 생계 걱정을 할 필요가 전혀 없었다. 하지만 이후 이스라엘 역사에서 레위인들은 항상 가난하여 구제의 대상이 된 점으로 보아, 십일조 규례가 제대로 지켜지지 않았음이 분명하다.

19
잿물로 정결하게 하라

부정을 정결하게 하는 재 만들어라
흠 없는 붉은 암송아지 피를 뿌리고
백향목, 우슬초, 홍색 실을 태워
부정 씻는 잿물 만들어라

부정을 씻어내는 잿물을 마련하는 법 (19:1-10)

"아, 대체 언제쯤 이 고달픈 광야 유랑을 끝내고 젖과 꿀이 흐르는 가나안 땅으로 들어갈 수 있단 말인가!"

때는 이스라엘 백성들이 광야를 정처 없이 떠돌던 유랑의 시기(출애굽 제2년 5월경부터 ~ 출애굽 제40년 정월까지). 이스라엘 백성들의 40년 광야 유랑은 가데스바네아의 거역 사건에 대한 준엄한 징벌의 기간임과 동시에, 하나님의 백성답게 광야에서 혹독한 훈련을 받는 연단의 시기였다.

이집트를 떠날 당시 20세 이상 된 성인들은 갈렙과 여호수아를 제외하고 광야 유랑 중 전부 죽을 것이라는 하나님의 말씀대로, 과연 광야 유랑 중에 숱한 사람들이 죽어나갔다. 그리하여 광야 생활에서 죽음과 시체는 아주 흔한 일상사가 되었다. 38년의 광야 유랑 기간 동안, 하루에 대략 100명 가까이 죽어나갔다.

그렇기 때문에 백성들 가운데 시체를 만져서 부정(不淨)을 입는 경우가 아주 쉽게 발생하였다. 만일 시체를 만져 부정을 입은 사람이 그 부정을 씻어내지 못하고 타인과 접촉할 경우, 이스라엘 전체가 부정하게 되는 심각한 사태까지 발생할 수 있었다. 그래서 하나님은 부정을 씻는 정결 규례를 제정해 주심으로써 시체로 인한 부정에서 벗어나는 길을 제시해 주신다.

"여보게, 그런데 말이야… 시체와 접촉하면 왜 부정을 입는 것일까?"

"그러게? 왜 그러지?"

그 원리는 이러하다. 즉, 모든 시체는 죄의 삯이라는 성경의 기본 사상에 바탕을 둔 것이다. 모든 죽음은 결국 죄 때문에 비롯된 것이기 때문이다. 따라서 죄의 결과로 파생된 시체와 접촉할 경우에 접촉된 사람이나 물건도 죄의 영향을 받은 것으로 간주되어 부정을 입게 되는 것이다.

"모세야, 그리고 아론아!"

광야 유랑 중이던 어느 날, 하나님은 모세와 아론을 부르신 뒤 그들에게 말씀하신다. 부정을 입었을 경우, 그 부정을 씻어내는 잿물을 마련하는 법에 관해 일러주시기 위해서다.

"모세와 아론은 잘 들어라! 이것은 내가 명하는 규례니라. 너희는 이스라엘 백성들에게 일러, 흠 없는 붉은 암송아지 중에서 아직 멍에를 메어본 일이 없는 것을 골라 너희에게로 끌고 오게 하여라. 그런 뒤 너희는 그 암송아지를 제사장 엘르아살에게 주어라. 그러면 엘르아살은 그 암송아지를 이스라엘 진영 밖으로 끌고 나가서, 자기가 보는 앞에서 잡도록 해야 한다."

부정을 씻는 잿물을 만드는 데 사용된 희생제물은 '붉은 암송아지'였다. 여기서 붉은색은 피를, 암컷은 생명의 생산자를 상징한다. 따라서 강렬한 홍조를 띤 팔팔한 생명력 있는 암송아지는 생명력을 상실한 죽음의 시체를 만진 자들을 정결하게 하는 제물로 매우 적합하였다.

▲ 담장 곁에 자라고 있는 우슬초

구속사적으로 볼 때, 시체의 부정을 씻어내는 데 희생된 붉은 암송아지는 장차 죄로 인해 영원한 시체로 돌아갈 수밖에 없는 인간들을 영원한 생명의 삶으로 이끄신 '메시아 예수'를 상징한다. 하나님은 계속해서 모세와 아론에게 말씀하신다.

"그렇게 이스라엘 진영 밖에서 붉은 암송아지를 잡은 다음, 제사장 엘르아살은 그 송아지의 피를 손가락에 찍어 성막 앞쪽을 향해 일곱 번 뿌려야 한다. 그런 뒤, 그가 지켜보는 앞에서 그 암송아지를 불살라라. 고기뿐 아니라, 가죽과 피와 똥까지도 모두 불태워야 한다. 그리고 암송아지를 태울 때, 제사장은 백향목과 우슬초와 홍색 실을 가져와서 불속에 집어던져라."

이스라엘 진영 밖에서 희생제물 된 암송아지를 태울 때, 제사장은 활활 타고 있는 그 불 속에 세 가지를 집어던져야 했다.

① 백향목
② 우슬초
③ 홍색 실

이 세 가지는 모두 강력한 생명력을 상징하는 것들로서, 일찍이 나병환자를 정결하게 하는 의식에서도 사용된 도구들이다.

백향목은 시체(죽음)의 부정을 극복한 푸르고 싱싱한 생명의 능력을, 붉은 실은 활기차게 회복된 붉디붉은 혈색(血色)을, 향기 나는 우슬초는 시체의 악취로부터 고침 받아 생명의 향기를 풍기는 것을 의미한다.

제사장 엘르아살은 잡은 암송아지를 태우기 전에 그 짐승의 피를 손가락으로 찍어 하나님이 임하여 계시는 성막 앞쪽을 향해 일곱 번 뿌려야 했다. 성경에서 숫자 '일곱(7)'은 신적인 완전함을 상징하는 거룩한 숫자다. 따라서 이 같은 의식은 하나님께서 베푸시는 완전한 속죄의 은총을 의미한다. 하나님은 계속해서 모세와 아론에게 말씀하신다.

"그렇게 한 다음, 제사장 엘르아살은 옷을 깨끗이 빨고 목욕해야 한다. 그런 뒤에야 이스라엘 진영 안으로 들어갈 수 있다. 그렇게 할지라도 제사장은 저녁때까지는 여전히 부정하다. 이때 암송아지를 불에 태운 자들도 옷을 빨고 목욕을 해야 한다. 그들도 역시 저녁때까지는 부정하니라."

부정을 씻어내는 잿물을 만드는 의식, 곧 붉은 암송아지 의식을 주관한 제사장 엘르아살도 부정을 입은 자로 간주되었다. 그래서 의식을 주관한 제사장을 비롯하여 암송아지를 불사른 모든 자들은 의식이 끝난 뒤에 자기 옷을 빨고 온몸을 물로 씻어야 했다. 그러고도 저녁때까지는 여전히 부정하였으므로, 해가 저문 저녁이 지나서야 비로소 정결하게 되어 하나님의 거룩한 성막이 있는 이스라엘 진영 안으로 들어올 수 있었다.

고대 유대인들의 하루 개념은 '당일 저녁부터 다음날 저녁까지'다. 따라서 저녁은 하루가 끝나는 시간인 동시에 새로운 하루가 시작되는 시점이었다. 이런 의미에서 부정을 입은 자는 하루가 끝나고 새로운 날이 시작되는 저녁이 되어야 비로소 그날의 부정에서 벗어날 수 있었던 것이다.

하나님은 부정을 씻어내는 잿물을 마련하는 법과 관련하여 계속해서 모세와 아론에게 말씀하신다.

"암송아지를 태우고 남은 재는 부정을 입지 않은 깨끗한 사람이 거두어다가, 이스라엘 진영 밖의 정결한 곳에 잘 간직해두어야 한다."

"암송아지를 태운 그 재를 말입니까?"

"그렇다. 그 재는 이스라엘 백성들의 죄를 정화하는 의식을 집행할 때, 그들의 부정을 씻어내는 물을 만드는 데 사용하게 될 것이다."

"네, 주님. 잘 알겠습니다. 명심하여 그 재를 잘 간직해 두겠습니다."

"그리고 이때 암송아지의 재를 거두어들인 사람도 그 일이 끝나면 옷을 빨고 몸을 씻어야 한다. 그래도 그자는 저녁때까지는 부정하다. 이 규정은 이스라엘 백성이든 그들 가운데 몸 붙여 사는 외국인이든 대대로 지켜야 할 규정이니라."

'부정을 씻어내는 물'은 무엇인가? 그것은 시체와 접촉함으로써 부정을 입은 자들을 그 부정에서 씻어내어 정결하게 만드는 데 사용되는 물이다. 이 물은 붉은 암송아지를 불사른 뒤에 얻은 재를 흐르는 물에 섞어 만들었다.

부정을 씻어내는 잿물을 사용하는 법 (19:11-22)

앞서 부정을 씻어내는 잿물을 만드는 법에 대해서 일러주신 하나님은 이어 그 잿물을 바르게 사용하는 법에 관하여 설명하신다.

"누구든지 시체를 만진 사람은 이레 동안 부정하다. 그 사람은 사흘째 되는 날과 이레째 되는 날에, 암송아지를 불사르고 남은 재를 탄 물로 자기를 정결하게 해야 한다. 그래야 깨끗해질 수 있느니라."

사람이 죽은 시체는 죄의 징벌이 초래한 죽음의 결과인 만큼, 종교의식법상 부정한 것으로 간주되었다. 그리고 그런 부정한 시체와 접촉한 자도 부정이 전염되어 역시 부정을 덧입은 자로 여겨졌다.

시체와 접촉함으로써 부정을 덧입은 자는 이레(7일) 동안 부정한 상태가 계속되었다. 그는 자신의 부정에서 벗어나기 위해 붉은 암송아지를 불사른 뒤 남은 재를 탄 물, 곧 부정을 씻어내는 잿물로 반드시 정결의식을 치러야 했다. 이때 그는 부정해진 때로부터 제3일과 제7일에 정결의식을 치러야 했다. 그러니까 두 번에 걸쳐 정결의식을 치러야 했다. 이는 부정함으로부터 완전히 정결해져야 할 필요성이 있음을 보여준다.

누구든지 시체를 만져 부정을 덧입은 사람은 반드시 정결케 하는 잿물로 자신의 부정을 씻어내야만 했다. 그렇게 하지 않으면, 이스라엘 백성 가운데서 영영 끊어지는 형벌을 당했다. 이 말은 후일 유대교의 출교(黜教)와 비슷한 성격의 형벌로, 이스라엘 공동체 사회에서 추방되어 거룩한 선민으로서의 모든 특권을 박탈당한다는 의미다.

시체를 직접 만진 자들뿐만 아니라, 단지 시체가 있는 장막에 함께 있었던 자들도 똑같이 부정을 입었다. 이것은 시체가 아주 강력한 전염성을 지닌 부정한 존재임을 보여주는데, 이처럼 구약시대에 시체는 가장 확실하고 직접적인 죄의 결과물로 취급되었다.

이런 맥락에서 시체가 있는 공간에서 뚜껑을 덮지 아니한 그릇들도 역시 부정한 것으로 취급되었다. 이는 시체의 냄새만 배여도 부정한 것으로 간주되었기 때문이다. 시체뿐만 아니라 뼈나 무덤처럼 죽음과 관련된 것들 또한 아무리 사소한 것들조차 모두 부정하게 여겨졌다.

이 같은 율법에 근거하여, 후일의 유대인들은 무덤에 회(灰)를 칠하여 눈에 띄게 표시함으로써 사람들의 접근을 막았다. 이 모든 사실이 교훈하는 바는 분명하다. 가슴에 새기도록 하자!

부정과 죄는 그 전염성이 아주아주 강하기에, 모든 죄나 악은 그 모양조차도 멀리해야 한다는 것이다. 그래서 훗날 사도 바울은 데살로니가 교회에 보내는 첫 번째 편지의 말미에서 이렇게 썼다.

> "형제자매 여러분, 범사에 잘 헤아려 좋은 것만을 취하도록 하십시오. 그리고 죄악일랑은 그 모든 모양조차도 멀리 던져버리십시오."

하나님은 계속해서 모세와 아론에게 말씀하신다.

"잘 새겨들어라. 부정 입은 사람을 정결하게 하는 의식은 이러하다. 붉은 암송아지를 태운 재를 가져다가 그것을 그릇에 담은 뒤, 깨끗한 물을 그 그릇에 부어라. 그렇게 잿물을 만든 다음, 부정을 입지 않은 깨끗한 사람이 우슬초를 그 잿물에 적셔, 부정을 입은 사람들과 가구들 위에 뿌리도록 하여라."

"네, 주님. 명심하겠습니다."

"이 외에 사람의 뼈나 무덤에 몸이 닿은 사람, 칼에 맞아 죽은 사람, 또는 자연적으로 죽은 사람의 몸에 닿은 사람들도 부정하다. 그들에게도 역시 그 잿물을 뿌려야 하느니라."

부정하게 된 자들을 정결케 하는 의식은 이러했다. 우슬초를 잿물에 적신 뒤, 부정을 입은 자들이나 물건들 위에 뿌려야 했다. 우슬초는 박하과에 속하는 작은 식물로, 성지(聖地) 가나안 땅에서 흔히 볼 수 있다. 줄기가 빳빳하여 막대기로 사용할 수 있는데, 잎사귀에는 잔털이 많아 액체가 쉽게 들러붙었다.

그래서 희생제물의 피를 찍어 바르거나 뿌리는 정결의식을 집행할 때는 우슬초가 곧잘 사용되었다. 기억하는가? 앞서 레위기에서 나병환자를 정결케 하는 의식에서도 이 우슬초가 사용된 사실을! 하나님은 다시금 부정에서부터 벗어나 정결하게 되는 법에 관해 모세와 아론에게 일러주신다.

"너희는 꼭 명심하여라! 부정하게 된 사람은 사흘째 되는 날과 이레째 되는 날에 반드시 정결의식을 치러야 한다. 부정을 입지 않은 깨끗한 사람이 부정하게 된 사람에게 그 잿물을 뿌려야 하느니라."

"네, 주님. 가슴 깊이 명심하겠습니다."

"그러면 부정을 입은 사람은 이레째 되는 날에 자기 옷을 깨끗이 빨고 목욕해야 한다. 그렇게 하면, 그는 그날 저녁때부터 깨끗하게 된다. 만일 부정하게 된 사람이 그 잿물로 자신을 정결하게 하지 않으면, 그자는 여호와의 성소를 더럽힌 것이므로 이스라엘 백성 가운데서 끊어지게 되리라."

부정하게 된 사람은 반드시 붉은 암송아지를 태운 뒤에 남은 재로 만든 그 잿물로 제3일째와 제7일째에 정결의식을 치러야만 자신이 입은 부정에서 비로소 벗어날 수 있다는 말이다.

구속사적으로 살펴보자. 이는 죄의 삯인 죽음에 얽매인 인생들이 그 죽음의 사슬에서 벗어날 수 있는 유일한 길은 십자가 위에서 흘리신 '메시아 예수의 보혈(寶血)'로 피 뿌림을 받아야 한다는 교훈을 준다. 인류의 부정과 죄를 씻어내는 유일한 영적 잿물은 메시아 예수에게서 비롯된 십자가 보혈임을 교훈한다. 그러니까 그 잿물을 만들기 위해 이스라엘 진영 바깥에서 희생당한 '붉은 암송아지'는 바로 메시아 예수의 예표였던 것이다. 메시아 예수도 예루살렘 성문 바깥의 골고다에서 죽임당하지 않으셨던가!

이제 하나님은 부정을 씻어내는 잿물과 관련하여 말씀을 마무리 지으신다.

"모세와 아론아! 너희는 이 규정을 대대로 지켜야 한다. 정결하게 하는 잿물을 뿌린 사람들이나 만진 사람들도 부정하다. 그러니 그들 역시 옷을 빨고 목욕해야 한다. 그래도 저녁때까지는 부정하니라."

"네, 주님. 말씀하신 대로 잘 전달하겠습니다."

하나님은 노파심에서 다시금 요약해서 거듭 강조하신 뒤 모든 말씀을 마치신다.

"명심하여라. 부정하게 된 사람이 만진 물건들도 무엇이든 부정하고, 또한 부정하게 된 물건들을 만진 사람들까지도 모두 부정하니라. 이렇게 부정하게 된 사람은 누구나 잿물을 뿌리는 정결의식을 통해 반드시 그 부정을 씻어내야 하느니라."

20
므리바의 물

가데스바네아에서 마실 물 없어
지팡이로 바위를 치자 물이 솟네
혈기로 하나님의 영광 가린 모세는
가나안 땅에 들어갈 수 없네

가데스바네아에서 생긴 일 - 므리바 샘 사건 (20:1-13)

"자, 날이 밝았소! 오늘도 구름기둥을 따라 길을 떠납시다. 모두 서두르시오. 자기 대열을 이탈하지 말고 순서대로 출발하도록 하시오."

광야를 유랑한 지 얼마나 오랜 세월이 흘렀을까? 세월은 흐르는 강물처럼 쉼 없이 하루 이틀, 한 달 두 달, 한 해 한 해 흘러갔다. 가야 할 뚜렷한 목적지도 없이 매일매일 유랑하는 처량한 신세지만, 그래도 광야의 시간은 잠시도 멈추지 않고 계속 흘렀다. 하루하루는 힘들었지만, 또 그날그날 하나님께서 베푸시는 은혜와 인도를 따라 살다보니, 그럭저럭 광야도 지낼 만한 곳이 되었다.

그렇게 정처 없이 유랑한 지도 어언 38여 년이 흘렀다. 지금쯤 한번 뒤돌아보자. 출애굽한 뒤 시내산에 1년 남짓 머문 이스라엘 백성들이 시내산을 떠나(출애굽 제2년 2월 20일), 가나안 땅의 남방 국경지대인 가데스바네아에 이른 때는 출애굽 제2년(주전 1445년경) 5월경이었다.

그때 그곳 가데스바네아에서 이스라엘 백성들은 가나안 땅을 탐지하고 돌아온 열두 명의 정탐꾼들로부터 보고를 받았다. 그 보고는 이러했다.

—갈렙과 여호수아 : "하나님의 약속을 믿고, 당장 올라가 가나안 땅을 취합시다!"

—나머지 열 명의 정탐꾼 : "가나안 땅에는 거인 족속이 살고 있어, 우리가 그 땅을 취하는 것은 불가능합니다!"

▲ 가데스 사건

이때 이스라엘 백성들은 역사상 최대의 잘못된 판단을 했다. 갈렙과 여호수아의 말을 배척하고, 나머지 열 정탐꾼들의 말을 받아들인 것이다. 그래서 이스라엘 백성들은 가나안 땅에 올라가기를 거부했다. 모두가 동요하며 크게 울부짖었다. 심지어 새로운 지도자를 세워 다시 이집트로 돌아가려고 시도했다. 그런 가데스바네아에서의 거역 사건에 대해 아주 크게 진노하신 하나님은, 이스라엘 백성들에게 40년 광야 유랑의 준엄한 징벌을 내리셨다. 그래서 그때부터 그들은 정처 없는 광야 유랑의 나날을 보내온 것이다.

그렇게 오랜 세월이 흘러, 광야를 정처 없이 유랑하던 이스라엘 백성들은 출애굽 제40년째 되던 해(주전 1407년경)의 첫째 달에 신(Zin) 광야에 접해 있는 가데스바네아에 다시 도착하게 된다. 그러니까 출애굽 제2년(주전 1445년경) 5월경부터 출애굽 제40년(주전 1407년경) 정월까지, 무려 37년 7개월가량의 광야 유랑 끝에 처음 가나안 입성을 준비하던 가데스바네아에 다시금 도착한 것이다. 사연 많은 가데스바네아다.

어찌 이런 일이 있을 수 있는가! 이집트를 빠져나와 약속의 땅 가나안을 향하여 걷고 또 걸어 40년을 보냈는데, 다시 처음의 그 장소에 도착한 것이다. 참으로 길고도 오랜 유랑의 세월이었다. 그동안 많은 사람들이 죽어나갔고, 많은 아기들이 태어나서 자랐다. 유랑을 하는 동안에는, 광야의 황량함만큼이나 소망 없는 메마른 시간들이 이어졌다.

그건 거역과 불신에 대한 죗값이었기에 누구를 원망하고 타박할 수 없는 일이었다. 그냥 매일매일 후회의 시간들뿐이었다. 우리는 그때 왜 그랬을까, 꼭 그렇게 행동할 수밖에 없었을까. 가데스바네아에서 다시 선택할 수만 있다면 이번에는 틀림없이 갈렙과 여호수아 편에 설 텐데…. 그랬다면 두 사람을 따라 벌써 가나안 땅에 들어가 성읍을 건설하고 집을 짓고 자녀들을 낳아 기르며 평안한 삶을 살고 있었을 텐데…. 생각하면 할수록 후회가 되고 가슴이 쓰리다.

어쨌든 지금은 또다시 가데스바네아다. 이곳 가데스바네아에서 이스라엘 백성들이 머문 기간은 4개월가량이다. 가데스바네아에서 체류하던 어느 날, 하루는 레위 지파에 속한 사람이 급히 모세와 아론을 찾았다. 먼 친척이다.

"지도자님! 대제사장님!"

"아니, 무슨 일이오? 무슨 일이기에 이리도 급히 우릴 찾는 것이오?"

"아, 미리암이… 미리암 선지자가 숨을 거두었습니다."

"네에? 무엇이라고! 미, 미리암 누이가…."

미리암! 이집트의 파라오가 히브리인 남아를 학살하던 가혹한 핍박의 시절, 모세는 그때 갈대 상자에 넣어져 나일강에 띄워진 갓난아기였었다. 갓난아기였던 자기 자신을 마음 졸이며 멀리서 지켜보았다는 그 미리암이 세상을 떴다는 것이다.

출애굽 이후 여선지자로 활동하면서 두 동생 아론 및 모세와 함께 이스라엘의 지도자가 되어 백성들을 이끌었던 미리암. 한때는 모세의 지도적 지위를 시샘하여 비난하다가 하나님께 징벌을 받기도 했던 미리암. 이후 오랜 세월을 모세와 아론을 묵묵히 도와 38년 광야 유랑의 힘든 시기를 동고동락하며 보냈던 미리암. 그녀가 출애굽 제40년째 되던 해의 첫째 달에 하나님의 부르심을 받았던 것이다(주전 1406년경 1월). 나그네 된 세상 여정을 다 마치고 영원한 하늘 본향으로 들어간 것이다.

당시 모세의 나이 120세, 아론은 123세다. 갈대 상자에 담겨 나일 강에 띄워진 갓난아기 동생을 뒤따라가며 지켜보고 보살펴주었던 사실을 감안한다면, 맏이인 미리암의 나이는 134세 남짓으로 추정된다.

이제 미리암은 광야 같은 인생길을 다 마치고 먼저 하늘 가나안으로 들어갔다. 누이의 죽음을 크게 애도한 뒤 모세와 아론은 가데스바네아의 양지바른 좋은 곳에 고이 묻어주었다.

미리암을 장사지내고 그녀에 대한 애도 기간도 끝났다. 그렇게 미리암이 죽고 난 지 얼마나 지났을까. 이스라엘 백성들의 고질적인 병이 다시금 도졌다. 원망과 불평의 병이다. 백성들의 입에서 나오는 원망과 불평은 어쩌면 그리도 늘 똑같은 메뉴뿐일까.

"아, 목마르다! 어째서 이곳에는 물이 하나도 없는 거야!"

"고생, 고생, 생고생해서 이곳까지 겨우 왔는데, 결국 여기서 목말라 죽게 되나니!"

"물, 우리에게 물을 다오! 냉상 물을 달란 말이다!"

오랫동안 비가 오지 않자, 가데스바네아 지역에는 물이 바싹 말랐다. 그러자 무리가 온갖 불평불만을 터뜨리며 모세와 아론에게 우르르 몰려왔다. 그들은 모세와 아론에게 대들고 다투면서 크게 소리쳤다.

“어차피 이렇게 목말라 죽을 바에야, 우리의 형제들이 광야에서 죽어갈 때 차라리 우리도 그들과 함께 죽었더라면 좋을 뻔했소!”

“그래, 당신들은 어찌하여 우리를 이 광야로 데리고 왔소? 우리와 우리 가축을 여기서 몽땅 목말라 죽게 할 작정이오? 대체 어쩌자고 당신들은 우리를 이집트에서 이끌어내어 물도 없는 이 험한 곳까지 끌고 왔단 말이오?”

“당신들도 눈이 있으면 똑바로 보시오. 여기엔 곡식도 없고 무화과도 없소. 포도나 석류도 자라지 못하오. 심지어 사람이 마실 물마저 없질 않소! 정녕 당신들은 우릴 다 죽일 셈이오?”

이렇게 물이 없다는 불평으로 시작한 소동이 이른바 ‘므리바 물 사건’이다. 신 광야의 가데스바네아에서 일어난 이때의 불평 사건은 38년 동안의 광야 유랑이 끝나고, 다시 예전의 그곳 가데스바네아로 되돌아왔을 때 일어난 사건이다. 38년 동안의 오랜 유랑에 출애굽 제1세대들은 모두 죽고, 그 뒤를 이은 출애굽 제2세대들이 목마름으로 인해 불평불만을 터뜨린 사건이다. 이전 출애굽 제1세대들이 수르 광야의 마라에서 터뜨린 불평불만을 그대로 연상시킨다.

이처럼 세대는 바뀌었어도 하나님께 대한 불순종과 불신앙의 면모는 조금도 달라지지 않았다. 조상들의 악함과 패역함이 자손들에게까지 그대로 대물림되었다. 모세와 아론은 비통한 심정으로 무리를 떠나 성막 입구로 나아가 얼굴을 땅에 대고 하나님 앞에 엎드렸다.

“오, 주님, 저들의 불평하는 소리를 들어보소서. 저 백성들을 대체 어쩌면 좋단 말입니까?”

바로 그때였다! 성막 위에 짙게 드리운 구름 가운데에서 한 줄기 강력하고 찬란한 광채가 맹렬하게 뿜어져 나왔다. 여호와의 영광이 나타난 것이다.

“오, 주님!”

"아, 주여!"

모세와 아론은 여호와의 영광에 압도당하여 더욱 납작하게 얼굴을 땅에 대었다. 그때 주께서 모세에게 이르신다.

"모세야, 너는 네 지팡이를 갖고 와서 아론과 함께 이스라엘 온 백성을 불러 모아라. 그리고 너는 백성들이 보는 앞에서 지팡이로 바위를 가리키며 물이 터지라고 명령하여라. 그러면 바위에서 물이 콸콸 터져 나올 것이고, 너희 온 회중과 가축들이 넉넉히 그 물을 마실 수 있을 것이니라."

모세의 손에서 항상 떠나지 않는 이 지팡이는 이집트에서 수많은 이적을 베푼 그 지팡이다. 출애굽 이후에도 이 지팡이로 홍해를 갈랐고, 광야에서도 온갖 능력을 베풀었다. 하지만 기억할 것은, 지팡이 자체에 신통력이 있는 것은 결코 아니란 점이다. 그것은 단지 하나님의 능력을 나타내는 상징적인 도구일 뿐이다.

모세는 주께서 명하신 대로 자신의 장막에서 지팡이를 가져왔다. 그런 뒤 근처의 큰 바위 앞으로 온 백성들을 불러 모았다. 백성들 중에서 절반은 잔뜩 독이 오른 표정이고 절반은 두려운 얼굴이다. 백성들이 큰 바위 앞으로 모여들자 모세가 입을 열었다. 그때에 모세의 말에는 평소의 온유함 대신에 주체할 수 없는 노기가 잔뜩 배여 있었다. 그도 사람인지라, 백성들의 뻔뻔함과 패역함에 감정을 제대로 다스릴 수 없었던 것이다.

"이 패역하고 반역을 일삼는 무리여, 내 말을 잘 들으시오! 우리가 그대들을 위하여 꼭 이 바위에서 물이 터져 나오게 해주어야만 하겠소?"

그런 뒤 모세가 지팡이 든 손을 높이 쳐들어 눈앞의 큰 바위를 힘껏 두 번 내리쳤다. 팍! 팍! 그러자 놀라운 일이 벌어졌다. 마치 활화산이 폭발하듯 물이 바위에서 콸콸 솟구쳐 나왔다. 그러나…, 이때 모세는 자신이 혈기를 잔뜩 부리며 마치 그 지팡이로 백성들을 때려 치듯 바위를 두 번이나 세게 내리쳤다.

"와, 물이다! 물이 콸콸 쏟아진다!"

"아, 살았다! 이제 살았어!"

이스라엘 백성들은 모세의 노기 어린 심경 따위는 아랑곳하지 않고 바위에서 물이 콸콸 쏟아지자 물을 받아먹기에 바빴다. 이스라엘 온 무리와 가축들은 바위에서 솟구쳐 나온 물을 마시고 갈증을 말끔히 해소했다.

하지만 이때 큰 문제가 생겼다! 이번에는 하나님께서 모세와 아론에게 크게 노하신 것이다.

"모세와 아론은 들어라! 너희가 어찌하여 이스라엘 백성들이 보는 앞에서 나의 거룩함을 나타내지 않았느냐?"

"아, 주님…. 무, 무슨 말씀이신지…."

"왜 그렇게 화를 냈느냐? 백성들에게 부린 성질이냐, 나에게 터뜨린 분노냐?"

"그, 그건…."

"모세야, 너는 내가 시키는 대로 거룩한 일을 수행하면서 화난 상태로 반석을 내리쳤다! 백성들 앞에서 나의 대한 분노를 터뜨린 것이다!"

"오, 주님! 그렇지 않습니다. 그건 아닙니다!"

"아니다. 너는 혈기로 두 번이나 바위를 세게 내리침으로써 나에 대한 충분한 신뢰를 보여주지 못했다! 사람들이 너희 그런 모습을 보고 나를 어떤 신으로 이해하겠느냐?"

"아, 주님…."

"하여, 너는 이 회중을 이끌고 내가 그들에게 약속한 땅으로 들어가지 못하리라."

"오, 주여. 주, 주님, 그럴 수가…."

순간, 모세는 눈앞이 캄캄했다. 말까지 더듬었다. 실로 큰 충격을 받았다. 그렇다면 하나님께서는 왜 이리 모세에게 폭탄선언을 하신 것일까. 모세는 하나님의 명령을 수행하는 과정에서 세 가지 잘못을 저질렀다.

① 모세는 백성들에게 성을 내며 '이 패역하고 반역을 일삼는 무리여!' 하고 말함으로써 거룩한 하나님의 백성을 진노의 백성으로 대하였다. 아무리 패역하고 불순종하는 백성들이지만, 그들은 어디까지나 하나님께서 선택하신 하나님의 선민이다.
② 모세는 "우리가 물을 내주랴?" 하고 말함으로써 순간적으로 자신과 아론을 하나님과 동등한 위치에 놓았다.
③ 모세는 단지 지팡이로 바위를 가리키며 말로 물을 솟구치게 해야 했는데, 마치 백성들을 때리듯이 혈기로 바위를 두 차례나 세게 내리침으로써 거침없이 자신의 분노를 드러냈다.

이렇게 잘못 처신함으로써 모세는 하나님의 크신 영광을 백성들 앞에 나타내기는커녕 도리어 자신의 혈기로 그 거룩한 영광을 훼손하였다. 그에 대한 징벌로, 모세와 아론은 결국 약속의 땅 가나안에 들어가지 못할 운명이 되고 말았다.

여기에서 독자들은 이렇게 생각할 수도 있을 것이다.

'아, 하나님께서도 무정하시지! 어찌 한 번의 실수로 그동안 그토록 수고한 모세를, 그토록 원하는 약속의 땅에 들어가지 못하게 하실 수 있단 말인가. 너무 비정하신 게 아닌가….'

하지만 구속사적으로 살펴볼 때, 여기에는 핵심적인 교훈이 있다. 하나님은 단순히 모세의 순간적인 실수에 대해 그처럼 가혹한 징벌을 내리신 것이 결코 아니다.

꼭 기억하라! 하나님은 '모세'로 상징되는 '율법'만으로는 약속의 땅에 들어갈 수 없음을 교훈하시려고 그러한 조치를 내리신 것이다. 하늘 가나안(천국)에 들어가려는 자들은 행위로 말미암는 모세의 율법에 의지해서는 안 되고, 오직 메시아 예수의 십자가 보혈 곧 대속의 어린양이신 메시아(그리스도) 예수를 자신의 구주로 받아들이는 믿음에 의존해야 한다는 소중한 교훈을 주시려고 모세의 가나안 입성을 불허하셨던 것이다.

이때 사람들은 바위에서 물이 솟구친 그곳을 '므리바 샘'이라 불렀다. 므리바(Meribah)는 '다툼'이란 뜻이다. 이스라엘 백성들이 주를 향해 불평을 터뜨리며 더불어 다투었다고 하여 그렇게 부른 것이다. 백성들은 쉽게 '므리바'란 지명을 붙였지만, 모세에게는 자신의 생애에서 깨끗이 싹싹 지워버리고 싶은 슬픔의 지명이다.

에돔 왕이 이스라엘 백성들의 진로를 방해하다 (20:14-21)

출애굽 제40년(주전 1407년경) 정월에 도착한 가데스바네아에서 이스라엘 백성들은 4개월가량 머물렀다. 그곳에서 선지자 미리암이 죽었고, 모세에게는 뼈아픈 '므리바 물 사건'이 일어났다. 그 후, 이스라엘 백성들은 가데스바네아에서 다시 진영을 거두어 가나안 땅을 향하여 행진하였다.

이때 모세는 사해(死海) 남단을 끼고 요단강 동편으로 향하는 지름길을 택하여 나아가려 했다. 그런데 그 길은 형제 나라인 에돔의 영역이었기에 먼저 통과 허락을 구해야 했다. 그래서 모세는 에돔 왕에게 사절단을 보냈다. 사절단을 보내면서 왕에게 전할 서신을 손에 들려주었다.

> 에돔 왕이시여! 우리는 왕의 나라와 한 형제인 이스라엘의 자손입니다. 왕께서는 우리가 얼마나 험한 시절을 보냈는지 잘 알고 계십니다. 일찍이 우리 조상은 이집트로 내려가 거기서 오랜 세월을 살았는데, 이집트

> 사람들은 우리와 우리 조상을 심하게 학대했습니다. 그래서 우리가 우리의 하나님인 여호와께 크게 울부짖었더니, 여호와께서는 우리의 간곡한 부르짖음을 들으시고 우리에게 천사를 보내시어 우리를 이집트에서 이끌어내셨습니다.

모세는 공식 서신에서 자신들을 에돔 왕에게 '형제 이스라엘'이라고 소개했다. 실제로 이스라엘과 에돔은 한 아버지 이삭으로부터 비롯된 형제 나라다. 즉, 이스라엘과 에돔은 이삭의 쌍둥이 아들인 야곱과 에서의 자손들이 각각 세운 나라이기 때문이다. 사절단을 통해 에돔 왕에게 전한 모세의 편지는 계속 이어진다.

> 왕이시여, 이제 우리는 왕의 나라인 에돔의 경계 지역인 가데스바네아에 와 있습니다. 이제 청하건대 우리가 왕의 땅을 지나가도록 부디 허락해 주시기를 바랍니다. 우리가 왕의 땅을 지나갈 때 농사짓는 밭이나 포도원을 조금도 밟지 않고 지나가겠습니다. 우물물도 마시지 않겠습니다. 오직 '왕의 대로'로만 따라갈 것이고, 절대로 왼쪽으로나 오른쪽으로 벗어나는 일은 없을 것입니다. 그러하오니 부디 통과하도록 허락해 주시기 바랍니다.

공손하고도 정중한 서신이다. 여기서 '왕의 대로'는 아카바만(灣)의 북쪽 어귀인 에시온 게벨에서 북쪽으로 에돔과 모압과 암몬을 지나 멀리 메소포타미아에 이르는 거대한 국제적인 군사도로를 말한다. 이 길은 노로 형편이 여의치 않았던 당시에 국가에서 모든 자본과 인력을 동원하여 관리하고 유지하였기에 '왕의 대로'(King's Highway)라고 불렸다. 200만 이상의 이스라엘 백성들을 이끌고 가나안으로 향하고 있던 모세는 이처럼 넓은 길이 수월한 행군에 꼭 필요한 상황이었다. 모세의 정중한 요청에 에돔 왕의 대답은 이러했다.

안 되오! 당신들은 우리 땅을 절대로 지나갈 수 없소. 만일 함부로 침입하면, 우리는 당신들을 공격할 것이오. 그리 아시오.

일언지하의 단호한 거절이다.

'흐흠…. 이토록 매몰찰 수가….'

에돔 왕의 답신을 받아든 모세는 깊은 시름에 잠겼다. 잠시 뒤 생각에 생각을 거듭한 모세는 다시금 에돔 왕에게 사절단을 보내, 재차 정중하게 요청했다.

왕이시여! 우리는 오직 큰길로만 지나가겠습니다. 우리는 물론이고, 가축들이 마시는 물도 그 모든 값을 치르겠습니다. 우리는 왕의 땅을 잠시 밟고 지나가기만을 바랄 뿐입니다. 다른 것은 아무것도 바라지 않습니다. 부디 우리의 어려운 사정을 헤아리시어 통과를 허락해 주시기 바랍니다.

이번에도 에돔 왕의 답변은 똑같았다.

아니 되오! 나는 안 된다고 분명히 말했소. 당신들은 우리 땅에 한 치도 들어와선 안 되오. 만일 그랬다가는 가차 없이 당신들을 공격할 것이니, 그리 아시오!

모세의 재차 정중한 부탁에도 불구하고 에돔 왕은 자기 땅을 통과하는 것을 완강하게 거절했다. 심지어 군사들을 이끌고 나와 길목을 막아섰다. 에돔이 이스라엘의 통과를 완강하게 거절한 이유는 이스라엘을 신뢰하지 못했기 때문이다. 이는 조상 때로부터 비롯된 이스라엘(야곱)에 대한 에돔(에서)의 오랜 민족적 감정이 작용했다.

'흐음…. 참으로 애석한 일이로군!'

모세는 무척 안타까웠다. 하지만 어쩔 수 없었다. 에돔 왕이 자기 영토를 지나가는 것을 완강하게 반대하자, 모세는 하는 수 없이 다른 길로 빙 돌아가야 했다.

“지도자님, 저들이 저토록 건방지게 거절하니, 차라리 에돔과 싸워 길을 얻도록 하는 것이 어떻겠습니까?”

에돔 왕의 매몰찬 거절에 잔뜩 화가 난 이스라엘의 지휘관들이 전쟁을 건의했다.

“그건 아니 되오. 에돔과 싸워서는 안 되오. 그 길을 포기하고 다른 길로 우회해야겠소.”

모세는 전쟁을 원치 않았다. 모세가 에돔 왕과 싸우지 않고 돌이켜 멀리 우회한 것은 결코 힘이 없어서가 아니었다. 하나님께서 형제 민족인 에돔과는 싸우지 말라고 명하셨기 때문이다. 하나님께서 에돔 족속의 영역을 인정해 주셨고, 또한 머잖아 가나안 정복전쟁을 앞둔 상황에서 불필요한 전쟁으로 군대의 힘을 낭비해서는 안 되었기 때문이다. 그래서 모세는 ‘왕의 대로’를 깨끗이 포기하고 에돔을 빙 둘러 돌아가는 길을 택하였다.

이처럼 모세는 사사로이 자신들의 편리만을 추구하지 않았고 백성들의 여론에 떠밀려 하나님의 길에서 탈선하는 지도자가 아니었다. 사람의 이익과 불리함에 관계없이 오직 하나님의 명령에만 순종하는 하나님의 충성된 종이었다. 이런 모세의 충성심은 훗날 여호수아에게로 대물림된다.

대제사장 아론의 죽음과 그의 계승자 엘르아살 (20:22-29)

“자, 모두 준비되었소? 그렇다면 이제 출발하도록 합시다!”

모세의 인도에 따라 이스라엘 온 회중은 4개월가량 머물렀던 가데스바네아를 출발했다. 그리고 행진하여 호르산에 이르렀다. 호르산은 가데스바네아에서 북동쪽으로 대략 25km 지점에 있는 산으로, 에돔의 변경에 위치한 해발 1,330m 높이의 산이다. 오늘날의 '예벨하룬'(Jebel-Harun)으로 추정된다.

"모세야, 그리고 아론아!"

에돔 땅의 경계 근처에 있는 호르산에서 주께서 모세와 아론을 부르신 뒤 그들에게 말씀하신다.

"모세야, 네 형 아론은 이제 세상을 떠나 조상들에게로 돌아갈 때가 되었다. 아론은 내가 이스라엘 백성들에게 주겠다고 약속한 가나안 땅에 들어가지 못한다. 므리바 샘에서 나를 거역했기 때문이니라."

모세는 침묵한다. 제발 용서해 주시고 가나안 입성을 허락해 달라고 울며 간청하고 싶지만 그대로 침묵한다. 하나님의 음성이 들려온다. 이제까지 들어왔던 그 많은 말씀 중에서 참으로 마음을 아리게 하는 음성이요 명령이다.

"모세야, 이제 너는 아론과 그의 아들 엘르아살을 데리고 호르산으로 올라가라. 그런 뒤 아론의 옷을 벗겨서 엘르아살에게 입혀라. 아론은 거기서 세상을 떠나 조상들에게로 돌아갈 것이니라."

아론이 입고 있는 대제사장의 거룩한 예복을 벗겨서 그의 아들 엘르아살에게 입히라는 말이다. 이는 아론이 죽은 후에 대제사장의 직분을 엘르아살에게 계승시키라는 뜻이다. 모세는 눈물을 삼키며 형 아론과 함께 호르산에 오른다.

"형님, 주께서 명하신 대로 산으로 함께 올라가도록 합시다. 엘르아살, 자네도 따라오게."

모세 일행은 이스라엘 백성들이 지켜보는 가운데 호르산으로 올라갔다. 이것이 아론 대제사장의 마지막 모습이라는 것을 장로들과 족장들은 알았지만, 대부분의 백성들은 세 사람이 산 정상에서 하나님의 말씀을 받기 위해 오르는 것으로 알았다. 아론 대제사장이 살아서 돌아오지 않을 것임을 아는 사람들은 눈물을 삼켰다.

모세는 호르산에 오른 뒤 아론이 입고 있던 대제사장의 성의(聖衣)를 벗겼다. 대제사장 아론은 예복을 벗으며 감회가 새롭다. 처음 이 예복을 입었던 날의 그 무게감, 세상에 그렇게 무거운 옷은 처음이었다. 쇳덩이를 입고 있는 듯한 옷의 무게감을 강렬하게 느꼈다.

그렇지만 대제사장의 예복은 성스러움 그 자체였다. 대제사장의 성의에는 하나님의 은총과 긍휼이 한없이 깃들어 있었다. 그 충만함이 아론을 점점 더 성스럽게 만들었다. 대제사장으로서 마땅히 본이 되지 못하는 불충한 일을 했을 때에도 하나님께서는 그 예복을 벗기지 않으셨다. 아침이면 다시 입혀 주시면서 그에게 기운을 내게 하셨고 심령을 회복시켜 주셨다. 대제사장의 예복을 입고 한 생애를 살 수 있었던 것은 얼마나 큰 은총이며 영광이었던가!

아론 대제사장은 자신의 성의를 벗어 차곡차곡 한 곳에 개켜 놓으면서 하나님께 은밀한 마음으로 감사의 기도를 올린다.

'주여, 여러 모양으로 허물 많고 부족했던 소인에게 대제사장이라는 분에 넘치는 영광의 직분을 주셨습니다. 모든 영광, 모든 감사… 오직 주님께 올려드리며, 이제 저의 사명을 내려놓겠습니다. 부디 엘르아살에게도 같은 은총을 내려주소서….'

모세는 아론이 벗어 차곡차곡 개켜 놓은 대제사장의 예복을 엘르아살에게 입혀주었다. 엘르아살은 잔뜩 긴장되어 있었다. 아들이 예복 입는 모습을 바라보며 아론은 회한에 잠긴다.

'아들아, 너도 그 예복이 무거울 것이다. 부디 잘 감당해야 한다. 주여, 엘르아살을 도우소서. 성령의 기름을 부어 주소서….'

엘르아살은 아버지 아론이 입었던 대제사장의 예복을 다 입었다. 이로써 이스라엘의 대제사장 직분이 아론에게서 그의 아들 엘르아살에게로 계승되었다. 본래는 아론의 장남에게 계승되어야 했지만, 장남 나답과 차남 아비후는 일찍이 제사 규례를 어긴 죄로 하나님께 징벌 받아 죽었다. 그래서 셋째 아들 엘르아살이 제2대 이스라엘의 대제사장이 된 것이다. 모세는 새 대제사장이 된 엘르아살을 흐뭇한 눈으로 바라보면서 당부를 잊지 않았다.

"엘르아살! 이제는 그대가 이스라엘의 대제사장입니다. 아버지의 뒤를 계승해서 훌륭한 대제사장님이 되십시오!"

"네, 아버님의 뒤를 잘 따르겠습니다. 지도자님께서 좋은 말씀으로 저를 잘 지도해 주십시오."

아론 대제사장은 평복으로 갈아입고 신임 대제사장을 바라본다. 이제 이 땅에서 자신이 맡은바 사명과 임무는 끝났다. 돌이켜 보면, 부족하고 허물 많은 인생이었지만 오직 하나님의 긍휼과 은혜로 대제사장 직분을 잘 감당할 수 있었다. 세상을 떠나는 마지막 순간에 가슴에 떠오르는 말은 '오직 주께 감사뿐'이다. 호르산 정상에 부드럽고 따스한 바람이 불어온다. 저 멀리서 자신을 맞으러 나아오는 천군천사의 나팔소리가 희미하게 들린다.

'오, 주여…. 내 영혼을 받아주소서….'

대제사장 직분을 엘르아살에게 전수한 뒤 아론은 에돔 변방의 호르산 정상에서 조용히 평화롭게 숨을 거둔다. 때는 출애굽 제40년(주전 1407년경) 5월 1일이다. 아론은 123세를 일기로 임종을 맞이한다. 같은 해 정월에 세상을 떠난 누이 미리암을 따라 하늘 가나안으로 들어간 것이다. 비록 지상 가나안은 들어가지 못했지만, 영원한 하늘 가나안으로 모세보다 6개월가량 앞서 들어간 것이다.

"아, 형님!"

"아버지…. 아, 아버지…!"

'형님…. 이제 이 세상의 무거웠던 모든 짐들 사뿐히 내려놓고, 주님 계신 하늘 가나안에서 편히 쉬소서. 저도 곧 뒤따라 가오리다…."

형을 잃은 모세와 부친을 여읜 엘르아살. 두 사람은 아론의 임종에 크게 애도하면서 호르산 정상의 좋은 자리에다 아론의 무덤을 만들어주었다. 그런 뒤 슬픔을 가눈 채 호르산에서 내려왔다.

"대제사장 아론이 죽었다고요?"

"아! 이스라엘의 초대 대제사장 아론이여!"

이스라엘 백성들은 뒤늦게야 아론이 호르산 정상에서 세상을 떠난 것을 알고는, 호르산 아래에서 30일 동안 그의 죽음을 크게 애도하였다.

아론! 모세의 세 살 위 친형. 동생 모세가 시내산(호렙산)에서 하나님께 출애굽의 지도자 소명을 받았을 때, 그의 대변자가 되어 파라오와 당당하게 겨루었던 인물. 마침내 모세와 함께 출애굽을 실현시킨 뒤 종교 지도자가 되어 이스라엘 백성들을 이끌었지만, 유약한 성격으로 인해 시내산 아래에서 백성들의 성화에 못 이겨 금송아지 우상을 민드는 큰 잘못을 범하기도 했던 그였다.

이후, 이스라엘의 초대 대제사장이 되어 광야 생활에서 이스라엘 백성들의 제사를 총 주관하는 막중한 사명을 감당하였다. 이제 그런 막중한 직분을 셋째 아들 엘르아살에게 물려주고, 호르산 정상에서 하나님의 부르심을 받고는 이 세상의 모든 수고를 뒤로 한 채 조상들에게로 편히 돌아간 것이다.

이스라엘의 초대 대제사장 아론의 죽음은 인간 대제사장의 한계를 여실히 보여준다. 하나님과 사람 사이에서 중보자 역할을 했던 대제사장 아론은 결국엔 흙으로 돌아갈 덧없는 육신을 가진 흠(欠) 있고 유한한 존재였다. 따라서 그의 중보 사역도 일시적이고 제한적일 수밖에 없었다.

이런 사실은 인류에게 흠 없고 영원한 대제사장의 존재를 간절히 소망하게 한다. 하나님과 사람 사이를 온전하게 중보해 줄 흠 없는 영원한 대제사장! 그가 바로 장차 이 땅에 오실 메시아(그리스도) 예수다. 후일 신약시대에 히브리서의 저자는 이 같은 사실을 잘 파악하고 이렇게 썼다.

"메시아 예수야말로 참으로 우리에게 합당한 대제사장이십니다. 예수께서는 거룩하시고 순결하시고 흠이 없으시고 모든 죄인들과는 구별되시고 하늘보다 더 높으신 분이기 때문입니다. 지금까지의 제사장들은 먼저 자기 죄를 위해 제사를 드리고, 그 다음에 백성들의 죄를 위해 제사 드리는 일을 날마다 해야 했습니다. 그러나 예수께서는 자기 자신을 몸소 제단에 바치심으로써 단 한 번에 그 모든 일을 온전히 이루셨습니다. 이처럼 율법은 약점을 지닌 연약한 사람들을 대제사장으로 세워 왔지만, 율법 후에 주어진 하나님의 맹세의 말씀은 영원토록 완전하게 되신 그 아들, 곧 메시아 예수를 대제사장으로 세웠습니다."

21
광야의 놋뱀

음식과 물이 없다고 백성들이 불평하자
주께서 불뱀을 보내시네
불뱀에 물려 죽어가는 사람들을
장대 위의 놋뱀이 살리네

아랏 왕을 쳐부수다 (21:1-3)

때는 출애굽 제40년(주전 1407년경) 6월. 아론의 죽음을 슬퍼하는 30일 간의 애도 기간이 끝나자, 이스라엘 백성들은 호르산에서 진영을 거두어 본격적인 가나안 여정을 다시 시작하였다.

호르산이 있는 가데스바네아 지역에서 가나안 땅으로 향하는 지름길은 에돔 지역에 속한 '왕의 대로'를 통과하는 것이 최선이었다. 그러나 두 차례에 걸친 모세의 정중한 부탁에도 불구하고 에돔 왕이 완강하게 거절하고 저항하자 가나안 여정에 중대한 차질이 생겼다.

하나님께서 형제 국가인 에돔과는 전쟁을 하지 말라고 명하셨기에 모세는 어쩔 수 없이 에돔 길을 포기하고 에돔 아래쪽으로 진행하여 모압 쪽을 향하여 빙 둘러 우회하는 길을 택하였다. 하지만 모압 길도 이스라엘 백성들을 환대해 주는 평탄한 길은 아니었다.

"무엇이라고? 이스라엘이 에돔 길로 가지 않고 모압 길로 우회한다고?

이것들이 우리를 만만하게 보고 있는 모양이군. 내가 혼쭐을 내주마!"

네겝(가나안 땅의 남부지역) 지방에 사는 가나안 사람 아랏 왕이 이스라엘 백성들이 자신들의 구역인 아다림 길로 오고 있다는 보고를 듣자, 이스라엘과 싸우려고 직접 군대를 이끌고 나왔다.

아랏(Arad)은 가나안 땅의 고대 성읍인 헤브론 남쪽 32km 지점에 위치한 비교적 작은 성읍이다. 오늘날에는 '텔아랏'(Tell Arad)으로 불리는 곳이다. 그리고 '아다림 길'은 '정탐꾼들의 길'이란 뜻인데, 대략 38년 전에 모세가 가나안 땅의 탐지를 위해 파견했던 열두 정탐꾼들이 다녀갔던 길이다. 곧 가데스바네아에서 네겝을 거쳐 헤브론 산지에 이르는 길을 가리킨다.

"이놈들! 꼼짝마랏!"

아랏 왕은 이스라엘의 후진을 기습적으로 공격하여 몇 사람을 사로잡아 끌고 갔다. 아랏 족속은 가나안 땅의 최남단에 위치한 호르산을 중심으로 그 주변에 거주했던 소규모 족속이다. 당시 60만 군대의 이스라엘과 전면전을 치를 만한 병력을 갖추지 못했다. 그래서 익숙한 지형지물을 이용해서 기습적으로 이스라엘의 후진을 공격하여 백성들 몇 명을 사로잡았던 것이다.

▲ 광야 여정 중의 사건들

"아니, 그게 정말이냐? 아랏 군사들이 우리 백성들을 사로잡아 포로로 끌어갔다고?"

모세가 보고를 받고는 깜짝 놀랐다. 비록 아랏 군사들에게 사로잡힌 자들은 몇 명에 불과했지만,

대규모 가나안 정복전쟁을 앞둔 상황에서 소규모 패전이나 피해 상황도 이스라엘 군대의 사기에 큰 영향을 미치기 때문이다. 그래서 모세는 즉각 주께 맹세한다.

"주여, 주께서 저 아랏 족속을 우리 손에 넘겨주신다면, 우리가 그들의 성읍을 진멸시키겠습니다."

주께서 모세의 간청을 들어주셨다. 그래서 아랏 족속을 이스라엘 군대의 손에 넘겨주셨다.

"자, 이제 포로로 잡혀간 이스라엘 백성들을 당장 구출하라! 그리고 아랏 사람들을 진멸하라!"

모세의 명령에 따라 이스라엘 군사들은 아랏 성읍을 총공격하여 포로로 잡혀간 백성들을 구출한 뒤, 아랏 성읍을 모조리 쓸어버렸다. 그렇게 그 성읍을 진멸한 뒤 사람들은 그곳을 '호르마'라 불렀다. 호르마(Hormah)는 '진멸'(殄滅)이란 뜻이다.

불뱀과 놋뱀 사건 (21:4-9)

"에고, 또다시 고달픈 광야 길이로구나. 대체 가나안 땅은 어디 있는 거야? 진짜 있기는 있는 거야, 뭐야!"

아랏 족속을 쳐부순 승리의 여운이 채 가시기도 전에, 이스라엘 백성들은 또다시 고달픈 광야 생활에 잔뜩 짜증이 났다. 백성들은 빙 돌아가는 우회 길로 인해 마음이 크게 상했다. 에돔 왕의 완강한 거절과 저항으로 가깝고 넓은 '왕의 대로'로 가지 못하고, 온통 모래와 화강암으로 뒤덮인 좁고 거친 홍해 길로 밀려 놀고 돌아 우회하고 있기 때문이다.

호르산을 떠난 이스라엘 백성들은 아랏 족속을 쳐부순 뒤 에돔 땅을 비켜 모압 쪽으로 돌아가기 위해 홍해 길로 나아갔다. 그렇게 가까운 지름길을 놔두고 먼 길을 빙 돌아가자, 마음이 크게 상한 백성들이 불편과 고생을 참지 못하고 습관처럼 불평불만을 늘어놓았다.

"이게 뭐야? 가도 가도 거칠고 메마른 사막뿐이잖아!"

"내 이럴 줄 알았어! 결국 우리는 가나안 땅을 구경도 못해 보고 이대로 광야에서 죽고 말 거야! 젠장!"

모세는 일일이 대꾸할 기운도 없었다. 백성들의 불평과 항의도 나무랄 수만은 없었다. 몇 주, 늦어도 몇 달이면 젖과 꿀이 흐르는 가나안 땅에서 새로운 보금자리를 꾸밀 것이라는 기대감으로 모세를 따라나섰는데, 웬걸! 무려 40여 년 동안을 풀 한 포기 제대로 자라지 않는 거칠고 메마른 황무지에서 빙빙 돌고 있으니 왜 심술이 나지 않겠는가. 다만 섭섭한 것은, 이제는 자신들의 잘못을 깨닫고 하나님의 섭리에 순종하는 성숙한 믿음으로 일어설 때도 되었는데, 백성들은 여전히 더우면 덥다, 추우면 춥다, 목마르면 목마르다며 철부지 어린아이처럼 때마다 징징거렸다.

"거 대답 좀 해보시오. 대체 이런 광야로 우릴 왜 계속 끌고 다니는 거요! 결국 우리 모두를 광야에서 죽일 셈으로 이집트에서 끌고 나왔단 말이오? 보시오, 여기는 먹을 것도 없고 마실 물도 없잖소! 또 매일 먹는 형편없는 음식에도 이젠 진절머리가 났소! 젠장, 어떻게 좀 해보란 말이오!"

백성들의 불평불만이 점차 늘어났고, 점차 거칠어졌으며, 점점 커져 갔다. 그때였다!

"앗! 저기 시뻘건 것들이 대체 뭐야!"

"으아악! 뱀이다!"

"으악! 뱀에 물렸다! 으아아악!"

어디선가 갑자기 나타난 무수한 뱀 떼가 쉬익 쉬익 신경을 곤두세우는 소리를 내며 백성들을 일제히 공격하며 물기 시작했다. 보기에도 사납게 생긴 시뻘건 뱀이다. 머잖아 여기저기 도처에서 뱀에 물려 울부짖는 사람들이 속출하였다. 하나님이 불평불만을 쏟아내는 패역한 백성들에게 불뱀 떼를 보내셨던 것이다. 많은 무리가 그 불뱀에 물려서 죽어갔다.

갑자기 나타나 이스라엘 백성들을 사정없이 물어대는 불뱀은 아라바 광야에 많이 서식하는 독사의 한 종류다. 특별히 '불뱀'이라 불린 이유는, 그 뱀이 붉은빛을 띠었고, 불 같은 맹독을 지녔으며, 이 뱀에 물렸을 때 불덩이 같은 고열이 났기 때문이다.

이처럼 하나님은 백성들의 불평불만에 대하여 엄히 대처하셨다. 불평불만은 하나님께 대한 불신앙의 뚜렷한 징후로서, 점차적으로 보다 확산되고 더욱 악화되는 경향이 있기 때문이다. 그러자 무리가 모세에게 몰려와 살려달라고 손이 발이 되도록 싹싹 빌며 애원하였나.

"지도자님, 우리가 잘못했습니다! 우리가 함부로 입을 놀려 지도자님과 하나님께 죄를 지었습니다. 제발 저 불뱀 떼가 사라지도록 주님께 기도해 주십시오."

"정말입니다. 이러다간 전부 죽게 생겼습니다! 우리가 잘못했습니다. 이렇게 빕니다. 불뱀 떼가 속히 떠나게 해주십시오! 지도자님, 제발요…."

모세는 백성들을 위해 주께 간절히 기도했다. 백성들의 불신앙과 어리석음을 탓하면서도, 백성들의 고통과 아픔에 한없이 불쌍한 마음이 드는 것이 또한 지도자의 마음이다.

"주여, 주의 백성들을 긍휼히 여겨 주소서! 저들의 죄를 사하시고, 속히 저 불뱀 떼에게서 살 길을 보여주소서!"

모세의 기도를 들으시고, 주께서 모세에게 즉각 대답하신다.

"모세야, 너는 당장 놋으로 뱀을 만들어 장대 위에 높이 매달아라 불뱀에 물린 사람은 누구나 그 놋뱀을 쳐다보면 죽지 않고 살아나리라."

"오, 감사합니다, 주님!"

모세는 주께서 명하신 대로 즉시 놋으로 뱀을 만들어 장대 끝에 높이 매달아 놓았다. 그런 뒤 불뱀에 물려 고통스러워하는 백성들을 향해 크게 외쳤다.

"여러분! 주목하십시오! 불뱀에 물린 자들은 모두 이 장대 위의 놋뱀을 쳐다보시오! 주께서 이르시기를, 불뱀에 물린 자마다 눈을 들어 이 놋뱀을 쳐다보기만 하면 불뱀에 물린 상처가 즉시 나을 것이라 하셨소! 그러니 모두 이 장대 위의 놋뱀을 쳐다보시오! 지금 당장 그리 하시오!"

정말 그랬다. 불뱀에 물린 사람마다 장대 위에 매달린 놋뱀을 쳐다보기만 하면 언제 그랬느냐는 듯 놀랍게도 물린 상처가 즉시 나았다. 놋뱀을 쳐다본 자들은 불뱀의 맹독으로 죽지 않고 모두 기적적으로 말끔히 나았다. 그러나 장대에 높이 달린 놋뱀을 바라본다고 살 수 있겠느냐며, 그런 허무맹랑한 말은 믿을 수 없다는 둥 의심하며 쳐다보지 않은 자들은 맹독의 고열에 시달리다 죽어갔다.

장대 위에 매달린 놋뱀을 쳐다보았을 때, 이처럼 죽지 않고 살아난 것은 놋뱀 자체에 어떤 신비한 능력이 있었기 때문이 아니다. 그것은 오직 하나님의 말씀에 순종한 결과다. 회개는 순종을 낳고, 순종은 치유를 가져다준다.

후일에 메시아 예수는 이 놋뱀 사건을 친히 인용하셨다. 예수님은 인류의 구원을 위해 십자가 위에 매달리신 자신의 십자가 죽음 사건을 이때의 놋뱀 사건에 비유하셨다. 이런 의미에서 장대에 높이 매달린 놋뱀은 후일 갈보리 언덕의 십자가 위에 매달리신 메시아 예수를 미리 보여준 것이다.

불뱀에 물린 자마다 장대 위의 놋뱀을 바라보아야 살 수 있듯이, 죄악의 불뱀에 물린 자마다 십자가 위의 메시아 예수를 믿음으로 바라보아야만 구원을 받을 수 있는 것이다. 자, 이제 메시아 예수께서 니고데모에게 하신 말씀을 직접 들어보자.

"모세가 광야에서 놋뱀을 높이 들었던 것처럼, 인자도 그렇게 높이 들려져야 하오. 그 까닭은, 인자를 믿는 사람은 누구든지 영원한 생명을 얻게 하기 위함이오."

호르산에서 모압 골짜기까지의 여정 (21:10-20)

"자, 가나안 땅을 향해 다시금 행군해 나갑시다. 모두 힘을 내시오!"

에돔 땅을 우회하는 홍해 길에서 불뱀 사건으로 큰 홍역을 치른 이스라엘 백성들, 이제 그들은 더 이상 불평불만을 터뜨리지 않고 가나안 여정을 계속 이어갔다. 에돔 동편에서 모압 동편으로 이어지는 광야 길은 대부분 골짜기에서 골짜기로 연결되었기에 협소하고 거칠었다. 그래도 약속의 땅으로 점차 가까이 다가가고 있었기에, 가슴 속에 소망을 품고 지형적인 악조건을 견디며 힘차게 행군하였다.

호르산을 떠난 이스라엘 백성들은 홍해 길을 거쳐 오봇에 이르러 진을 쳤다. 오봇을 떠나서는 모압 땅 동쪽에 있는 이예아바림에 진을 쳤고, 다시 길을 떠나 세렛 골짜기에 진을 쳤다. 세렛 골짜기를 떠난 다음에는 아르논 강의 북쪽에 진을 쳤다.

아르논강은 모압의 경계지역으로 모압과 아모리 사이에 있었다. 모압 동편의 산지에서 발원한 아르논 강은 여러 지류를 이루며 흘러내리다가 마침내 큰 물줄기를 형성한 뒤에 사해(死海)로 유입되는 모압 최대의 젖줄이다. 『여호와의 전쟁기』에 이런 노래가 있다.

"수바 지역에 있는 와헙 마을과
아르논의 여러 개울들과 골짜기들이 아르 마을까지 뻗쳐서
모압 국경과 나란히 달려가는구나."

이 글은 당시 아모리 족속과 인접한 모압의 북쪽 경계선을 짐작케 해준다. 한편, 『여호와의 전쟁기』는 이스라엘이 치른 모든 전쟁에서 이스라엘에게 승리와 구원을 베풀어주신 여호와 하나님을 기리는 노래

모음집이다. 옛적부터 대대로 구전을 통해 내려오던 것을 모세 시대에 이르러 글로 기록하여 보존하고 있던 귀중한 고서(古書)다.

이스라엘의 가나안 여정은 계속되었다. 아르논강의 북쪽을 떠난 백성들은 브엘에 이르러 진을 쳤다. 브엘은 오아시스 샘이 있는 곳이다. 사람들은 샘가에 둘러앉아 기쁘게 물을 마시며 그곳을 '브엘'이라 불렀다. '샘(우물)'이란 뜻이다. 이때 이스라엘 백성들은 기쁨에 겨워 노래를 지어 불렀다. 이른바 '우물의 노래'다.

"우물아, 솟아라. 힘차게 솟아라.
사람들아, 모두 모여 우물을 노래하여라.
이 우물은 우리의 방백들이 팠고,
백성의 지도자들이 홀(笏)과 지팡이로 판 우물이로다."

이스라엘 백성들은 다같이 힘차게 '우물의 노래'를 불렀다. 하나님은 거칠고 황량한 죽음의 땅에서 갈한 목을 축이도록 생명의 물이 솟구치는 우물을 허락하셨다. 그 같은 하나님의 크신 은혜를 소리 높여 찬양한 것이 '우물의 노래'다. 진실로 메마른 광야에서 만나는 우물은 그 무엇과도 비견할 수 없는 벅찬 기쁨과 감사의 대상이었다.

이후 이스라엘 백성들은 우물이 있는 브엘을 떠나 맛다나로 이동했고, 다시 맛다나를 떠나 나할리엘로 갔다. 또 나할리엘을 떠나 바못으로 갔고, 바못을 떠난 백성들은 모압 고원지대의 골짜기로 갔다. 이곳은 비스가 산의 정상 부근으로 그 아래로는 광야가 훤히 내려다보였다.

비스가산(Mt. Pisgah)은 아바림 산맥의 한 봉우리로, 사해 북동쪽에 위치한 해발 700m가량의 산이다. 이 산은 훗날 모세가 임종을 맞이한 산인데, 서쪽으로 2km가량 떨어진 지점에는 느보 봉우리가 있었다.

이스라엘이 아모리 왕 시혼을 쳐부수다 (21:21-32)

모압 지역의 고원지대에 진영을 친 모세는 아모리 왕 시혼에게 사절단을 보냈다. 그의 영토를 통과할 수 있도록 허락을 구하는 편지를 전하기 위해서였다. 시내산에서 받은 율법의 전쟁 지침서에 따르면, 이스라엘이 누군가와 전투를 시작하기 전에 항상 먼저 화평의 메시지를 보내라고 가르치고 있다. 또한 이때 이스라엘이 광야의 부족들과 공연히 싸우지 않으려고 한 것은 이스라엘의 목표가 요단강 서편의 가나안 땅이지, 요단강 동편의 아모리 땅은 아니었기 때문이다. 그래서 정중하게 부탁했다.

> 아모리 족속의 왕 시혼이시여! 왕의 땅을 잠시 지나가게 허락해 주십시오. 우리는 오직 큰길만을 따라 왕의 나라를 통과하겠습니다. 밭이나 포도원에는 절대로 들어가지 않겠으며 샘물도 마시지 않겠습니다. 부디 허락해 주시기 바랍니다.

▲ 시혼 왕과 옥 왕과의 전투

그러나 아모리 족속의 왕 시혼은 이스라엘 백성들이 자기 땅을 지나가는 것을 일언지하에 거절했다. 에돔 왕과 똑같은 모습을 보였다.

"핫핫핫, 가소로운 것들! 한낱 이집트의 노예 백성인 주제에 까불고 있어! 어째? 감히 우리 땅을 통과하겠다고? 어림도 없는 소리!"

아모리 왕은 군대를 소집한 뒤에 이스라엘을 치려고 직접 군대를 이끌고 광야로 나왔다. 그는 야하스에 이르러 진을 쳤다.

"무엇이? 아모리 왕 시혼이 직접 군대를 이끌고 우리와 싸우려고 나왔다고? 그렇다면 좋다! 우리가 저들과는 싸우리라!"

모세는 앞서 에돔과 모압과는 싸우지 않았다. 에돔의 조상 에서는 이스라엘의 조상 야곱과 형제지간이고, 모압의 조상 역시 아브라함의 조카인 롯의 자손들이 세운 나라로, 이들 두 나라는 하나님께서 그 영역을 인정하신 친족 나라들이었기 때문이다.

그러나 당시 요단 동편의 땅을 차지하고 있었던 아모리 족속은 경우가 달랐다. 그들은 타락하고 부패하여 하나님의 심판 대상이 된 가나안 족속의 일파였다. 따라서 모세는 아무런 망설임 없이 시혼 왕이 이끄는 아모리 족속의 군대와는 당당히 맞서 싸울 수 있었다.

"자, 모두 아모리 족속을 공격하라! 주께서 우리에게 승리를 주실 것이다!"

모세의 명령에 따라 이스라엘 군대가 아모리 족속을 일제히 공격하였다. 그 날에 주께서 이스라엘에게 승리를 주셨으므로, 그들이 시혼 왕을 크게 쳐부수었다. 이스라엘은 아르논강에서 얍복강에 이르는 넓은 땅을 점령하였다. 그리하여 암몬 땅의 경계까지 이르렀지만, 암몬의 국경은 요새화되어 있었기에 더 이상 진격하지 않았다.

이스라엘 군대는 아모리 족속의 땅을 점령한 뒤, 아모리 사람들이 사는 헤스본과 그 주변 마을들을 차지하여 그곳에 자리 잡았다. 헤스본은 아모리 족속의 왕인 시혼의 도성이었다. 시혼 왕은 이전에 모압 왕을 무찌르고 아르논 강까지 이르는 그 땅을 차지했던 것이다. 이에 이스라엘의 한 시인이 이런 사실을 시로 읊어 노래하였다.

"모두 헤스본으로 오라.
시혼 왕의 도성으로 와서 그 도성을 굳게 세워라.

헤스본에서 불길이 나오고, 시혼 성에서 불꽃이 나와
모압의 아르를 집어삼키고
아르논의 높은 곳 주민들을 멸망시켰도다.
모압아, 너는 화를 당하였도다.
그모스를 섬기는 무리야, 너희가 멸망하였도다.
너희의 신 그모스는 참으로 무능하도다.
너희 아들들을 아모리 왕 시혼에게 쫓기는 신세로 만들고
너희 딸들을 포로로 붙잡혀가게 하였구나.

그러나 이제 보라!
이스라엘이 아모리 족속을 쳐서 이겼도다.
시혼 왕을 무찌르고 헤스본에서 디본까지,
또 메드바에 가까운 노바에 이르기까지,
우리가 아모리 족속의 땅을 모두 차지하였도다.
우리 주께서 그들을 모조리 쓸어버리게 하였도다."

이때 이스라엘이 아모리 족속을 물리치고 빼앗은 영토는 아주 넓었다. 아모리 왕 시혼의 도성인 헤스본을 비롯하여, 남북으로는 대략 90km가량이고, 동서로는 45km가량 되는 지역이었다.

이스라엘이 바산 왕 옥을 쳐부수다 (21:33-35)

"뭐, 무엇이라고? 그게 정말이더냐? 정말로 아모리 왕 시혼이 이스라엘 군대에게 무참하게 패배하였단 말이냐? 아, 그럴 수가…."

바산 왕 옥(Og)은 시혼 왕의 패배를 도무지 믿을 수 없었다. 시혼 왕은 모압 족속을 무찌르고 그 땅을 차지한 강력한 왕이다. 당시 옥이 통치하고 있었던 바산 지역은 동쪽으로는 부아리비아, 서쪽으로는 갈릴리 호수, 남쪽으로는 길르앗 산악지대, 그리고 북쪽으로는 헤르몬산에

둘러싸인 해발 530-770m 가량의 비옥한 고원의 평야지대였다.

'흐흠… 이집트의 노예 백성 따위에게 시혼 왕이 패배하다니…. 아무래도 너무 얕잡아보고 방심하다가 일격을 당한 것임에 분명하다. 하지만 나한테는 어림없지. 좋아, 내가 시혼 왕의 패배를 철저히 갚아주마….'

바산 왕 옥은 절치부심하고 이스라엘 군대와 맞서 싸우려고 직접 군대를 거느리고 에드레이로 나왔다. 바산 왕은 거인 족속인 르바임의 후예로서 기골이 아주 장대한 자였다. 얼마나 기골이 장대했던지, 그가 사용한 철 침대의 크기는 가로가 1.8m, 세로가 4.1m 정도였다.

"그래? 바산 왕 옥이 우리와 싸우려고 직접 군대를 이끌고 에드레이로 나와 진을 쳤단 말이지?"

바산 왕의 동태를 보고받은 모세는 이스라엘 군대를 향해 출동 명령을 내렸다.

"들어라! 이제 너희는 암몬을 우회하여 바산으로 곧장 올라가 에드레이에서 바산 왕을 격파하도록 하라!"

이때 주의 말씀이 모세에게 임한다.

"모세야, 바산 왕 옥을 조금도 두려워 마라. 바산 왕 옥과 그의 모든 군대와 그의 모든 땅을 전부 네 손에 붙이겠노라. 헤스본에 살던 아모리 왕 시혼을 쳐부수었던 것처럼, 이제 너희가 바산 왕 옥도 능히 쳐부수게 되리라."

과연 하나님의 말씀대로 이루어졌다. 바산으로 올라간 이스라엘 군대는 에드레이 전투에서 바산 왕 옥과 그의 군사들을 한 사람도 남기지 않고 모두 진멸하였다. 그런 뒤 그들의 온 땅과 60개 성읍을 모두 점령하였다.

이때 바산 왕 옥이 크게 패한 군사적 이유는, 자신들이 전투에 유리한 입지임에도 불구하고 자만심에 빠져서 이스라엘을 얕잡아보고 스스로 성문을 열고 나와 평지에서 맞서 싸웠기 때문이다. 이렇게 해서 이스라엘은 아모리 족속의 두 왕(시혼, 옥)이 차지하고 있던 요단 동편의 땅을 전부 빼앗아 이스라엘의 영토로 삼았다.

이처럼 이스라엘은 요단 동편 '야하스 전투'에서 시혼(Sihon)이 이끄는 아모리 족속의 남왕국을 손쉽게 정복한 뒤에, 암몬을 우회하여 바산 길로 곧장 올라가 '에드레이 전투'에서 바산 왕 옥(Og)이 이끄는 아모리 족속의 북왕국을 단숨에 쳐부수었다. 이 두 전투를 통해 소중한 교훈을 배울 수 있다.

① 죄악이 차고 넘치는 나라는 반드시 하나님의 공의로운 진노의 심판을 받아 멸망하게 된다.

② 모든 전쟁의 승패는 군사력의 우열(優劣)에 따라 좌우되지 아니하고, 오직 하나님의 도우심 여부에 따라 좌우된다.

22
발락과 발람

이스라엘이 모압 평지에 진을 치자
모압 왕 발락은 저주로 몰아내려고
유명한 점쟁이 발람을 초청하지만
주께서 가지 못하게 하시네

술사 발람이 모압 왕 발락의 초청에 불응하다 (22:1-14)

아모리 족속 연방의 두 왕인 아모리 왕 시혼과 바산 왕 옥을 격파함으로써 요단 동편의 넓은 땅을 차지한 이스라엘 백성들, 그들은 또다시 길을 떠나 모압 평지에 진을 쳤다. 그곳은 여리고 성읍 맞은편의 요단강 부근이다. 때는 출애굽 제40년(주전 1407년경) 7-8월경이다.

요단강 동편에 위치한 모압 평지는 사해(死海) 북쪽에서 얍복강 부근까지 형성된 넓은 초원지대로, 이스라엘 백성들이 가나안 땅으로 들어가기 전에 마지막으로 진영을 이룬 곳이다.

이스라엘 백성들은 이곳 모압 평지에서 수개월 동안 체류하면서 40년 광야 생활을 정리하고, 앞으로 치를 가나안 정복전쟁을 위한 최종 점검을 마무리하고 있었다. 이런 정보는 즉시 모압 왕 발락에게 보고되었다. 200만 명 이상의 큰 무리가 이동하고 있으니, 당연히 감출 수 있는 행렬이 아니다.

'아, 정말 큰일이로구나. 이스라엘이 하필이면 모압 평지에 진을 치다니…. 이러다간 우리도 조만간 저들에게 점령당하고 말겠구나. 이를 어쩐다?'

모압 왕 발락은 깊이 염려했다. 그는 이스라엘 군대가 아모리 족속의 두 왕을 여지없이 격파하고 그들의 땅을 차지한 일에 대해 처음부터 끝까지 예의 주시하고 있었다. 한 나라로서 체제조차 제대로 정비되지 않은 부족 수준의 군사들이 계속해서 승전하고 있으니, 그들을 눈앞에 둔 상황이 무척 신경 쓰이고 두려울 수밖에 없었다.

'아, 이스라엘 군대가 저토록 강성하다니…. 그토록 오랜 기간 동안 이집트에서 종살이를 했는데도, 어떻게 60만 대군을 가질 수 있단 말인가?'

모압 왕은 이해할 수 없었다. 이스라엘이 예상 외로 수효가 많았고, 그들의 군대가 예상 외로 용맹했기에 겁을 집어먹고 두려워 떨었다. 이처럼 궁궐의 왕으로부터 촌락의 아낙에 이르기까지 모압 땅 전역이 공포에 사로잡혔다.

하지만 사실 모압은 두려워할 필요가 없었다. 이스라엘은 단지 가나안 정복을 위해 모압 평지에 진을 쳤을 뿐, 친족 국가인 모압과는 싸울 의사가 조금도 없었다. 하나님께서도 그들과는 싸우지 말라고 명하셨기 때문이다.

그런데도 모압 왕 발락은 지레 겁을 집어먹고 이스라엘에 대해 공연히 적대 행위를 하였다. 모압 평지에 진을 친 이스라엘로 인해 크게 고민하던 모압 왕 발락은 하루는 미디안 족속의 장로들에게 조언을 구하다.

"보시오들, 정말 큰일이오. 들소 떼가 풀을 마구 뜯어먹는 것처럼, 수많은 이스라엘 무리가 우리 영토의 사방을 분명 먹어치울 것이오. 이를 어쩌면 좋단 말이오?"

당시 나라들 간의 무역을 주업(主業)으로 삼고 있던 미디안 족속은 중근동의 여러 나라들에 대하여 세세한 정보를 갖고 있었다. 그런 배경하에서 미디안 족속의 장로 몇몇은 모압 왕실에 고용되어 왕에게 각종 현안 문제들에 대해 자문과 조언을 해주는 역할을 맡고 있었다. 왕의 고민을 듣던 미디안 장로들 중 한 명이 입을 열었다.

"왕이시여, 지금 이스라엘 군대는 승승장구하고 있으니 절대로 맞대결은 피하십시오. 들리는 소문으로는, 저들의 신 여호와는 이집트의 파라오도 꺾을 만큼 아주 강력한 힘을 가지고 있다고 합니다."

그 장로에 이어 다른 미디안 장로도 조심스레 말을 덧붙였다.

"그렇습니다. 그러니 제 생각으로는 복술(卜術)로 이스라엘 군대의 사기를 꺾어놓는 것이 좋을 듯합니다."

"복술이라니…?"

"북방의 유프라테스 강변 근처에 발람이라는 술사(術士)가 살고 있는데, 그는 점(占)을 잘 치기로 아주 유명합니다. 그자를 고용해서 이스라엘을 저주하도록 하시는 것이 어떻겠습니까?"

"아, 그래요? 그자가 그렇게 유명한 점쟁이요?"

귀가 번쩍 뜨이는 말이었다. 모압 왕은 이제야 살 길을 찾았다는 듯 만면에 미소를 띠며 말했다.

"그럽시다! 그게 좋겠소! 당장 사람을 보내어 그자를 고용해야겠소!"

왕은 지체 없이 서기관을 불러 술사 발람에게 보내는 글을 쓰도록 했다. 글의 내용은 이러했다.

> 술사 발람은 보십시오. 이집트에서 나왔다는 이스라엘 사람들이 우리 땅까지 바싹 다가와 우리 온 땅을 뒤덮고 있는데, 그들이 너무 강해 우리의 힘에 부칩니다. 그러니 부디 우리에게 오셔서 모압의 백성들을 위해 그들에게 저주를 내려주십시오. 그래야 우리가 그들을 쳐부수어 우리 땅에서 몰아낼 수 있을 것입니다. 그대가 복을 빌어주면 복을 받고, 그대가 저주를 내리면 저주를 받는다는 사실을 우리는 잘 알고 있습니다. 부디 모압

땅으로 와주시길 부탁드립니다.

술사 발람! 유프라테스강의 상류 서안(西岸), 곧 메소포타미아 북부에 위치하고 있는 한 성읍인 브돌에 살고 있던 당대 제일의 유명한 점쟁이다. 모압 왕 발락은 미디안 장로들의 조언에 따라 그자를 이용하여 이스라엘을 저주하기로 작정했다. 그래서 모압에서 650km가량이나 멀리 떨어진 곳에 있는 발람을 초청하기 위해 두둑한 복채(卜債)와 더불어 사절단을 꾸려 그에게로 보냈다.

모압 왕의 사절단인 모압의 장로들과 미디안의 장로들은 브돌 성읍에 이른 뒤 발람에게로 찾아가서 모압 왕의 편지를 보여주며 도움을 청했다.

"술사님, 부디 모압으로 오셔서 우리를 위해 이스라엘을 저주해 주시기 바랍니다. 그렇지 않으면, 우리가 꼼짝없이 저들의 밥이 되고 말 것입니다. 속히 우리와 모압으로 내려갑시다. 복채는 이것 외에도 원하시는 대로 두둑이 챙겨드릴 것입니다."

술사 발람은 두둑한 복채에 눈이 번쩍, 귀가 번쩍 뜨였다. 그는 유난히도 돈을 밝히는 인물이었기 때문이다.

"허허. 잘 알겠소이다. 하지만 오늘밤은 여기서 지내도록 하시구려. 이스라엘의 신 여호와께서 내게 말씀해 주시는 대로 내가 그대들에게 이야기해 드리리다."

그날 밤, 모압 왕의 사절단은 브올 성읍에서 발람과 함께 지냈다. 과연 그날 밤에 하나님께서 발람에게 나타나셔서 말씀하신다.

"발람, 너와 함께 있는 저 사람들은 대체 누구냐?"

"네, 저들은 모압 왕 발락이 보낸 사람들입니다. 지금 이집트에서 나온 히브리 민족이 모압의 온 땅을 뒤덮고 있다고 합니다. 그래서 저더러 와서, 모압을 위해 이스라엘을 저주해 달라고 요청합니다. 이스라엘과 싸워 이길 수 있도록, 그래서 그 무리를 모압 땅에서 쫓아낼 수 있도록 해 달라고 요청합니다."

술사 발람은 자기의 상식을 동원해서 아는 대로 아뢰었다. 그는 온갖 잡신을 섬기는 자였다. 그러자 하나님께서 발람에게 분명하게 말씀하신다.

"발람, 너는 그 사람들과 가지 마라. 이집트에서 나온 그 사람들을 저주해서는 절대로 안 된다. 그들은 나에게 복(福) 받은 백성이니라."

잠깐, 여기서 궁금한 게 있다. 왜 하나님께서 이방의 술사(점쟁이)에게 나타나셔서 말씀하시는가? 하나님께서 이방 술사를 인정하시는 것인가? 아니다. 그건 그렇지 않다. 온 세상의 모든 영역을 홀로 주관하시는 하나님께서는 원하시면 누구에게나 얼마든지 나타나 자유롭게 말씀하실 수 있다. 그래서 하나님은 자기 백성 이스라엘과 관련된 문제이기에, 꿈을 통해 이방의 점쟁이 발람에게 나타나셔서 모압 왕의 잘못된 계교를 일러주신 것이다.

물론, 이방 점쟁이의 저주가 하나님의 백성들에게 어떤 영향을 끼칠 수는 없다. 하지만 하나님은 발람에게 이스라엘 백성들이 자신에게 복 받은 언약 백성임을 분명히 일깨워주기 위해 그들을 향한 저주를 엄히 금하신 것이다.

이튿날 아침, 술사 발람은 모압 왕 발락이 보낸 사절단에게 말했다.

"안타깝지만 안 되겠소이다. 이스라엘의 신 여호와께서 그대들과 함께 내려가지 말라고 내게 명하셨소이다. 그러니 그대들은 이만 돌아가시는 게 좋겠습니다."

"아니, 왜 그러십니까? 제발 다시 생각해 보십시오. 이스라엘의 신 여호와가 무엇이기에 당신 같은 유명한 술사를 좌지우지한단 말입니까?"

"글쎄, 아무리 그래도 나는 그대들과 갈 수 없소이다. 아니, 가서는 안 됩니다. 내가 어찌 신탁(神託)을 거스를 수 있겠소이까?"

술사 발람이 완강하게 거부하자, 모압 왕의 사절단은 하릴없이 발길을 돌렸다. 그들은 모압 왕 발락에게로 돌아가서 술사 발람이 자신들과 함께 오기를 거절했다고 보고했다.

술사 발람이 모압 왕 발락의 두 번째 초청에 응하다(22:15-35)

"아, 그래요? 참으로 안타까운 일이오. 우리는 반드시 그 술사를 고용하여 이스라엘을 저주해야만 하오. 어디 달리 좋은 방안이 없겠소? 다들 말씀 좀 해 보시구려! 아무 말이라도 좋으니, 생각나는 대로 방안 좀 마련해보란 말이오!"

모압 왕 발락은 답답했고 초조했다. 당장이라도 이스라엘 군대가 모압 도성으로 쳐들어올 것 같은 강박감에 사로잡혀 안절부절못하며 신하들을 닦달했다. 그러자 이번 사절단에 참여했던 한 신하가 입을 열었다.

"왕이시여, 소신이 그때 발람을 자세히 살펴보니 분명 그자는 복채에 관심이 많은 듯했습니다. 아마 입이 떡 벌어질 만큼 많은 복채와 높은 벼슬을 보장해 준다면 마음이 움직일 듯도 합니다."

"그래? 그렇단 말이지? 좋다, 당장 그리 시행토록 하라! 복채를 아끼지 말고, 벼슬도 그자가 원하는 대로 주도록 하라!"

제2차 모압 사절단이 꾸려졌다. 이번에는 더욱 지체가 높은 고위 관리들로 사절단을 꾸몄고, 훨씬 많은 예물을 지참케 한 뒤에 발람에게로 보냈다. 사절단은 브올에 사는 발람에게로 찾아가서 모압 왕의 말을 전했다. 브올(Beor)은 유프라테스 강변에 위치한 고대 도시다. 오늘날 '텔아마르'(Tell Ahmar)로 추정되는 곳이다.

"술사 발람이여, 그대는 아무것도 걱정하지 마시고 속히 모압으로 와 주시길 바라오. 그리하면 그대를 성의껏 대접하겠고, 원하시는 것을 무엇이든 다 드리겠소. 그러니 부디 모압으로 내려오셔서, 우리를 위해 이집트에서 나온 그 무리들에게 저주를 내려주시오."

사절단이 전하는 모압 왕의 말을 듣고서 발람은 자신도 모르게 입가에 미소가 흘렀다. 그러나 짐짓 의연한 체하며 사절단에게 대답하였다.

"모압 왕의 성의는 참으로 고맙소이다. 하지만, 이 몸은 왕의 궁전에 있는 모든 보물을 다 준다고 해도 함부로 올라갈 수가 없소이다. 신탁을 받드는 나로서는 큰일이든 작은 일이든 여호와의 명을 어길 수가 없소이다. 하지만…."

술사 발람은 잠시 머뭇거리다가 말을 이었다.

"그대들은 오늘밤 여기서 묵도록 하시구려. 혹시라도 여호와께서 내게 더 하실 다른 말씀이 있을지도 모르니 말입니다."

발람이 끝내 악한 본심을 드러내고야 말았다. 발람은 정말로 여호와의 신탁을 신실하게 받들고자 한 것이 아니다. 하나님의 신탁을 받드는 것처럼 행동했지만, 실제로는 모압 왕이 제시한 많은 재물과 높은 벼슬에 이미 미혹되어 있었다.

술사 발람은 영악한 점쟁이로서 신탁을 거스를 경우에 자신에게 임할 하나님의 재앙이 두려워 모압 왕의 사절단을 따라가지 못하고 있을 뿐, 내심은 무슨 핑계를 만들어서라도 그들을 따라가고 싶었다. 그래서 그는 앞서 하나님의 뜻을 분명히 전달받고서도 재차 하나님께 묻기 위해 모압 왕의 사절단을 자기 처소에 붙잡아두었던 것이다. 그날 밤, 하나님께서 발람에게 나타나셔서 말씀하신다.

"발람은 들으라. 왕의 사신들이 너를 데리러 왔으니 너는 그들을 따라가거라. 하지만 너는 내가 시키는 대로만 말해야 하느니라."

하나님은 발람이 모압으로 내려가는 것을 허락하셨다. 왜 이번에는 허락하셨을까? 모압 왕이 제시한 재물과 벼슬에 미혹된 발람은 이미 모압으로 가려고 마음을 작정한 상태였다. 따라서 하나님이 발람의 모압 행을 허락했다기보다는 어찌하든지 모압으로 가려는 발람의 의지를 그냥 내버려두었다는 표현이 더 적절하다.

"아, 하나님. 정말 감사합니다!"

술사 발람은 자신의 뜻대로 일이 진행되자 얼씨구나 춤추듯 좋아했다. 이튿날 이른 아침, 모압은 일찍부터 일어나 나귀에 안장을 얹으며 사절단을 따라 모압으로 떠날 채비를 서둘렀다. 자신도 모르게 콧노래를 부르는 등 무척 신이 났다. 그러나 하나님은 발람이 끝내 길을 떠나는 것을 보시고는 크게 노하셨다.

'흐흠…. 참으로 어리석은 자로다. 정말로 내 백성 이스라엘을 저주하기 위해 길을 나서다니….'

어젯밤 하나님은 발람에게 모압 행을 허락하셨다. 내심은 발람이 하나님의 본래 뜻을 좇아 그들을 따라가지 않겠다고 말하기를 바라셨다. 하지만 많은 재물과 높은 벼슬에 미혹된 발람이 기다렸다는 듯이 서둘러 길을 나서자, 하나님은 이스라엘을 저주하기 위해 떠나는 발람의 모압 행이 결코 자신이 원하시는 바가 아니었음을 분명히 보여주기 위해 진노하신 것이다.

그러므로 발람의 모압 행은 하나님의 허락에 의한 것이 아니라 발람 스스로가 재물과 벼슬에 크게 미혹되어 제 발로 팔려간 길이다. 그래서 후일에 사도 베드로는 술사 발람을 가리켜 '불의의 삯을 사랑한 자'라고 규정하였다.

"옛적에 발람은 재물의 유혹을 받고 바른 길을 떠나 악한 길로 들어선 자입니다. 그는 그처럼 불의의 삯을 사랑하다가 자신의 죄로 인해 책망을 받았습니다. 아주 놀랍게도 말 못 하는 나귀가 사람의 목소리를 내어 그자의 미친 행동을 막은 것입니다."

"이랴, 이랴! 어서 가자!"

술사 발람이 두 종을 거느린 채 나귀를 타고 모압 왕의 사절단은 따라가고 있었다. 그런데 갑자기 웬일인가? 한참이나 길을 가던 중에 발람을 태우고 가던 나귀가 길에서 벗어나 길 옆의 밭으로 뛰어들었다. 사실, 여호와의 천사가 길 중앙에 우뚝 서서 나귀의 앞길을 막았기 때문이다. 발람을 태우고 가던 나귀가 길 가운데에 서서 칼을 빼들고 있는 여호와의 천사를 보고 크게 놀라 옆으로 피한 것이다. 그렇지만 술사 발람에게는 칼을 빼들고 서 있는 여호와의 천사가 보이지 않았다.

"아니, 이놈의 나귀가 갑자기 왜 이래! 이랏! 이랏! 어서 길 가운데로 오란 말이다!"

발람은 나귀가 갑자기 엉뚱한 짓을 한다고 생각하고 나귀에게 채찍질을 가했다. 그러는 사이에, 칼을 빼든 여호와의 천사는 양쪽이 담장으로 둘러쳐진 두 포도원 사이의 좁은 길을 가로막고 섰다. 나귀는 칼을 빼든 여호와의 천사를 피하려고 포도원 담벼락에 몸을 바짝 붙였다. 그 바람에 발람의 발이 담벼락에 긁히고 말았다.

"아, 아얏! 아니, 이놈의 나귀가 미쳤나? 오늘따라 왜 안하던 짓거리를 하고 난리치는 거지? 이놈이 매를 좀 맞아야 정신을 차리겠구나! 철썩!"

발람은 담벼락에 발이 긁히자 크게 화가 나서 나귀에게 채찍질을 가했다. 칼을 빼든 여호와의 천사는 왼쪽으로나 오른쪽으로 피할 수 없을 만큼 좁은 골목까지 나귀를 바짝 몰아붙였다. 마침내 나귀는 더 이상 앞으로 나아가지 못하고 부들부들 떨면서 털썩 주저앉고 말았다.

"아니, 이놈이 정말로 미친 게로구나! 매를 얼마나 맞아야 제정신을 차리겠느냐! 철썩! 철썩!"

술사 발람은 화가 머리끝까지 나서 자기 지팡이로 나귀를 마구 때렸다. 그때 여호와께서 나귀의 입을 열어주셨다. 그러자 나귀는 갑자기 사람의 말로 발람에게 대꾸하였다.

"아얏! 주인님! 도대체 내가 무슨 잘못을 저질렀기에 세 번씩이나 나를 때리십니까? 그만 때리란 말입니다!"

'앗? 아니? 아니? 세상에… 세상에 이, 이럴 수가! 나귀가… 나귀가 마, 말을 하다니!'

발람은 기절초풍할 지경이었다. 그도 그럴 것이 나귀가 사람의 말을 하다니, 왜 놀라지 않겠는가! 그런 와중에서도 겨우 정신을 수습한 발람이 나귀에게 야단을 친다.

"이놈! 네가 나를 바보로 만들지 않았느냐? 어째서 멀쩡히 잘 가던 길에서 벗어나 이 난동을 부리냔 말이다. 만일 내 손에 칼이 있었다면 너를 당장 베어버렸을 것이다!"

그러자 나귀가 발람에게 다시 대꾸하였다.

"주인님, 생각해 보십시오. 나는 평생 주인님이 타고 다니던 나귀가 아닙니까? 제가 이제껏 지금처럼 날뛴 적이 한 번이라도 있었습니까?"

"그, 그야 없었지. 그런데 어째서 오늘따라 그랬느냔 말이다. 대체…."

바로 그때, 주께서 발람의 눈을 열어주셨다.

"아앗! 이, 이럴 수가!"

그제야 발람은 칼을 빼든 채 길을 막고 우뚝 서 있는 여호와의 천사를 보았다. 발람은 놀라서 지팡이를 떨어뜨린 채 땅에 바짝 엎드려 벌벌 떨었다. 이처럼 하나님은 나귀를 도구로 사용하여 발람을 꾸짖었다. 하나님은 한낱 미물인 나귀를 이용해 발람의 어리석음을 깨우치셨던 것이다. 당대 최고의 점쟁이라는 자만심에 빠져 있던 발람에게 그의 영적 통찰력이란 것이 나귀의 생각에도 미치지 못하는, 그야말로 얼마나 보잘것없고 무능한 것인지를 생생하게 일깨워주셨나.

당시 발람은 탐욕에 눈이 멀어 나귀조차도 볼 수 있었던 여호와의 천사를 전혀 볼 수 없었다. 하나님께서 발람의 눈을 밝히셨을 때에야 비로소 그는 칼을 빼들고 길 중앙에 우뚝 서 있는 여호와의 천사를 볼 수 있었다. 여호와의 천사가 발람에게 말한다.

"발람! 어쩌자고 네 나귀를 세 번씩이나 후려치느냐? 내가 여기까지

온 것은 무모한 길을 나선 너를 막기 위해서니라. 나귀는 나를 보고는 세 번이나 피했느니라. 만일 나귀가 나를 피하지 않았더라면, 지금쯤 나는 너를 죽이고 나귀만 살려두었을 것이다!"

"아, 주님! 제가 죄를 지었습니다. 이 몸은 주께서 길을 막고 서 계신 것을 전혀 알지 못했습니다. 주께서 달갑게 여기지 않으신다면 지금이라도 당장 고향으로 돌아가겠습니다. 그리 할까요?"

이때 발람은 자신의 죄를 진심으로 회개했을까? 아니다. 나중에 그가 보인 간교한 행적을 보면, 그는 이때 진실한 회개를 한 것이 아니라 단지 하나님의 초자연적인 등장에 두려움을 느껴 잠시 자책했을 뿐이다. 그는 예언자 행세를 하면서 살았지만 돈에 쉽게 넘어가는 거짓 예언자였다. 그래서일까, 여호와의 천사가 발람에게 말한다.

"아니다. 되돌아갈 필요 없다! 너는 모압 왕의 사신들과 함께 계속 길을 가거라. 하지만 모압에 이르면, 내가 이르는 대로만 말해야 하느니라."

"네, 네, 주님! 그리하도록 하겠습니다. 그렇게 하고말고요."

그래서 브돌의 술사 발람은 모압 왕 발락이 보낸 고위 사절단을 따라가던 길을 계속 갔다.

술사 발람이 모압 왕 발락의 영접을 받다 (22:36-41)

'아, 마침내 발람이 이곳으로 오고 있구나!'

모압 왕 발락은 술사 발람이 사절단과 함께 내려오고 있다는 소식을 보고받고, 모압 국경 근방에 있는 아르논 강가의 성읍까지 몸소 나가서 영접했다. 마침내 발람을 보자, 모압 왕 발락이 술사 발람의 손을 두 손으로 덥석 잡으며 반갑게 웃었다.

"오! 그대가 그토록 유명한 발람 술사요? 하하하."

"네, 소신이 발람입니다. 폐하!"

"어서 오시오! 정말 잘 오셨소!"

"왕이시여, 이렇게 멀리까지 소신을 직접 마중하시다니 황송하여 몸 둘 바를 모르겠습니다."

"허허허…. 진즉에 오시지 않고요. 내가 그토록 빨리 와 달라고 재촉했는데, 어째서 오지 않았던 것이오? 내가 후한 보답을 못해 드릴까 생각하셨소? 어쨌든 이제라도 오셨으니 잘 되었소. 하하하."

모압 왕 발락은 이제 이스라엘 따위쯤은 걱정 없다는 식으로 나라를 구한 영웅을 맞이하듯 발람을 크게 환대했다. 이에 발람이 대답한다.

"우여곡절이야 있었지만, 결국 이렇게 오지 않았습니까? 하지만…."

"하지만이라니… 무슨 문제가 있는 것이오?"

술사 발람은 약간 머뭇거리며 계속 말한다.

"제가 왔다 한들, 이 몸은 그저 하나님께서 제 입에 담아주시는 말만 할 수 있을 따름입니다."

"아, 그건 됐소이다. 걱정하지 마시구려! 자, 어서 나와 함께 가십시다."

모압 왕은 발람이 겸손을 차린다고 생각하고는 별 생각 없이 서둘러 기럇후솟 마을로 내려갔다. 아르논강 근처에 있는 이 마을은 모압 영토 내에서 매우 중요한 요충지였다. 여기서 모압 왕은 소와 양을 잡아 발람을 후하게 대접했다. 발람을 데리고 온 사절단도 함께 참석한 성대한 연회였다.

이때 모압 왕이 짐승을 잡은 것은 단순히 잔치를 위한 것만이 아니다. 상호 우의를 다지는 잔치의 성격과 더불어, 향후 베풀어질 발람의 신탁이 순조롭게 진행되기를 바라는 기원의 제사다. 영험한 술사 발람의 말에 근거하여 이스라엘의 신(神) 하나님께 먼저 제물을 바침으로써 이스라엘을 향해 선포할 발람의 저주가 성공을 거둘 수 있도록 빌었던 것이다.

이튿날 아침, 모압 왕 발락은 메소포타미아의 술사 발람을 데리고 바알 신당으로 올라갔다. 가나안 사람들의 주신(主神)인 바알을 모시는

▲ 성막을 중심으로 넓게 펼쳐진 이스라엘 진영

산당으로 아주 높은 데 위치하고 있었기에 이스라엘 진영 전체가 한눈에 내려다보였다.

"자, 저 아래를 보시오! 아주 굉장하지 않소이까? 저들이 바로 그대가 저주를 베풀 이스라엘 백성들의 진영이라오."

술사 발람은 바알 산당에 올라가 저 멀리 아래에 펼쳐진 200만 이스라엘 백성들의 진영을 찬찬히 내려다보았다. 무언가 알 수 없는 야릇한 표정으로 한참 동안 바라보았다. 그리고는 속으로 찬탄했다.

'흐음… 듣던 대로 참으로 굉장하군….'

술사 발람은 이스라엘 백성들의 장엄한 장막촌을 두 눈으로 확인하며 수십 년 동안 광야를 이동하면서도 살아남은 기적의 행렬에 놀라움을 금할 수 없었다. 그러나 모압 왕과 그의 신하들에게는 속마음을 드러내지 않았다.

23
발람의 입술을 주장하소서

주의 영으로 주장하소서
발람의 입술을 주장하소서
이스라엘을 축복하도록
그 입을 통해 주장하소서

술사 발람이 첫 번째 예언을 하다 (23:1-12)

"왕이시여, 이곳에 제단 일곱 개를 쌓아 주십시오. 그리고 수송아지 일곱 마리와 숫양 일곱 마리도 함께 준비해 주시기 바랍니다."

이스라엘 진영을 한참 동안 찬찬히 살피던 술사 발람이 모압 왕에게 제사 제물을 요청했다. 발람의 요청대로 왕은 제단 일곱을 쌓고 희생제물을 준비하였다. 그런 뒤 두 사람은 각각의 제단 위에 수송아지 한 마리와 숫양 한 마리씩을 이스라엘의 신 여호와께 희생제물로 바쳤다.

하지만 이때 술사 발람은 하나님께 올바른 제사를 드린 것이 아니다. 모세 율법에 따라 드린 게 아니고, 이방 풍습에 따라 자기 방식대로 제단을 쌓고 자기 방식대로 제물을 드렸을 뿐이다. 발람은 이스라엘의 하나님 여호와를 유일신(唯一神)으로서가 아니라, 세상의 여러 신들 가운데 하나로 간주하고, 단지 여호와에게서 호의와 신탁을 얻기 위해 제사를 드렸던 것이다. 그렇게 제사 드린 후에 발람이 왕에게 말했다.

"왕이시여, 왕께서는 이 번제물 곁에 서 계십시오. 이제 이스라엘의 신 여호와께서 저를 만나러 오실 것입니다. 그러면 그 신이 제게 말씀하시는 것을 왕께 그대로 전해 드리겠습니다."

그렇게 말한 뒤 술사 발람은 혼자 산꼭대기로 올라갔다. 과연 하나님은 발람에게 나타나셨다. 이때 하나님께서 나타나신 것은 발람의 제사를 기쁘게 받으시고 임한 것이 아니다. 탐욕스런 이방의 점쟁이(술사)를 통해서라도 인류 역사에 대한 자신의 경륜과 주권을 널리 선포하기 위해서 나타나신 것이다.

"오, 이스라엘의 신 여호와 하나님이여! 제가 하나님께 일곱 제단을 쌓고 각 제단마다 수송아지 한 마리와 숫양 한 마리씩을 드렸나이다."

발람이 땅에 엎드려 하나님께 아뢰었다. 그러자 하나님은 발람의 입에 말씀을 주시며 모압 왕 발락에게 그대로 전하라 이르셨다. 술사 발람이 일곱 제단이 있는 곳으로 돌아와 보니, 모압 왕과 지도자들이 모두 번제물 곁에 그대로 서 있었다.

"오, 이제야 내려오시는군요. 그래, 이스라엘의 신이 그대에게 무슨 신탁을 주셨소이까?"

"네, 그렇습니다. 이스라엘의 신 하나님께서 제게 말씀을 주셨습니다. 이제 제 말을 들어보십시오."

그런 뒤 술사 발람은 노래를 지어 하나님께 받은 말씀을 선포하였다.

"발락이 나 발람을 아람 땅에서,
모압 왕이 나 발람을 동쪽 산지에서 데려왔도다.
나 발람을 데려온 후 모압 왕이 내게 말하기를,
'그대 발람이여,
그대는 내 편이 되어 야곱의 자손들을 저주해 주시오.
어서 저 이스라엘을 꾸짖어 주시오.' 하였다네.

그러나 모압 왕이여, 이를 어쩌랴!
하나님께서 이스라엘을 저주하시지 않는데,
내가 어찌 저주할 수 있으랴!
그분께서 악담을 퍼붓지 않으시는데,
내가 어찌 이스라엘을 향해 악담을 퍼부을 수 있으랴!

내가 높은 산의 바위 위에서 저 무리를 내려다보니
오호라, 저들은 아주 특별한 무리로구나.
다른 민족들과는 섞이지 않고
홀로 고고히 살아가는 무리로구나.

세상에 그 누가 있어
티끌처럼 수많은 저 야곱의 무리를 헤아릴 수 있으랴!
어차피 죽어야 할 인생이라면 나도 의롭게 죽고 싶구나.
나도 저들처럼 의로운 종말을 맞고 싶구나."

저주가 아니라, 구구절절 축복이다. 하지만 이때 발람은 하나님의 영(靈)에 감동되어 예언한 것이 아니다. 그는 모압 왕이 바라는 대로 이스라엘을 저주하고 싶었지만, 하나님의 영이 그의 입술을 강력히 주장하고 있었기에 자신의 의지와는 상관없이 부득불 축복을 선포했을 뿐이다.

이런 점에서 메소포타미아의 술사 발람은 성령에 감동된 하나님의 예언자가 아니다. 성경에서 금하고 있는 이방의 점쟁이(술사)였을 뿐이다. 그래서 이후에 발람은 하나님의 강력한 섭리의 손길에서 벗어나자, 제 탐욕의 길을 좇다가 결국 멸망의 자리에 이르고 말았던 것이다.

"아니, 발람! 그대는 지금 무얼 하고 있는 게요? 내 대적에게 저주를 퍼부어 달라고 그대를 멀리서 이리로 모셔온 것이 아니오? 그런데 그대는 저주가 아니라 도리어 복을 빌어 주고 있으니, 참으로 기가 막힐 노릇이오! 대체 어찌 된 게요?"

모압 왕이 크게 당황해하며 발람에게 따져 물었다. 그러자 발람이 머쓱한 표정을 지으며 대답했다.

"아, 왕이시여! 저로서는 어쩔 수 없습니다. 미리 말씀드렸듯이, 이 몸은 단지 이스라엘의 신 하나님께서 제 입에 담아주시는 말만 선포할 수 있을 따름입니다. 제가 달리 어찌 해볼 수 있는 문제가 아닙니다. 저도 난감할 뿐입니다."

사실, 점쟁이의 축복이나 저주가 실제로 어떤 효과를 미치는 게 아니다. 인생의 모든 길흉화복(吉凶禍福)은 전적으로 하나님의 통제 아래 놓여 있다. 하지만 고대 세계의 이방인들은 신통력을 지닌 점쟁이는 신과 소통하고 있고, 그래서 그의 저주나 축복은 어떤 효과를 미친다고 굳게 믿었다. 그래서 모압 왕 발락은 당대의 유명한 점쟁이 발람을 통해 이스라엘을 저주하려고 무진 애썼던 것이다.

술사 발람이 두 번째 예언을 하다 (23:13-26)

"발람, 아무래도 안 되겠소! 장소를 한번 옮겨 보아야겠소!"

모압 왕은 제단을 쌓은 장소에 문제가 있다고 생각했다. 그래서 술사 발람에게 장소를 옮겨 다시 시도할 것을 부탁했다.

"자, 자, 이제 장소를 좀 옮겨서 이스라엘 진영을 살펴보도록 합시다. 거기에서는 그들의 전부가 아니라 일부만 보일 것이오. 거기에서 이스라엘 진영을 보시고, 나를 위해 이스라엘 백성들에게 저주를 퍼부어 주시오."

모압 왕은 판단하기를, 첫 번째 장소는 이스라엘의 진영 전체가 보이는 곳이었으므로 발람이 그 위용에 주눅이 들어 저주를 제대로 선포하지 못했을지도 모른다고 여겼다. 그래서 이번에는 이스라엘 진영의 끝부분만 보이는 곳으로 장소를 옮겼는데, 그렇게 하면 발람이 이스라엘의 미약함을 보고 용기를 내어 과감하게 저주를 선포할 수 있을 것이라도 생각했던 것이다.

모압 왕은 술사 발람을 데리고 바알 산당을 떠나 소빔으로 가서 비스가산(Mt. Pisgah)의 꼭대기로 올라갔다. 거기서도 발람은 이전처럼 일곱 제단을 쌓고, 각 제단마다 수송아지 한 마리와 숫양 한 마리씩을 이스라엘의 신에게 희생제물로 바쳤다. 그런 뒤 술사 발람이 모압 왕에게 말했다.

"왕이시여, 제사를 마쳤으니 이제 제가 이스라엘의 신을 뵙고 오는 동안 왕께서는 이 번제물들 곁에서 기다리고 계십시오."

이번에도 이스라엘의 하나님 여호와께서 발람에게 나타나셨다. 하나님은 발람에게 말씀을 주시면서 모압 왕에게로 돌아가 그대로 선포하라 이르셨다.

"오, 이제 오시오? 어서 오시구려."

술사 발람이 돌아오자, 신하들과 함께 제단 곁에 서 있던 모압 왕이 반갑게 맞았다.

"그래, 이번에는 이스라엘의 신 여호와가 무슨 말씀을 하더이까?"

"왕이시여, 제가 여호와께 받은 말씀을 그대로 들려 드리겠사오니 왕께서는 귀 기울여 잘 들으시기 바랍니다."

"알았소. 어서 말해보시구려."

이번에도 술사 발람은 노래를 지어 하나님의 말씀을 선포했다.

"모압 왕 발락이여, 일어나 들어 보라.
십볼의 아들 발락이여, 내 말에 귀를 기울이라.
하나님은 사람이 아니시니 거짓말을 하지 않으시고,
사람의 아들이 아니시니 변덕이 죽 끓듯 하지 않으시도다.

보라, 한 번 발하신 말씀은 반드시 지키시나니
약속하신 것은 무엇이든 그대로 이루시고야 마는 분이도다.
그분께서 나더러 이스라엘을 향해 축복하라 명하시니
그분께서 베푸시는 복을 내가 어찌 바꿀 수 있으랴!

보라, 야곱에게는 불운의 기미조차 보이지 않고
이스라엘에는 어떠한 불행도 찾아볼 수 없도다.
이스라엘의 하나님이신 여호와께서 그들과 함께 하시니
여호와를 왕으로 떠받드는 외침소리가 하늘을 찌르는도다.

하나님께서 이스라엘을 이집트에서 이끌어내셨나니
이스라엘은 벌판을 달리는 들소처럼 힘이 세도다.
야곱에게는 어떠한 복술도 통하지 않으니
주술로는 이스라엘을 거꾸러뜨릴 수가 없도다.

사람들은 야곱에 대해, 이스라엘에 대해 입을 모아 말하네.
'보라, 하나님께서 이스라엘을 위해 행하시는 놀라운 일들을!'
아, 이스라엘이 암사자같이 몸을 떨치며 일어나는구나.
마치 먹잇감을 물어뜯고 그 피를 마시는 수사자 같구나."

첫 번째 예언과 마찬가지로, 두 번째 예언도 구구절절 이스라엘에 대한 축복이다. 심지어 두 번째 예언에서는 이스라엘을 '들소'와 '암사자'와 '수사자'에 비유했다. 힘과 용맹과 위용을 갖춘 위풍당당한 짐승들이다. 말하자면 이스라엘은 주변의 어떤 민족들도 감히 상대할 수 없는 강력한 힘과 능력을 소유한 위풍당당한 백성이라는 의미다.

"에잇! 대체 뭐라는 거요? 저주는 하나도 없고 온통 축복뿐이잖소!

어찌 그대가 내게 이럴 수 있는 거요?"

"아, 왕이시여! 그게…, 그게 말입니다."

"관두시오! 이럴 바엔 차라리 저주도 퍼붓지 말고 축복도 하지 않는 편이 더 낫겠소!"

모압 왕 발락이 발람의 예언을 다 듣고는 벌컥 화를 내며 말했다. 발람이 이스라엘을 향해 저주를 선포하지 못할 바엔 차라리 축복도 선포하지 않는 게 더 낫다고 말했다. 모압 왕 발락은 매우 공들여 초청한 유명한 술사가 이스라엘을 저주해 주기를 간절히 바랐지만 도리어 한껏 축복만 선포하므로 화가 치밀어 그럴 바에 차라리 침묵해 줄 것을 강요한다. 발람이 크게 당황하며 대답했다.

"아! 왕이시여, 그래서 제가 미리 왕께 아뢰기를, 이스라엘의 신 여호와께서 말씀하시는 대로 이 몸은 선포할 수밖에 없다고 하지 않았습니까? 그러니 노를 가라앉히시고…."

술사 발람이 세 번째 예언을 하다 (23:27-30)

"좋소, 그렇다면 다시 한 번 다른 데로 장소를 옮겨 봅시다. 그곳에서는 나를 위해 이스라엘을 저주하는 것이 혹 하나님을 기쁘게 하는 일이 될지 누가 알겠소?"

모압 왕 발락은 또다시 다른 데로 장소를 옮겨 저주 선포를 시도해 보자고 요청했다. 이처럼 모압 왕이 계속해서 제단 쌓을 장소를 옮기는 이유는, 자신의 노력 여하에 따라서 신의 마음을 바꿀 수 있다고 생각했기 때문이다. 하지만 그것은 전형적인 이교도적 사고방식이다. 이스라엘의 하나님 여호와 앞에서는 한낱 멸망당할 악인의 어리석은 고집일 뿐이다.

차라리 이때 모압 왕은 이스라엘을 향한 하나님의 보호하심과 축복을 분명히 깨닫고, 이스라엘과 적극적으로 친목과 화해를 시도하는 편을 택하는 것이 옳았다. 그렇게 하는 것이 자신도 살고 모압도 살리는 길임을 깨우쳤어야 했다. 하지만 완악한 모압 왕은 그렇게 하지 않았다. 끝까지 이스라엘을 대적하는 길을 택했다. 마치 이집트의 파라오의 고집을 보는 듯하다.

"자, 나를 따라오시오."

모압 왕은 술사 발람을 데리고 저 멀리 이스라엘 진영이 있는 모압 평지가 내려다보이는 브올산(Mt. Peor)의 꼭대기로 올라갔다. 그러자 이번에도 술사 발람이 모압 왕 발락에게 부탁했다.

"왕이시여, 이곳에서도 일곱 제단을 쌓아주시기 바랍니다. 그리고 이전처럼 수송아지 일곱 마리와 숫양 일곱 마리를 희생제물로 준비해 주십시오."

"좋소. 그리하리다. 발람, 이번에는 좋은 결과를 기대하겠소!"

모압 왕은 발람이 말한 대로 수송아지 일곱 마리와 숫양 일곱 마리를 희생제물로 준비하였다. 그러자 발람은 이전과 똑같이 각 제단마다 수송아지 한 마리와 숫양 한 마리씩을 이스라엘의 신에게 희생제물로 바쳤다.

24
하나님의 영이 발람을

하나님의 영이 발람을 주관하시네
야곱의 후손 중에 큰 별이 나타나
큰 임금이 공의로 다스린다고
그의 영안(靈眼)이 예언하네

술사 발람의 세 번째 예언 (24:1-14)

'음, 아무래도 이스라엘의 신 여호와는 자기 백성에게 복을 베풀어 주시려고 하는 게 분명하다. 그렇다면 이를 어쩐다…?'

술사 발람은 이스라엘을 향한 축복 선포가 하나님을 기쁘시게 하는 그분의 뜻임을 분명히 알아차렸다. 더 이상 자신의 주술(呪術)에 의존할 수 없었다. 그것은 앞선 두 차례의 저주 시도가 도리어 하나님의 진노를 촉발시켜 결과적으로 이스라엘에게 축복으로 되돌아오는 것을 보고는, 이번에는 주술을 사용하지 않고 이스라엘을 저주하려고 시도했다. 그렇게 하면 하나님이 자신을 기특히게 여겨 이스라엘을 저주도록 하시게 할는지 모른다고 생각했던 것이다.

브올산의 꼭대기에 오른 발람은 산 아래 광야 쪽으로 눈을 돌렸다. 저 멀리 광야에는 이스라엘 백성들이 각 지파별로 진을 치고 있는 것이 뚜렷이 보였다.

'흐흠, 다시 봐도 굉장한 진영이로군. 참으로 대단하구나. 어떻게 400년 이상을 이집트에서 종살이하던 노예 백성이 저토록 엄청난 규모로 번창할 수 있단 말인가? 정말 굉장하군!'

술사 발람은 200만 이상의 이스라엘 백성들이 중앙의 성막을 중심으로 오열(伍列)을 맞춰 거대한 규모의 진영을 이루고 있는 광경을 보고 감탄을 연발하고 있었다.

그때였다! 하나님의 영이 발람에게 강력하게 임했다. 이 말은, 이방의 점쟁이 발람이 성령의 충만을 입었다는 말이 아니다. 다만 성령이 술사 발람의 전 인격을 강권적으로 통제하셨다는 말이다. 그러니 발람은 자신의 의지와는 상관없이 성령이 이끄시는 대로 이스라엘을 축복할 수밖에 없었다. 이처럼 성령은 악인의 인격까지도 통제하시고 주관하셔서 자신의 뜻대로 사용하시는 전능자이시다. 성령에 강권적으로 사로잡힌 술사 발람은 다시금 노래를 지어 하나님의 말씀을 선포하였다.

"들어라, 브올의 아들 발람이 주께 받은 말씀이로다.
그 눈이 밝게 열린 사람이 발하는 예언이로다.
전능자가 주신 환상을 보고 그 앞에 엎드러지니
내 눈이 활짝 열렸도다.

오, 야곱이여!
너희가 쳐놓은 장막이 어찌 그리 보기 좋은지!
오, 이스라엘이여!
너희가 머물고 있는 곳이 참으로 보기 좋구나.

그 모습은 길게 늘어선 골짜기 같고
강가의 우거진 동산 같구나.
주께서 심으신 알로에 같고

시냇가에 심긴 백향목 같구나.

보라, 이스라엘의 우물마다에는 물이 콸콸 솟구치고
뿌려진 씨앗들마다 물기를 함초롬히 머금었구나.
저들의 왕은 아각(아말렉 왕)보다 위대하고
저들의 왕국은 참으로 그 위세가 드높구나.

전능자의 손길이
저들을 이집트에서 이끌어내시고 항상 보호하시니
저들의 힘이 초원의 들소보다 세구나.
저들은 대적들을 여지없이 집어삼키고
원수들의 뼈를 으스러뜨리도다.
활시위를 힘차게 당기어 원수들의 심장을 꿰뚫는도다.

진실로 저 무리는 힘센 사자와 같으니
누가 감히 건드릴 수 있으랴!
오, 정녕 복되도다, 이스라엘이여!
너를 축복하는 이는 복을 받겠고,
너를 저주하는 이는 저주를 받으리라."

이전보다 더욱 축복이 차고 흘러넘치는 예언이다. 이 축복 속에서 '아각'이란 말은 이스라엘의 대적인 아말렉 족속의 왕을 가리키는 칭호다. 이는 마치 이집트 왕을 가리켜 '파라오'라고 칭하는 것과 같다.

이스라엘을 향한 발람의 세 번째 예언에서 그 축복의 마무리를 장식하는 말에 주목하라.

"오, 정녕 복되도다, 이스라엘이여!
너를 축복하는 이는 복을 받겠고,

너를 저주하는 이는 저주를 받으리라."

이 말을 기억하는가?

이 말은 일찍이 갈대아 땅에서 아브라함을 부르신 하나님께서 그가 가나안 땅에 막 이르렀을 때, 장차 이스라엘 백성들의 조상이 될 아브라함에게 주신 약속이다(주전 2091년경). 그때로부터 대략 700여 년 후에 이 같은 하나님의 약속이 브올 산의 꼭대기에서 이방의 술사 발람의 입을 통해 다시 힘차게 선포된 것이다(주전 1407년경).

이로써 유명한 점쟁이 발람을 통해 이스라엘을 저주하려고 수차례씩이나 시도한 모압 왕 발락의 계획은 철저히 무산되었다. 도리어 그는 이스라엘을 저주하려고 한 대가로 그 자신이 저주를 받아야 되는 비참한 처지에 놓이게 되었다.

"에잇! 관두시오! 다 그만두란 말이오!"

모압 왕은 화가 머리끝까지 치밀어 주먹을 불끈 쥐고 발람을 내리칠 듯이 말했다.

"이보시오, 발람! 내가 그대를 부른 것은 내 원수 이스라엘에게 저주를 퍼부어 달라고 하기 위해서였소! 하지만 그대는 저주는커녕 세 번씩이나 복을 빌어주었단 말이오!"

"아, 왕이시여! 그러니까 그게…."

"닥치시오! 당장 내 앞에서 물러가시오! 그대에게 후한 보상을 해주려 했건만, 그대가 이스라엘 신의 뜻대로 이스라엘에게 축복을 했으니 어떤 보상도 해줄 수 없소! 그러니 그냥 빈손으로 썩 물러가란 말이오! 내 앞에서 당장 물러가시오!"

모압 왕 발락은 어렵게 초청한 술사 발람을 냉정하게 내쫓았다. 당대의 유명한 점쟁이에게서 기대한 것, 곧 이스라엘에 대한 저주가 무산되었기 때문이다. 모압 왕은 발람이 더 이상 점쟁이로서의 효용 가치가 없다는 판단을 내리고 크게 화를 내며 쫓아버렸던 것이다. 그러자 크게 당황한 술사 발람이 정색을 하며 모압 왕에게 말했다.

"오, 왕이시여…. 제발 고정하십시오. 저는 이미 왕께서 제게 보낸 사신들에게 분명히 말했습니다. 그들에게 이르기를 '모압 왕께서 모압 궁전의 금은보화를 전부 준다고 해도 나는 모압으로 내려갈 수 없고, 설혹 내려간다고 해도 큰일이든 작은 일이든 여호와의 명을 어길 수가 없소. 나는 다만 이스라엘의 신 여호와께서 내게 말씀하신 것만을 말할 따름이오!' 하였소. 그런데도 지금 와서 저를 빈손으로 쫓아내시면 어떡하란 말입니까? 그러니 무엇이라도 보상을 좀 해주셔야…."

"다 듣기 싫소! 그만 하시오! 그대가 한 짓을 생각하면 그냥 곱게 보내주는 것만으로 고마워해야 할 것이오! 언감생심, 어떻게 보수까지 바랄 수 있단 말이오! 나는 단 한 푼도 그대에게 줄 수 없소! 목숨이 아깝거든 당장 내 눈앞에서 사라지시오!"

모압 왕은 단호했다. 화가 단단히 나 있었다. 술사 발람도 더 이상 이야기하는 것이 하나도 득 될 게 없다는 것을 깨달았다. 그래서 그는 체념한 듯 말했다.

"잘 알겠습니다, 왕이시여. 하지만 왕께 드릴 말씀이 있습니다. 앞으로 이스라엘 백성들이 왕의 백성들에게 어떻게 행할 것인지에 대해 경고를 해두고자 합니다. 한번 들어보십시오."

술사 발람이 마지막 네 번째 예언을 하다 (24:15-25)

"그건 또 무슨 말이오?"

모압 왕이 퉁명스럽게 물었다. 그런 왕의 반응에 아랑곳없이, 브돌의 술사 발람은 또다시 노래를 지어 하나님의 예언 말씀을 선포하였다. 이스라엘을 향한 술사 발람의 네 번째 예언으로 그의 마지막 예언이다.

"브올의 아들 발람이 말하노라.
눈이 밝게 열린 나 발람이 말하노라.
저 높은 곳에서 모든 것을 다 아시는 여호와
그분의 말씀을 듣는 자가 말하노라.

전능자가 주신 환상 앞에 엎드려져 있으니
나의 눈이 밝게 열렸도다.
나는 지금 장차 일어날 모습을 보고 있도다.

보라, 야곱에게서 찬란한 별 하나가 나오는도다.
이스라엘 가운데서 홀(笏) 하나가 우뚝 일어나는도다.
그 별이 모압의 이마를 후려치고
그 홀이 소란 피우는 자들의 후손을 모조리 멸하는도다.

오, 참으로 강성하도다, 이스라엘이여!
대적 에돔을 정복하고 원수 세일을 점령하는도다.
야곱에게서 나온 통치자가
모압 성읍의 살아남은 자들을 멸하는도다."

여기까지 선포한 뒤 술사 발람은 잠시 숨을 돌렸다. 발람의 이 예언 가운데서 등장하는 '한 별'과 '한 홀'은 궁극적으로는 '메시아(Messiah) 예수'를 가리킨다. '별'은 왕의 영광을 나타내는 상징물이고, '홀' 역시 왕의 통치권을 상징한다. 따라서 이 예언은 장차 야곱(이스라엘)의 혈통을 좇아 인류의 왕으로 오실 메시아 예수가 뭇 나라들과 민족들을 영원히 통치하실 것이라는 메시아적 예언이다.

잠시 숨을 돌린 술사 발람은 몸을 돌려 아말렉 쪽을 바라보며 예언을 계속 이어 나갔다.

"아, 가련하도다, 아말렉이여!
너는 세상에서 우뚝 선 나라였건만
결국엔 허물어져 폐허가 되고 말리라."

아말렉 족속은 출애굽한 이스라엘 백성들을 최초로 공격한 호전적인 족속이다. 그 이후 역사상 이스라엘과는 항상 적대적인 관계에 있었다. 또 아말렉은 이스라엘에 대해 저주를 퍼부은 민족이다. 따라서 이스라엘을 저주한 자들은 저주를 받을 것이라는 하나님의 축복과 저주의 원리에 따라, 그들은 하나님의 공의의 심판으로 영영 멸망할 운명을 지닌 가련한 민족이 되고 말았다.

술사 발람의 예언은 계속되었다. 이번에는 가인 족속에 대해서 읊조리듯 노래를 지어 예언을 발했다.

"가인 족속아,
네가 바위틈에 둥지를 틀었으니 안전한 곳에 살고 있구나.
하지만 너도 결국 멸망하리니
장차 아시리아의 포로가 되리라."

가인 족속은 미디안 족속의 일파인 '겐 족속'을 가리킨다. 모세의 처가 쪽이 겐 족속이다. 이들 겐 족속은 이스라엘에 대하여 비교적 우호적이었다. 따라서 그들의 보금자리는 대체로 안전하고 견고하였다. 하지만 그들도 타락하여 결국 아시리아(Assyria) 제국에 의해 패망하고 말았다. 술사 발람은 계속해서 또 노래를 불러 예언을 선포했다. 그의 마지막 예언이다.

"아, 하나님께서 이 같은 일을 행하실 때
누가 과연 살아남을 수 있으랴!

보라, 한 무리가 깃딤 해변에서 배를 타고 쳐들어오는구나.
그 무리가 아시리아와 에벨을 정복하겠지만
그들도 결국엔 멸망하고 말리라."

여기서 깃딤(Kittim)은 지중해 동쪽 끝에 위치한 키프로스 섬의 고대 명칭이다. 주전 9-8세기경에 페니키아 사람들이 섬의 남동쪽 연안에 세운 도시국가 키티온(Kition)에서 유래한 지명이다.

그런데 넓은 의미로 깃딤은 지중해 동쪽 해변 너머에 있는 모든 도시들과 나라들을 총칭하는 말이다. 그리고 때로 이 말은 무자비하고 강력한 군대를 비유하는 말로도 쓰였다. 따라서 발람의 이 예언은 지중해 동쪽으로부터 무자비하고 강력한 군대가 일어나서 아시리아와 에벨을 침공하여 그 나라들을 정복할 것이라는 말이다. 역사적으로 볼 때, 헬라국이 아시리아와 에벨을 침공하여 정복한 적이 있다.

에벨(Eber)은 메소포타미아의 서부지역 곧 유프라테스 강의 서편에 있는 셈 계열의 나라들을 총칭하는 말이다. 아람(수리아), 암몬, 모압, 에돔, 그리고 후일의 북왕국 이스라엘과 남왕국 유다도 여기에 속한다.

술사 발람의 예언은 후일의 역사에서 그대로 성취되었다. 비록 발람은 이방의 점쟁이로서 모압 왕 발락에게 고용된 처지였지만, 그의 입술을 통해 선포된 예언은 신적인 권위를 가졌던 것이다. 왜냐하면 이때 하나님의 영 곧 성령이 발람의 입술을 완전히 통제하셔서 그를 도구 삼아 하나님의 뜻을 선포하셨기 때문이다. 따라서 발람은 단지 그의 입술을 열었을 뿐이고, 온 세상을 향하여 예언의 말씀을 널리 선포하신 분은 바로 하나님이셨다.

발람의 마지막 네 번째 예언은 크게 두 가지로 분류된다.

① 하나님의 백성인 이스라엘을 향한 내용으로 '한 별' 혹은 '한

홀'로 상징된 메시아 예수의 도래와 깊이 관련되어 있다. 이스라엘이 육적으로 혹은 영적으로 누리게 될 모든 축복은 궁극적으로 메시아 예수의 도래와 함께 완성되고 성취된다는 사실이다.

② 또 하나는, 이스라엘의 주변 국가들에 관한 내용이다. 에돔, 아말렉, 가인 족속(겐 족속), 아시리아(Assyria), 깃딤(헬라) 등 세상 나라들이 결국에는 전부 패망에 이른다는 사실이다. 하나님은 자기 백성인 이스라엘을 대적하는 세상의 모든 나라들을 원수로 여기시고, 그들에게 공의의 심판을 베푸셔서 모조리 멸절시킬 것이라는 사실을 담고 있다.

결국 핵심은 이것이다. 오직 이스라엘의 신이신 여호와 하나님만이 온 세상의 주관자요 모든 인류의 주권자란 사실이다. 온 세상 나라들에 대한 하나님의 심판은 장차 오실 메시아 예수를 통해 이루어질 것인데, 이 같은 사실은 오직 메시아 예수가 인류 역사의 시작이요 중심이며 마침이 된다는 사실을 보여준다. 그래서 이런 사실을 보여주고 있는 성경은 메시아 예수를 주인공으로 하는 구속사(救贖史)인 것이다.

"그럼, 왕이시여! 이 몸은 이제 모압 땅을 떠나가겠습니다. 부디 평강을 누리소서!"

성령에 사로잡혀 마지막 예언을 힘차게 선포한 뒤, 발람은 자리에서 일어나 자기 고향으로 돌아갔다. 모압 왕도 여전히 성난 상태로 자기 갈 길로 떠났다.

"에잇! 아무짝에도 쓸데없는 자 같으니라고! 기껏 힘들게 데려오고서도 아무런 유익을 얻지 못하다니!"

자, 그렇다면 술사 발람은 정말로 빈손으로 자기 고향으로 돌아간 것일까? 그렇지 않다. 발람이 어떤 인물인가? 그냥 빈손으로 돌아갈

리 있겠는가. 여기에 비하인드 스토리가 있다.

모압 왕 앞을 떠나간 발람은 재물과 벼슬에 대한 미련을 끝내 버리지 못하고, 자신을 모압 왕에게로 이끌었던 미디안 족속의 장로들을 따라 미디안 땅으로 건너갔다. 거기서 발람은 이스라엘 백성들을 우상숭배의 올무에 빠뜨릴 수 있는 아주 치밀하고 사악한 꾀를 모압 왕에게 귀띔해 준다. 그로 인해 이스라엘 백성들은 우상숭배의 덫에 걸려들어, 결국 하나님의 크나큰 저주를 받게 되고 만다.

그 일에 대한 복수로, 얼마 후에 이스라엘 군대는 하나님의 명령에 따라 미디안 족속을 총공격하여 그들을 멸하였다. 그런데 그때 그들과 함께 있던 술사 발람도 비참한 최후를 맞고 말았다. 그래서 후일 사도 베드로는 올바른 진리의 길을 떠나 자기 탐욕을 좇는 자들을 향해 '브올의 아들 발람의 길을 따르지 마라!' 하고 엄히 경고하였다.

25
비느하스여, 일어나라

바알 신 경배하면 사형에 처해라
이방 여인과 친막에 들어간 시므리를
비느하스가 창으로 찔러 죽이자
전염병 그치고 주의 분노 풀리네

이스라엘 백성들이 바알브올을 숭배하다 (25:1-18)

때는 출애굽 제40년(주전 1407년경) 8-9월경, 이스라엘은 싯딤 골짜기에 머물고 있었다. 싯딤은 '아카시아 숲'이란 뜻을 지닌 '아벨 싯딤'의 약칭으로, 모압 평지의 한 지역이다. 사해(死海) 북동쪽에 위치한 모압 평지의 최북단에 자리 잡고 있었다. 가나안 땅에 들어가기 직전에 이스라엘 백성들이 요단 동편 지역에서 마지막으로 머문 곳인데, 아카시아나무가 많아 붙여진 명칭이다.

"와, 이곳은 정말 휴식하기 좋은 곳이로군!"

이스라엘 백성들이 요단 동편의 싯딤 골짜기에서 진영을 이루고 머물러 있는 동안, 그들은 오랜만에 평온한 휴식을 취할 수 있었다. 무더위와 갈증과 피곤한 여행에서 벗어나 물도 풍부하고 나무 그늘도 많은 싯딤 골짜기에서 쉬게 되었다.

"아, 참 편안하고 좋구나!"

이스라엘 백성들이 육체적 피곤에서 벗어나 마음 놓고 휴식을 취하고 있던 그때, 무서운 유혹의 그림자가 스멀스멀 그들에게 다가오고 있었다.

"호호호, 여러분, 우리가 이제 우리의 신 바알을 섬기는 성대한 축제 의식을 거행하려 해요. 그러니 여러분들도 함께 와서 마음껏 춤도 추고 맛있는 음식도 드시지 않으실래요? 호호호, 어서 오세요. 어서요!"

"허허. 그래요? 바알 축제요? 그것 참, 이거야 원, 어쩌면 좋지…."

모압 여자들이 자기네들의 신 바알을 숭배하는 제사 의식에 이스라엘 남자들을 초청한 것이다. 그러자 이스라엘의 중간급 되는 지도자들이 큰 관심을 보였다.

"이보게, 우리 한 번 가 보세나! 무척 재미있을 것 같은데!"

"그래도 이방 신 바알을 섬기는 축제인데… 어째 좀…."

"아무렴 어때! 그저 한번 구경 가는 것뿐인데!"

"그래, 그럼 그… 그러지 뭐!"

이스라엘 남자들이 그 초대에 응했다. 하나님의 율법이 우상숭배를 엄격히 금하고 있기에 얼마간 망설였지만, 오랜만에 대하는 이방 여인네들의 달콤한 유혹을 이기지 못한 것이다. 특히 맛있는 제사 음식을 맘껏 먹을 수 있다는 생각에 안 되는 줄 알면서도 초대에 응한 것이다.

그동안 이스라엘 백성들은 40년 광야 유랑의 기간 동안에 하루도 빠짐없이 내내 먹고 있던 만나에 싫증을 느꼈다. 출애굽을 후회할 정도로 음식에 대한 불평불만이 많았다. 그러던 차에 새로운 음식을 맛볼 수 있다는 여인들의 달콤한 유혹에 빠져 바알을 섬기는 모압의 신전 제사에 가담한 것이다.

"오, 바알이시여! 기후와 농작물을 주관하는 우리의 위대한 신이시여!"

바알브올을 섬기는 성대하고 음란한 제의(祭儀)가 시작되었다. 바알브올은 '브올에서 섬기는 바알'이란 뜻이다. 본래 모압의 국가신은 그모스였고, 여기 바알브올은 모압 땅 브올 지역에서 섬기던 바알 우상을 가리킨다. 브올은 모압 평지에서 가까운 모압의 한 성읍으로, 당시 이스라엘 백성들이 진치고 있었던 싯딤 골짜기에서 남동쪽으로 대략 4km 지점에 있었다. 오늘날의 '키르벳 에쉬셰이크 야일' 지역으로 추정되는 곳이다.

바알브올 제의에 참가한 이스라엘 남자들은 모압의 신들 앞에 엎드려 절하고, 또 제사 음식을 마음껏 먹었다. 심지어 모압 여자들과 음란한 행위도 자행했다. 바알브올을 섬기는 제의에는 남녀가 교접하는 음란한 의식이 행해졌기 때문이다.

바알 우상은 기후와 생식과 출산을 주관하는 신으로 숭배되었다. 그러했기에 제사 의식상 풍성한 곡물의 생산을 기원한다는 뜻에서, 그리고 자녀 출산의 생식 능력을 받는다는 뜻에서, 제의에 참여한 남자들이 신전에 속한 창녀들이나 제의에 참여한 여인들과 실제로 난잡한 혼음(混淫)을 자행했던 것이다.

이렇게 이스라엘 남자들은 가증하고 음란한 우상숭배에 빠져들었다. 치밀한 미인계에 넘어간 셈이다. 이스라엘의 거침없는 행보에 크게 위협을 느끼고 있던 모압 족속과 미디안 족속은 긴밀하게 협조하여 이스라엘을 망하게 하는 작전을 세운 것이다. 여인들을 앞에 내세워 유혹한 다음에, 그들을 우상숭배에 빠뜨림으로써 그들의 하나님 여호와께 저주를 받게 만든다는 사악한 함정에 이스라엘 백성이 걸려든 셈이었다. 그런데 이런 계획은 술사 발람의 꾀였다.

'아니, 저 백성이 어떻게 그럴 수가…. 어찌 그런 일이….'

이스라엘 백성들이 브올 지방의 바알 신 제의에 동참하여 바알을 섬기고 모압 여자들과 음행을 자행하자, 하나님께서 진노하셨다. 주께서 크게 성난 목소리로 모세에게 말씀하신다.

"모세야! 저 백성이 내가 가장 싫어하고 미워하는 우상숭배를 자행하였다. 너는 당장 우상숭배에 참여한 사내들을 잡아다가 내가 보는 앞에서 환한 대낮에 태양을 향하여 목매달아 죽여라! 그래야만 내 분노가 조금이라도 풀리겠노라."

하나님은 우상숭배를 지독히 싫어하신다. 그래서 하나님은 우상숭배에 참여한 이스라엘 백성들 가운데 두령에 해당하는 지도자들을 모조리 잡아다가 백주 대낮에 태양(하늘)을 향하여 높이 세운 장대 위에 매달아 처형하라고 명하신 것이다. 그렇게 온 백성들 앞에서 우상숭배자들을 교수형으로 공개처형함으로써 우상숭배의 죄악에 대해 두려운 경고를 보내려 했던 것이다. 모세는 하나님의 명령에 따라 이스라엘의 재판관들과 지휘관들에게 즉시 지시한다.

"재판관들과 지휘관들은 들으시오! 그대들은 그대들 각자가 담당하는 백성들 가운데서 브올 지방의 바알 신 제의에 가담한 두령들을 찾아내어 당장 교수형에 처하도록 하시오!"

그러는 사이에 이스라엘 진영 안에서는 무시무시한 악성 전염병이 무서운 속도로 퍼져나가기 시작했다. 염병에 걸려 죽어가는 사람들이 여기저기에서 속출했다.

"오, 주님, 부디 긍휼을…. 주여, 용서를 베풀어 주소서!"

"주여, 제발, 제발 주의 백성들을 불쌍히 여기소서! 오, 주여!"

많은 사람들이 장대에 매달려 공개처형당하고, 동시에 무서운 전염병이 퍼지면서 도처에서 사람들이 죽어나가자, 모세와 백성들은 황망히 성막 입구에 모여 크게 통곡하였다.

아, 그런데…. 이런 살벌한 지경에서도 지난밤의 쾌락에서 벗어나지 못한 채 이방 여인과 계속 놀아나는 남자가 있었다. 그야말로 죽으려고 환장한 셈이다.

"자, 자, 걱정 말고 날 따라와요. 누가 보면 어때요? 우리끼리 사랑을 나누는 건데 다른 사람들이 무슨 상관이랍니까."

"호호호, 정말 괜찮겠어요? 이렇게 이스라엘 진영 안으로 들어가도 문제없겠어요? 호호호."

"괜찮대도 그런다. 자, 어서 이리 와요. 내 장막 안으로 들어갑시다."

이스라엘 진영 안에서 공개처형과 전염병의 확산과 집단 통곡 같은 참담하고 비통한 상황이 벌어지는 와중에, 한 이스라엘 남자가 모두가 지켜보는 가운데 미디안 여인의 손을 잡아끌며 이스라엘 진영의 자기 천막 안으로 들어가는 것이 보였다. 어젯밤의 음행으로도 음욕을 다 채우지 못해, 거룩한 하나님의 성막이 있는 이스라엘 진영 안으로까지 이방 여인을 데리고 들어가는 것을 여러 백성들이 목격한 것이다.

"저, 저, 저런 자가 나 있나!"

누구보다도 그런 해괴망측한 광경을 제사장 비느하스가 두 눈을 부릅뜨고 지켜보았다. 그는 아론의 손자요 2대 대제사장인 엘르아살의 아들로, 후일 엘르아살이 죽은 뒤에 제3대 대제사장이 되는 인물이다.

"아니, 저 짐승만도 못한 자가! 여기가 감히 어디라고! 여호와 하나님을 능멸해도 분수가 있지, 어디서 감히…."

제사장 비느하스가 급히 곁에 있던 창을 집어들고 그자의 천막 안으로 따라 들어갔다. 천막 안에서는 남녀가 벌거벗고 뒤섞여 뒹굴고 있었다.

"에잇, 이 짐승만도 못한 자들아, 내가 여호와 하나님의 공의로 너희를 처단하겠노라!"

비느하스가 창을 높이 들어 하나가 된 몸뚱이를 향해 힘껏 내려찔렀다.

"으악! 으아악!"

두 남녀의 처절한 비명소리가 천막 안에 울려 퍼졌다. 힘껏 내려찌른 제사장의 긴 창에 뒤엉킨 이스라엘 남자와 미디안 여인의 몸뚱이가 한꺼번에 꿰뚫려 동시에 죽음을 당했던 것이다. 거룩한 하나님의 성막이 있는 이스라엘 진영 안에서 음행 중인 두 남녀를 창으로 찔러 죽인 비느하스의 행위, 그것은 의분에 찬 옳은 행동이었다. 그것은 살인이 아니고 공정한 처형이었다. 이스라엘 진영에서 벌어진 두 남녀의 백주 동침은 명백한 음행이자 우상숭배 행위였다. 그것은 율법에 따라 극형으로 다스려져야 하는 중죄였고, 그래서 제사장 비느하스는 율법에 따라 극형을 집행한 것이다.

"앗! 전염병이 뚝 그쳤다!"

"정말? 전염병이 감쪽같이 그쳤네!"

제사장 비느하스가 음행 중인 두 남녀를 창으로 찔러 죽인 바로 그 순간, 이스라엘 백성들 가운데 무서운 속도로 확산되던 급성 전염병이 거짓말처럼 뚝 그쳤다. 그때 그 전염병으로 이미 죽은 사람들이 무려 2만 4천 명에 달했다. 비느하스의 의로운 처형이 없었다면 훨씬 더 많은 사람들이 전염병으로 죽어나갔을 것이다. 하나님은 제사장 비느하스의 행위를 의로운 것으로 인정하시고, 그를 크게 칭찬해 주셨다.

"모세야!"

주께서 모세를 부르신 뒤 그에게 이르신다.

"아론의 손자요 엘르아살의 아들인 제사장 비느하스로 인해 이스라엘 백성을 향한 내 분노가 풀렸노라. 내 속이 참으로 시원하도다. 그가 내 영광을 위해 나만큼 질투심을 발휘해 주었기 때문이니라. 그러므로 나는 더 이상 너희 이스라엘 백성을 향해 진노하지 않겠노라."

하나님의 질투심? 하나님께서도 질투하시는가? 그 말은 신을 마치 사람인 양 여기고 말하는, 이른바 신인동형동성적(神人同形同性的)인 수사적 표현이다. 성경에서 하나님과 이스라엘 백성 간의 관계는 종종 부부 관계 또는 신랑신부의 관계로 묘사되었다. 그런 의미에서 이방 우상을 섬기고 따르는 이스라엘 백성들의 우상숭배는 남편(신랑)의 신뢰와 사랑을 저버린 영적 간음 행위였다. 그래서 하나님은 이스라엘 백성들의 우상숭배에 대하여 불붙는 듯한 질투심을 발하는 것이다.

그런 배경 하에서, 바알을 섬기는 우상숭배의 제의에 참석한 것도 모자라, 거룩한 하나님의 성막이 있는 이스라엘 진영 안에서까지 음행을 자행하는 두 남녀를 창으로 찔러 죽인 제사장 비느하스의 행위! 그것은 그러한 하나님의 질투심을 잘 대변해 준 것이다. 그래서 하나님은 비느하스의 행위에 대해 매우 흡족해하신 것이다. 하나님은 모세에게 계속 말씀하신다.

"모세야, 너는 제사장 비느하스에게 전하여라. 내가 그와 평화의 언약을 맺겠노라. 이제부터 그와 그의 자손은 언제까지나 내 앞에서 대제사장의 일을 하게 되리라. 이것이 비느하스를 향한 나의 영원한 언약이니라. 진실로 그가 나의 이름과 영광을 위해 뜨거운 열심을 발휘함으로써 이스라엘 백성들의 죄를 사해 주었기 때문이니라."

하나님께서 비느하스에게 약속하신 '평화의 언약'은 이렇다. 즉, 하나님께서 비느하스와 그의 자손에게 독점적으로 대제사장의 직분을 허락하신 것이다. 이 같은 은혜는, 비느하스가 죄의 원인을 제거한 사실로 인해 주어진 것으로, 결국 하나님과 인간 사이의 참된 평화는 죄가 청산될 때에 가능하다는 사실을 보여준다.

과연 하나님의 약속은 이스라엘 역사에서 그대로 실현되었다. 비느하스를 잇는 대제사장의 계보는 사사시대 말엽에 아론의 4남 이다말 계열의 대제사장인 엘리를 제외하고는, 이스라엘이 로마제국에 의해 멸망하는 그 순간까지 계속 이어졌다.

확인하고 보니, 제사장 비느하스의 창에 죽임을 당한 두 남녀는 시므리와 고스비였다. 시므리는 시므온 지파 소속인 살루의 아들로 자기 가문의 두령이었다. 시므리와 함께 죽임당한 미디안 여인 고스비는 미디안 일족의 우두머리인 수르의 딸이었다.

제사장 비느하스에 의해 죽임당한 남녀의 이름을 소개하는 까닭은 이러하다. 우상숭배와 음행의 죄에 연루된 이들의 치욕스러운 이름을 똑똑히 기록하여 당대는 물론이고, 후대에 이르기까지 반면교사의 빼아픈 교훈을 삼도록 하기 위해서다.

"모세야!"

주께서 모세에게 이르신다.

"모세야, 이제부터 너는 미디안 족속을 너희 대적으로 여기고 그들을 쳐서 진멸하여라. 그들이 너희를 대적으로 여겨 교묘한 속임수로 너희에게 고통을 주었기 때문이니라. 브올 지방에서 있었던 우상숭배의 일이 그러하고, 또 그 일로 이스라엘 진영에 전염병이 돌 때 이스라엘 남자를 따라왔다가 천막 안에서 죽은 미디안 족장의 딸 고스비의 일이 그러하니라."

때에 미디안 족속은 이스라엘 백성들을 속임수로 꾀어 가증한 우상숭배의 죄악에 빠뜨렸고, 또한 이스라엘의 제사장 비느하스는 미디안 족장의 딸을 쳐 죽였기 때문에, 이스라엘과 미디안은 곧장 전쟁 상태에 돌입하게 되었다.

이런 사실에서 하나님은 이스라엘이 먼저 대대적인 공격을 감행하여 대적 미디안 족속을 진멸함으로써 이스라엘을 올무에 빠뜨린 일에 대해 원수를 갚으라고 지시하신 것이다. 이스라엘과 미디안 간의 대규모 전쟁이 초읽기에 들어갔다.

26

두 번째 인구조사

주께서 모압 평지에서 명하시네
전쟁에 나가 싸워야 하니
지금부터 인구를 조사하여
20세 이상의 남자 수를 세어라

이스라엘이 제2차 인구조사를 실시하다 (26:1-51)

바알브올 사건, 곧 이스라엘 백성들이 모압 평지의 싯딤 골짜기에 머물고 있던 기간에 두령급 지도자들이 모압 여인들의 유혹에 빠져 바알 축제에 참가함으로써 하나님께 크게 징벌 받은 사건은 하나님과 이스라엘 백성들에게 크나큰 상처를 입혔다.

바알브올 사건이 이스라엘 진영을 휩쓸고 지나간 후, 주께서 모세와 아론의 아들인 대제사장 엘르아살에게 말씀하신다.

"너희는 인구조사를 실시하여라. 전쟁에 나가 싸울 수 있는 20세 이상 된 남자들의 수효를 각 지파별, 각 가문별로 조사하여라."

출애굽 이후 이스라엘은 시내산에서 군대 징집과 행군 편성을 목적으로 인구조사를 실시한 적이 있었다(출애굽 제2년 2월 1일). 그러니까 이번 모압 평지에서 실시하는 인구조사는 제2차 인구조사인 셈이다(출애굽 제40년 8-9월경).

제2차 인구조사는 꼭 필요했다. 이전에 시내산에서 실시한 제1차 인구조사 때로부터 오랜 세월이 흘렀고 상황도 많이 달라졌다. 제1차 인구조사를 실시한 이후로 40여 년의 세월이 흐르는 동안 고라 일당의 반역 사건과 바알브올의 우상숭배 사건 등을 거치면서 상당한 인구 변화가 생겼기 때문이다.

또한 40년의 광야 유랑을 겪는 동안, 출애굽 1세대가 전부 죽고 새로운 세대(출애굽 제2세대)가 형성되었다. 뿐만 아니라 이제 곧 가나안 정복전쟁을 본격적으로 치러야 했고, 그 이후에는 이스라엘 각 지파별로 땅 분배도 실시해야 했다. 그렇기 때문에 새로운 인구조사가 절실히 필요한 시점이었다.

모세와 대제사장 엘르아살은 여리고 맞은편 요단 강가에 있는 모압 평지에서 백성들에게 주님의 명령을 알린다.

"여러분! 주께서 명하시기를 인구조사를 실시하라 하셨습니다. 이스라엘 백성들 중 20세 이상 된 남자들만을 대상으로 각 지파별과 가문별로 인구조사를 실시하겠으니, 모두 적극적으로 협조해 주시기 바랍니다."

20세 이상 된 장정들만 인구조사의 대상으로 삼은 이유는, 이번 인구조사의 최대 목적이 가나안 정복전쟁 때 싸움에 나갈 만한 군사들의 수효를 확인하는 데 있었기 때문이다. 이스라엘 백성들은 이제 곧 요단강을 건너가 가나안 정복전쟁을 치러야 했다. 그리하여 모세와 엘르아살의 주관과 이스라엘 12지파 지도자들의 협조 하에 요단 강가의 모압 평지에서 제2차 인구조사가 대대적으로 실시되었고, 그 결과는 이러하다.

[르우벤 지파]

"르우벤 지파에서 보고 드립니다! 르우벤 지파에 소속된 20세 이상의 남자들은 모두 4만 3,730명입니다!"

가장 먼저 야곱의 맏아들 르우벤 지파가 계수되었다. 르우벤에게서는 하녹 가문, 발루 가문, 헤스론 가문, 갈미 가문이 나왔다. 르우벤 지파의 가문에 속한 20세 이상 남자들은 4만 3,730명이다. 일찍이 시내산에서 실시한 제1차 인구조사 때는 4만 6,500명이었으니, 이번 조사에서는 2,770명이 줄어든 것이다.

르우벤 지파의 발루 가문에는 엘리압의 아들들인 느무엘, 다단, 아비람이 있었다. 이들 중 다단과 아비람은 이스라엘의 지도자로 부름 받은 자들이었다. 그런데 광야 여행 중에 고라가 반역을 일으킬 때 둘은 거기에 적극적으로 가담하여 주동자급으로 활동했다. 그런 패역한 행위로 인해 그들은 하나님께 징벌을 받아, 주동자 고라와 함께 산 채로 땅 속으로 빨려 들어가 죽고 말았다.

[시므온 지파]

"시므온 지파에서 보고 드립니다! 시므온 지파에 소속된 20세 이상의 남자들은 모두 2만 2,200명입니다!"

야곱의 차남 시므온에게서는 느무엘 가문, 야민 가문, 야긴 가문, 세라 가문, 사울 가문이 나왔다. 20세 이상 남자들은 2만 2,200명이었다. 제1차 인구조사 때는 5만 9,300명이었으니, 이번 제2차 인구조사에서는 무려 3만 7,100명이나 줄어든 것이다.

이처럼 시므온 지파에서 많은 수효가 줄어든 이유는, 얼마 전에 있었던 바알브올의 우상숭배 사건 때 시므온 지파의 남자들이 가장 많이 연루되어 하나님께 징벌 받아 죽었기 때문이다.

[갓 지파]

"갓 지파에서 보고 드립니다! 갓 지파에 소속된 20세 이상의 남자들은 모두 4만 500명입니다!"

야곱의 7남 갓에게서는 스본 가문, 학기 가문, 수니 가문, 오스니 가문, 에리 가문, 아롯 가문, 아렐리 가문이 나왔다. 20세 이상 남자들은 4만 500명이었다. 제1차 인구조사 때는 4만 5,650명이었으니, 이번 조사에서는 5,150명이 줄어든 것이다.

[유다 지파]

"유다 지파에서 보고 드립니다! 유다 지파에 소속된 20세 이상의 남자들은 모두 7만 6,500명입니다!"

다음으로 야곱의 4남인 유다 지파가 계수되었다. 유다에게서는 셀라 가문, 베레스 가문, 헤스론 가문, 하물 가문이 나왔다. 헤스론과 하물은 유다의 손자였지만, 각기 유다 지파에 속한 가문의 시조가 되었다. 20세 이상 남자들은 7만 6,500명이었다. 대략 40여 년 전에 시내산에서 실시한 제1차 인구조사 때는 7만 4,600명이었으니, 이번 조사에서는 1,900명이 늘어난 것이다.

[잇사갈 지파]

"잇사갈 지파에서 보고 드립니다! 잇사갈 지파에 소속된 20세 이상의 남자들은 모두 6만 4,300명입니다!"

다음으로 야곱의 9남인 잇사갈 지파가 계수되었다. 잇사갈에게서는 돌라 가문, 부니 가문, 야숩 가문, 시므론 가문이 나왔다. 제2차 인구조사에서 20세 이상 남자들은 6만 4,300명이었다. 제1차 인구조사 때는 5만 4,400명이었으니, 이번 조사에서는 9,900명이 늘어난 것이다.

[스불론 지파]

"스불론 지파에서 보고 드립니다! 스불론 지파에 소속된 20세 이상의 남자들은 모두 6만 500명입니다!"

다음으로 야곱의 10남인 스불론 지파가 계수되었다. 스불론에게서는 세렛 가문, 엘론 가문, 얄르엘 가문이 나왔다. 제2차 인구조사 결과, 20세 이상 남자들은 6만 500명이었다. 제1차 인구조사 때는 5만 7,400명이었으니, 이번 조사에서는 3,100명이 늘어난 것이다.

[므낫세 지파]

"므낫세 지파에서 보고 드립니다! 므낫세 지파에 소속된 20세 이상의 남자들은 모두 5만 2,700명입니다!"

다음으로 므낫세 지파가 계수되었다. 본래 므낫세는 야곱의 11남인 요셉의 장자다. 그런데 차남 에브라임과 더불어 야곱의 아들로 입양되어 야곱의 다른 아들들과 같은 반열에 서게 되었다. 말하자면 요셉은 부친 야곱에게서 두 몫을 부여받은 셈이다.

그 대신에 레위 지파가 이스라엘 12지파에서 제외되었다. 레위 지파의 사람들 곧 레위인들은 이스라엘의 모든 장자들을 대신하여 하나님의 성막에서 하나님을 섬기는 일에 전적으로 봉사해야 했기 때문이다.

므낫세에게서는 마길 가문, 길르앗 가문, 이에셀 가문, 헬렉 가문, 아스리엘 가문, 세겜 가문, 스미다 가문, 헤벨 가문이 나왔다. 그런데 헤벨의 아들 슬로브핫에게는 아들이 없었고 딸만 다섯 있었다. 그 딸들의 이름은 말라, 노아, 호글라, 밀가, 그리고 디르사였다.

슬로브핫의 다섯 딸들의 이름이 소개된 것이 특이하다. 만일 이번 제2차 인구조사가 단지 가나안 정복전쟁을 위한 것뿐이었다면 구태여 딸들의 이름을 소개할 필요가 없었을 것이다. 하지만 이번 인구조사는 장차 가나안 땅의 분배를 위한 것이기도 했다. 그렇기 때문에 이후 이처럼 딸들만 있는 슬로브핫 가족의 경우로 인해 '딸들에 관한 상속 문제'를 공식적으로 다루게 된다.

이들 므낫세 지파의 가문들을 조사한 결과, 이번 제2차 인구조사에서

20세 이상 된 남자들은 5만 2,700명이다. 제1차 인구조사 때는 3만 2,200명이었으니, 무려 2만 500명이나 늘어났다. 그래서 므낫세 지파는 이스라엘 12지파 가운데 그 수효가 가장 많이 늘어난 지파가 되었다.

[에브라임 지파]

"에브라임 지파에서 보고 드립니다! 에브라임 지파에 소속된 20세 이상의 남자들은 모두 3만 2,500명입니다!"

에브라임은 본래 야곱의 11남인 요셉의 차자(次子)다. 그런데 장남 므낫세와 더불어 야곱의 아들로 입양되어 야곱의 다른 아들들과 같은 반열에 서게 되었다. 에브라임에게서는 수델라 가문, 베겔 가문, 다한 가문, 에란 가문이 나왔다. 이번 제2차 인구조사에서 20세 이상의 남자들은 3만 2,500명이다. 시내산에서 실시한 제1차 인구조사 때는 4만 500명이었으니, 이번 조사에서는 8천 명이 줄어든 것이다.

[베냐민 지파]

"베냐민 지파에서 보고 드립니다! 베냐민 지파에 소속된 20세 이상의 남자들은 모두 4만 5,600명입니다!"

야곱의 12남(막내) 베냐민 지파가 계수되었다. 베냐민에게서는 벨라 가문, 아스벨 가문, 아히람 가문, 스부밤 가문, 후밤 가문, 아릇 가문, 나아만 가족이 나왔다. 이번 제2차 인구조사에서 20세 이상의 남자들은 4만 5,600명이었다. 시내산에서 실시한 제1차 인구조사 때는 3만 5,400명이었으니 이번 인구조사에서는 1만 200명이 늘어난 것이다.

[단 지파]

"단 지파에서 보고 드립니다! 단 지파에 소속된 20세 이상의 남자들은 모두 6만 4,400명입니다!"

야곱의 5남 단 지파가 계수되었다. 단에게서는 유일하게 수함 가문만 나왔다. 수함 가문을 조사한 결과, 20세 이상 된 남자들은 6만 4,400명이었다. 제1차 인구조사 때는 6만 2,700명이었으니, 이번 인구조사에서는 1,700명이 늘어난 것이다.

[아셀 지파]

"아셀 지파에서 보고 드립니다! 아셀 지파에 소속된 20세 이상의 남자들은 모두 5만 3,400명입니다!"

야곱의 8남인 아셀 지파가 계수되었다. 아셀에게서는 임나 가문, 이스위 가문, 브리아 가문, 헤벨 가문, 말기엘 가문이 나왔다. 아셀에게는 딸 세라도 있었다. 인구조사 결과, 20세 이상 된 남자들은 5만 3,400명이었다. 제1차 인구조사 때는 4만 1,500명이었으니, 이번 조사에서는 1만 1,900명이 늘어난 것이다.

[납달리 지파]

"납달리 지파에서 보고 드립니다! 납달리 지파에 소속된 20세 이상의 남자들은 모두 4만 5,400명입니다!"

야곱의 6남인 납달리 지파가 계수되었다. 납달리에게서는 야셀 가문, 구니 가문, 예셀 가문, 실렘 가문이 나왔다. 조사 결과, 20세 이상 된 남자들은 4만 5,400명이다. 시내산에서 실시한 제1차 인구조사 때는 5만 3,400명이었으니, 이번 조사에서는 8천 명이 줄어든 것이다.

이상은 출애굽 제40년(주전 1407년경) 8-9월경에 요단 강가의 모압 평지에서 이스라엘 백성들이 지파별로, 가문별로 20세 이상의 남자들을 대상으로 인구조사를 실시한 결과다. 전부를 합하면, 20세 이상 된 남자들의 전체 인구는 60만 1,730명이나. 이 수효는 대략 40여 년 전에 시내산에서 실시한 제1차 인구조사의 총계인 60만 3,550명에 비해 겨우 1,820명이 줄어든 수치다. 40여 년 동안의 힘들고 거친 광야 생활에서도 전체 수효는 크게 변동이 없다.

이 같은 조사 결과는, 가데스바네아의 거역 사건으로 인해 하나님의 징벌로 주어진 40년 광야 유랑 동안 출애굽 당시 20세 이상 된 자들이 전부 죽은 사실을 감안하면 매우 놀라운 현상이다. 가나안 정복전쟁을 위해 하나님께서 전체적인 수효에서 크게 차이가 나지 않도록 특별한 은혜를 베풀어 주신 결과다.

그런데 각 지파 간의 수효는 그 증감 폭이 매우 크다. 제1차 인구조사 때에 비해 2만 500명이나 늘어난 므낫세 지파가 가장 많이 늘었고, 3만 7,100명이나 줄어든 시므온 지파가 가장 크게 줄었다. 이처럼 시므온 지파의 감소가 눈에 두드러진 것은 바알브올의 우상숭배 사건으로 인해 하나님께 두려운 징벌을 받았기 때문이다.

그리고 이스라엘 12지파 가운데 전체 수효가 가장 많은 지파는 7만 6,500명으로 계수된 유다 지파였다.

이스라엘 백성들의 인구조사가 가르쳐주는 분명한 교훈은 이것이다. 일찍이 하나님께서 이스라엘의 조상 아브라함에게 약속하신 대로 그의 후손에 대한 번성이 이후의 역사 속에서 실제로 성취되었다는 사실이다. 아브라함이 맨 처음 하나님에게서 후손에 대한 약속을 받을 때는 그의 노년에다 대를 이을 후사조차도 없었다.

그로부터 700여 년이 흐른 지금, 아브라함의 후손은 20세 이상의 장정들만 60만 명이 넘었다. 따라서 전체적인 수효는 200만 명이 훌쩍 넘을 정도의 어엿한 민족으로 크게 번성해 있었다. 이것은 분명 온갖 고난과 어려움 가운데서도 하나님의 약속이 온전히 성취된 결과였다.

장차 차지할 가나안 땅의 분배를 지시하시다 (26:52-56)

"모세야."

하나님의 명령에 따라 제2차 인구조사를 마쳤을 때, 주께서 모세를 성막으로 부르셔서 그에게 말씀하신다.

"너는 각 지파별로 등록된 사람의 수효에 따라 장차 차지할 가나안 땅을 기업으로 나누어 주어라."

그러면서 하나님은 머잖아 가나안 땅을 차지할 것을 전제로 땅의 분배에 관한 지침을 내리셨다. 가나안 땅의 분배는 두 가지 원칙이 적용되었다.

① 인구 비례의 원칙 ② 제비뽑기의 원칙

즉, 인구 비례의 원칙에 따라 땅의 크기가 적용되었고, 제비뽑기의 원칙에 따라 땅의 위치가 정해졌다.

이처럼 제비뽑기의 방식을 통해 기업의 땅을 분배한 이유는 분명하다. 당시 이스라엘 사회에서 제비뽑기는 하나님의 뜻과 섭리를 묻는 방식이었다. 즉, 인간적인 생각이나 편애를 완전히 배제하고 오직 하나님의 섭리와 주권에 의지하는 방식이었다. 그리고 당시에는 실제로 하나님께서 제비뽑기를 통해 자신의 뜻과 섭리를 온전히 나타내셨다.

레위 지파의 사람들을 계수하다 (26:57-62)

"모세야, 너는 레위 지파의 사람들을 계수하여라. 그들을 계수하되, 1개월 이상 된 남자들을 대상으로 각 가문별로 조사하여라."

제1차 인구조사 때와 마찬가지로, 제2차 인구조사에서도 레위 지파의 사람들을 따로 조사하라는 명령이다. 레위 지파는 다른 지파들과는 달리 20세 이상의 남자들이 아니라, 1개월 이상의 남자들이 계수 대상이 되었다. 그 까닭은, 레위 지파의 구성원들은 가나안 전쟁이나 가나안 땅 분배에는 참여하지 않고 다만 이스라엘의 장자들을 대신하여 성막 봉사에만 종사했기 때문이다.

야곱의 3남인 레위에게는 세 아들이 있었다. 게르손, 고핫, 므라리가 바로 그들이다. 그래서 가문별로 계수된 레위 지파의 사람들은 ① 게르손에게서 퍼져 나간 게르손 가문 ② 고핫에게서 퍼져 나간 고핫 가문 ③ 므라리에게서 퍼져 나간 므라리 가문으로 이루어져 있었다.

한편, 고핫의 아들 아므람은 레위의 딸인 요게벳에게 장가들었다. 바로 이 아므람과 요게벳 사이에서 이스라엘의 지도자들이 된 세 인물, 곧 그 나이 순서대로 미리암, 아론, 그리고 모세가 태어났다.

또한 초대 대제사장 아론에게는 네 아들이 있었다. 장남 나답, 차남 아비후, 삼남 엘르아살, 그리고 사남 이다말이다. 그런데 장남 나답과 차남 아비후는 하나님께서 허락하지 않으신 다른 불을 향로에 담아 분향단에서 주께 분향을 드리다가 하나님의 징벌로 목숨을 잃고 말았다. 그래서 아론의 대제사장 직분은 3남인 엘르아살이 물려받았다.

"보고 드립니다! 레위 지파에 소속된 1개월 이상 된 남자들은 모두 2만 3천 명입니다!"

레위 지파에 대해 가문별로 제2차 인구조사를 실시한 결과, 태어난 지 1개월 이상 된 레위 지파의 남자들은 모두 2만 3천 명이었다. 시내산에서 실시한 제1차 인구조사 때의 2만 2천 명보다 1천 명이 늘어난 수효였다. 하지만 레위 지파의 사람들은 다른 지파의 사람들과는 달리 가나안 땅을 기업으로 분배받지 않을 것이기 때문에, 전체 이스라엘 백성들의 인구 수효에는 넣지 않았다.

모압 평지에서 실시된 제2차 인구조사의 결론 (26:63-65)

하나님의 명령에 따라 모세와 대제사장 엘르아살은 여리고 맞은편,

곧 요단강 동쪽에 있는 모압 평지에서 이스라엘 백성들에 대한 제2차 인구조사를 마쳤다. 제2차 인구조사를 제1차 인구조사와 비교하여 분석해보면 이러하다.

—**조사 시기**: 제1차 인구조사는 출애굽 제2년(주전 1445년경) 2월 1일이고, 제2차 인구조사는 출애굽 제40년(주전 1406년경) 8-9월경이다.

—**조사 장소**: 제1차 인구조사 때는 시내산 아래의 광야였고, 제2차 인구조사 때는 여리고 맞은편에 있는 요단강 동편의 모압 평지에서 실시했다.

—**조사 목적**: 제1차 인구조사는 군대 조직의 편성 및 광야 행군의 질서를 위해 실시하였고, 제2차 인구조사는 군대 조직의 재편성 및 가나안 땅 분배를 위해 실시하였다.

—**조사 대상**: 제1, 2차 조사 공히 이스라엘 12지파에서 각 가문별로 20세 이상으로 전쟁에 나갈 만한 남자들을 대상으로 삼았다.

한편, 제2차 인구조사를 실시하여 등록된 60만 1,730명 가운데는 모세와 대제사장 아론이 시내산 아래의 광야에서 제1차 인구조사를 실시할 때 있었던 20세 이상의 사람들(60만 3,550명)은 한 사람도 남아있지 않았다.

가데스바네아의 거역 사건에 대한 징벌로, 출애굽 당시 20세 이상 된 사람들은 40년 광야 유랑 도중에 모두 죽게 될 것이라고 선포하신 하나님의 말씀대로 이루어졌기 때문이다. 다만, 여분네의 아들 갈렙과 눈의 아들 여호수아만이 살아남았다. 이것 역시 하나님의 말씀대로였다. 하나님의 말씀이 얼마나 확실하고 엄중한지를 잘 보여준다.

27
딸들의 상속과 후계자 여호수아

슬로브핫의 딸들은 들어라
아들이 없는 너희 집안은
아들 대신 유업을 잇고
그것을 나누어 가져라

슬로브핫의 딸들이 자신들의 몫을 요구하다 (27:1-11)

'음, 하나님의 명령대로 제2차 인구조사를 무사히 잘 마쳤군.'

제2차 인구조사의 목적은 가나안 정복전쟁을 위한 군대의 재편성과 더불어, 가나안 땅을 차지한 이후에 그 땅을 이스라엘 12지파에게 분배하기 위한 근거를 마련하는 데 있었다. 그런데 이때 한 가지 문제가 생겼다.

"쯧쯧, 우리 형제 슬로브핫 집안은 어떻게 되는 거지? 그 집안에는 아들이 하나도 없고 전부 딸들뿐이잖아? 그렇다면 그 집안은 기업의 땅을 영영 분배받지 못하는 건가? 참 복도 없지. 거참 안 됐네, 그려."

그랬다. 므낫세 지파에 소속된 슬로브핫이란 사람에게는 아들이 하나도 없었다. 그에게는 딸만 다섯 있었다. 그 딸들의 이름은 말라, 노아, 호글라, 밀가, 그리고 디르사였다.

가나안 땅에 대한 분배 원칙이 선포된 후, 슬로브핫의 다섯 딸들이 성막 입구로 나왔다. 그런 뒤 모세와 대제사장 엘르아살과 이스라엘 각 지파의 지도자들과 거기 모여 있는 사람들을 향하여 호소했다.

"여러분들! 저희 사정을 좀 들어보십시오. 저희 아버지 슬로브핫은 광야 유랑 도중에 세상을 떠났습니다. 하지만 고라의 무리처럼 여호와께 반역을 일으키다가 징벌 받아 죽은 것은 아닙니다. 다만 죽을 수밖에 없는 사람의 죄 때문에 돌아가셨습니다. 그런데 우리 아버지에게는 슬하에 아들이 하나도 없습니다. 그처럼 아들이 없다고 해서, 왜 저희 아버지의 이름이 가문의 명단에서 사라져야 합니까? 그건 불공평하지 않습니까? 그러니 저희 아버지께서 본래 물려받을 몫을 저희들에게 주십시오."

"흐음, 듣고 보니, 문제가 있는 듯도 하구나. 기다려 보아라. 내가 주님께 여쭈어 본 뒤에 어떻게 처리해야 할 것인지를 알려주마."

모세가 슬로브핫의 딸들의 사정을 듣고 주께 아뢰었다. 하나님은 이스라엘 백성들에 대해 국가와 예배와 사회생활에 대한 기본적인 법률을 주셨다. 하지만 그런 법률이 백성들의 구체적인 모든 부분까지 일일이 적용될 수는 없었다. 그래서 법률 적용에 어려움이 생기면, 백성들은 그 문제를 모세에게로 가져왔고, 모세는 그 문제에 대해 일일이 하나님께 여쭈어 보고 처리했다. 이렇게 해서 전례를 차곡차곡 축적해 갔다. 이번 슬로브핫의 딸들 같은 경우에도 모세는 역시 주께 여쭈었다. 그러자 주께서 모세에게 이르신다.

"모세야, 슬로브핫의 딸들의 말이 옳도다. 너는 슬로브핫에게 돌아갈 몫을 슬로브핫의 딸들에게 돌아가게 해주어라."

이렇게 해서 당시 남성 중심의 고대 사회에서 여성의 상속권을 법적으로 인정하는 탁월한 판례를 남기게 되었다. 이는 하나님의 법이 사문화(死文化)된 형식과 의식(儀式)의 법이 아니라, 따뜻하고 온정이 있는 사랑과 사비와 공의와 공평의 법임을 보여준다. 기왕에 하나님은 죽은 자의 유업과 관련해서 새 상속법을 좀 더 구체적으로 일러주신다.

"모세야, 누가 아들을 두지 못하고 세상을 떠났으면 조상으로부터 물려받을 그의 유업은 그의 딸들이 물려받게 된다. 만일 딸도 없으면 형제들에게 물려주어라. 형제도 없을 때는 삼촌들에게 물려주어라. 아버지의 형제들도 없을 경우에는 가장 가까운 피붙이에게 물려주도록 하여라. 이는 이스라엘 백성들이 대대로 지켜야 할 율례니라."

슬로브핫의 딸들이 제기한 문제로 인해 새로운 상속법 판례가 만들어졌다. 어떤 사람이 사망했을 경우에 그의 유산은 다음과 같은 순위로 상속권이 부여되었다.

① 1순위는 고인의 아들
② 2순위는 고인의 딸
③ 3순위는 고인의 형제
④ 4순위는 고인의 아버지의 형제들
⑤ 5순위는 언급된 순위 외에 고인과 가까운 친족 순

여호수아가 모세의 후계자로 세움 받다 (27:12-23)

어느 날, 주께서 모세를 성막으로 부르신 뒤 그에게 말씀하신다.

"모세야, 너는 이제 아바림산으로 올라가라. 거기서 내가 너희 이스라엘 백성들에게 준 가나안 땅을 바라보아라. 그 땅을 보고 난 뒤에는 네 형 아론이 그랬던 것처럼 너도 네 조상들에게 돌아가야 하리라."

모세가 요단강을 건너 약속의 땅 가나안에 들어가지 못하고 형 아론처럼 요단강 동편에서 죽게 될 것이라는 비장한 말씀이다. 하지만 약속의 땅에 들어가지는 못해도 그 땅을 멀리서나마 조망할 수 있는 은혜는 주어졌다.

모세가 가나안 땅을 조망하게 될 장소는 아바림산으로, 요단 동편에서 남북으로 길게 뻗은 산맥에 자리하는 산이다. 모세가 가나안 땅을 멀리까지 바라보고 임종을 맞이한 산은 '비스가산'이었는데, 아바림 산맥의 북편에 있는 여러 봉우리들 중 하나였다. 느보산도 그런 봉우리들 중 하나다. 해발 700m에 이르는 비스가산에서 맑은 날씨에는 100km 전방까지 조망이 가능했다. 이제 하나님은 모세가 왜 가나안 땅에 들어가지 못하는 것인지, 그 이유를 말씀해 주신다.

"모세야, 네가 가나안 땅에 들어가지 못하는 까닭은, 신 광야에서 이스라엘 무리가 물 때문에 소란을 피울 때, 네가 그들이 보는 앞에서 나의 거룩함을 나타내 보였어야 했건만, 그렇게 하지 않았기 때문이니라."

모세의 가나안 입성이 좌절된 직접적인 이유는 바로 그것이다. 모세가 신 광야의 가데스바네아에서 마실 물 때문에 불평하는 백성들을 향해 크게 혈기를 부림으로써 하나님의 거룩함을 나타내지 않은 데 있었다. 그때 모세는 하나님의 명령에 따라 단지 말로써만 바위에게 명하여 물을 솟구치게 해야 했다. 하지만 거듭되는 백성들의 불평불만에 잔뜩 화가 나서 마치 백성들을 내리치듯이 지팡이로 바위를 두 번이나 세게 내리치는 혈기를 부렸던 것이다.

"오, 주님…."

모세는 지그시 눈을 감았다. 꿈에도 그리던 가나안 땅을 끝내 밟지 못하고 요단강 동편에서 죽음을 맞게 될 것이라는 하나님의 말씀을 들으니, 만감이 교차했다. 바로 이때 모세의 뇌리를 스치는 강렬한 생각이 있었다.

'아, 그렇다면 누가 이스라엘 백성들을 이끌고 요단강을 건너간단 말인가? 누가 저들을 잘 인도할 수 있을꼬…'

그래서 모세가 주께 여쭈었다.

"모든 살아있는 것들에게 영을 불어넣으시는 주 하나님, 그렇다면 이제 이 몸을 대신하여 이 백성을 이끌어갈 사람을 세워 주소서. 이 회중을 인도할 수 있도록 지도자를 세우셔서 백성들 앞에서 힘 있게 일할 수 있게 하소서. 그리하여 주의 백성들이 목자 없는 양떼처럼 헤매지 않도록 해주소서!"

이스라엘 백성들이 불평불만을 쏟아내곤 하던 장면 장면들이 모세의 눈앞을 스쳐 지나갔다. 시도 때도 없는 그들의 불평불만 때문에 자기도 모르게 순간적으로 혈기를 부려 가나안 땅에 들어가지 못하는 큰 벌을 받게 된 셈이었지만, 모세는 그들에 대해 서운한 감정 하나 없이, 오직 그들을 진정으로 생각하고 사랑하는 마음에서 애타게 간구하였다. 그러자 주께서 모세에게 대답하신다.

"눈의 아들 여호수아가 있지 않느냐? 그는 성령에 감동된 사람이니라. 너는 그의 머리 위에 안수하여라. 너는 대제사장 엘르아살과 온 백성들이 보는 앞에서 여호수아를 너의 후계자로 세워라. 너의 권위를 그에게 물려주어, 이스라엘 백성들로 하여금 그의 말에 복종하게 하여라."

모세의 후계자로 여호수아를 세우라는 말씀이다. 여호수아는 모세의 후계자로 아주 적합한 인물이다. 일찍부터 모세의 최측근 부관으로서 오랫동안 모세 곁에서 지도자 훈련을 받아왔다. 정탐꾼 시절에는 갈렙과 더불어 가나안 땅을 취하자고 강력하게 주장한 믿음의 인물이다. 무엇보다 그는 하나님의 영이 그의 안에 머무는 성령의 사람이었다.

또한 출애굽 직후에 치른 아말렉 족속과의 전투에서 입증되었듯이, 여호수아는 군사적으로 탁월한 재능을 지닌 인물이었다. 그러므로 머잖아 본격적으로 전개될 가나안 정복전쟁을 앞둔 시점에서 여호수아만큼 모세의 후계자로 적합한 인물은 없다. 하나님은 모세의 후계자가 될 여호수아와 관련해서 계속 말씀하신다.

"모세야, 여호수아가 내 뜻을 알고자 한다면 대제사장 엘르아살에게로 가게 하여라. 그러면 엘르아살은 '우림'을 사용하여 내 뜻을 알려줄 것이니라. 거기에 따라 여호수아와 온 이스라엘 백성들은 충실히 움직여야 하느니라."

하나님의 뜻을 알고자 할 때는 '우림의 판결법'에 따라야 한다는 말씀이다. 우림의 판결법이란 '우림'과 '둠밈'을 가지고 하나님의 뜻을 판단하는 판결법이다. 여기서 우림(Urim)은 '빛'이란 뜻이고, 둠밈(Thummim)은 '완전함'이란 뜻이다. 대제사장은 국가의 중요한 일에 관해 하나님의 뜻을 물을 때는 흉패 안주머니에 있는 이것을 사용했다.

우림과 둠밈은 매끈한 돌로 된 한 쌍의 제비 도구다. 대제사장은 우림과 둠밈 중 하나를 선택하여 '하라(Yes!)' 혹은 '하지 말라(No!)'로 하나님의 뜻을 판별했다. 우림과 둠밈은 그 이름의 뜻대로 이스라엘을 '빛'과 '완전함' 가운데로 이끄시는 하나님의 신성한 도구였다.

모세는 주의 말씀에 즉시 따랐다. 그는 여호수아를 데려다가 대제사장 엘르아살과 온 이스라엘 백성들 앞에 세워놓은 뒤, 그의 머리에 안수하여 자신의 후계자로 세웠다. 이렇게 해서 오랫동안 모세의 부관으로 일했던 여호수아가 모세를 이어 공식적으로 이스라엘의 제2대 지도자로 위임받았다.

여호수아에게 주어진 임무는 출애굽의 영도자 모세 못지않게 막중했다. 모세가 죽은 후에 그는 이스라엘 백성들을 이끌고 요단강을 건너 가나안 일곱 족속들과 정복전쟁을 치러 그 땅을 차지해야 했다. 그런 뒤에는 가나안 땅을 이스라엘 12지파에게 합당하게 분배해 주어야 했다.

'오, 주여! 제게 사명을 감당할 힘을 주소서.'

여호수아는 막중한 사명감을 느끼면서 두렵고 떨리는 심정으로 모세와 대제사장 엘르아살과 온 이스라엘 백성들 앞에서 모세의 후계자로 세움 받았다. 이렇게 모세의 시대가 저물어 가고 여호수아의 시대가 성큼 다가왔다.

이때 믿음의 두 정탐꾼 중의 하나인 갈렙은 자기가 후계자 선정에서 탈락한 점에 대해 조금도 시기심이나 섭섭함을 느끼지 않았다. 오히려 여호수아의 부관으로 자처하면서, 여호수아가 모세에게 하듯 갈렙 자신도 여호수아에게 끝까지 충성심을 보이며 동역한다. 아름다운 우정이고, 본받을 만한 겸손이며, 충성어린 믿음이다.

28
주께 제사 지내라

너희는 날마다 주께 제사 지내라
흠없는 숫양 두 마리씩 번제물로 바쳐라
칠칠절에는 수확의 첫 소산 바쳐라
주께 번제물과 속죄제물 바쳐라

날마다 주님께 아침저녁으로 드릴 번제물에 관하여 (28:1-8)

때는 38년에 걸친 광야의 유랑이 끝난 출애굽 제40년(주전 1407년경) 9월경, 이스라엘 백성들이 여리고 맞은편, 곧 요단강 동편 강가의 모압 평지에 진치고 있을 때였다.

"모세야!"

어느 날, 주께서 모세를 성막으로 부르신 뒤 그에게 말씀하셨다. 머잖아 이스라엘 백성들이 약속의 땅 가나안에 들어가면 꼭 기억하여 주님께 드려야 하는 가증 성일이니 절기 때의 제사 제물에 관한 말씀이다. 먼저 하나님은 이스라엘 백성들이 날마다 아침저녁으로 바쳐야 하는 번제물에 관하여 말씀하신다.

"모세야, 너는 이스라엘 백성들에게 이르기를 '너희는 날마다 주님께 1년 된 흠 없는 숫양 두 마리씩을 번제물로 바쳐라. 한 마리는 아침에 바치고, 또 한 마리는 저녁에 바쳐라.' 하라."

"네, 주님. 분부대로 하겠습니다."

"그리고 아침저녁으로 숫양을 바칠 때는 고운 밀가루 10분의 1에바에, 좋은 올리브기름 4분의 1힌을 섞은 소제 제물도 함께 바치도록 하여라."

"네, 주님."

"그리고 거기에 독한 술 4분의 1힌을 함께 부어 올리도록 하여라."

"네, 이르신 대로 행하겠습니다."

"모세야, 내가 지금 일러주고 있는 매일 아침저녁의 제사는 상번제 규정이다. 이 규정은 내가 시내산에서 이미 정한 것이다. 너희는 이렇게 날마다 아침저녁으로 번제단 위에서 번제물을 나 주께 불살라 바쳐, 나로 하여금 그 향기를 흠향하게 하여라."

이른바 상번제(常燔祭) 규례다. 이 말은 '끊임없이 드리는 제사'란 뜻이다. 매일 아침과 저녁에 두 차례 하나님께 드리는 제사다. 1년 된 흠 없는 숫양 두 마리를 희생제물로 삼아 아침에 한 마리를 드리고, 오후 해질 때에 또 한 마리를 번제단 위에서 화제(불살라 바치는 방법)로 드려야 하는 것이다. 이처럼 날마다 조석으로 끊임없이 드리는 상번제는 하나님과의 지속적인 교제 및 헌신을 나타내는 제사다.

상번제를 드릴 때 주의해야 할 점이 있다. 그것은 아침저녁으로 숫양 한 마리씩을 번제물로 바칠 때 소제 제물과 전제 제물도 곁들여 바쳐야 한다는 것이다. 소제 제물로는 고운 밀가루 10분의 1에바에 좋은 올리브기름 4분의 1힌을 섞은 것을 바쳐야 했고, 번제물에 부어 바치는 전제 제물로는 독한 술 4분의 1힌이 필요했다.

여기서 에바(Ephah)는 구약시대에 고체의 부피를 측량하는 단위로, 1에바는 대략 23리터(12되)다. 그리고 힌(Hin)은 액체의 부피를 측량하는 단위로, 1힌은 대략 3.8리터(2되)다. 따라서 10분의 1에바는 2.3리터(1.2되)가량이고, 4분의 1힌은 0.95리터(0.5되)가량이다. 그렇다면 매일 드려야 하는 상번제 제물을 한번 정리해 보자.

① **번제 제물**: 1년 된 흠 없는 숫양 2마리
② **소제 제물**: 고운 밀가루 10분의 1에바에, 좋은 올리브기름 4분의 1힌을 섞은 것
③ **전제 제물**: 독한 술 4분의 1힌

안식일마다 주님께 드릴 제물에 관하여 (28:9-10)

"모세야."

상번제 규례에 이어 하나님은 모세에게 매 안식일마다 주님께 바쳐야 하는 제물에 관하여 일러주신다.

"너희는 매 안식일마다 1년 된 흠 없는 숫양 두 마리와 함께 고운 밀가루 10분의 2에바에, 좋은 올리브기름을 섞은 소제 제물을 바쳐라. 이때 부어 드리는 전제 제물도 함께 바쳐야 한다. 매 안식일마다 바치는 제물은 날마다 드리는 번제물이나 소제 제물이나 전제 제물과는 별도로 바쳐야 하느니라."

하나님은 매 안식일이 되면, 매일 드리는 상번제 제물(번제 제물로는 1년 된 흠 없는 숫양 두 마리, 소제 제물로는 고운 밀가루 10분의 1에바에 좋은 올리브기름 4분의 1힌을 섞은 것, 전제 제물로는 독한 술 4분의 1힌)과는 별도로, 안식일용 특별 제물(번제 제물로는 1년 된 흠 없는 숫양 두 마리, 소제 제물로는 고운 밀가루 10분의 2에바에 좋은 올리브기름을 섞은 것, 전제 제물로는 독한 술 4분의 1힌)을 바치라는 말씀이다.

따라서 매 7일마다 돌아오는 안식일에는 평일의 두 배 되는 제물을 드리는 결과가 되었다. 이는 평일의 헌신과 교제도 중요하지만, 하나님께서 특별히 제정하신 안식일에는 더욱 정성을 다하여, 평일의 두 배만큼이나 주님께 헌신하고 주님과 교제해야 한다는 교훈을 준다. 그렇다면 매 안식일마다 주님께 드려야 하는 제물을 한번 정리해 보자.

① **번제 제물**: 1년 된 흠 없는 숫양 2마리

② **소제 제물**: 고운 밀가루 10분의 2에바에, 좋은 올리브기름을 섞은 것

③ **전제 제물**: 독한 술 4분의 1힌

매월 초하루에 주님께 드릴 제물에 관하여 (28:11-15)

"모세야."

하나님은 이어 모세에게 매월 초하루, 즉 월삭(月朔)에 주님께 바쳐야 하는 제물에 관해 일러주신다.

"너희는 매달 초하루에는 수송아지 두 마리와 숫양 한 마리와 1년 된 어린양 일곱 마리를 모두 흠 없는 것으로 골라 번제물로 바쳐라."

매달 초하루에 주께 바쳐야 하는 번제 제물에 관한 말씀이다. 여기에 곁들여 소제 제물도 함께 바쳐야 했다.

"이때 너희는 소제 제물도 함께 바쳐야 한다. 소제 제물로는 올리브기름을 섞은 고운 밀가루를 바치되 수송아지 한 마리당 고운 밀가루 10분의 3에바씩, 숫양 한 마리에는 고운 밀가루 10분의 2에바, 그리고 어린양 한 마리당 고운 밀가루 10분의 1에바씩을 함께 바쳐라. 이 제물들을 번제단 위에서 불살라 그 타오르는 냄새로 나를 흐뭇하게 하여라."

매달 초하루에 번제 제물에 곁들여 함께 바쳐야 하는 소제 제물에 관한 말씀이다. 여기에 덧붙여 전제(奠祭) 제물도 함께 바쳐야 했다.

"너희는 또 이때 부어 드릴 전제 제물을 함께 바쳐야 한다. 전제 제물로는 수송아지 한 마리당 포도주 반(半) 힌씩, 숫양 한 마리당 포도주 3분의 1힌씩, 또 어린양 한 마리당 포도주 4분의 1힌씩을 부어서 올려라. 너희는 매달 초하루가 되면, 이와 같은 제물을 가지고 와서 내게 번제를 바쳐야 하느니라."

종합하면, 매달 초하루(월삭)에 주님께 바쳐야 하는 제물들은 이러하다.

① 먼저 번제 제물로는 수송아지 두 마리, 숫양 한 마리, 어린양 일곱 마리를 바쳐야 했다.
② 여기에 곁들어 소제 제물을 바쳐야 했다. 소제 제물로는 수송아지 한 마리당 고운 밀가루 10분의 3에바씩, 숫양 한 마리에는 고운 밀가루 10분의 2에바, 그리고 어린양 한 마리당 고운 밀가루 10분의 1에바씩을 함께 바쳐야 했다.
③ 또한 여기에 곁들어 전제 제물을 바쳐야 했다. 전제 제물로는 수송아지 한 마리당 포도주 반(半) 힌씩, 숫양 한 마리에는 포도주 3분의 1힌, 그리고 어린양 한 마리당 포도주 4분의 1힌씩을 함께 바쳐야 했다.
④ 마지막으로 속죄제 제물을 바쳐야 했다. 속죄제 제물은 숫염소 한 마리였다.

물론 이와 같은 매달 초하루의 제물들은 날마다 바치는 상번제의 제물과는 별도로 바쳐야 했다. 만일 안식일과 겹치면 매 안식일에 바치는 제물도 별도로 바쳐야 했다.

이처럼 한 달을 새롭게 시작하는 매달 초하루에는 하나님께서 명하신 풍성한 제물로써 하나님께 헌신과 충성을 다짐하고, 새 출발에 대한 새로운 각오를 나타내야 했다. 그리고 매달 초하루에는 번제 제물뿐 아니라 특별히 속제 제물도 바쳐야 했다.

"너희는 또 매달 초하루에는 날마다 바치는 번제 곧 상번제의 제물 외에 숫염소 한 마리를 속죄제 제물로 바쳐야 하느니라."

매날 초하루에 바쳐야 하는 속죄제 제물은 '숫염소 한 마리'였다. 매달 초하루의 제사에 특별히 속죄제가 포함된 이유는 이러하다. 곧 죄를 범하고서도 깨닫지 못한 채 그냥 지나친 지난달의 죄과를 사함받기 위해서였다.

다시 말하면, 새로이 시작하는 새로운 달의 첫 날에 지난달의 모든 죄를 사함 받고, 이제 새로운 마음으로 하나님께 구별된 삶을 살기 위해 매달 초하루에 속죄제를 드렸던 것이다.

속죄제는 정화(淨化)란 뜻이다. 이 제사는 하나님 앞에서 그릇(실수로 혹은 알지 못하고) 저지른 모든 죄에 대하여 깨끗이 사함 받기를 원할 때 반드시 드려야 하는 의무적인 제사다.

유교절과 무교절에 주님께 드릴 제물에 관하여 (28:16-25)

"모세야."

이어서 하나님은 모세에게 유월절과 무교절에 주님께 바쳐야 하는 제물에 관하여 일러주신다.

"매년 정월 14일은 너희를 구원한 날을 기리는 유월절이니라. 그리고 다음날부터 7일 동안은 무교절이니, 무교절의 이레 동안은 누룩을 넣지 않은 빵을 먹어야 하느니라. 무교절 첫날에는 거룩한 모임을 가져야 하고 어떤 일도 해서는 안 된다. 그날에는 불살라 바치는 번제물로 수송아지 두 마리와 숫양 한 마리, 1년 된 어린양 일곱 마리를 모두 흠 없는 것으로 나 주께 바쳐야 하느니라."

유월절은 종교력 정월(아빕 월) 14일 저녁에 시행된 어린양의 만찬 의식을 가리키는 절기다. 무교절은 유월절 의식을 포함하여 이후로 일주일 동안(15일부터 21일까지) 누룩 없는 빵 곧 무교병(無酵餠)을 먹는 의식을 가리킨다. 이처럼 유월절과 무교절은 서로 밀접하게 연결되었기 때문에 서로 구별하지 않고 종종 혼용되기도 한다.

무교절에 주께 바쳐야 하는 번제 제물은 수송아지 두 마리, 숫양 한 마리, 어린양 일곱 마리였다. 물론 전부 '흠(欠) 없는 것'이다. 다른 제물들도 그러하지만 특별히 유월절과 무교절의 모든 희생제물은 장차 인류의 죄를 대속하기 위해 십자가 위에서 피 흘리실 흠 없으신 메시아 예수를 예표하는 것이기 때문이다. 무교절을 맞아 번제 제물을 드릴 때 곁들여 소제 제물도 함께 드려야 했다.

“너희는 이때 소제 제물도 곁들여 함께 바쳐야 한다. 소제 제물로는 좋은 올리브기름을 섞은 것으로 수송아지 한 마리당 고운 밀가루 10분의 3에바씩, 숫양 한 마리에는 고운 밀가루 10분의 2에바, 그리고 어린양 한 마리당 고운 밀가루 10분의 1에바씩을 함께 바쳐야 하느니라.”

번제 제물에 이어서 하나님은 무교절에 바쳐야 하는 속죄제 제물에 관해서도 일러주신다.

“너희는 또 무교절에 속죄제 제물을 바쳐야 한다. 속죄제 제물로는 숫염소 한 마리를 나 주께 바쳐, 너희의 죄를 깨끗이 씻어내는 의식을 올리도록 하여라.”

무교절에 바쳐야 하는 속죄제 제물은 매달 초하루에 바쳐야 했던 속죄제 제물과 동일하게 ‘숫염소 한 마리’였다. 하지만 하루 동안만 드린 매달의 초하루 제사와는 달리, 무교절에는 절기 내내 7일 동안 날마다 바쳐야 했기에 훨씬 각별하였다. 속죄제는 죄를 깨끗이 사함 받기 위해 드리는 제사다. 이제 하나님은 무교절에 관한 말씀을 마무리 지으신다.

“너희는 무교절 기간인 이레 동안 날마다 똑같은 제물을 내게 바쳐야 한다. 번제단 위에서 내가 명한 희생제물을 불살라 바치면, 내가 그 향기를 맡고 흐뭇해하리라. 무교절의 마지막 날인 이레째 날에도 너희는 일을 해서는 안 되며 거룩한 모임을 가져야 하느니라.”

무교절 기간인 7일 동안 날마다 똑같은 번제물과 소제물을 주님께 바쳐야 하고, 무교절 첫날과 마찬가지로 무교절의 마지막 날에도 모든 노동을 금하고 거룩한 모임을 가져야 한다는 말씀이다. 이는 거룩한 모임을 가지면서 그날 하루를 온전히 하나님께 바쳐, 출애굽의 크신 은혜를 베푸신 하나님의 구원을 기억하면서 하나님께 감사 찬양을 드리도록 하기 위해서다. 하나님은 무교절에 드리는 모든 제사의 제물이 매일 아침저녁으로 드리는 상번제와는 별도로 드려야 할 것임을 강조하신다.

"무교절 기간 동안에도 너희는 날마다 내게 바쳐야 하는 아침저녁의 번제, 곧 상번제의 제물을 빠짐없이 바쳐야 하느니라."

기억하라! 이처럼 매일 아침저녁으로 주께 드려야 하는 상번제는 모든 성일(聖日)이나 절기 때 드리는 특별 제사와는 별도로 하루도 빠짐없이 준수해야 했다. 바꾸어 말하면, 모든 성일이나 절기 때 드려야 하는 제사는 매일 아침저녁으로 드리는 상번제(常燔祭)에 더해서 드려야 했다. 이는 어떤 상황에서도 주님을 향한 날마다의 헌신과 교제는 항상 기본으로 전제되어 있어야 함을 교훈한다.

칠칠절에 주님께 드릴 제물에 관하여 (28:26-31)

"모세야."

하나님은 유월절과 무교절에 이어서 칠칠절에 주께 바쳐야 하는 제물에 관하여 모세에게 일러주신다.

"너희는 칠칠절을 준수하여라. 첫 수확한 밀 곡식을 바치는 칠칠절 첫날에 너희는 거룩한 모임을 가져야 하며 어떤 일도 해서는 안 된다."

칠칠절(七七節)은 무교절 기간 중 보리 수확의 첫 열매를 제단에 바치는 초실절(初實節)로부터 50일째 되는 날에 지키는 절기로, 밀의 첫 수확을 하나님께 바치는 날이다. 그래서 이 절기는 '오순절' 또는 '맥추절'로도 불린다.

한편, 신약시대에 이르러서는 바로 이 오순절에 성령이 강림한 사건을 계기로, 추수감사제의 성격에서 성령강림제의 의미로 전환되었다. 하나님은 이제 칠칠절에 바쳐야 하는 제물에 관하여 말씀하신다.

"그날에 너희는 번제 제물로 수송아지 두 마리와 숫양 한 마리와 1년 된 어린양 일곱 마리를 내게 바쳐라. 이 제물들을 번제단 위에서 불살라 그 타오르는 향기로 나를 흐뭇하게 하여라."

칠칠절(오순절, 맥추절)에 주님께 드려야 하는 번제물은 매달 초하루 및 무교절 기간 중 하루에 드려야 했던 번제물과 똑같았다. 수송아지 두 마리와 숫양 한 마리와 1년 된 어린양 일곱 마리를 번제물로 드려야 했다. 하나님은 이 같은 번제물에 소제물을 곁들어 바쳐야 한다고 말씀하신다.

"이러한 번제물과 함께 너희는 고운 밀가루에 올리브기름을 섞은 소제물을 함께 바쳐야 한다. 수송아지 한 마리당 고운 밀가루 10분의 3에바씩, 숫양 한 마리에는 고운 밀가루 10분의 2에바, 그리고 어린양 한 마리당 고운 밀가루 10분의 1에바씩을 바쳐야 하느니라."

소제물 역시 매달 초하루(월삭)에 바쳐야 했던 소제물 및 무교절 기간 중 하루에 바쳐야 했던 소제물과 똑같았다. 즉, 수송아지 한 마리마다 고운 밀가루 10분의 3에바(6.9리터가량)씩, 숫양 한 마리에는 고운 밀가루 10분의 2에바(4.6리터가량), 그리고 어린양 한 마리마다 고운 밀가루 10분의 1에바(2.3리터가량)씩을 바쳐야 했다. 하나님은 또한 칠칠절에 바쳐야 하는 속죄제 제물에 관해서도 일러주신다.

"너희는 그 날에 또 속죄제를 바쳐야 한다. 속죄제 제물로 숫염소 한 마리를 나 주께 바쳐, 너희 죄를 깨끗이 씻어내는 의식을 올려야 하느니라."

속죄제는 실수로 혹은 알지 못하고 부지중에 지은 죄를 사함 받기 위해 드리는 제사다. 칠칠절에 드려진 속죄제 제물은 '숫염소 한 마리'였다. 이것 역시 매달 초하루 및 무교절 기간 중 하루에 드린 속죄제 제물과 똑같았다.

이제 하나님은 칠칠절에 관한 규례를 마무리하시면서 다시금 칠칠절 제사를 드릴 때 주의해야 할 점을 강조하신다. 즉 ① 전제 제물도 곁들어 바칠 것 ② 모든 제물들은 흠 없는 것으로 드릴 것 ③ 어떤 경우에도 상번제를 빠뜨리지 말고 그것과 별도로 드릴 것.

"너희는 제사 드릴 때 부어 드리는 전제 제물도 항상 빠뜨리지 말고, 또한 모든 제물은 항상 흠 없는 것으로 바쳐야 하느니라. 그리고 날마다 아침저녁으로 바치는 상번제를 칠칠절이라고 해서 빠뜨리지 말고 반드시 바쳐야 하느니라."

모든 제물을 바칠 때 항상 '흠 없는' 짐승으로 바쳐야 한다는 사실에 주목하라. 그 까닭은 분명하다.

① 제물을 받으시는 하나님께서 흠 없으신 거룩한 분이시기 때문이다.
② 구약시대의 모든 희생제물은 장차 온 인류의 희생제물이 되실 흠 없으신 메시아 예수를 예표하는 것이기 때문이다.

여기서 궁금한 사실이 하나 있다. '과연 당대의 이스라엘 백성들은 이처럼 복잡한 절기 규정을 다 기억할 수 있었을까?' 하는 점이다. 아마도 다음 몇 가지 요소들이 기억하는 데 큰 도움을 주었으리라.

첫째, 제사장들과 레위인들은 제사와 절기 및 성막에 관한 제반 일들에 관해 전문가였기 때문에, 여러 구체적인 규례들을 충분히 기억하고 알맞게 처리할 수 있었다.

둘째, 제반 규정들은 문서로 기록되어 보관되었다.

셋째, 오늘날 우리가 보기에는 무척 복잡하고 까다롭게 보이는 규정일지라도, 당시에는 규정들이 생활의 일부분처럼 매우 친숙하게 여겨졌을 것이다.

29

일곱째 달에 지낼 제사

일곱째 달 초하루에 나팔 불어
성회로 모이고 아무 일도 하지 마라
수송아지와 숫양으로 번제 드리고
숫염소 하나로 속죄제 드려라

나팔절에 주님께 드릴 제물에 관하여 (29:1-6)

하나님께서 다시금 모세를 성막으로 부르신다. 음성으로 "이리 오너라." 하고 부르시는 것이 아니라, 마음으로 부르시는 그 소리를 모세는 듣는다. 모세에게 허락하신 특별한 은총이자 특이한 지각(知覺) 능력이다. 인간 역사에서 모세만큼 하나님과 가까이 지내면서 계시를 통해 그분과 오랜 대화와 친교를 나눈 사람은 없다.

"모세야."

"네, 주님! 성막으로 올라가겠습니다."

모세가 성막 안으로 들어서서, 하나님의 임재가 성막 안에 가득 차 있음을 느낀다. 모세는 하나님을 지각하는 능력이 뛰어나기에 그분의 존재를 쉽게 알아차릴 수 있다.

"칠칠절 제물에 관한 규례는 잘 기록해 두었느냐?"

"네, 주님, 잘 기록했습니다."

“칠칠절에 이어 오늘은 나팔절에 나 주께 바쳐야 하는 제물에 관하여 말할 테니 잘 기록해 두거라!”

“네, 주님. 말씀하소서.”

“가나안 땅에 입성하거든, 이스라엘의 모든 백성들은 매년 칠월 초하루에 거룩한 모임을 갖고 어떤 일도 하지 말아라.”

“네, 나팔절을 제정해서 지키겠습니다. 그런데 왜 하필이면 나팔절이라 하십니까?”

“그날에 너희는 나팔을 크게 불어서 온 이스라엘 백성들에게 널리 알려라. 그래서 나팔절이라 했느니라.”

하나님의 말씀처럼, 나팔절은 그날 아침에 나팔을 크게 불어 모임을 알리기 때문에 붙인 이름이다. 유대 종교력으로 매년 7월 초하루(일반 민간력으로는 정월 초하루, 곧 새해 첫 날)에는 희생제물 위에 히브리어로 ‘쇼파르’라고 하는 긴 뿔나팔을 힘차게 불어 새로운 한 해의 시작을 알렸다.

이 절기를 ‘나팔절’ 혹은 ‘신년절’이라고 한다. 안식의 달인 신성한 일곱 번째 달을 맞아, 그 달 전부를 하나님께 봉헌하기 위해서 지킨 절기다.

나팔절은 민간력으로는 정월 초하루로서 곧 새해의 첫 날이다. 그렇기

▲ 나팔절에 사용된 긴 뿔나팔

때문에 새해 첫 날을 하나님께 봉헌하기 위해서 지킨 절기이기도 했다. 나팔절 절기에도 율법으로 정해진 제물이 있었다. 나팔절에 바쳐야 하는 번제물은 매달 초하루나 무교절이나 칠칠절 때 바쳤던 번제물에서 수송아지 한 마리가 빠졌다. 그래서 수송아지 한 마리, 숫양 한 마리, 어린양 일곱 마리를 바쳤다.

이 같은 희생제물들을 번제단 위에서 불살라 그 타오르는 냄새로 주님께 바쳤다. 그러면 하나님은 그 번제물의 냄새를 향기롭게 여기고 기쁘게 흠향할 것이라고 말씀하셨다. 이제 하나님은 나팔절 때 번제물에 곁들여 바쳐야 하는 소제물에 관하여 일러주신다.

"너희는 번제물에 곁들여 또 고운 밀가루에 올리브기름을 섞은 소제물을 함께 바쳐야 하느니라. 수송아지 한 마리에는 고운 밀가루 10분의 3에바, 숫양 한 마리에는 고운 밀가루 10분의 2에바, 그리고 어린양 한 마리마다 고운 밀가루 10분의 1에바씩을 바치도록 하여라."

1에바가 23리터(12되)가량이므로, 10분의 1에바는 2.3리터(1.2되)가량이고, 10분의 2에바는 4.6리터(2.4되)가량이다. 그리고 10분의 3에바는 6.9리터(3.6되)가량이다.

나팔절 때 하나님은 또한 속죄제 제물도 함께 바칠 것을 명하신다. 나팔절 때 주님께 바쳐야 하는 속죄제 제물은 '숫염소 한 마리'다. 이는 매달 초하루나 무교절이나 칠칠절 때에 바친 속죄제 제물과 똑같다. 이 날에 속죄제 제물로써 주님께 속죄제를 드리는 이유는 분명하다. 그릇 지은 죄를 사함받기 위해서다. 속죄제를 통해 죄 사함을 받아야만 하나님과 참된 평화와 화목을 이루기 때문이다.

모든 속죄제에는 희생제물의 피 흘림이 있어야 했다. 바로 그 피 흘림이 장차 갈보리 언덕의 십자가 위에 매달리신 메시아 예수의 피 흘림을 예표하는 것이다. 따라서 궁극적으로 모든 인류의 죄 사함은 오직 메시아 예수의 십자가 보혈로 말미암는 것이다. 다시 말해 죄인들의 죄를 대신해서 십자가에서 피 흘리신 메시아 예수를 자신의 구주로 받아들이는 믿음으로 말미암는 것이다. 이제 하나님은 나팔절에 관한 말씀을 마무리 지으신다.

"너희는 매년 칠월 초하루인 나팔절에는 내가 지시한 대로 내게 제물을 바치되, 매일 아침저녁으로 드리는 상번제 제물 및 매달 초하루에 바치는 제물을 빠뜨리지 말고 함께 바쳐야 하느니라. 그러면 내가 그 향기를 맡고 흐뭇해하리라."

7월 초하루 나팔절에는 세 가지 제사와 그에 따른 제물을 드려야 한다.

① 매일 아침저녁으로 드리는 상번제와 그에 따른 제물
② 매달 초하루(월삭)에 드려야 하는 제사와 그에 따른 제물
③ 나팔절에 특별히 드려야 하는 제사와 그에 따른 제물

7월 초하루는 종교력으로는 일곱 번째 안식의 달이고, 민간력으로는 새해 첫 달의 첫 날이다. 그렇기에 주님께 많은 제사들과 제물들을 드렸다. 그만큼 특별하고 의미가 깊은 달이고 날이기 때문이다. 이처럼 구약시대에 주님께 드린 풍성한 제사와 많은 제물은 그만큼 하나님과의 풍성한 교제와 충만한 헌신을 뜻한다.

속죄일에 주님께 드릴 제물에 관하여 (29:7-11)

"모세야."

하나님은 나팔절에 이어 속죄일에 주님께 바쳐야 하는 제물에 관하여 모세에게 일러주신다.

"너희는 7월 10일에 거룩한 모임을 가져라. 이 날에는 아무것도 입에 대지 말고, 어떤 일도 해서는 안 되느니라."

유대 종교력으로 7월 10일은 대대적으로 죄를 사함 받는 속죄일(贖罪日)로 지켜졌다. 이 날은 이스라엘의 대제사장이 1년에 오직 한 차례 성막 안 가장 깊고 은밀한 지성소로 들어가 이스라엘 온 백성들의 죄를 사함 받는 날이다. 또한 1년 동안 이스라엘 백성들의 죄로 인해 더럽혀진 성막을 정결케 하는 날이다. 이 날에 백성들은 거룩한 모임을 갖고 죄에 대해 철저히 통회했다. 속죄일을 국가적인 금식일로 지킴으로써 스스로 마음을 괴롭게 해야 했다.

속죄일에 주님께 바쳐야 하는 번제물은 나팔절 때와 똑같다.

① 수송아지 한 마리 ② 숫양 한 마리 ③ 어린양 일곱 마리

매달 초하루(월삭)나 무교절이나 칠칠절(오순절, 맥추절)에 바쳐야 하는 번제물에 비해 수송아지 한 마리가 적다. 당연히 모든 제물은 흠이 없어야 했다. 조금도 흠 없으신 메시아 예수를 예표하기 때문이다. 하나님은 번제물에 곁들여 바쳐야 하는 소제물에 관해서도 일러주신다.

"이때 너희는 또 고운 밀가루에 올리브기름을 섞은 소제물을 함께 바쳐야 한다. 수송아지 한 마리에는 고운 밀가루 10분의 3에바, 숫양 한 마리에는 고운 밀가루 10분의 2에바, 그리고 어린양 한 마리마다 고운 밀가루 10분의 1에바씩을 바쳐야 하느니라."

소제물은 피 없는 곡식 제물이다. 그렇기 때문에 단독으로 드릴 수는 없었고 언제든지 번제물에 곁들여 드렸다. 그래서 번제물의 크기와 비중에 따라 소제물의 양도 적절하게 조절되었다. 이런 매락에서 수송아지에는 한 마리당 10분의 3에바(대략 6.9리터), 숫양에는 한 마리당 10분의 2에바(대략 4.6리터), 그리고 어린양에는 한 마리당 10분의 1에바(대략 2.3리터)의 소제물이 요구되었다.

하나님은 속죄일에 속죄제 제물도 역시 바쳐야 한다고 말씀하신다 속죄일에 속죄제 제물로는 '숫염소 한 마리'가 요구되었다. 이는 다른

여러 절기에서도 요구된 속죄제 제물과 똑같았다. 즉 매달 초하루(월삭), 무교절, 칠칠절(오순절, 맥추절), 나팔절, 그리고 초막절(장막절, 수장절) 등에도 속죄제 제물은 '숫염소 한 마리'로 똑같았다.

속죄일에도 매일 아침저녁으로 바치는 상번제 제물, 곧 아침에 어린양 한 마리와 저녁에 어린양 한 마리를 바치는 제사는 빠뜨리지 말고 반드시 바쳐야 했다. 상번제 제물은 언제나 성일이나 절기의 제물들과는 별도로 바쳐야 했다. 이는 언제나 중단이나 쉼 없이 지속해야 하는 하나님께 대한 매일의 헌신과 교제의 소중함을 일깨워 준다.

초막절에 주께 드릴 제물에 관하여 (29:12-40)

"모세야."

속죄일에 바쳐야 하는 제물의 규례에 이어, 주께서는 초막절에 바쳐야 하는 제물의 규례에 관하여 일러주시기 위해 다시금 모세를 부르신다.

"너희는 7월 15일에 거룩한 모임을 갖고 어떤 일도 하지 마라. 그날부터 이레 동안은 나 주께 감사하며 잔치를 벌여야 하느니라."

매년 7월 15일에는 모든 노동을 금하고 성회(聖會)로 모일 것을 하나님께서 이스라엘 백성들에게 명하신다. 그날은 이스라엘의 3대 절기(유월절, 오순절, 초막절) 가운데 하나인 초막절이다. 초막절은 '장막절' 또는 '수장절'이라고도 하는데, 유대 종교력으로 7월 15일부터 이레(7일) 동안 지켰다.

이 절기는 이스라엘 백성들이 출애굽 이후에 40여 년 동안 광야에서 장막 생활을 하면서 하나님의 인도와 보호를 받은 것을 기념하는 절기다. 그래서 초막절에는 모든 백성들이 자기 집을 떠나 야외에다 7일 동안 초막(草幕)을 짓고 생활하면서, 지난날 광야의 장막생활을 재현하는 가운데 다시금 하나님의 인도하심과 돌보심의 은혜를 기억하고 감사하는 시간을 가졌다.

초막절은 8일에 걸쳐 번제물과 속죄 제물을 규정에 맞게 바쳐야 했다. 또 여기에다 소제와 전제를 곁들여 함께 바쳐야 했다. 물론, 이때에도 날마다 바치는 상번제 제물을 변함없이 별도로 바쳐야 했다.

거룩한 모임을 가져야 하는 초막절의 첫째 날(7월 15일)에 바쳐야 하는 제물은 이러했다.

① **번제물**: 수송아지 열세 마리, 숫양 두 마리, 어린양 열네 마리
② **소제물**: 수송아지 한 마리당 고운 밀가루 10분의 3에바씩, 숫양 한 마리당 고운 밀가루 10분의 2에바씩, 어린양 한 마리당 고운 밀가루 10분의 1에바씩
③ **전제물**: 수송아지 한 마리당 포도주 2분의 1힌씩, 숫양 한 마리당 포도주 3분의 1힌씩, 어린양 한 마리당 포도주 4분의 1힌씩
④ **속죄 제물**: 숫염소 한 마리

에바(Ephah)는 당시 고체의 부피를 측량하는 단위로, 1에바는 대략 23리터(12되가량)다. 따라서 10분의 1에바는 2.3리터(1.2되)가량이고, 10분의 2에바는 4.6리터(2.4되)가량이며, 10분의 3에바는 6.9리터(3.6되)가량이다. 그리고 힌(Hin)은 당시에 액체의 부피를 측량하는 단위로, 1힌은 대략 3.8리터(2되)다. 따라서 4분의 1힌은 0.95리터(0.5되)가량이고, 3분의 1힌은 1.27리터(0.7되)가량이며, 2분의 1힌은 1.9리터(1되)가량이다.

상번제 제물은 날마다 아침저녁으로 드려야 했다. 상번제 제물로는 아침에 어린양 한 마리, 저녁에 어린양 한 마리다. 이 같은 상번제 제물은 초막절의 제물들과는 별도로 번제단 위에서 불살라 바쳐야 했다.

초막절의 둘째 날에는 수송아지 수효가 한 마리 줄어든 것을 제외하고

는 첫째 날의 제물들과 모두 동일했다. 즉, 첫째 날에는 수송아지 열세 마리를 바쳤는데, 둘째 날에는 수송아지 열두 마리를 바쳤다.

초막절의 셋째 날에는 수송아지 수효가 한 마리 더 줄어들어 열한 마리를 바쳤다. 그 외에 다른 제물들은 첫째 날과 모두 똑같았다. 이렇게 날이 진행될수록 수송아지 수효만 한 마리씩 계속 줄어들었고 나머지 제물들은 똑같았다. 따라서 넷째 날에는 수송아지 열 마리, 다섯째 날에는 수송아지 아홉 마리, 여섯째 날에는 수송아지 여덟 마리, 일곱째 날에는 수송아지 일곱 마리를 바쳤다.

그러다가 7일 동안의 초막절을 마감하는 제8일째에는 거룩한 모임을 가졌다. 이때에는 번제물로 수송아지 한 마리, 숫양 한 마리, 어린양 일곱 마리를 바쳤으며, 속죄제 제물로 숫염소 한 마리를 바쳤다. 이에 관하여 하나님께서 말씀하신다.

"모세야, 여덟째 날은 초막절 잔치의 마지막 날이므로 너희는 거룩한 모임을 가져라. 초막절 잔치의 첫째 날과 마찬가지로, 이 날에도 너희는 생업을 위해 일을 해서는 안 되느니라."

초막절 때에 거룩한 모임 곧 성회(聖會)는 절기를 시작하는 첫째 날과 절기를 마감하는 여덟째 날에 가졌다. 이때에는 생업을 위한 모든 노동을 온전히 그쳐야 했다. 이 날에도 규정된 제물을 바쳐야 했다.

초막절을 마감하는 여덟째 날에는 다른 날들에 비해 매우 적은 수효의 제물을 바쳤다. 곧 번제물로는 수송아지 한 마리, 숫양 한 마리, 어린양 일곱 마리였다. 그리고 제물의 수효에 맞게 소제물과 전제물도 바쳐야 했다.

"이때 너희는 고운 밀가루에 올리브기름을 섞은 소제물과 부어 드리는 전제물도 수송아지와 숫양과 어린양의 수에 따라 규정대로 바쳐라."

번제물에 곁들여 함께 바쳐야 하는 소제물의 규정은 이러하다. 즉, 수송아지 한 마리당 고운 밀가루 10분의 3에바를, 숫양 한 마리당

10분의 2에바를, 그리고 어린양 한 마리당 10분의 1에바를 바쳐야 했다. 또한 함께 부어 드려야 하는 전제물의 규정은 이러하다. 수송아지 한 마리당 포도주 2분의 1힌을, 숫양 한 마리당 3분의 1힌을, 그리고 어린양 한 마리당 4분의 1힌을 바쳐야 했다.

또한 하나님은 이때에 번제물과 소제물과 전제물 외에도 속죄 제물을 바칠 것을 명하셨다. 속죄 제물의 희생제물은 숫염소 한 마리다. 일반적으로 번제는 하나님께 헌신과 충성을 다짐하기 위해 드리는 제사다. 그러나 속죄제는 그릇(실수로 혹은 알지 못하고) 지은 죄를 용서받기 위해 드리는 제사다.

기억해야 할 것은, 모든 성일(안식일, 속죄일 등)과 절기(월삭, 무교절, 칠칠절, 나팔절, 초막절 등)에 드리는 제사는 평소에 드리는 상번제(常燔祭)와는 별도로 드려야 했다. 상번제? 상번제는 매일 아침과 저녁에 번제단 위에서 어린양 한 마리씩을 주님께 불살라 드리는 제사다.

종합하면, 초막절은 매년 7월 15일부터 향후 이레(일주일) 동안 지켰는데, 제8일째에는 절기를 마감하는 대성회로 지켰다. 그러므로 하나님께 드리는 제사는 모두 8일 동안에 걸쳐 이루어졌다. 이처럼 초막절 기간 8일 동안에 주님께 드린 제물의 종류와 수효는 이러하다.

① 매일 아침저녁으로 2마리씩 바치는 상번제용 어린양 16마리
② 초막절 기념으로 바치는 번제용 제물 191마리(수송아지 71마리, 숫양 15마리, 어린양 105마리)
③ 속죄제용 숫염소 8마리

이를 합하면, 초막절 기간 8일 동안에 모두 215마리의 희생제물을 드렸다. 이와 같이 초막절에는 많은 희생제물을 바쳤다. 그 까닭은 이러하다.

초막절은 출애굽 이후에 이스라엘 백성들이 광야에서 40년 동안 생활한 것을 기념하는 절기인 동시에, 한 해의 수확을 마무리하면서 풍성한 소출을 거두게 해주신 하나님의 은혜에 감사하는 일종의 추수감사제이기도 했기 때문이다.

이처럼 초막절은 한 해를 마무리 짓는 감사와 헌신의 큰 절기였다. 그러므로 풍성한 희생제물을 바침으로써 하나님께 큰 감사와 깊은 헌신의 마음을 표시했던 것이다. 이제 하나님은 이스라엘의 모든 성일과 절기에 주님께 바쳐야 하는 제물들과 관련해서 마무리를 지으신다.

"너희는 정해진 성일이나 절기를 맞을 때마다 이렇게 각종 제물들을 내게 바쳐야 한다. 이때에 바치는 제물들은 너희가 서원할 때나 자발적으로 바치는 제물들과는 별도로 바쳐야 하느니라."

하나님은 성일이나 절기에 특별한 제물을 요구하셨다. 물론, 평소에도 매일 상번제를 통해 반드시 제물을 요구하셨다. 그 이유는 이러하다. 인간이 거룩하신 하나님께 가까이 나아가 그분과 화목을 이루고 교제를 나누기 위해서는 반드시 죄 문제가 해결되어야 했다. 죄 문제를 해결하기 위해서는 반드시 죄 지은 당사자의 '피'가 요구되었다. 죄의 삯은 죽음이라는 사상에 근거하여 피는 곧 죽음을 뜻하기 때문이다.

따라서 죄 지은 사람은 반드시 죽어 피를 흘림으로써 그 대가를 치러야 했다. 그런데 하나님은 크신 사랑과 긍휼로 인간의 피 대신에 동물의 피를 대신 받기로 작정하셨다. 그래서 하나님은 때마다 시마다 인간들에게 반드시 제물을 요구하신 것이다.

하지만 꼭 기억하라! 구약시대의 모든 희생 동물들은 하나의 상징물과 예표물에 불과했다. 즉, 그림자인 것이다. 그것의 실체는 온 인류의 영원한 희생제물이 되신 하나님의 어린양, 곧 '메시아(그리스도) 예수'다. 그래서 성경의 역사는 어디까지나 메시아 예수를 중심으로 하는 구속사(救贖史)다.

30
여자의 서원

주께 드리는 맹세는 거룩한 것
여자가 혼인하든 안 하든
서원할 때면 허락이 필요하고
서원한 것은 반드시 지켜야 하네

여자의 서원에 관한 규례 (30:1-16)

때는 출애굽 제40년(주전 1406년경) 되던 해요, 장소는 여리고 맞은편에 있는 요단 동편의 모압 평지다. 오랜 광야 여정을 마친 이스라엘 백성들이 가나안 땅으로 들어가기 전에 마지막으로 진을 친 장소다.

잠깐 뒤를 돌아보자. 이스라엘 백성들이 이곳에 진치고 있을 때, 모압 왕 발락이 메소포타미아의 유명한 술사(점쟁이) 발람을 초청하여 이스라엘을 저주하려고 수차례 시도했다. 하지만 성령님의 강권적인 개입으로 실패했다. 그러나 결국에는 발람의 교활한 술책으로 이스라엘의 남자들이 모압 여자들의 꾐에 빠져, 브올 지역의 바알 축제에 참가하였다가 하나님께 큰 징벌을 받은 사건이 있었다. 곧 뼈아픈 '바알브올의 사건'을 겪게 된다.

바알브올 사건 이후에 하나님은 머잖아 있을 가나안 정복전쟁과 그 땅의 원활한 분배를 위해 제2차 인구조사를 명하셨다. 그리고 인구조사 이후에는 가나안 땅에 들어가서 맞이할 각종 성일과 절기 때에 주님께 드려야 하는 제물들에 관해 일러주셨다. 지금까지 우리는 그런 과정을 쭉 지켜보았다. 자, 그렇다면 또다시 앞으로 나아가자.

그런 뒤, 이제 하나님은 이스라엘 백성들에게 새로운 규례를 주신다. 즉 '여자들의 서원에 관한 규례'다. 성경에서 서원(誓願)은 사람끼리의 약속에서는 사용되지 않았고, 오직 사람이 하나님께 대하여 무엇을 하겠다든지, 혹은 무엇을 드리겠다든지 하는 약속에 대해 사용되었다. 이 같은 서원은 반드시 해야 하는 의무 행위는 아니었다. 하지만 누구든지 일단 여호와께 서원을 행한 자는 반드시 그 서원을 이행할 책임이 있었다.

그렇다면 왜 서원을 하는 것일까? 사람들이 여호와께 서원을 하는 까닭은 주님께 특별한 감사와 헌신의 마음을 나타내고 싶기 때문이다. 서원은 사람이 무엇을 하겠다고, 혹은 무엇을 드리겠다고 주님께 자발적으로 맹세하는 것이다.

고대 세계에서는 문서로 된 계약서가 발달되지 않았기 때문에 여러 증인들 앞에서 말하는 서원이 그 효력을 지녔다. 여호와께 서원한 사람은 자신의 서원을 충실히 이행함으로써 하나님과 사람들 앞에서 자신의 신실함과 충성됨을 입증해 보일 수 있었다. 이 같은 서원 행위에 대해서 모세는 하나님께 들은 바를 그대로 백성들에게 전해주고 있다.

"여러분, 아직 결혼하지 않고 아버지의 집에서 사는 어떤 처녀 딸이 주님께 어떤 일을 하겠다고 서원하거나, 또는 어떤 일을 하지 않겠다고 서원했다고 가정해 봅시다. 그러면…."

고대 세계에서 결혼하지 아니한 처녀 딸은 아버지에게 예속된 것으로 간주되었다. 따라서 어떤 책임이 뒤따르는 행위를 할 때는 반드시 아버지의 동의가 필요했다. 그 처녀 딸이 주님께 어떤 서원을 했을 때, 아버지가 그녀의 서원을 듣고서도 침묵하면 그것은 곧 동의를 표하는 것으로 여겨졌다. 그래서 그 처녀 딸은 자신의 서원을 반드시 이행해야 한다.

하지만 아버지가 처녀 딸의 서원을 듣고서 "안 된다!" 하고 말리면, 그 서원은 무효가 된다. 아버지의 동의를 받지 못했기 때문이다. 이때는 주님도 그 처녀 딸의 서원에 대하여 책임을 묻지 않으신다. 모세는 계속해서 주님께 들은바 여자의 서원에 관한 하나님의 규정을 백성들에게 알려준다.

"어떤 처녀가 주님께 어떤 일을 하겠다고 서원을 했거나, 혹은 어떤 일을 하지 않겠다고 서원을 한 후에 결혼을 했다 칩시다. 이때 아내가 발한 서원의 내용을 듣고서도 남편이 아무 말도 없으면, 그 여자는 자기가 발한 서원을 그대로 지켜야 합니다. 하지만 남편이 서원을 듣고서 안 된다고 만류하면, 그 여자는 자기 입술로 서원한 것을 이행하지 않아도 됩니다. 이때는 주님도 거기에 대해 책임을 묻지 않으십니다."

고대 세계에서 처녀 딸이 결혼을 하게 되면 그녀는 아버지의 예속에서 벗어나 남편에게 예속되었다. 따라서 그녀의 서원 이행에는 남편의 동의가 필수적으로 요청되었다. 이때 아내의 서원에 대해서 남편이 침묵하면 동의를 표하는 것으로 간주되어, 그 서원은 반드시 이행되어야 했다. 하지만 남편이 "안 됩니다!" 하고 말리면, 그 서원은 무효가 되어 주님도 거기에 대해 책임을 묻지 않으셨다.

이처럼 구약시대에 처녀 딸이나 아내 신분의 여자가 발한 서원은 아버지나 남편의 허락을 받아야만 그 효력을 인정받았다. 이는 여자들이 스스로 결정을 내릴 수 있는 능력이 없다고 보았기 때문이 아니다. 이를 입증하는 예로서 아버지나 남편에게서 벗어난 과부나 이혼녀들은 누구의 제약도 받지 않고 스스로의 의지로 얼마든지 서원할 수 있었고, 또 자신이 서원한 대로 이행해야 했다.

따라서 처녀 딸이나 아내에게 적용된 서원 규정은 남녀 차별의 문제가 아니다. 다만 경제적인 책임의 문제일 뿐이다. 가부장적인 고대 사회에서 남자들은 가정의 경제권을 쥐고 있었다. 서원을 하는 것은 가정의 재물을 주님께 봉헌하는 것이다. 따라서 그것은 경제권을 가진 남자의 동의와 책임 하에 이루어져야 한다는 것을 교훈해 준다.

과부나 이혼한 여인의 서원에 관한 규례도 제정되었다. 이들은 아버지나 남편에게 예속되지 않은 자유로운 여자들이다. 그래서 누구의 제약을 받을 필요 없이 스스로의 의지로 얼마든지 주님께 서원을 발할 수 있었다. 그러면 그녀는 반드시 서원한 대로 책임성 있게 이행해야만 했다.

그렇지만 결혼한 여자의 경우, 그녀는 반드시 남편의 동의를 받아야만 그 서원이 효력을 지녔고, 그렇지 못할 경우에는 효력이 없었다. 이것은 당시 아내에 대한 모든 책임과 권리가 한 집안의 가장인 남편에게 있었기 때문이다. 하지만 남편이 아내의 서원을 처음 들었을 때는 잠자코 있다가, 들은 지 한참이나 지난 후에 "안 된다!" 하고 무효화시키면, 서원 불이행에 따르는 책임을 아내가 아니라 남편이 감당해야 했다. 이는 자기 아내의 서원에 대해 결정권을 가진 자로서, 그 마음이 변한 것에 대해 책임을 져야 했기 때문이다. 이때는 그녀의 남편이 아내의 서원 파약에 대한 책임을 지고 주님께 속건제를 드려야 했다.

속건제(贖愆祭)의 기본 의미는 '침해' 또는 '위반'이다. 뜻 그대로 속건제는 여호와의 거룩한 물건이나 규정을 위반했을 때, 혹은 타인의 신체나 재산이나 권리에 대하여 침해했을 때, 그 죄를 사함받기 위해 배상의 형식으로 드려야 하는 의무적인 제사다. 따라서 속건제의 특징은 손해를 끼친 액수에다 5분의 1 (20%)을 더 얹어 배상해야 한다는 점이다. 그리고 속건제의 희생제물은 '흠 없는 숫양 한 마리'였다.

메시아 예수가 이 땅에 임한 신약시대에는 서원에 관한 교훈이 거의 주어지지 않았다. 메시아 예수는 사람들이 어떤 맹세로써 하나님께 무엇을 약속하는 것 곧 서원에 대해 상당한 주의를 주셨다.

그 대신에 매일의 영적 제사로 때로는 "예!"로, 때로는 "아니오!"로 자신들의 삶을 분명히 주님께 헌신하는 자들이 되기를 권면하였다. 즉, 평소에는 아무렇게나 살다가 때때로 날을 잡아 서원을 발하는 습관보다는, 매일 매순간의 삶 자체가 주님께 영광 돌리는 헌신과 봉사와 충성의 삶이 되기를 원하셨다.

31
미디안을 정복하다

미디안 족속은 이스라엘의 원수
누가 여호와의 원수를 갚을까
군사 이끌고 간 비느하스가
원수 갚고 돌아오네

미디안 족속을 쳐서 원수를 갚다 (31:1-12)

때는 출애굽 제40년(주전 1407년경) 8-9월 무렵. 장소는 요단 동편의 모압 평지. 가나안 땅을 눈앞에 둔 요단 동편의 모압 평지에는 오랜만에 서늘한 바람이 불어왔다. 아주 가끔씩 광야가 주는 선물이다. 이런 바람이 불면 광야 생활도 그럭저럭 견딜 만해진다.

모세는 모처럼 서늘한 바람을 즐기며 성막 위의 구름을 본다. 구름은 성막을 온통 덮은 채 그대로 있다. 구름이 떠오르지 않으면, 이스라엘 백성들은 한 발자국도 움직이지 못한다. 하나님의 인도하심 없이 떠나는 광야 길은 곧 죽음을 의미하기 때문이다. 그때 모세를 부르시는 하나님의 음성이 있었고, 모세는 하나님의 부르심에 응해 성막으로 나아간다.

"모세야, 너는 미디안 족속을 쳐서 이스라엘의 원수를 갚아라! 그런 후에야 네가 네 조상에게로 돌아갈 것이니라."

"네, 주님!"

성막 바깥으로 나온 모세는 즉시 여호수아를 찾는다.

"찾으셨습니까?"

"그렇소! 하나님께서 내게 마지막 임무를 주셨소!"

"네? 마지막이라니요? 지도자님에게 무슨 일이 있는 것입니까?"

"그건 걱정하지 않아도 되오. 여하튼 하나님께서 내게 마지막 과업을 내려 주셨소!"

"마지막 과업이라니요? 그게 어떤 일입니까?"

"미디안 족속을 쳐서 이스라엘의 원수를 갚으라고 하셨소!"

"맞습니다! 미디안 족속은 응당 보복해야 합니다. 그자들 때문에 우리 민족이 망할 뻔 했습니다. 이번 기회에 뿌리째 뽑아버려야 합니다."

미디안 족속은 아브라함의 후처인 그두라의 후손이다. 당시 이들은 가나안 동남쪽의 아카바만(灣) 지역에 분포해 있었다. 이들 미디안 족속은 주로 유목 생활이나 대상(隊商)에 의한 무역업에 종사하였고, 때로는 광야의 약탈자들로 변하기도 했다.

모세 당시에 미디안 족속의 활동 영역은 광범위했다. 또한 요단 동편의 모압과 동맹을 맺고 있었으며, 우상숭배가 만연한 사회였다. 그래서 온갖 종류의 음란한 우상숭배 의식으로 말미암아 도덕적으로 아주 문란한 상태에 있었다.

그럴지라도 본래 미디안 족속의 땅은 이스라엘에게 약속된 땅이 아니었다. 따라서 당시에 미디안 족속이 모압과 결탁하여 이스라엘 내에 음란한 우상숭배를 조장하지 않았더라면, 그들은 이스라엘 군대의 공격을 받을 하등의 이유가 없었다.

그러나 미디안 족속은 모압과 결탁하여 '바알브올 사건'을 일으켜 이스라엘을 음란한 우상숭배의 죄악에 빠뜨렸고, 그 결과로 이스라엘 백성들이 하나님께 무서운 징벌을 받아 무려 2만 4천 명 이상이 죽는 참극을 겪게 되었다. 그 일로 인해 당시 미디안 족속은 이스라엘 백성들의 원수가 된 것이다.

“자, 그러니 여호수아 그대는 이스라엘 백성들로 하여금 전쟁을 준비하게 하시오! 서두르시오!”

그런 다음에 모세는 이스라엘 각 지파의 지도자들을 불러 말했다.

“여러분, 이제 우리는 우리의 원수 미디안 족속을 치러 출정할 것입니다. 그러니 각 지파마다 천 명씩을 선발하시오! 우리를 우상숭배의 죄악에 빠뜨린 미디안 족속을 쳐서 여호와의 원수를 갚아야 합니다.”

“네! 알겠습니다. 분부대로 시행하겠습니다!”

이스라엘 12지파의 지휘관들은 각각 자신의 지파에서 천 명의 군사들을 뽑아 군대를 조직했다. 그리하여 모두 1만 2천 명의 군사들이 무장을 하고 나섰다. 그러자 모세는 제사장 비느하스를 찾았다.

대제사장 엘르아살의 아들인 제사장 비느하스. 그는 일전의 바알브올 사건 때 바알 우상의 축제에 참가한 이스라엘 남자가 미디안 여인을 데리고 이스라엘 진영 안으로까지 들어와 음란한 짓거리를 하는 데에 거룩한 의분을 느끼고 그들 두 남녀를 창으로 찔러 죽임으로써 하나님께 칭찬을 들은 인물이다. 그래서 모세는 이번 미디안 출정에서 그를 앞장세웠다.

“제사장 비느하스는 들으시오! 그대는 이제 이스라엘 군대를 이끌고 나아가, 미디안 족속을 쳐서 여호와의 원수를 갚도록 하시오! 주께서 그대와 함께하시고 이스라엘 군대를 도우실 것이오!”

모세는 대제사장 엘르아살의 아들 비느하스에게 성소의 여러 기구들과 신호용 나팔을 준 뒤에, 각 지파별로 천 명씩 뽑아 조직한 1만 2천 명의 이스라엘 군대를 이끌고 전쟁터로 나가게 했다.

이때 비느하스는 칼을 찬 장수로서 전쟁에 참여하는 것이 아니고, 여호와의 성물을 책임진 제사장으로서 참전하는 것이다. 이번 전쟁이 영토 확장을 위한 침략 전쟁이 아니라, 이스라엘 백성들을 미혹하여 타락하게 만든 우상숭배자들을 척결하는 전쟁이기 때문이다. 그렇게 함으로써 여호와의 원수를 갚고 하나님의 영광을 회복하는 거룩한 전쟁이기 때문이다.

"자, 미디안 족속을 공격하라! 모두 용기를 내라! 주께서 우리와 함께하신다. 조금도 겁내지 마라!"

"와! 와!"

비느하스 제사장은 전투에 앞서 주의 도우심을 간구하는 기도를 한다. 제사장의 기도 소리를 듣는 이스라엘 군사들은 사기가 충천했다. 그 결과, 전쟁은 이스라엘 군대의 일방적인 대승으로 끝났다. 모든 전쟁을 주관하시는 전능자 여호와께서 함께하신 전쟁이기 때문이다. 이스라엘 군사들은 여호와께서 모세에게 명하신 대로, 미디안 땅을 정복한 다음 미디안 족속의 남자들을 모조리 칼로 쳐 죽였다.

그들이 죽인 자들 가운데는 미디안 족속의 다섯 왕들도 포함되었다. 그들 다섯 왕의 이름은 에위, 레겜, 수르, 후르, 그리고 레바다. 그리고 이때의 싸움에서 메소포타미아의 유명한 술사(점쟁이) 브올의 아들 발람도 이스라엘 군사의 칼에 맞아 죽었다.

술사 발람을 기억하는가? 그는 모압 왕의 초청으로 이스라엘을 저주하기 위해 멀리 모압 땅까지 왔지만, 성령님의 강력한 간섭으로 도리어 축복을 베푼 인물이다. 그 결과, 그는 모압 왕에 의해 빈손으로 쫓겨났다. 그런 그가 어째서 당시 미디안 족속 가운데 섞여 있었는가? 모압 왕과 헤어진 뒤 고향으로 돌아가겠다던 발람이 고향 메소포타미아로 돌아가지 않고 미디안 땅으로 가서 그들 족속과 섞여 지냈던 사연은 이러하다.

하나님의 강력한 개입으로 이스라엘에 대한 발람의 저주가 무산되자, 모압 왕 발락은 크게 화가 났다. 그래서 모압 왕은 본래 발람을 초청할 때 주기로 약속했던 많은 재물과 높은 벼슬을 주지 않은 채 빈손으로 발람을 쫓아냈다. 그러자 많은 재물과 높은 벼슬에 대한 미련을 떨치지 못한 발람은 고향으로 돌아가지 않고 미디안 족속에게로 갔다.

거기서 발람은 사악한 계교를 꾸며내어, 그 꾀를 미디안 족속을 통해 모압 왕 발락에게 전해 주었다. 그것은 미인계를 사용하여 이스라엘 남자들을 음란한 우상숭배의 제전(祭典)에 초청하여 타락시킨 후, 하나님의 진노를 사서 저주를 받도록 하자는 것이었다. 그렇게라도 해서 많은 재물과 높은 벼슬을 얻고 귀향할 생각을 가진 것이다.

발람의 계교는 크게 성공했다. 모압 여인들의 달콤한 유혹에 넘어간 이스라엘 남자들은 모압 땅의 브올 지역에서 행해진 음란한 바알 제전에 참여했다. 과연 그 일은 하나님의 진노를 촉발시켰고, 그 결과로 악성 전염병이 이스라엘 진영에 퍼져 빠른 시간 안에 무려 2만 4천 명 이상이 죽는 대참극을 겪고 말았다.

이 일에 대한 복수로, 이스라엘 군대가 미디안 족속을 칠 때에 그들 가운데 섞여 있던 발람도 칼로 쳐 죽였던 것이다. 하나님의 뜻을 밝히 알고서도, 재물과 권세에 대한 미련을 버리지 못해 불의한 삯을 좇아 어그러진 길을 걸었던 악인의 비참한 최후였다.

"꼼짝 마라! 거기 서랏!"

미디안 족속을 쳐서 정복한 뒤 이스라엘 군사들은 미디안의 장정들은 모조리 죽였다. 또한 미디안 여인들과 아이들을 포로로 사로잡았다. 금은보화와 양떼와 소떼 등, 미디안 족속의 온갖 재산을 노획하였다. 그런 뒤 미디안 사람들이 살던 성읍들과 마을들에 불을 질렀다. 이렇게 이스라엘 군사들은 미디안 족속을 철저히 진멸시킨 뒤, 사람들과 가축들과 온갖 재물을 노획하여 전리품으로 삼았다.

"이제 그만하라! 이만하면 되었으니, 속히 이스라엘 진영으로 돌아가자!"

이스라엘 군대의 지휘관들은 사로잡은 포로들과 노획한 전리품을 가지고 개선했다. 여리고 맞은편 요단 강가의 모압 평지에 진치고 있던 모세와 엘르아살 대제사장과 온 이스라엘 백성들 앞으로 돌아왔다. 크게 승전한 뒤의 당당한 개선이라, 모두가 의기양양하게 이스라엘 본진으로 돌아왔다.

전쟁에 참가한 군사들이 정결례를 행하다 (31:13-24)

"지도자님! 우리 이스라엘 군대가 미디안 족속을 쳐부수고 지금 당당하게 개선중이라고 합니다!"

"그래? 오, 주님, 감사합니다!"

모세와 대제사장 엘르아살, 그리고 각 지파의 지도자들은 진영 밖으로 이스라엘 군대를 맞으러 나갔다. 그런데….

'아니? 저럴 수가!'

귀환하는 이스라엘 군대의 일행을 보고 모세의 안색이 변했다. 모세는 군대 지휘관들을 향해 질책하듯 물었다.

"그대들은 어쩌자고 미디안 여자들을 그냥 살려두었단 말이오?"

"네에? 무슨 말씀이신지…?"

"그대들은 바알브올 사건을 벌써 잊은 것이오? 이 여자들은 술사 발람의 꾀를 좇아 우리 이스라엘 남자들을 미혹하여 우상숭배의 죄악에 빠뜨리게 한 당사자들이란 말이오. 그래서 이스라엘이 여호와께 행해서는 안 되는 악을 행하도록 했고, 그 때문에 수많은 사람들이 전염병에 걸려 죽은 게 아니냔 말이오?"

"그, 그건… 그들이 여자들이라…."

전투에서 크게 승리를 거두고 당당하게 개선하는 터라 당연히 모세에게 크게 칭찬 들을 줄 알았던 지휘관들은 당황하는 기색이 역력했다. 지휘관들은 쭈뼛쭈뼛 서로 눈치만 살핀다. 이때 모세가 이스라엘 군사들을 향해 단호하게 명령했다.

"너희 군사들은 들어라! 사로잡은 포로들 가운데 남자 아이들은 모조리 죽여라. 그리고 남자와 잠자리에 든 적이 있는 여자들도 모조리 없애라. 다만 남자와 동침하지 아니하여 사내를 알지 못하는 여자들은 너희를 위해 그대로 살려두어라! 지금 즉시 시행토록 하라!"

모세의 명령은 추상같았다. 미디안 족속의 남자들을 다 죽인 이유는, 여호와의 원수인 그 민족을 진멸하기 위해서다. 남자와 동침하여 사내를 아는 미디안 여자들을 다 죽이라는 명령은, 그 여자들은 바알브올 사건과 직접 또는 간접적으로 관련되었기 때문이다. 하지만 남자와 동침하지 아니하여 사내를 알지 못하는 미디안 족속의 처녀들과 어린 여자아이들은 살려주었다. 그녀들은 이스라엘 남자들을 미혹하는 일에 일절 관여하지 않았기 때문이다. 또한 처녀들만으로는 결코 한 민족을 구성할 수도 없었기 때문이다.

이렇게 전쟁 포로가 되어 살아남은 미디안 처녀들은 이스라엘 백성들의 몸종이 되거나 주인의 첩이 되어 이스라엘 가운데 거주하였다. 이어서 모세는 이스라엘 군사들에게 계속 명령한다.

"모두 들어라! 너희들 중 사람을 죽인 자들이나 시체를 만진 자들은 모두 이레 동안 이스라엘 진영 밖에 머물러라. 그런 뒤 사흘째 되는 날과 이레째 되는 날에 너희 자신들뿐만 아니라 포로들까지 정결 예식을 치르도록 하라. 모든 옷과 가죽으로 만든 물품, 염소 털로 짠 것, 나무로 만든 것 등을 깨끗이 씻어야 한다."

이번 미디안 족속과의 전쟁과 관련된 것들, 곧 이스라엘 군사들과 미디안 포로들과 전리품들은 모두 정결 의식을 치러야 한다는 명령이다. 이는 레위기의 정결 율법에 따른 것이다.

레위기의 정결 율법에는 시체와 접촉한 사람들이나 물건들은 모두 부정을 입은 것으로 간주되어 7일간 정결례(淨潔禮)를 치르도록 규정되어 있다. 그래야 거룩하신 하나님께서 임하여 계시는 곳, 즉 하나님의 거룩한 성막이 있는 이스라엘 진영 안으로 들어올 수 있었다.

이 같은 모세의 명령이 있고 나서, 대제사장 엘르아살이 싸움터에서 돌아온 이스라엘 군사들에게 정결의 법에 관해 구체적으로 일러주었다.

"여러분! 금과 은, 구리, 쇠, 주석, 납 등과 같이 불에 타지 않는 것들은 모두 불 속에 잠시 집어넣었다가 꺼낸 뒤에 다시 정결하게 하는 물에 담그십시오. 하지만 불에 타는 것들은 단지 정결하게 하는 물에 담갔다가 꺼내기만 해도 됩니다. 여러분이 입었던 군복은 이레째 되는 날에 깨끗이 빨아야 합니다. 그런 다음에야 이스라엘 진영 안으로 들어갈 수 있습니다."

전쟁과 관련된 모든 것들은 시체에 오염되어 부정하게 되었다 때문에 율법의 정결 규례에 따라 금은이나 쇠처럼 불에 타지 않는 금속 제품들은 불속에 잠깐 집어넣은 뒤 정결하게 하는 물에 담갔다가 꺼내는 방식으로 정결례를 치렀다. 그리고 군복이나 나무처럼 불에 타는 제품들은 단지 정결하게 하는 물에 담갔다가 꺼내는 방식으로 정결례를 치렀다.

여기서 정결 의식에 사용되는 물, 곧 '정결하게 하는 물'을 만드는 방법에 관해서는 하나님께서 이미 모세에게 자세히 일러주셨다. 그것은 곧 '붉은 암송아지를 태워 만든 재를 섞은 물'을 가리킨다(이 물이 어떤 물이고, 어떻게 만들며, 언제 사용하는 물인지에 대해서는 민수기 19장을 보라).

미디안 족속에게서 획득한 전리품을 분배하다 (31:25-54)

"와, 정말 엄청나군! 놀라워, 이렇게 많을 줄이야!"

이스라엘 군사들은 미디안 족속과의 전쟁에서 엄청난 전리품을 획득했다. 이집트에서 나와 광야를 지나 가나안 땅으로 향하는 이스라엘 백성들에게는 분명한 목표가 있었다. 하나님께서 약속하신 가나안 땅을 취하는 것이었다. 따라서 목표에 어긋난 싸움은 하지 않았다. 아무 나라나 족속과 싸운 것이 아니고, 이방인이라고 해서 함부로 살생하지도 않는다. 다만 하나님을 능멸하며 선민 이스라엘을 무시하고 대적하는 나라나 민족에게만 칼을 겨누었다.

그런 나라나 민족과 굳이 전투를 하게 되면 전리품을 확보하는 일에도 노력을 아끼지 않았다. 전리품은 군사들의 사기를 위해서도 필요했지만, 장차 가나안 땅에 들어가 성읍을 건축할 때 필요한 물자들을 조달하는 재정이 되었기 때문이다. 그래서 하나님께서는 이스라엘 군사들이 획득한 전리품을 분배하는 일에도 시행 지침을 만들어 주셨다.

"모세야, 너는 대제사장 엘르아살 및 이스라엘 12지파의 지도자들과 함께 이스라엘 군사들이 끌고 온 포로들과 가축 떼가 얼마나 되는지 세어 보아라. 그런 뒤 전리품을 둘로 나누어 절반은 싸움터에 나갔던 군사들에게 나눠주고, 나머지 절반은 이스라엘 회중에게 나눠주도록 하여라."

미디안 족속과의 전쟁에서 획득한 전리품을 나누는 일에 대한 하나님의 명령이다. 싸움에 나갔던 군사들에게 전리품의 절반을 분배한 것은 그들이 목숨을 걸고 직접 전쟁터에서 싸웠기 때문이다.

주목할 점은, 전쟁에 참여하지 않은 일반 회중에게도 전리품 중 절반이 분배되었다는 사실이다. 이는 전쟁에 나갔던 군인이든 전쟁에 나가지 않았던 일반 회중이든, 이스라엘은 한 분 하나님을 섬기는 하나의 공동 운명체였기 때문이다. 이 같은 전리품 공동 분배의 원칙은 향후 이스라엘의 모든 전쟁에서 똑같이 적용되었다. 이어서 하나님은 분배받은 전리품 중에서 일정 비율을 주께 예물로 바쳐야 한다는 사실을 일러주신다.

"너희는 분배받은 전리품 중에서 일정 비율을 내게 바쳐야 한다. 싸움터에 나갔던 군사들은 분배받은 전리품 중에서 사람이든 소든 나귀든 양이든 염소든 500분의 1을 주께 바쳐야 하느니라. 또한 이스라엘 회중이 분배받은 절반의 전리품 가운데서도 50분의 1을 떼어서 주께 바쳐야 하느니라."

전쟁 승리 후에 획득한 모든 전리품은 싸움에 나갔던 군사들에게 절반이 분배되고, 나머지 절반은 싸움에 나가지는 않았지만 이스라엘 군대와 공동 운명체인 이스라엘 회중에게 분배되었다. 하지만 분배받은 전리품 중에서 여호와께 바쳐야 하는 헌물의 양은 차이가 났다.

전투에 참가한 군사들은 500분의 1의 헌물을 드린 반면, 일반 회중은 50분의 1의 헌물을 드렸다. 이 같은 차이는, 아무래도 전쟁에 참여한 군사들이 목숨 걸고 싸운 위험이 컸기 때문에 그 공로를 인정해 준 것이다.

전쟁에 참가한 군사들이 주께 바친 500분의 1의 헌물은 제사장들의 몫으로 돌아갔고, 전쟁에 참가하지 않은 회중이 바친 50분의 1의 헌물은 하나님의 성막 일에 전적으로 봉사하는 레위인들에게 주어졌다. 이처럼 하나님은 성막 일에 전념하는 자신의 일꾼들을 잊지 않으시고 적절한 몫을 따로 챙겨 주셨다. 그러니 이스라엘 온 백성들 중에서 전리품 분배에 대한 불평은 일절 일어나지 않았고, 오히려 모두가 감사하며 기뻐할 따름이었다.

모세와 대제사장 엘르아살은 주께서 명하신 대로 시행하였다. 먼저 미디안 족속에게서 얻은 전리품부터 살펴보았다. 싸움터에 나간 이스라엘 군사들이 개인적으로 취한 전리품 외에 그들이 공동으로 획득한 전리품은 이러했다.

① 양 : 67만 5천 마리

② 소 : 7만 2천 마리

③ 나귀 : 6만 1천 마리

④ 남자와 동침한 적이 없는 처녀 : 3만 2천 명

하나님의 명령에 따라 전리품들 가운데 절반은 싸움터에 나갔던 군사들의 몫으로 분배되었다. 그래서 양 33만 7,500마리, 소 3만 6천 마리, 나귀 3만 500마리, 그리고 포로 된 미디안 처녀들 1만 6천 명이 군사들의 몫으로 돌아갔다.

또한 이 같은 몫을 분배받은 이스라엘 군사들은 하나님의 명령에 따라 각자 500분의 1의 예물을 주께 바쳤다. 그래서 그들이 주께 바친 예물은 이러했다. 양 675마리, 소 72마리, 나귀 61마리, 그리고 미디안 처녀들 32명.

"주께서 명하신 대로 저희들이 분배받은 몫 가운데 500분의 1을 떼어 주께 예물로 바칩니다."

이스라엘 군사들은 큰 승리를 주신 주님께 기꺼이 예물을 바쳤다. 그러자 모세는 주께서 명하신 대로 군사들이 주님께 바친 가축들과 사람들을 대제사장 엘르아살에게 건네주었다. 이때 제사장들에게 돌려진 미디안 처녀들은 성막에서 요구되는 여러 잡다한 허드렛일에 봉사하게 되었다.

모세는 또 주의 명령에 따라 싸움에 나갔던 이스라엘 군사들이 획득한 전리품 가운데 절반을 이스라엘 회중에게 분배해 주었다. 그래서 백성들이 받은 전리품의 분량도 군사들이 받은 전리품의 분량과 똑같았다.

① 양 : 33만 7,500마리
② 소 : 3만 6천 마리
③ 나귀 : 3만 500마리
④ 남자와 동침한 적이 없는 처녀 : 1만 6천 명

"주께서 명하신 대로 저희들이 분배받은 몫 가운데 50분의 1을 떼어 주께 예물로 바칩니다."

이스라엘 백성들은 자신들이 분배받은 가축들과 사람들 가운데서 50분의 1을 따로 떼어 주께 예물로 바쳤다. 주께서 명하신 대로 순종한 것이다. 그 결과, 백성들이 주께 바친 예물은 이러했다. 양 6,750마리, 소 720마리, 나귀 610마리, 그리고 사람이 320명.

모세는 이스라엘 백성들이 주께 바친 50분의 1의 가축들과 사람들을 거두어, 주께서 명하신 대로 하나님의 성막 일에 전적으로 봉사하는 레위인들에게 건네주었다.

이스라엘 군사들이 미디안 족속과의 전쟁에서 승리한 후 그들에게서 획득한 전리품의 내역과 분배 상황을 요약하면 이러하다.

① 먼저 획득한 전리품의 전체 내역은 양 67만 5천 마리, 소 7만 2천 마리, 나귀 6만 1천 마리, 그리고 남자와 동침하지 아니한 처녀 3만 2천 명이었다.

② 전체 전리품 중에서 절반(1/2)은 전쟁에 참가한 군사들의 몫이었고, 나머지 절반(1/2)은 일반 백성들의 몫이었다. 그래서 전쟁에 참가한 군사들의 몫과 전쟁에 참가하지 않은 백성들의 몫은 똑같았다. 즉, 각각 양 33만 7,500마리, 소 3만 6천 마리, 나귀 3만 500마리, 처녀 1만 6천 명을 분배받았다.

③ 하나님의 명령에 따라 각각 분배받은 몫 가운데서 군사들은 500분의 1을 떼어 주께 예물로 바쳐야 했고, 백성들은 50분의 1을 떼어 주께 예물로 바쳐야 했다.

그래서 군사들은 양 675마리, 소 72마리, 나귀 61마리, 처녀 32명을 주께 바쳤다. 군사들이 바친 이 예물은 제사장들의 몫이 되었다.

백성들은 양 6,750마리, 소 720마리, 나귀 610마리, 처녀 320명을 주께 바쳤다. 백성들이 바친 이 예물은 레위인들의 몫으로 돌려졌다.

이렇게 해서 모세와 대제사장 엘르아살은 미디안 족속에게서 획득한 전리품을 주의 명령에 따라 모두 올바르게 처리하였다. 어느 정도 전리품 분배가 끝났을 때 미디안 전쟁에 참가했던 지휘관들이 모세를 찾아와서 말했다. 그들은 이스라엘 군대의 천부장들과 백부장들이다. 천부장은 휘하에 1,000명의 군사들을 거느린 고위급 지휘관을, 백부장은 휘하에 100명의 군사들을 거느린 중간급 지휘관을 가리킨다.

"지도자님, 이번 전투는 참으로 기적입니다. 우리 측에서는 전사자가 한 명도 없습니다. 그래서 저희가 주님께 예물을 가져왔습니다. 금으로 만든 발목걸이, 팔찌, 인장반지, 귀고리, 목걸이 등을 가져왔습니다. 그러니 이것들을 우리의 죄를 씻기 위한 예물로 받아주십시오."

"오, 그래요? 그대들의 성의가 참으로 갸륵하오. 주께서 그대들에게 복 내려 주시길 바라오."

모세와 대제사장 엘르아살은 만면에 흡족한 웃음을 띠며 이스라엘의 군대 지휘관들이 주님께 감사예물로 가져온 금패물들을 기꺼이 받았다. 모두 모아 그 무게를 달아 보니, 1만 6,750세겔(대략 191kg)이었다. 당시 금 1세겔의 가치는 일반 노동자 두 달치의 품삯에 해당되었다.

이때 이스라엘의 지휘관들이 싸움에 참가한 1만 2천 명의 군사들을 대표해서 바친 예물은 모두 금 세겔이었다. 이 예물은 싸움터에 나갔던 1만 2천 명의 이스라엘 군사들이 사사로이 취한 전리품들이다. 그런데 군대 지휘관들은 자신들이 거느린 부하들이 한 명도 축나지 않은 채 완벽한 승리를 거두게 해주신 하나님께 감사드리기 위해 이 예물을 기꺼이 주님께 바친 것이다.

참으로 놀라운 일이다. 이번 미디안 족속과의 전쟁에서 이스라엘 군사들은 단 한 명도 죽지 않았다! 이런 놀라운 결과에 대해 여러 설명이 있을 수 있겠지만, 가장 확실하고도 분명한 설명은 하나님의 특별한 기적적 도우심이 이스라엘 군사들과 함께 했기 때문이다.

전쟁에 참가한 이스라엘 군사들은 1만 2천 명인데 비해, 미디안 군사들은 포로로 잡힌 미디안 처녀들의 수효(3만 2천 명)를 기초로 산정할 때, 적어도 이스라엘 군사들보다 3배 이상은 더 많았을 것이다. 하지만 이번 전쟁은 '바알브올 사건'에 대한 응징 차원의 전쟁이었다. 다시 말해 여호와께서 자신의 원수를 친히 갚는 전쟁이었으므로, 하나님께서 직접 개입하셔서 이스라엘 군대로 하여금 완벽한 승리를 거두게 하셨던 것이다.

"주여, 이 예물을 바치오니 주께서 항상 이 백성을 기억해 주시고 크신 복을 베풀어 주소서!"

모세와 대제사장 엘르아살은 이스라엘 군대의 지휘관들이 예물로 가져온 금패물을 모두 성막으로 가져가서, 주께서 이스라엘 백성들을 항상 기억해 주시기를 바라는 기념의 뜻으로 주께 바쳤다.

32

요단 동편 땅의 분배

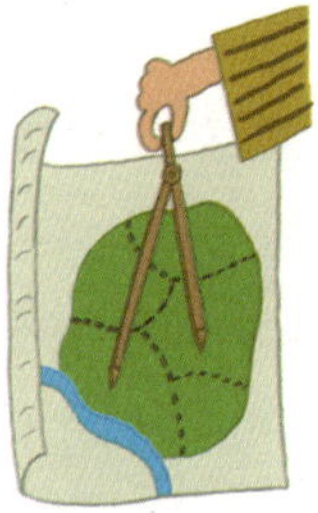

가축이 많은 르우벤과 갓 지파
요단 동편 땅 좋은 초장을
기업으로 달라고
모세에게 간절히 구하네

두 지파가 요단 동편의 땅을 요구하다 (32:1-15)

'오, 요단 동편 땅은 정말 기름진 땅이군. 넓은 초지가 펼쳐져 있어 가축 떼를 방목하기엔 더없이 좋은 장소로다.'

언제부터인가 이스라엘 12지파 가운데 르우벤 지파와 갓 지파가 요단 동편 땅에 잔뜩 눈독을 들이기 시작했다.

'음, 정말 그래. 보면 볼수록 탐나는 땅이야.'

두 지파는 점점 더 요단 동편 땅에 대해 욕심을 내기 시작했다. 그 땅은 얼마 전에 이스라엘 군대가 아모리 족속의 두 왕, 곧 아모리 왕 시혼(Sihon)과 바산 왕 옥(Og)을 쳐부수고 점령한 땅이다. 그래서 모세는 이곳을 가나안 입성을 위한 전초지(前哨地)로 삼고 있었다.

때는 출애굽 제40년(주전 1407년경) 8~9월경, 장소는 여리고 맞은편 곧 요단강 동편의 모압 평지. 이스라엘 백성들이 가나안 입성 전에 마지막으로 진을 친 곳이다. 르우벤 지파와 갓 지파는 그 땅을 노린 것이다.

어느 날, 르우벤 지파와 갓 지파의 지도자들이 모세와 대제사장 엘르아살과 이스라엘 다른 지파들의 지도자들이 모인 자리에서 공식적으로 자신들의 요구사항을 개진하였다. 먼저 르우벤 지파의 족장이 말했다.

▲ 약속의 땅에 들어갈 준비를 하다

"우리의 지도자 모세 어르신과 대제사장 엘르아살, 그리고 여러 지파의 족장님들! 여러분들께 간곡히 부탁드립니다. 요단 동편 땅은 주께서 우리 군사들로 하여금 정복하게 하셔서 우리가 차지한 땅입니다. 우리가 그 땅을 보니, 가축 떼를 치기에 아주 적합한 곳입니다."

이어서 갓 지파의 족장이 말했다.

"그렇습니다. 여러분들도 잘 아시다시피 우리 르우벤 지파와 갓 지파에게는 다른 지파들보다 가축 떼가 많습니다. 그러니 우리 두 지파가 그 땅을 차지하게 해주십시오. 그러면 우리는 요단강을 건너지 않고 대대로 그 땅에서 살겠습니다."

본래 요단 동편 땅은 하나님께서 이스라엘 백성들에게 약속하신 땅이 아니었다. 하나님께서 이스라엘 백성들에게 약속해 주신 땅은 요단 서편의 가나안 땅이었다. 따라서 요단 동편 땅에서는 이스라엘 백성들의 거주가 원칙상 허락되지 않았다. 그럼에도 불구하고 르우벤 지파와 갓 지파는 요단강을 건너지 않고 요단 동편 땅에 거주하기를 강력하게 희망했던 것이다.

그 까닭은 이러했다. 요단 동편 땅은 이미 정복한 땅인 데다가 그곳의 길르앗 지역과 바산 지역은 넓고 비옥하여 목초지로 아주 적합했기 때문이다. 그래서 당시 다른 지파들에 비해 많은 가축 떼를 소유하고 있었던 르우벤 지파와 갓 지파는 요단 서편의 가나안 땅을 포기하고 요단 동편 지역에 머물기를 원했던 것이다.

또 다른 사연도 있을 법하다. 추정컨대, 르우벤 지파와 갓 지파는 이런 생각을 가졌을 법도 하다. 르우벤 지파는 이스라엘 12지파 중에서 장남 지파였지만, 지파 조상인 르우벤이 아비의 소실을 범하는 부끄러운 일을 저질렀다. 그런 사건이 생긴 이후부터 장자 지파로서의 대접을 제대로 받지 못했다. 인구 수효로는 에브라임 지파가, 왕권은 유다 지파가, 종교는 레위 지파가 차지했다. 그래서 르우벤 지파의 사람들은 그 내면에 항상 이런 생각이 뿌리를 내리고 있을 법했다.

'우리가 가나안 땅에 들어가 봐야 제대로 장남 지파의 위치를 누릴 수 없다. 우리의 지파 조상은 너무도 큰 잘못을 저질렀다. 이 모든 사실들이 이스라엘 역사에 기록되었거늘, 무슨 수로 그 멍에에서 벗어나온 지파들 앞에서 장자 노릇을 할 수 있겠는가.'

그래서 르우벤 지파는 요단 동편에서 따로 살림을 차리기를 원했던 것일 수도 있다. 그래야 마음도 편할 뿐만 아니라 에브라임 지파, 유다 지파, 레위 지파에서 밀려났다는 억울한 마음을 자손들에게 대물림하지 않아도 될 것이기 때문이다.

갓 지파도 사정은 비슷하다. 그들은 레아의 여종 실바의 후손 지파다.

'우리가 아무리 이스라엘을 위해 앞장서서 전투하고 업적을 남기면서 가나안 땅에 들어가 봐야, 레아와 라헬 여주인의 자손들이 무시할 것은 불을 보듯 뻔하다. 그런 대접을 받을 바에는 르우벤 지파와 동맹을 맺고 요단 동쪽에 남아 더 큰 민족으로 뻗어나가는 것이 자손대대로 유리하다. 요단 동편은 푸른 초장이 끝없이 펼쳐져 있으니, 이런 장소라

면 장차 12지파 간의 경쟁에서도 결코 뒤처지지는 않을 것이다.'

"뭐요? 지금 무엇이라 했소?"

모세는 르우벤 지파와 갓 지파의 요구 사항을 듣고 처음에는 어이없는 표정을 지었고 점차 화가 치밀어 올랐다. 가나안 땅을 목전에 둔 이 시점에서 본격적인 정복전쟁을 치르기도 전에 그 무슨 소리인가. 판을 둘러엎자는 것인가. 모세는 밖으로 터져 나오는 화를 안으로 눌러 참으며 자신의 생각을 단호하게 말했다. 그러다 보니 그의 목소리에는 노기가 어려 있었다.

"대체 그게 무슨 말이오? 그대들의 동족들은 전쟁하러 요단강을 건너 요단 서편 땅으로 들어가는데, 그대들만 편안하게 요단 동편 땅에 자리 잡고 살겠다는 말이오? 그대들의 동족들은 이제 주께서 허락하신 약속의 땅으로 막 들어가려는 참인데, 기껏 그대들은 동족들의 사기를 꺾을 셈인 게요?"

"아, 아닙니다. 그게 아니라…."

르우벤 지파와 갓 지파의 족장들은 크게 당황해하며 어쩔 줄 몰라 했다. 모세가 그토록 화를 내며 강력하게 나올 줄은 예상치 못했기 때문이다. 모세의 말은 계속되었다. 한층 노기가 배여 있었다.

"그대들은 벌써 잊은 것이오? 오래 전, 우리가 가데스바네아에 진 치고 있을 때, 나는 정탐꾼들에게 가나안 땅을 살펴보고 오라고 보낸 적이 있었소. 그래서 그대들의 선배들은 에스골 골짜기를 통해 그 땅으로 들어가 온 땅을 둘러보았소."

"그 사실은 저희들도 잘 알고 있습니다."

"그렇다면 내 긴 말을 하지 않겠소! 그대들의 선배들이 가나안 땅을 탐지하고 돌아와서는 부정적인 보고를 하는 바람에 동족들의 사기를 크게 꺾었소. 그래서 결국 주께서 주신 가나안 땅으로 들어가지 못하게 가로막았는데, 이제는 그대들이 또 그런 일을 하려고 하오! 12지파 모두가 그대들처럼 가나안에서의 싸움이 두려워 이곳에 남는다고 하면, 그 죄를 그대들은 어떻게 감당하겠소! 주님의 징벌이 두렵지도 않소?"

"아, 아니, 아닙니다. 우리는 그런 뜻에서 이 땅을 요구한 게 아니라…."

두 지파의 족장들이 무언가를 변명하려 애썼지만, 모세는 조금도 귀 기울이지 않고 자신의 말을 계속했다. 그의 억양은 한층 높아져 있었다.

"그때 그대의 선배들이 가나안 땅을 취하지 않고 도로 이집트로 돌아가겠다고 울고불고 하던 그날, 주께서는 크게 화를 내시며 맹세하시기를 '이집트에서 나온 백성들 가운데 20세 이상 된 자들은 내가 아브라함과 이삭과 야곱에게 주겠다고 약속한 그 땅에 결단코 들어가지 못하리라. 그들이 내 말을 경멸하고 따르지 않았기 때문이다.' 하셨소."

"……."

"하지만 그때 주님은 또 말씀하시기를 '그나스 사람 여분네의 아들 갈렙과 눈의 아들 여호수아는 온 마음으로 나를 따랐으므로, 그들 둘은 약속의 땅으로 들어가게 될 것이다.' 하셨소!"

모세의 목소리는 떨렸고 격앙되어 있었다. 그런 모세의 모습에 두 지파의 지도자들은 황망하여 어쩔 줄 몰라 쩔쩔매었다.

"그날, 주께서 불순종한 백성들을 향해 진노하신 결과, 그대들도 알다시피 우리는 지난 세월 동안 황량한 광야에서 40년 동안이나 헤맸단 말이오. 그 기간 동안 주의 말씀대로 주께 거역하던 출애굽 1세대는 다 사라져버렸소! 그렇소, 안 그렇소?"

"그, 그건… 그렇습니다만…."

"그걸 잘 알면서, 그런데 지금 뭐요? 그대들의 조상들이 그러더니, 이번에는 그대들까지 똑같은 짓을 하겠단 말이오? 어째서 그대들은 주님의 진노를 북돋우는 짓만 골라서 하는 겁니까?"

"지도자님, 우리는 그게 아니라, 다만…."

"만일 그대들이 그토록 주의 뜻을 따르지 않고 그대들 하고 싶은 대로 한다면, 주께서는 우리 모두를 다시금 이 황량한 광야에 내팽개쳐 버리실 것이오! 그러면 그대들 때문에 이스라엘 온 백성들이 망하게 된단 말이오! 내 말이 무슨 뜻인지 알아듣겠소?"

"아, 아, 네…."

모세가 르우벤 지파와 갓 지파의 요구에 대해 크게 분노하고 질책한 이유는 이러하다. 본래부터 하나님께서 이스라엘 백성들에게 주신 약속의 땅은 요단 서편의 가나안 땅이다. 따라서 이제 머잖아 요단강을 건너 가나안 정복전쟁을 치러야 하는 긴박한 시점에서, 요단강 동편 땅에 그대로 머물겠다는 두 지파의 요청은 크게 두 가지 잘못을 범했기 때문이다.

① 이제 곧 요단강을 건너가 가나안 정복 전쟁을 치를 다른 지파들을 낙심시키고 그들의 사기를 크게 꺾는 일이었다.

② 40여 년 전의 가데스바네아에서처럼, 가나안 땅을 취하라는 하나님의 명령을 또다시 어기는 일이었다.

그래서 모세는 가데스바네아의 끔찍한 악몽을 떠올리며 화가 나서 두 지파의 지도자들을 크게 질책했던 것이다.

두 지파가 가나안 정복전쟁에 적극 참여할 것을 다짐하다 (32:16-32)

"아, 지도자님. 지도자님의 말씀이 모두 지당하십니다."

모세의 질책을 듣고서야, 두 지파의 족장들은 자신들이 너무 성급했음을 알았다. 요단 동편 땅에서 살게 해달라는 요청을 하기 전에, 자신들도 요단 서쪽으로 건너가 똑같은 책임과 의무를 감당하겠다는 이야기를 먼저 했어야 했다. 모세의 말을 듣고 보니 자신들의 행동은 오해를 받기에 충분했다. 두 지파의 지도자들은 자신들의 성급한 처사를 솔직히 인정했다.

"지도자님, 노여움을 거두소서. 말씀을 듣고 보니, 저희들의 생각이 너무 짧았습니다."

두 지파의 족장들은 깊이 머리를 숙여 자신들의 실수에 대해 용서를 구한 뒤, 자기들은 조금도 나쁜 마음을 품고 이런 계획을 가졌던 것이 아니라는 사실을 들어 모세에게 애원했다.

"지도자님, 우리에게 나쁜 의도는 전혀 없습니다. 다만 여기 요단 동편의 땅에다 가축 떼를 넣어둘 우리를 만들고, 가족들이 살아갈 성읍을 쌓고 싶을 뿐입니다. 그렇게 해서 우리의 여자들과 아이들이 요새화된 성읍에서 살면, 이 땅의 원주민들이 쉽게 넘보지 못할 것입니다."

"그래서요?"

"그렇게 한 뒤에는 우리도 다른 지파들과 마찬가지로 무장을 하고 요단강을 건너가서 가나안 정복전쟁에 적극 참가하겠습니다. 아니, 모든 싸움마다 다른 지파들보다 앞장서겠습니다."

르우벤 지파 족장의 말에 갓 지파의 족장도 거들었다.

"그렇습니다! 우리 동족들이 저마다 기업의 땅을 차지할 때까지는, 우리가 이 땅으로 돌아오지 않겠습니다. 전투를 모두 끝낸 후에야 여기로 돌아오겠습니다. 그리고 우리 두 지파는 앞으로 이곳 요단강 동쪽 지역에서만 살겠습니다. 요단강 건너편의 서쪽 땅은 한 뙈기도 차지하지 않겠습니다."

두 지파의 족장들은 힘써 자신들의 진심을 전했다.

"지도자님, 그리고 여러 족장님들! 저희들의 말을 믿어 주십시오!"

"우리가 말한 모든 사실에 대해 여호와의 이름으로 맹세하겠습니다!"

모세의 강한 질책에 두 지파의 족장들은 자신들의 결백한 심정을 호소한다. 그들이 맹세로 서약한 내용들은 이러하다.

① 부녀자들과 어린아이들을 위해 안전 대책을 마련한 후에, 자신들은 다른 지파들보다 앞장서서 가나안 정복전쟁을 치르겠다는 것
② 다른 지파들이 요단 서편 지역에서 모두 기업의 땅을 분배받을 때까지는 집으로 돌아가지 않겠다는 것
③ 자신들은 요단 동편 지역에서 이미 기업의 땅을 분배받았으므로, 요단 서편에서 기업의 땅을 분배할 때에는 거기에 참여하지 않겠다는 것.

모세는 두 지파 족장의 말을 들으면서 그들의 진정어린 마음에 노기가 조금씩 가라앉았다. 따져보면 하나님께서 조상 아브라함에게 가나안 땅을 주시겠다고 약속하셨다. 그렇다면 가나안 서쪽과 마찬가지로, 그들이 요구하는 가나안 동편도 하나님의 약속의 범위에 들어간다고 생각하는 것이 뭐가 잘못이겠는가. 모세는 두 지파의 족장들을 바라보면서 다짐을 한다.

"정말 그리하겠소? 그대들이 한 말을 맹세코 지킬 수 있겠소?"

"네, 지도자님! 주님의 이름으로 서약합니다. 그리고 우리 르우벤 조상님, 갓 조상님의 이름을 걸고 맹세합니다. 저희들의 진심을 믿어 주십시오!"

두 지파의 족장들이 강하게 다짐하고 또 여호와의 이름으로 맹세까지 하자, 모세가 한층 누그러진 어조로 그들에게 말한다.

"정말 그대들의 식구들과 가축 떼가 염려스러워 그런 것이라면, 여호와 앞에서 그대들의 생각대로 하도록 하시오. 그러나 주께서 그대들을 지켜보고 계신다는 사실을 한시라도 잊지 말아야 할 것이오."

"감사합니다, 지도자님! 저희들을 믿어주셔서 정말로 감사합니다."

"잘들 들으시오! 약속한 대로 그대들은 요단강을 건너 대적들과 싸우러 가야 하오. 요단 서편의 가나안 땅이 주께 완전히 굴복할 때까지

그대들은 앞장서서 힘껏 싸워야 하오. 그렇게 해준다면, 그대들은 여호와 앞에서나 이스라엘 동족 앞에서 그대들의 책임을 다하는 것이고, 그러면 이곳 요단 동편 땅이 그대들의 몫이 될 것이오!"

"네, 명심 또 명심하겠습니다."

모세는 두 지파의 타협안을 받아들여 조건부로 요단 동편의 땅을 그들에게 허락해 주었다. 이때 모세는 '여호와 앞에서'라는 말을 거듭 강조했다. 그것은 두 지파의 약속이 단순히 이스라엘의 지도자인 모세와 맺은 것이 아니라, 여호와를 증인 삼아 여호와 앞에서 엄숙히 이루어진 것임을 강조하기 위해서였다. 그래서 모세는 두 지파가 자신들의 약속을 위반할 때에는 하나님의 준엄한 심판이 뒤따를 것임을 경고한다.

"명심하시오. 그대들이 오늘 말한 그대로 행하지 않는다면, 두 지파는 주께 죄를 짓는 것이오. 그러면 당연히 그 죗값은 그대들 스스로가 치러야 하오."

"물론입니다. 여부가 있겠습니까, 지도자님. 오늘 우리가 우리 입으로 발한 약속을 반드시 준수하겠습니다."

"좋소! 이제 그대들의 뜻대로 행하시오. 그대들의 아내들과 자식들이 안전하게 지낼 수 있는 성읍을 쌓고 또 가축 떼를 가둘 우리를 짓도록 하시오. 그런 다음에는 그대들이 말한 것을 그대로 꼭 실천하기 바라오!"

르우벤 지파와 갓 지파의 족장들은 조마조마하던 가슴을 쓸어내렸다. 두 지파 족장들은 만면에 웃음을 띠며 기쁜 목소리로 크게 대답했다.

"네, 지도자님! 우리가 말한 대로 틀림없이 이행하겠습니다! 우리의 어린것들과 아내들과 가축 떼는 이곳 요단 동편의 길르앗 지방에 남겨두고, 남자들은 모두 무장한 채 주께서 말씀하신 대로 요단강을 건너 가나안 원주민들과 싸우러 가겠습니다!"

"좋소, 그대들을 믿겠소!"

모세는 대제사장 엘르아살과 눈의 아들 여호수아, 그리고 이스라엘 다른 지파의 족장들과 함께, 두 지파에 대한 결정 사항을 이스라엘 온 백성들에게 알려주었다.

"여러분, 모두 들으시오. 갓 지파와 르우벤 지파의 사람들이 요단 동편의 땅을 요구하였소. 그래서 그들 두 지파는 여기에 정착하게 될 것이오!"

그러자 다른 지파 사람들의 웅성거림이 여기저기서 들려왔다.

"아니, 저들은 가나안 땅에 들어가 싸우는 것보다는 평화스러운 이곳에 주저앉으려는 것이 아닌가."

"맞아, 그건 너무 약삭빠른 처신이야. 말도 안 돼."

그러자 모세가 백성들을 진정시키며 강한 어조로 말했다.

"모두 성급하게들 굴지 말고, 내 말을 끝까지 들어보시오."

백성들의 웅성거림이 잦아들자, 모세가 말을 이었다.

"두 지파는 여기에 정착하는 대신, 그들의 군사들은 여러분들과 함께 요단강을 건너갈 것이오. 주께서 보살펴주셔서 여러분이 요단 서편의 땅을 정복하게 되면, 저들은 그 땅에 대해 일체 소유권을 주장하지 않을 것이오!"

"왜 그런 것입니까?"

"그들은 요단 동쪽에서 자신들의 기업을 이미 분배받았기 때문이오. 그러니 우리는 두 지파의 요구대로 요단 동편의 길르앗 땅을 그들의 몫으로 분배해 주기로 결정하였소. 그러면 우리 이스라엘의 영토가 더욱 커지게 될 것입니다!"

이처럼 요단 동편의 땅을 미리 차지하는 대가로, 요단 서편의 전쟁에도 참여하고, 요단 서편의 기업 분배에도 참여하지 않겠다는 두 지파의 처사에 이스라엘 백성들은 찬성 쪽으로 대세가 기울어졌다.

"저들이 약속대로만 한다면… 좋소! 우리 지파는 찬성이오!"

"우리도 괜찮소! 우리 지파도 찬성이오!"

이스라엘 12지파가 큰 분쟁으로 치달을 수 있는 두 지파의 요구는 이렇게 모두가 상호 이해하는 쪽으로 마무리가 되었다. 그리고 요단 동편에 머물겠다는 두 지파의 요구에 대하여 하나님께서 모세를 통해 책망하시지 않은 것으로 보아, 그건 하나님의 뜻에도 부합된다는 사실을 10지파는 받아들였다. 그리하여 이스라엘 12지파는 더욱 단합이 되고 이스라엘 국가의 영토는 더욱 넓어지게 되었다.

모세가 두 지파 반에게 요단 동편의 땅을 분배하다 (32:33-42)

"자, 그러면 우리가 아모리 족속의 두 왕 시혼과 옥에게서 빼앗은 요단 동편 지역은 르우벤 지파와 갓 지파에게 분배해 주도록 하겠소."

모세는 갓 지파 사람들과 르우벤 지파 사람들에게 그들이 요청한 대로 요단 동편 지역을 기업의 땅으로 분배해 주었다. 조건이 붙었지만, 어쨌든 두 지파는 소원 성취를 한 것이다. 요단 동편의 땅을 처음 본 순간부터 두 지파는 그 땅을 탐내어 꼭 차지하길 원했는데, 그 까닭은 이러하다.

① 두 지파(르우벤 지파, 갓 지파)는 다른 지파들보다 더 많은 가축 떼를 소유하고 있었다. 그런 참에 요단 동편의 땅은 넓고 비옥하여 목초지가 풍부했기 때문이다.
② 요단 동편 땅은 이미 정복한 땅으로서 이제 더 이상의 전쟁이나 방황은 없을 것이라고 판단했기 때문이다.

이렇게 해서 이스라엘 모든 지파의 결의를 통해 요단강 동쪽 평야는 르우벤 지파와 갓 지파의 몫이 되었다. 그래서 두 지파는 요단 동편 땅에 정착촌을 만들어 자손대대의 터전으로 삼게 된다.

이후 갓 지파와 르우벤 지파는 자신들의 약속을 성실히 이행했다.

두 지파는 무장한 채 요단강을 건너가서 요단 서편의 가나안 정복전쟁에 앞장서서 싸웠다. 그리고 대략 7년 동안의 가나안 정복전쟁이 모두 마무리되고, 다른 지파들도 요단 서편 지역에서 모두 기업의 땅을 분배받자, 그제야 두 지파는 요단 동편에 있는 자기들의 기업의 땅으로 돌아가게 된다.

하지만 두 지파가 탐낸 요단 동편(Trans-jordan)의 기름진 땅은 오히려 그 지리적인 조건 때문에 역사상 숱한 이방 군대의 침략에 시달리게 된다. 그리하여 두 지파는 다른 지파들보다 더 일찍 이방 세력에 의해 잠식당하고 만다. 결국 탐욕이 파멸의 화근이 된 것이다.

"그러면 므낫세 반 지파도 요단 동편의 땅을 분배받도록 하시오."

두 지파(르우벤 지파, 갓 지파)에게 요단 동편의 땅을 분배할 때, 모세는 곁들여서 요셉의 장자인 므낫세 지파의 절반 곧 므낫세 반(半) 지파에게도 기업의 땅을 분배해주었다. 므낫세 반 지파에게는 아모리 족속의 두 왕(시혼, 옥)이 다스리던 아모리 땅과 바산 땅을 분배해 주었는데, 땅뿐만 아니라 그 땅에 딸린 여러 성읍들과 주변의 마을들까지 분배해 주었다.

이처럼 모세는 처음부터 요단 동편의 땅을 요구한 두 지파뿐만 아니라, 그 땅을 요구하지도 않은 므낫세 반 지파에게도 요단 동편의 땅을 분배했다. 그 이유는, 요단 동편의 땅을 정복하는 일에 있어서 므낫세 지파가 괄목할 만한 큰 공을 세웠기 때문이다.

그렇다면 왜 므낫세 지파 중 절반에게만 땅을 분배한 것일까? 그 이유는 40년 광야 생활 동안에 특별히 므낫세 지파의 인구가 크게 불어났기 때문이다. 그래서 결과적으로 땅 분배와 관련해서 므낫세 지파는 이등분되었다. 지파가 둘로 나누어져, 각각 반(半) 지파씩 요단강 동편 지역과 요단강 서편 지역에서 기업의 땅을 분배받았다. 이렇게 해서 두 지파 반, 곧 갓 지파와 르우벤 지파와 므낫세 반 지파가 요단강 동편 지역에서 분배받은 땅과 성읍들은 이러하다.

먼저 갓 지파 사람들이 요단강 동편에서 분배받은 지역이다. 그들은 디본, 아다롯, 아로엘, 아다롯소반, 야셀, 욕브하, 벧니므라, 벧하란 등을 분배받아, 거기에 요새화된 성읍을 세웠다. 이 성읍들은 대부분 남쪽의 얍복강과 북쪽의 야르묵강 사이에 있는 성읍들이었다. 그들은 자신들이 분배받은 땅에 가축 떼를 가두어둘 우리를 많이 지었다. 이 지역에 갓 지파 사람들의 가족들이 거주하였다.

다음으로 르우벤 지파 사람들이 요단강 동편에서 분배받은 지역이다. 그들은 헤스본, 엘르알레, 기랴다임, 느보, 그리고 나중에 이름이 바뀐 바알므온, 십마 등을 분배받아, 거기에 요새화된 성읍을 세웠다. 그들은 자신들이 재건축한 성읍들에 새로 이름을 지어 불렀다. 또한 그들은 자신들이 분배받은 땅에 가축 떼를 가두어둘 우리도 많이 지었다. 이 지역에 르우벤 지파 사람들의 가족들이 거주하였다.

그 다음으로 므낫세 반 지파 사람들이 요단강 동편에서 분배받은 지역이다. 요단강 동편의 땅 곧 아모리 족속의 두 왕인 시혼과 옥이 다스리던 땅을 정복할 때 므낫세 지파의 활약은 두드러졌다.

아모리 족속의 두 왕과 싸울 때, 므낫세의 아들인 마길에게서 퍼져나간 마길 가문의 사람들은 길르앗 땅으로 쳐들어가서 그 땅에 살고 있던 아모리 사람들을 모조리 내쫓고 그곳을 차지했다.

그래서 모세는 그 공로를 인정하여 마길 가문의 사람들에게 길르앗 땅을 분배해 주었고, 그리하여 마길 가문의 사람들은 거기에 정착해 살았다. 므낫세 반(半) 지파가 분배받은 길르앗 지역은 요단 동편의 땅 중에서도 특별히 얍복강 북쪽에 위치한 북부 길르앗으로, 곧 '바산 지역'을 가리킨다.

요약하면, 요단강을 서쪽 경계로 하여 맨 위쪽의 북쪽 지역은 므낫세 반 지파가 분배받았고, 얍복 강이 있는 중간 지역은 갓 지파가 분배받았다. 그리고 맨 아래 남쪽 지역은 르우벤 지파가 분배받았다.

또 아모리 족속의 두 왕과 싸울 때, 므낫세의 자손인 야일은 요단 동편 지역의 여러 마을들을 차지하고는 그 지역을 '하봇야일'이라 이름 지었다. '야일의 마을들'이란 뜻이다. 그리고 이때 므낫세 지파 소속의 노바는 그낫과 그 주변 마을들로 쳐들어가서 그곳을 차지한 후에 자기 이름을 따서 '노바'라고 불렀다.

이처럼 요단 동편에서 아모리 족속의 두 왕과 싸울 때 므낫세 자손들의 활약이 두드러졌다. 그래서 모세는 므낫세 지파의 공로를 인정하여 두 지파(갓 지파, 르우벤 지파)에게 요단 동편의 땅을 분배할 때 다른 지파들에 비해 많은 수효를 거느린 므낫세 지파를 분산시키기도 할 겸 해서, 그 땅을 므낫세 지파의 절반에게도 역시 분배해 주었던 것이다.

33

40년 광야길

유월절 다음날 이스라엘이 길을 떠나네
이집트에서 요단강 모압 평지까지
낮에는 구름기둥, 밤에는 불기둥
지파와 부대별로 이동하네

이집트에서 모압 평지까지의 여정 (33:1-49)

"모세야, 이제부터 너는 이스라엘 백성들의 출애굽 노정을 일일이 기록해 두어라."

오래 전, 이스라엘 백성들이 이집트에서 나올 때에 하나님께서 모세에게 이르신 말씀이다. 그리하여 모세는 주님의 명령에 따라 이스라엘의 여행 경로를 일일이 기록해두었다. 그래서 오늘날 우리는 이스라엘 백성들의 광야 여정을 자세히 알 수 있다. 자, 그러면 이집트를 떠나 요단 강가의 모압 평지까지 이른 이스라엘 백성들의 40년 광야 여정을 살펴보자.

"자, 모두 약속의 땅 가나안을 향하여 출발!"

모세와 아론의 인도로 이집트에서 나온 이스라엘 백성들. 그들이 각 지파와 부대별로 광야의 이곳저곳을 이동하면서 진을 쳤던 장소들은 이러하다.

맨 처음 이스라엘 백성들이 이집트의 라암셋을 떠난 날은 유월절 다음날인 출애굽 원년 정월 15일이다(주전 1446년경 1월 15일). 하나님은 끝까지 이스라엘을 놓아주지 않으려고 고집을 피웠던 강퍅한 이집트 왕을 굴복시키고 자기 백성을 430년 이집트의 종살이에서 해방시키셨다. 그날이 출애굽 원년(주전 1446년경)으로, 유대 종교력으로 정월(아빕 월) 15일이었다.

이스라엘 백성들은 자신들의 거주지인 고센 지역을 떠나 이집트 땅 라암셋에서 모두 집결한 뒤, 마침내 하나님께서 약속해 주신 가나안 땅을 향해 출발함으로써 본격적인 출애굽 여정을 시작하였다.

"오, 주님, 감사합니다. 우리를 이집트에서 해방시키신 우리 주 하나님을 찬양하라!"

이스라엘 백성들은 이집트 사람들이 보는 앞에서 당당하게 길을 떠났다. 하나님의 권능으로 이집트의 파라오를 굴복시키고 떠나가는 이스라엘의 출애굽은 승리의 진군이었다.

"아이고, 내 아들! 내 아들아! 아이고!"

이스라엘이 당당하게 이집트 땅을 떠나던 날, 이집트 사람들은 유월절 밤에 여호와께서 죽음의 천사를 통해 쳐 죽인 자신들의 맏아들의 시신 앞에서 울며불며 장사지내고 있었다. 여호와께서는 이집트 사람들의 초태생들을 모조리 쳐 죽임으로써 그들이 숭배하는 신들을 벌하신 것이다.

모세가 출애굽을 놓고 이집트 왕과 대결하는 과정에서 여호와께서는 그 땅에 열 가지 재앙을 내리셨다. 그 열 가지 재앙은 이러하다.

① 이집트의 나일 강물이 피로 변함
② 개구리 떼가 이집트 온 땅을 뒤덮음
③ 이집트 땅의 티끌이 각다귀로 변함

④ 파리 떼가 이집트 온 땅에 들끓음
⑤ 급성 전염병으로 이집트의 가축들이 떼죽음 당함
⑥ 악성 종기가 이집트의 가축들과 사람들에게 생김
⑦ 큰 우박이 이집트 온 땅에 쏟아짐
⑧ 거대한 메뚜기 떼가 이집트 온 땅을 덮침
⑨ 짙은 흑암이 이집트 온 땅을 뒤덮음
⑩ 이집트의 모든 초태생들이 죽임 당함

이집트 땅에 내려진 여호와의 10대 재앙은 이집트인들이 숭배하던 그들의 각종 신들이 모두 헛되고 무능한 것임을 여실히 드러내주었다. 즉, 나일 강의 수호신 '하피'와 '크눔', 개구리 우상 '헥트', 황소 우상 '아피스', 곡물의 신 '셋', 태양신 '라', 그리고 생명의 수호신 '이시스'와 '오시리스' 등이 여호와의 재앙 앞에 여지없이 깨뜨려지고 말았다.

[이집트의 라암셋을 떠나 숙곳에 처음으로 진을 침]

출애굽 원년(주전 1446년경) 정월 15일, 이집트 땅 라암셋에 모두 집결한 이스라엘 백성들은 라암셋을 출발하여 숙곳에 처음으로 진을 쳤다. 라암셋(Rameses)은 이집트의 나일 강 삼각주 동북부에 있는 성읍이다. 람세스 2세(BC 1290-1224년 재위)가 이 성읍을 건설한 뒤 자기 이름을 따서 명명했다. 오늘날 이집트의 수도인 카이로에서 북동쪽으로 120 km 떨어져 있는 '타니스'로 추정되는 곳이다.

[숙곳에서 마라까지의 여정]

이스라엘 백성들은 숙곳을 떠나 광야가 시작되는 에담에 진을 쳤고, 에담을 떠난 다음에는 바알스본의 동쪽을 바라보고 있는 비하히롯까지 되돌아가서 믹돌 근처에 진을 쳤다. 비하히롯을 떠난 다음에는 바다(홍해) 한가운데를 지나 에담 광야까지 갔고, 에담 광야에서 다시 사흘 길쯤 가로질러 가서 마라에 이르자 그곳에 진을 쳤다.

마라는 '쓰다'란 뜻을 지닌 지명으로, 출애굽한 이스라엘이 홍해를 건넌 후에 최초로 진을 친 곳이다. 그곳의 물이 매우 써서 모세가 하나님의 지시대로 어떤 나무를 던져 쓴물을 단물로 바꾼 곳이다. 오늘날 수에즈 운하에서 남동쪽으로 대략 72km 지점에 위치한, 현재의 '아인 하와라'와 동일한 장소다.

[마라에서 르비딤까지의 여정]

이스라엘은 마라를 떠나 엘림에 진을 쳤다. 엘림은 '테레빈나무' 또는 '상수리나무'란 뜻을 지닌 지명이다. 출애굽한 이스라엘 백성들이 홍해를 건넌 후에 두 번째로 진을 쳤던 곳이다. 마라와 신 광야 사이에 위치한 이곳은 오아시스 지역으로 12개의 샘물과 70그루의 종려나무 숲이 있었다. 오늘날 이곳은 시내 반도 남쪽 하단, 곧 수에즈만(灣)에서 남동쪽으로 대략 190km 지점에 위치해있는 '와디 가란델'이다.

엘림을 떠난 다음에는 홍해 바닷가에 진을 쳤고, 홍해 바닷가를 떠난 다음에는 신 광야에, 신 광야를 떠난 다음에는 돕가에, 돕가를 떠난 다음에는 알루스에, 알루스를 떠난 다음에는 르비딤에 진을 쳤다. 르비딤은 '평야'란 뜻으로 신 광야와 시내 광야 사이에 위치해 있었다.

이스라엘 백성들은 르비딤에서 마실 물이 없어 모세에게 불평을 터뜨리고 하나님을 시험하였다. 이에 하나님은 모세를 통해 호렙산 바위에서 물이 솟구치게 하여 백성들의 갈증을 해결해 주셨다.

또한 이곳 르비딤 지역에서 이스라엘 백성들은 대열의 후미를 기습적으로 공격한 아말렉 족속과 전쟁을 치렀다. 그것은 출애굽 이후 치른 첫 번째 전쟁이다. 이곳은 오늘날 시내산에서 북서쪽으로 20km 지점에 위치한 예벨세르발 산의 북쪽 산기슭 평야 지대인 '와디 페이란'으로 추정된다.

[르비딤을 떠나 시내 광야에 도착함 — 그곳 시내산 아래에서 근 1년]

르비딤을 떠난 이스라엘 백성들은 마침내 시내산(호렙산)이 있는 시내 광야에 이르러 거기에 진을 쳤다. 백성들이 시내산에 이른 때는 출애굽 원년(주전 1446년경) 3월 15일로, 이집트의 라암셋을 출발한 지 딱 두 달이 되는 날이었다.

시내산이 있는 시내 광야에 진영을 이룬 이스라엘 백성들은 이곳에서 오래 머물렀다. 출애굽 원년(주전 1446년경) 3월 15일에 도착하여 출애굽 제2년(주전 1445년경) 2월 20일에 그곳을 떠났으므로, 1년 가까이 되는 11개월 5일 동안 머물렀다.

이 기간 동안 이스라엘 백성들은 더 이상 이집트의 노예 백성이 아니라 당당하고 어엿한 하나의 국가로 거듭났다. 하나님과 시내산 언약을 맺으면서 왕이신 하나님께로부터 십계명을 비롯하여 각종 율례와 법도와 규례를 부여받았고, 각양 성일과 절기에 대해서도 교육받았다. 또한 하나님이 이스라엘 백성들 가운데 거하실 성막도 건립했다. 그리고 그 성막에서 하나님께 전적으로 봉사할 제사장 제도와 레위인 제도 및 각종 제사에 대해서도 가르침 받았다. 시내산을 떠나기 직전에는 광야 행진의 효율성을 높이고 가나안 정복전쟁에 대비하기 위해 제1차 인구조사도 실시했다.

이때 시내 광야에서 실시한 제1차 인구조사에서 20세 이상 된 이스라엘 남자들은 레위 지파의 사람들을 제외하고 전부 60만 3,550명이었다. 이 수효를 근거로 해서 성인 남자 한 사람당 아내와 두 자녀가 딸려 있다고 계산하면, 당시 이스라엘 백성들의 전체 인구는 200만 명이 훌쩍 넘은 수효였다. 어엿한 하나의 국가로 성장해 있었던 것이다. 일찍이 하나님께서 이스라엘의 조상들인 아브라함과 이삭과 야곱에게 하신 약속의 역사적 성취였다.

시내 광야에서 이 모든 일이 이루어지는 사이에 근 1년이 훌쩍 흘러갔다. 마침내 성막 위로 구름이 높이 떠오르자 이스라엘 백성들은 낮엔 구름기둥, 밤엔 불기둥의 인도를 받으며 시내 광야를 떠나 가나안 여정을 계속 이어갔다. 그날이 출애굽 제2년(주전 1445년경) 2월 20일이었다.

[시내 광야에서 릿마 곧 가데스바네아까지의 여정]

시내산이 있는 시내 광야를 떠난 이스라엘 백성들은 기브롯핫다아와에 이르러 거기에 진을 쳤다. 기브롯핫다아와를 떠난 다음에는 하세롯에, 하세롯을 떠난 다음에는 릿마에 진을 쳤다. 하세롯 북동쪽에 위치한 릿마는 가데스바네아 지역과 밀접하게 연관된 곳이다.

당시 하세롯을 떠난 이스라엘 백성들은 오늘날 '아부레테맛' 계곡으로 추정되는 릿마에 이르러 진을 쳤다. 하지만 그곳은 200만 명이 넘는 이스라엘 백성들을 다 수용할 수 없었기에, 자연히 이스라엘 진영은 인근의 가데스바네아 지역까지 퍼져나갔다. 열두 정탐꾼 사건은 이곳 가데스바네아에서 일어났으므로, 이후로는 릿마 대신에 '가데스' 혹은 '가데스바네아'란 지명으로 더욱 알려진다.

아, 가데스바네아! 그곳은 이스라엘 역사에서 아주 뼈아픈 곳이다. 거기에서 이스라엘 열두 정탐꾼의 가나안 땅 파견이 있었고, 그들의 부정적인 보고로 인해 이스라엘 백성들의 거역 사건이 있었다. 그리고 그런 거역으로 인해 하나님께로부터 40년 광야 유랑이 징벌이 내려졌다. 이 사건은 매우 중요하므로 좀 더 자세히 살펴보자.

가나안 땅의 남부 국경지대인 가데스바네아에 이른 이스라엘 백성들은 "올라가 가나안 땅을 취하라!"는 하나님의 명령을 거역하고, 새 지도자를 세워 이집트로 되돌아가려 했다. 가나안 땅을 탐지하고 돌아온 열두 정탐꾼들 중 갈렙과 여호수아를 제외한 열 명의 정탐꾼들이 그 땅에 거인 족속이 살고 있다고 말하면서, 가나안 땅을 취하는 것이 불가능하다고 강력하게 주장했기 때문이다.

이집트로 되돌아가려는 이스라엘 백성들의 거역에 하나님은 크게 진노하셨다. 그래서 40년 광야 유랑이라는 징벌을 내리셨다. 이때 하나님은 정탐꾼들이 가나안 땅을 탐지한 40일의 하루를 1년으로 계산해서 40년 동안 광야를 유랑하게 하는 징벌을 내리셨다. 그리고 40년 광야 유랑의 기간 동안에 여호수아와 갈렙을 제외한 20세 이상 된 출애굽 1세대는 모두 광야에서 죽음을 맞아야 하는 징벌을 내리셨다.

이처럼 가데스바네아는 이스라엘 역사에서 참극의 땅이다. 이스라엘 백성들은 릿마 곧 가데스바네아에서 수개월 동안 머물다가 다시 길을 떠났다. 그 길은 더 이상 약속의 땅 가나안을 향한 행군이 아니었다. 그저 광야의 이곳저곳을 정처 없이 떠도는 오랜 유랑의 길이었다.

[가네스바네아에서 여기저기 떠돌다가 데라까지]

릿마 곧 가데스바네아를 떠난 이스라엘 백성들은 림몬베레스, 립나, 릿사, 그헬라다, 세벨산, 하라다, 막헬롯, 다핫, 데라 순으로 정처없이 광야를 떠돌며 진을 쳤다. 이스라엘 백성들의 여정은 낮에도 밤에도 계속된다.

▲ 이스라엘 백성들이 40년 동안 정처없이 떠돌았던 거칠고 메마른 광야

"보라, 구름이 떠올랐다!"

"자, 구름이 성막 위로 높이 떠올랐으니, 이제 천막을 거두어 다시 길을 떠나도록 합시다!"

이스라엘 백성은 구름기둥과 불기둥의 인도에 따라 가나안을 향한 여정을 계속 이어갔다. 성막을 뒤덮은 구름이 하늘 높이 떠오르면, 진을 걷고 다시 길을 떠나라는 하나님의 신호다. 그러다가 구름이 성막 위로 내려와 성막을 뒤덮으면, 가던 길을 멈추고 진을 치라는 신호다.

[데라를 떠나 오랜 세월 돌고 돌아 또 다시 가데스바네아]

무려 200만 명이 넘는 이스라엘 백성들은 데라에 진을 치면서 쉬고 있다가 구름이 성막 위로 높이 떠오른 것을 보자 다시 진을 거두어 길을 떠났다. 데라를 떠난 이스라엘 백성들은 밋가에 이르러 거기에 진을 쳤다. 밋가를 떠난 다음에는 하스모나, 모세롯, 브네야아간, 홀하깃갓, 욧바다, 아브로나, 에시온게벨 순으로 행진한 다음에, 신 광야에 이르러 가데스에 진을 쳤다. 가데스는 가데스바네아의 약칭이다.

그러니까 이스라엘 백성들은 오랜 세월 동안 광야를 돌고 돌아, 40년 광야 유랑이 처음 시작되었던 가데스바네아에 다시 이른 것이다. 이처럼 이스라엘 백성들은 가데스바네아에서 두 번째로 진을 친다.

① 출애굽 제2년(주전 1446년경) 5월경으로 시내 광야를 떠난 이스라엘 백성들이 가데스바네아 즉 릿마에 도착하여 진을 쳤다. 아시반 여기서 열 정탐꾼의 불신앙적인 보고와 백성들의 거역 사건으로 인해 하나님의 신노를 사서 40년 광야 유랑의 징벌을 받았다.

② 하나님의 징벌 이후에 가데스바네아를 떠난 이스라엘 백성들은 40여 년(보다 정확하게는 38년) 동안 광야 도처를 유랑하다가 출애굽 제40년(주전 1407년경) 4월경에 다시 가데스바네아에 도착

하여 진을 쳤다.

이스라엘 백성들이 두 번째로 가데스바네아에 이르러 진을 친 시기는 40년 광야 유랑을 마감하던 때였다. 이곳에서 모세와 아론의 손위누이인 여선지자 미리암이 임종을 맞았다.

[가네스바네아를 떠나 호르산에서]

이스라엘 백성들이 두 번째로 가데스바네아를 떠난 때는 출애굽 제40년 4월경으로, 이때의 행진은 더 이상 광야 유랑이 아니라 가나안 땅을 향한 본격적인 행군이었다. 그들은 요단강 동편 지역을 향해 행군한 후에, 요단강을 건너 곧장 여리고 성읍이 있는 가나안 중부지역으로 쳐들어갈 작정이었다.

가데스바네아를 떠난 이스라엘 백성들은 에돔 땅과 맞닿아 있는 호르산에 이르러 거기에 진을 쳤다. 이때는 이스라엘 백성들이 이집트 땅에서 나온 지 제40년째 되던 해(주전 1407년경)의 5월 초하루였다.

거기 에돔 땅 변경의 호르산(Mt. Hor) 정상에서 아론이 임종을 맞았다. 이스라엘의 초대 대제사장으로서 모세의 세 살 손위 형이기도 한 아론이 40년 광야 유랑이 끝나던 출애굽 제40년 5월 1일에 주의 말씀에 따라 호르산 정상까지 올라가서 거기서 아들 엘르아살에게 대제사장 직분을 물려준 후에 세상을 떠났다. 이때 아론의 나이는 123세였다. 아론이 임종을 맞자, 이스라엘 백성들은 호르산 아래에 계속 머물며 30일 동안 아론을 위해 애도하였다.

대제사장 아론의 죽음에 대한 애도 기간이 끝나자 이스라엘 백성들은 다시 길을 떠났다. 이때 네겝(가나안 남부지역) 지방에 살던 가나안 사람 아랏 왕이 이스라엘 백성들이 행진해 오고 있다는 보고를 받고 직접 군대를 이끌고 나와 공격했다. 하지만 이스라엘 군대가 도리어 아랏의 군대를 쳐부수고 그들의 성읍을 모조리 쓸어버렸다. 그래서 그 성읍 이름은 '호르마'가 된다. 호르마는 '진멸' 또는 '파멸'이란 뜻이다.

[호르산을 떠나 모압 평지까지의 여정]

호르 을 떠난 이스라엘 백성들은 살모나에 이르러 거기에 진을 쳤다. 살모나를 떠난 다음에는 부논과 오봇을 거쳐, 모압 국경지대에 있는 이예아바림, 그리고 디본갓에 진을 쳤다.

요단강 동편 지역을 향한 이스라엘 백성들의 행진은 계속된다. 디본갓을 떠나 알몬디블라다임에 이르러 진을 쳤고, 이후 느보 맞은편 이바림산에 도착하여 그곳에 진을 친다. 아바림산(Mt. Abarim)은 모압 평지에 위치한 큰 산맥에 있는 산으로, 주요 봉우리들로는 비스가, 느보 등이 있다. 출애굽의 영도자 모세가 최후 임종을 맞이한 곳이 바로 이 비스가 봉우리다.

아바림산을 떠난 이스라엘 백성들은 마침내 여리고 성읍 맞은편, 곧 요단강 동편 지역에 있는 모압 평지에 진을 쳤다. 요단 강가에 있는 모압 평지에 천막을 친 이스라엘 백성들의 진영은 벧여시못에서 아벨싯딤에 이르는 넓은 지역에 걸쳐 있었다.

그래서 지금 이스라엘 백성들은 모압 평지에 진 치고 있다. 여기에서 그들은 길고도 힘들었던 광야 유랑과 가나안 행진을 끝내고, 가나안 입성을 위해 여러 가지를 준비하고 있는 중이다. 때는 출애굽 제40년(주전 1407년경) 8~9월경이다.

이렇듯 모세는 이스라엘의 광야 노정에 대해 자세히 기록하였다 기록된 모든 광야의 장소들은 하나님께서 자신의 백성을 어떻게 돌보고 어떻게 인도하셨는지를 잘 보여준다. 많은 가축 떼와 더불어 노약자들과 부녀자들을 포함한 200만 명 이상의 백성들이 40여 년 동안 광야에서 생활했다는 것은 참으로 기적에 가까운 일이다.

따라서 광야 노정에 대한 성경의 자세한 기록은, 하나님께서 자기 백성들에게 하늘의 음식인 만나와 메추라기를 공급하시고, 또한 때를 따라 물과 목초지를 공급해 주셨다는 사실을 후대에 생생하게 증거하고 있다.

이스라엘 백성이 가나안 땅에 들어가서 준수해야 할 일들(33:50-56)

"모세야!"

이스라엘 백성들이 여리고 맞은편의 요단 강가에 있는 모압 평지에 진 치고 있을 때(주전 1407년경 9월경), 주께서 모세를 부르신 뒤 그에게 말씀하신다. 머잖아 가나안 땅에 들어가면 반드시 준수해야 할 일들에 관한 말씀이다.

"모세야, 너는 이스라엘 백성들에게 이르기를 '너희가 요단강을 건너 가나안 땅에 들어가게 되면, 너희는 반드시 그 땅에 살고 있는 사람들을 모조리 몰아내라!' 하여라."

가나안 땅의 원주민들은 온갖 우상들을 숭배하는 민족이고, 그 땅은 가증한 죄악으로 가득 찬 곳이다. 따라서 가나안 땅의 원주민들을 철저히 몰아내지 않으면, 그들은 이스라엘 백성들에게 올무가 되고 덫이 되어 도리어 이스라엘을 집어삼킬 것이다. 그래서 철저한 축출과 진멸을 명하신 것이다. 이어 하나님은 모세를 통해 이스라엘 백성들에게 계속 말씀하신다.

"너희는 가나안 족속들이 만든 우상들, 그것이 돌로 된 신상이든 쇳물을 부어 만든 신상이든, 가나안 땅의 모든 우상들을 모조리 부숴버려라. 그리고 그런 우상들을 모시는 산당들도 전부 허물어 버려라!"

이스라엘 백성들이 가나안 땅에 들어가서 첫 번째로 해야 할 일은 그곳 원주민들을 모조리 몰아내는 것이었고, 두 번째로 해야 할 일은 그 땅의 모든 우상들을 없애는 것이었다. 가나안 족속들은 돌이나 나무 등을 공교히 깎아 우상을 만들기도 했고, 거푸집에 쇳물을 부어 우상을 만들기도 했다. 하나님은 그렇게 만들어진 모든 돌, 나무, 쇠로 된 신상들을 철저히 파괴하라고 명하신 것이다.

그리고 당시 가나안 땅의 우상숭배는 주로 산당에서 행해졌다. 가나안의 주신(主神) 바알과 아세라를 숭배하는 제의에서는 자녀의 다산과 곡물의 풍요를 위해 산당 소속의 여사제들과 음란한 행위도 행해졌다. 따라서 이스라엘은 이 같은 가증한 죄악이 행해지는 가나안 땅의 산당들을 철저히 부수고 깨뜨리며 헐어야 했다. 이어 하나님은 모세를 통해 이스라엘 백성들에게 계속 말씀하신다.

"너희는 또 가나안 땅을 차지하여 거기에 정착하여라. 가나안 땅을 정복하면, 너희는 가족 단위로 제비를 뽑아 그 땅을 나누어라. 수효가 많은 지파에게는 큰 땅을 주고, 수효가 적은 지파에게는 그만한 땅을 주어라. 제비를 뽑아 지파별로 가나안 땅을 나누어 차지하여라."

이스라엘 백성들이 가나안에서 세 번째로 해야 할 일은 정복한 그 땅을 하나님께서 정해 주신 분배 원칙에 따라 제비뽑기를 통해 각 지파들에게 공정하게 분배하는 것이다.

자, 그렇다면 여기서 잠깐 생각해볼 게 있다. 과연 이스라엘은 무슨 권리로 가나안 땅을 취하여 자기 지파들에게 나누어주는가? 그 땅은 이미 원주민들이 터를 잡고 살아가고 있는데 말이다. 물론 근본적인 대답은 이것이다. 곧 하나님의 절대주권에 따른 것이라고! 본디 온 세상 모든 땅에 대한 소유권은 하나님에게 있다. 하나님은 천지만물을 지으신 창조자이시기 때문이다. 그래서 하나님은 자신의 기쁘신 뜻에 따라 가나안 땅을 이스라엘 백성들에게 주시기로 작정한 것이다.

하지만 하나님이 죄 없는 선량한 민족을 쫓아내고 그 땅을 이스라엘 백성들에게 주시는 것은 결코 아니다. 이스라엘 백성들이 광야를 떠돌고 있을 때로부터 대략 700여 년 전에 하나님은 이스라엘의 조상인 아브라함을 그의 고향 갈대아 우르 땅에서 불러내시어 가나안 땅을 주겠다고 약속하셨다. 그래서 아브라함은 하나님의 약속을 믿고 자기 고향과 친척을 떠나 가나안 땅까지 수천 마일에 이르는 머나먼 여행을 했다.

그런데 하나님은 아브라함에게 당장 가나안 땅을 주시지 않았다. 가나안 민족들의 죄가 가득 차지 않았기 때문이다. 하나님은 가나안 사람들의 죄악이 그 땅에 가득 차면, 그제야 그 땅을 아브라함의 자손들에게 줄 것이라고 약속하셨다. 그때로부터 700여 년이 흘러 마침내 가나안 족속들의 죄악이 그 땅에 가득 찼다. 그래서 하나님은 약속하신 대로 모세를 통해 이집트 땅에서 이스라엘 백성들을 이끌어내어 가나안 땅을 쳐서 차지하도록 명하신 것이다.

따라서 이스라엘 백성들의 가나안 땅 정복은 일찍이 아브라함에게 하신 하나님의 약속의 성취임과 동시에, 가나안 사람들의 가증한 죄악에 대한 준엄한 징벌이다. 이제 하나님은 이스라엘 백성들에게 다시금 가나안 민족들을 철저히 몰아내라고 강조하시면서, 그렇게 하지 않을 경우에 이스라엘 백성들이 대신 준엄한 징벌을 받게 될 것이라고 경고하신다.

"명심하여라! 너희는 그 땅에 살고 있는 가나안 원주민들을 다 몰아내라. 그렇게 하지 않으면, 그 땅에 남아있는 자들이 너희 눈에 가시가 되고 너희 옆구리를 찌르는 바늘이 되어, 너희를 두고두고 괴롭힐 것이다. 뿐만 아니라 그렇게 되면, 내가 가나안 민족들을 쓸어버리기로 마음먹은 것을 도리어 너희에게 그대로 되갚을 것이니라."

아, 불행하게도 후일 하나님의 이 같은 경고는 이스라엘 역사에서 현실이 되고 만다. 가나안 땅을 정복한 후 이스라엘 백성들은 이런저런 핑계로 원주민들을 전부 몰아내지 않았다. 그 결과 과연 그들은 이스라엘 백성들에게 가시가 되고 바늘이 되었다. 함정이 되고 덫이 되었다. 그래서 이스라엘 백성들은 가나안 사람들의 가증한 죄악을 답습하다가 결국 그 땅에서 추방당하고 만다.

후일, 그러니까 북왕국 이스라엘은 이때로부터 700여 년 뒤에 아시리아에 의해 패망하여 추방당한다(주전 721년경). 그리고 남왕국 유다 역시 이때로부터 800여 년 뒤에 바빌로니아에 의해 패망하여 같은 운명이 되고 만다(주전 586년경). 이처럼 하나님의 말씀에 대한 순종은 복을 가져오고 불순종은 화를 초래한다.

34
가나안 땅

주께서 주신 약속의 땅
주의 백성 자자손손 살아갈
젖과 꿀이 흐르는 가나안 땅의
사방이 환히 보이네

이스라엘 백성들이 차지할 가나안 땅의 사방 경계 (34:1-15)

'아, 드디어 가나안 입성의 시각이 다가오고 있구나.'

모세는 요단강 서편 쪽에서 불어오는 바람결에 가나안 땅의 향기로운 풀냄새를 맡았다. 그 냄새를 맡으니, 가나안 땅이 마치 손에 잡힐 듯 가까이에 있음도 알았다. 약속의 땅이 그리웠다. 그 땅을 진정으로 밟고 싶었다. 그런 모세의 심정을 아셨는지, 주께서 모세를 부르셨다.

"모세야!"

때는 출애굽 제40년(주전 1406년경) 9월경, 장소는 요단 강가의 모압 평지다. 하나님은 모세를 성막으로 부르신 뒤 그에게 말씀하신다. 즉, 모세를 통해 이스라엘 백성들에게 말씀하신다.

이번에 하나님께서 모세에게 하시는 말씀은 머잖아 이스라엘 백성들이 차지할 가나안 땅의 사방 경계에 대한 것이다. 가나안 정복전쟁을 치르기도 전에, 하나님은 이스라엘 백성들이 이미 가나안 땅을 차지한 것으로 보고 그 땅의 사방 경계에 대해 일러주시는 것이다. 따라서 이 같은 하나님의 말씀은 이제 곧 요단강을 건너 가나안 정복전쟁에 나설 이스라엘 백성들에게 확신과 용기를 심어주기에 충분하다.

"모세야, 너희가 가나안 땅에 들어가서 얻을 그 기업의 사방 경계는 이러하다. 잘 듣고, 백성들에게 전달하도록 하여라."

"네, 주님. 말씀하소서."

기업은 '분깃' 또는 '소유'란 뜻이다. 가나안 땅이 이스라엘 백성들의 기업이 되는 이유는, 그 땅은 일찍이 하나님께서 이스라엘 백성들에게 주시기로 약속하신 땅으로, 곧 이스라엘의 소유인 분깃이기 때문이다. 이제 하나님은 모세를 통해 이스라엘 백성들에게 말씀하신다.

[이스라엘 백성들이 차지할 가나안 땅의 남쪽 경계]

"너희가 차지하여 거주할 땅의 남쪽 끝은 에돔 땅과 맞닿아 있는 신 광야다. 즉, 남쪽 경계선은 동쪽으로 사해 끝에서부터 시작되어 남쪽으로 돌아내려가 아그랍빔 비탈을 지나고 신 광야를 거쳐 가데스바네아 남쪽 끝까지 이어진다. 또 이곳에서 북서쪽으로 하살아달을 지나 아스몬까지 이어지고, 다시 아스몬에서 길을 돌이켜 이집트 시내를 지난 다음에 지중해까지 이어진다."

이스라엘 백성들이 차지할 가나안 땅의 남쪽 경계에 대한 언급이다. 이 경계는 후일 유다 지파의 남쪽 경계선과 일치한다. 요약하면, 신 광야의 에돔 땅과 경계를 이루고 있다. 이어 하나님은 가나안 땅의 서쪽과 북쪽 경계에 대해 일러주신다.

[이스라엘 백성들이 차지할 가나안 땅의 서쪽과 북쪽 경계]

"너희가 차지하여 거주할 땅의 서쪽 경계는 지중해 해안이다. 그리고 북쪽 경계는 지중해에서 시작되어 호르산으로 이어지고, 거기서 하맛 어귀와 스닷과 시브론을 지나 하살에난까지 이어진다."

여기에 언급된 호르산은 가데스바네아 동북쪽에 있는 에돔 변경의 호르산, 곧 대제사장 아론이 죽었던 그 호르산이 아니다. 가나안 땅의 북쪽 곧 레바논 산맥에 있는 호르산이다. 동명이지(同名異地)다. 하지만 이 호르산의 위치가 명확하지 않기 때문에 북쪽 경계선이 모호해진다. 다만 호르산에서 이어지는 하맛 어귀, 스닷, 시브론, 하살에난이라는 지명들을 통해 대략적으로 추측할 뿐이다. 이어서 하나님은 가나안 땅의 동쪽 경계에 대해 일러주신다.

[이스라엘 백성들이 차지할 가나안 땅의 동쪽 경계]

"너희가 차지하여 거주할 땅의 동쪽 경계는 하살에난에서부터 시작되어 스밤에 이르고, 스밤에서 남쪽 리블라로 이어져 아인 동쪽으로 이어지고, 거기서 계속 내려가서 긴네렛 호수의 동쪽에 맞닿아 있는 언덕까지 이어진다. 또 거기서 요단강을 따라 사해까지 이어진다."

동쪽 경계는 시리아의 다마스쿠스 북동쪽 120km 지점에 있는 하살에난에서부터 시작하여 남쪽으로 요단강을 거쳐 사해(염해)에 이른다. 여기에는 요단 동편에서 기업의 땅을 분배받은 두 지파 반(갓 지파, 르우벤 지파, 므낫세 반 지파)의 분깃이 제외되어 있다.

이제 하나님은 이스라엘 백성들이 차지할 가나안 땅의 사방 경계와 관련해서 말씀을 마치신다.

"이상이 너희가 앞으로 차지하여 거주할 가나안 땅의 사방 경계니라."

하나님께서 이스라엘 백성들에게 허락해주신 가나안 땅의 사방 경계를 요약하면 이러하다.

① 동쪽 경계: 하살에난에서 사해(염해)에 이르는 요단강을 경계로

한 땅

② **서쪽 경계**: 지중해(대해)에 면한 해안선

③ **남쪽 경계**: 사해에서 가데스-바네아를 거쳐 지중해에 이르는 지역

④ **북쪽 경계**: 지중해에서 호르 산을 거쳐 하살에난에 이르는 산지

이처럼 가나안 땅에 대한 하나님의 약속은 애매모호하지 않고 매우 구체적이고 실제적이다. 비록 처음에는 흐릿하게 보여도 날이 갈수록 뚜렷해진다. 이처럼 이스라엘 백성들에게 주어질 가나안 땅의 사방 경계가 구체적으로 언급된 것은, 이제 그 땅을 차지하여 이스라엘의 분깃으로 삼을 때가 가까이 이르렀음을 시사한다.

"여러분, 내 말을 잘 들으시오!"

모세가 하나님께 받은 말씀을 이스라엘 백성들에게 전한다.

"주께서 내게 이렇게 말씀하셨소. 이르시기를 '너희가 제비 뽑아 너희 몫으로 차지할 땅은 이러하다. 요단강 서편의 가나안 땅을 아홉 지파와 므낫세 지파의 절반에게 분배하여라. 르우벤 지파와 갓 지파, 그리고 므낫세 지파의 절반은 이미 가문별로 자기들의 몫을 차지하였으니, 그들은 여리고 맞은편에 있는 요단강 동쪽의 땅을 자기들의 몫으로 차지할 것이니라.' 하셨소."

가나안 땅은 제비뽑기를 통해 이스라엘 각 지파들에게 분배되었다. 먼저 제비를 뽑아 각 지파가 분배받을 분깃의 위치를 정하고, 이어서 그 지파의 인구 수효에 비례하여 기업의 분량 곧 땅의 크기와 성읍 수효가 할당되었다.

레위 지파를 제외한 이스라엘 12지파 가운데서 두 지파 반(갓 지파, 르우벤 지파, 므낫세 반 지파)은 이미 요단강 동편 지역에서 자기들의 분깃을 분배받았다. 그러므로 요단강 서편 지역의 땅은 나머지 아홉

지파 반(半)만을 대상으로 제비를 뽑아야 했다.

제비뽑기의 도구는 대제사장의 흉패 안에 든 '우림'과 '둠밈'이었다. 당시 이스라엘 백성들은 제비뽑기의 행위가 단순히 행운에 의해 좌우된다고 보지 않았다. 당시 하나님의 통치하에 있는 신정(神政) 체제에서 이스라엘 백성들은 제비뽑기를 통해 나타난 결과는 하나님께서 개입하시고 섭리하신 결과라고 믿었고, 또 실제로 그러했다.

제비뽑기에 대해 유대 랍비들의 전통적인 견해에 따르면 이러하다.

① 제비뽑기를 위해서는 두 개의 항아리를 사용했던 것으로 보인다.
② 하나의 항아리 속에는 각 지파의 명칭을 기록한 쪽지가 담겨 있었고, 또 다른 항아리 속에는 각기 상이한 기업의 땅이 적혀있는 쪽지들이 담겨 있었다.
③ 먼저 지파의 명칭이 담겨 있는 항아리에서 지파를 뽑은 후, 다음으로 기업의 땅이 적혀 있는 항아리에서 제비를 뽑아 지파와 기업의 땅을 결정했다.

요단 서편의 가나안 땅을 분배할 책임자들(34:16-29)

"모세야."

하나님께서는 머잖아 차지할 가나안 땅의 분배와 관련해서 모세에게 말씀하신다. 가나안 정복전쟁을 통해 요단 서편의 땅을 차지한 뒤에, 그 땅을 분배할 책임자들에 관한 말씀이다.

"모세야, 너희가 가나안 땅을 차지한 후에 아홉 지파 반에게 그 땅을 분배할 책임자들은 대제사장 엘르아살과 눈의 아들 여호수아니라."

가나안 땅을 차지한 후, 그 땅을 각 지파들에게 기업으로 분배할 총책임자 두 명이 적시되었다. 제2대 대제사장인 엘르아살과, 모세의 후계자로 위임받은 차기 지도자 여호수아이다.

이집트에서 모압 평지에 이르기까지 40여 년 동안 출애굽의 영도자로 살아온 모세는 '므리바 물 사건'으로 인해 가나안 땅에 들어가지 못하고 이제 곧 요단강 동편 땅에서 임종을 맞이할 것이다. 초대 대제사장 아론 역시 호르산에서 이미 죽었기 때문에 제외되었다.

따라서 모세 사후에 이스라엘의 새로운 지도자가 될 여호수아와 부친 아론을 이어 제2대 대제사장이 된 엘르아살이 하나님의 명령에 따라 가나안 땅을 이스라엘 각 지파들에게 분배할 총책임자들로 임명되었다. 이처럼 요단 서편 지역에 있는 가나안 땅의 분배는 여호수아와 엘르아살을 총책임자로 하고, 각 지파를 대표하는 열 명의 지도자들이 그들을 돕는 방식으로 이루어질 것이다.

여기서 르우벤 지파와 갓 지파를 대표하는 지도자들의 이름은 보이지 않는데, 그 두 지파는 이미 요단강 동편 지역에서 기업의 땅을 분배받았기 때문이다. 또한 므낫세 지파의 절반도 요단강 동편의 땅을 기업으로 분배받았다. 이제 하나님은 여호수아 및 엘르아살과 더불어 땅 분배에 참여할 열 명의 지도자 이름을 모세에게 불러주신다. 모세는 그 명단을 가지고 이스라엘 백성들 앞에 서서 호출한다.

"자, 지금부터 내가 부르는 명단은 요단강 서편의 가나안 땅을 차지한 후에 지도자 여호수아와 대제사장 엘르아살을 도와 열 지파에게 기업의 땅을 분배할 자들이오. 내가 이름을 부르면 앞으로 나오시오!"

이스라엘 백성들 앞에서 모세가 큰 목소리로 호명한다. 전에는 모세 옆에 항상 아론이 있었는데, 지금은 부친 아론을 이어 대제사장이 된 엘르아살이 아버지의 자리를 대신하고 있다.

"유다 지파에서는 여분네의 아들 갈렙!"

"시므온 지파에서는 암미훗의 아들 스므엘!"

"베냐민 지파에서는 기슬론의 아들 엘리닷!"

"단 지파에서는 요글리의 아들 북기!"

"요셉의 후손 중 므낫세 지파에서는 에봇의 아들 한니엘!"

"에브라임 지파에서는 십단의 아들 그므엘!"

"스불론 지파에서는 바르낙의 아들 엘리사반!"

"잇사갈 지파에서는 앗산의 아들 발디엘!"

"아셀 지파에서는 슬로미의 아들 아히훗!"

"납달리 지파에서는 암미훗의 아들 브다헬! 이상 열 명이오."

모세가 이름을 부른 각 지파의 대표 지도자들은 맨 처음 갈렙이 "성심을 다하겠습니다!" 라며 앞으로 나서자, 마치 약속이나 한 것처럼 너도나도 따라서 반복했다.

이리하여, 머잖아 차지할 요단 서편 땅의 분배를 위해 대제사장 엘르아살과 차기 지도자 여호수아를 비롯하여, 각 지파의 지도자 열 명이 분배 책임자들로 위임되었다. 가나안 정복에 앞서, 이처럼 그 땅을 분배할 책임자들을 미리 선정해 놓은 것은, 가나안 정복 후에 발생할지도 모를 혼란과 분쟁을 미연에 방지하기 위해서다.

여기 놀라운 사실이 있다! 각 지파를 대표하는 지도자 열 명의 명단은 장차 각 지파가 분배받을 가나안 땅의 남부에서 북부에 이르는 그들 지파의 위치와 동일한 순서로 호명되었다는 것이다. 이 같은 사실 하나만 보더라도 분명해진다. 가나안 정복과 그 땅의 분배는 처음부터 끝까지 하나님의 신비로운 경륜과 오묘한 섭리, 그리고 그분의 세심한 배려와 관심 가운데 그분의 전적인 주권 하에 이루어졌던 것이다.

35

레위인의 성읍과 도피성

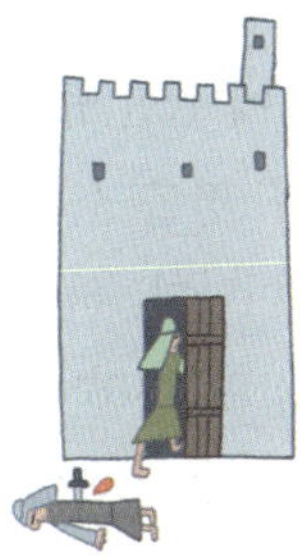

요단강 동서편에 도피성 두어라
동편에 세 성읍, 서편에 세 성은
누구든 실수로 사람 죽이면
재판받기 전까지 이곳에서 피해라

레위인들에게 할당된 성읍 (35:1-8)

때는 출애굽 제40년 9월경, 가나안 입성을 목전에 둔 시기다. 장소는 여리고 맞은편에 위치한 요단 강가의 모압 평지다. 이스라엘 백성들은 이곳에 수개월 동안 머물면서 가나안 입성을 위한 준비를 착실하게 해 나가고 있었다.

제2차 인구조사를 실시했고, 각종 성일과 절기와 제사에 관한 보충적인 규례도 전달받았다. 또한 이스라엘 백성들을 타락시킨 미디안 족속을 쳐서 바알브올 우상숭배 사건에 대한 원수도 갚았다. 그리고 가장 최근에는 요단 서편의 가나안 땅 분배에 대한 제비뽑기의 원칙과 분배 책임자들도 세웠다.

"모세야!"

이제 하나님은 가나안 입성 직전의 모압 평지에서 마지막으로 말씀하신다. 그 말씀은 레위인들의 성읍과 그들의 도피성에 관한 말씀이다.

먼저 하나님은 가나안 땅에서 레위인들에게 주어질 성읍에 관하여 말씀하신다.

"모세야, 너는 이스라엘 백성들에게 이르기를 '가나안 땅에 들어가 각 지파가 분배받을 땅 가운데서 레위인들이 살아갈 성읍들과 그에 딸린 목초지를 떼어주어라.' 하여라. 그러면 레위인들이 그 목초지에서 가축 떼를 기르면서 자신들의 성읍에서 살 수 있게 될 것이다."

레위 지파의 사람들, 곧 레위인들의 성읍에 관한 규례다. 레위인들에게는 애초에 기업의 땅이 분배되지 않았다. 땅을 소유한다는 것은 그 땅을 경작하고 관리해야 한다는 것을 의미한다. 하지만 레위인들은 이스라엘의 모든 장자들을 대신하여 하나님께 헌신된 자들로서, 전적으로 성막 봉사에 모든 힘을 쏟아야 했기에 따로 기업의 땅이 주어지지 않았다.

그 대신에 레위인들은 이스라엘 백성들이 하나님께 바치는 헌물을 통해 생계를 해결할 수 있었다. 그리고 레위인들의 거주지는 모세에게 주신 하나님의 말씀처럼 이스라엘 백성들이 분배받은 성읍들에서 얼마를 다시 분배받음으로써 해결하였다. 레위인들은 단지 성읍뿐만 아니라 그 주변의 목초지도 함께 재분배받았다. 이는 레위인들도 비록 소규모지만 나름대로 목축을 했음을 암시한다.

어쨌든 레위인들은 이스라엘 12지파들이 분배받은 성읍들에서 얼마를 재분배받아 거기에 거주함으로써, 이스라엘 12지파 가운데 분산되어 거주할 수밖에 없었다. 이 같은 사실은 두 가지 교훈을 준다.

① 일찍이 야곱이 하나님의 영감을 받아 셋째아들 레위에게 선포한바 "너는 야곱 자손 가운데 나뉠 것이고, 이스라엘 백성들 가운데 흩어지게 되리라."는 예언이 그대로 성취되었음을 보여준다. 일점 일획도 틀림이 없는 말씀의 온전한 성취다.

② 하나님의 율법과 각종 제사 규례에 대해 전문가들인 레위인들을 이스라엘 12지파의 백성들 가운데 골고루 분산시켜 거주하게 함으로써 여호와 신앙에 대한 교육이 원활하게 이루어질 수 있도록 온전히 섭리하였음을 알 수 있다.

이제 하나님은 레위인들의 성읍과 관련해서 모세를 통해 이스라엘 백성들에게 말씀하신다.

"너희가 레위인들에게 떼어줄 성읍에 함께 딸린 목초지는 성읍을 중심으로 성벽에서 사방으로 2천 규빗에 이르는 땅이다. 성읍을 중심으로 동쪽으로 2천 규빗, 서쪽으로 2천 규빗, 남쪽으로 2천 규빗, 북쪽으로 2천 규빗 떨어진 곳까지 거리를 재어, 그 안의 땅을 레위인들에게 떼어주도록 하여라."

여기서 '2천 규빗'이란 성읍의 폭을 제외한 성읍 목초지의 이쪽 끝에서 저쪽 끝까지의 길이다. 따라서 성읍을 중심으로 반경은 1천 규빗이 된다. 이 같은 크기의 땅이 성읍에 딸린 목초지로 간주되어, 각 지파는 성읍과 함께 레위인들에게 떼어주어야 했다.

규빗(Cubit)은 고대 중근동 지역에서 사용한 척도의 표준 단위다. 1규빗은 어른의 팔꿈치로부터 가운데 손가락 끝까지의 길이다. 이것을 오늘날의 미터법으로 계산하면, 대략 45cm에 해당된다. 따라서 2천 규빗은 900m이고, 1천 규빗은 450m다. 하나님은 모세를 통하여 이스라엘 백성들에게 계속해서 말씀하신다.

"너희는 레위인들에게 모두 48개의 성읍과 그 성읍들에 딸려 있는 목초지를 제공해 주도록 하여라. 넓은 땅을 분배받은 지파들은 좀 더 많이, 좁은 땅을 분배받은 지파들은 좀 더 적게 레위인들에게 떼어주도록 하여라."

이스라엘 12지파가 레위인들에게 재분배해 주어야 하는 성읍 수효는 모두 48개였다. 물론, 48개의 성읍에 딸려 있는 사면(동서남북) 2천 규빗의 땅(목초지)도 함께 떼어주어야 했다.

훗날 가나안 땅을 분배받은 이스라엘 12지파는 하나님의 명령대로 자신들이 분배받은 성읍에서 각각 얼마를 떼어 레위인들에게 48개의 성읍들과 각각의 성읍에 딸린 목초지를 재분배해 주었다. 그 사실에 대해 살펴보면 아래와 같다.

① 유다 지파: 8개 성읍(헤브론, 립나, 얏딜, 에스드모아, 홀론, 드빌, 윳다, 벧세메스)과 그 각각의 성읍에 딸린 목초지

② 베냐민 지파: 4개 성읍(기브온, 게바, 아나돗, 알몬)과 그 각각의 성읍에 딸린 목초지

③ 시므온 지파: 1개 성읍(아인)과 그 성읍에 딸린 목초지

④ 에브라임 지파: 4개 성읍(세겜, 게셀, 깁사임, 벧호론)과 그 각각의 성읍에 딸린 목초지

⑤ 단 지파: 4개 성읍(엘드게, 깁브돈, 아얄론, 가드림몬)과 그 각각의 성읍에 딸린 목초지

⑥ 요단 서편의 므낫세 반(半) 지파: 2개 성읍(다아낙, 가드림몬)과 그 각각의 성읍에 딸린 목초지

⑦ 요단 동편의 므낫세 반(半) 지파: 2개 성읍(골란, 브에스드라)과 그 각각의 성읍에 딸린 목초지

⑧ 잇사갈 지파: 4개 성읍(기시온, 다브랏, 야르뭇, 엔간님)과 그 각각의 성읍에 딸린 목초지

⑨ 아셀 지파: 4개 성읍(미살, 압돈, 헬갓, 르홉)과 그 각각의 성읍에 딸린 목초지

⑩ 납달리 지파: 3개 성읍(게데스, 함못돌, 가르단)과 그 각각의 성읍에 딸린 목초지

⑪ **스불론 지파**: 4개 성읍(욕느암, 가르다, 딤나, 나할랄)과 그 각각의 성읍에 딸린 목초지

⑫ **르우벤 지파**: 4개 성읍(베셀, 야하스, 그데못, 므바앗)과 그 각각의 성읍에 딸린 목초지

⑬ **갓 지파**: 4개 성읍(길르앗라못, 마하나임, 헤스본, 야셀)과 그 각각의 성읍에 딸린 목초지

이렇게 레위인들은 하나님의 명령에 근거하여 이스라엘 12지파에게서 모두 48개의 성읍과 그 각각의 성읍에 딸린 목초지를 재분배받았다. 바로 이 성읍들은 레위인들이 자신의 가족들과 함께 거주하면서 나름의 가축을 먹일 장소였다.

도피성을 지정하여라 (35:9-15)

하나님은 모세를 통해 계속 말씀하신다.

"모세야, 너는 이스라엘들 백성들에게 이르기를 '너희가 요단강을 건너 가나안 땅에 들어가거든, 성읍들 중 얼마를 도피성으로 지정하여라.' 하여라."

"네, 주님. 그런데 도피성을 지정해야 하는 이유가 무엇이온지요?"

"실수로 사람을 죽인 자로 하여금 그 지정된 도피성으로 도망쳐서 몸을 피할 수 있게 하기 위함이니라. 실수로 사람을 죽인 자가 회중 앞에서 공정한 재판을 받기 전까지는, 그 성읍에서 끌려나와 복수를 당하는 일이 없게 하여야 한다."

그렇다. 도피성을 지정하는 목적은 실수로 사람을 죽인 자가 피의 보복을 당하기 전에 일단 그 몸을 피신시키기 위해서다. 그리하여 그로 하여금 공정한 재판을 받도록 하기 위해서다.

이처럼 도피성은 실수로 사람을 죽인 자가 피의 보복자를 피하여

공정한 재판을 받을 때까지 잠깐 동안 피신해 있는 성읍이다. 따라서 고의로 사람을 죽인 자는 도피성의 보호를 받을 수 없었다.

재판 결과, 도피성으로 피신한 자가 실수로 사람을 죽인 사실이 인정되면 그는 당대의 대제사장이 죽을 때까지 도피성 안에서 안전하게 살아갈 수 있었다. 이후에 그 대제사장이 죽으면, 그 사람은 자신의 본집으로 돌아가 예전처럼 살아갈 수 있었다. 하나님은 계속해서 말씀하신다.

"너는 레위인들에게 줄 48개의 성읍들 가운데서 여섯 개의 성읍을 도피성으로 삼아라. 세 개의 성읍은 요단강 동쪽에, 다른 세 개의 성읍은 요단강 서쪽의 가나안 땅에 두도록 하여라."

"네, 주님. 명심하겠습니다."

"이 여섯 도피성은 이스라엘 백성이든 이방인이든, 또한 너희와 함께 어울려 사는 다른 나라 백성이든, 실수로 사람을 죽인 자가 누구든지 도피하는 곳이니라."

도피성은 요단강을 중심으로 강의 좌우편에 각각 세 군데씩, 가나안 전체에 골고루 마련되었다. 이는 실수로 사람을 죽인 자가 가나안 땅의 어느 곳에 있든지 적어도 반나절이면 도피성에 이를 수 있도록 하기 위함이었다. 도피성으로 지정된 여섯 성읍은 이러하다.

▲ 요단강 좌우의 여섯 도피성

① 요단강 서편에 지정된 세 군데의 도피성: 게데스, 세겜, 헤브론
② 요단강 동편에 지정된 세 군데의 도피성: 베셀, 길르앗라못, 골란

도피성과 살인자에 대한 규례(35:16-34)

"주님, 그러면 살인한 자들은 모두 도피성으로 피해야 하는 것입니까?"

"그건 아니다. 오직 부지중에 실수로 사람을 죽인 자들만 도피성으로 피신할 수 있느니라."

도피성이라고 해서 아무나 도피해서 몸을 숨기는 곳은 아니다. 그렇게 된다면 정의롭고도 공평하신 하나님이 아니다. 의도적으로 사람을 죽이고 숨어든 자는 그들의 흉악한 죄를 분명히 가려서 숨겨주지 말아야 했다. 그런 자가 설혹 도피성 안에 숨어들었다고 해도 다시 도피성 밖으로 끌어내어 법에 따라 처형시켜야 했다. 하나님께서는 그런 점을 모세에게 분명히 말씀하신다.

"만일 누구든지 쇠로 된 물건이나 사람을 죽일 수 있을 만한 돌이나 나무 연장으로 사람을 쳐 죽이면, 그자는 일부러 사람을 죽인 살인범이다. 그런 살인범은 반드시 죽여야 한다. 알겠느냐?"

"네, 주님! 일부러 사람을 죽인 살인범은 살려두지 말라고 이르겠습니다."

"그렇다. 또 만일 어떤 사람이 누군가를 미워하여 일부러 밀어 넘어뜨렸거나 고의로 무엇인가를 던져서, 혹은 원한을 품고 주먹을 휘둘러서 사람을 죽게 했다면, 그 사람도 역시 죽여야 마땅하다. 그는 고의로 사람을 죽인 살인범이기 때문이니라."

하나님께서 정하신 도피성의 원칙은 실수로 사람을 죽인 자들에 한해서만 적용되었다. 따라서 쇠, 돌, 나무 등의 연장을 사용하여 일부러 사람을 쳐 죽였거나, 혹은 미움이나 원한 등의 악의적인 이유로 고의로 사람을 죽인 자는 보호를 받을 수 없다는 것이다. 그런 자는 의도적인 살인범으로 규정되어 마땅히 사형에 처해졌다. 모세 율법에는 다른 사람의 피를 흘리게 한 자는 오직 자신의 피로써만 갚아야 한다고 규정하고 있기 때문이다.

그러므로 도피성은 모든 살인자들의 은신처가 아니었다. 오직 실수로 사람을 죽인 자들의 목숨을 일시적으로 보호하는 곳으로서, 그들에게 공정한 재판의 기회를 부여하기 위해 마련된 곳이다. 도피성에 관한 하나님의 말씀은 계속 이어진다.

"죽은 사람의 가장 가까운 혈육은 피의 복수자가 되어 그 살인자를 죽일 수 있다. 그 피붙이는 살인자를 만나면 언제 어디서나 죽일 수 있다."

살해당한 자의 가장 가까운 남자 친족이 피의 복수자(復讐者)가 되었다. 그는 피해자 친족의 피값을 대신 갚아줌으로써 죽은 자의 억울함을 풀어주고 그의 명예를 회복시켜 주어야 할 의무를 지녔다.

이처럼 고대 이스라엘 사회에서는 억울하게 죽은 피살자의 가장 가까운 형제나 친족이 피살자를 대신해서 살인자에게 복수함으로써 사회의 공의를 실현하는 '고엘 제도'가 있었다. 그러니까 도피성 제도는 고엘 제도의 남용으로 인해 무모한 희생자가 생겨나는 것을 방지하기 위한 목적으로 제정되었다.

이제 하나님은 무모한 희생자가 생겨날 수 있는 경우에 대해 말씀하신다. 즉, 부지중에 실수로 사람을 죽인 경우에 대해서 말씀하신다.

"어떤 사람이 아무런 미움이나 원한 없이 실수로 사람을 밀거나 연장을 잘못 던졌거나 또는 미처 사람을 보지 못하고 돌을 떨어뜨리는 바람에 누군가가 죽게 되었다면, 그 사람은 사람을 해칠 악한 의도가 있었던 것이 아니다. 그러므로 회중은 가해자와 피의 복수자를 중재하여 올바른 판결을 내려야 한다. 회중은 죽은 사람의 가장 가까운 혈육 곧 피의 복수자가 실수로 사람을 죽인 그자를 죽이지 못하도록 그자를 그가 도망쳤던 도피성으로 돌려보내야 한다."

자, 어떤 사람이 누군가에 의해 죽었을 경우에 어떤 처리 절차를 밟았는지 순서대로 알아보자.

① 사람을 죽인 자는 피의 복수자를 피해 일단 도피성으로 피신해 있었다(만일 도피성으로 피신하기 전에 피의 복수자를 만나면, 그는 안타깝게도 목숨을 잃고 말았다).
② 그러면 회중은 도피성에 피신해 있는 살인자를 데려오고, 재판장은 그 살인 사건에 대해 재판을 진행한다.
③ 재판장은 미움이나 원한 등의 악의를 갖고 일부러 사람을 죽였는지, 아니면 아무런 미움이나 원한 없이 단순히 실수로 사람을 죽였는지를 면밀히 조사하여 판결한다.
④ 판결 결과, 일부러 사람을 죽인 것으로 판명되면 그자는 마땅히 사형에 처해졌다.
⑤ 하지만 실수로 사람을 죽인 것으로 판명되면, 그 살인자는 피의 복수자로부터 벗어나 처음 피신해 있었던 도피성으로 돌아가서 안전하게 살아갈 수 있었다.

그렇다면 도피성에 다시 돌아간 그 살인자는 어떻게 되는 것일까? 하나님의 말씀에 귀 기울여 보자.

"실수로 사람을 죽인 그 사람은 당시의 대제사장이 죽을 때까지 그 도피성에서 계속 살아야 한다. 그 대제사장이 죽고 나면, 그제야 그 사람은 자신이 예전에 살던 곳으로 돌아갈 수 있느니라. 이때 너희는 당시의 대제사장이 죽기 이전에 도피성으로 몸을 피한 사람을 몸값을 받고 고향집으로 돌려보내서는 안 되느니라."

실수로 사람을 죽인 자, 곧 과실치사자가 당시의 대제사장이 죽을 때까지 도피성에서 살아야 했던 이유는 이러하다. 속죄(贖罪) 사역을 담당하고 있는 대제사장의 죽음은 도피성에 피신한 살인자의 죽음을 대신하는 것으로 간주되어, 비로소 그자의 피값이 완전히 지불되었다고 판단했기 때문이다.

그래서 도피성에 머물고 있는 살인자가 고향집으로 돌아갈 수 있는 유일한 길은 대제사장의 죽음밖에 없었다. 그 외 몸값을 지불하는 등의 다른 방법으로는 고향집으로 절대 돌아갈 수 없었다. 만일 그것을 허용할 경우에는 부자와 가난한 자 사이에 심각한 차별이 생기기 때문이다.

그렇다면 대제사장이 죽기 전이라도 살인자가 도피성 밖으로 잠깐이나마 나갈 수는 없는 것일까? 이에 대해서 하나님은 말씀하신다.

"어떤 이유로든 대제사장이 죽기 이전에 살인자가 도피성 밖으로 나갔을 경우, 만일 피해자의 가까운 혈육 곧 피의 복수자가 그를 만나 죽였다면, 죽인 사람에게는 살인죄가 적용되지 않느니라."

도피성 밖에서는 어떤 경우에라도 살인자(실수로 사람을 죽인 자)의 목숨이 보장받을 수 없었다. 오직 도피성 안에서만 그 목숨을 부지할 수 있었다.

이런 의미에서 구약시대의 도피성은 장차 오실 메시아 예수의 구원 사역을 잘 보여주는 좋은 예표물이다. 사탄의 손아귀에서 벗어나는 참된 생명 곧 영생은 오직 '메시아 예수'라는 도피성 안에서만 얻을 수 있고 또 누릴 수 있기 때문이다.

도피성에 관한 지침은 계속된다. 살인자의 고의성 및 비고의성 여부를 놓고 재판을 할 때 무고나 위증을 방지하기 위해서 단지 한 증인만의 증언은 채택되지 않았다. 한 사람만의 증언은 개인적인 원한이나 이해관계에 따라 얼마든지 왜곡될 수 있는 여지가 있었기 때문이다. 따라서 재판에는 반드시 2인 이상의 증인이 일치된 증언을 할 때에만 그 증언이 유효했다.

또한 고의로 사람을 죽인 살인범에게서 몸값 곧 생명의 속전을 받고 그를 살려주어서도 안 되었다. 생명은 돈으로 바꿀 수 없었고, 또한 하나님의 율법에 따라 살인범은 반드시 자신의 피로써만 다른 사람의 피 흘린 값을 갚아야 했기 때문이다. 이제 하나님은 도피성과 관련된 살인자의 규례에 대한 말씀을 마무리하신다.

"모세야, 지금까지 내가 말한 도피성 규례는 모든 곳에서 대대로 반드시 지켜야 하느니라. 너희는 너희가 살고 있는 땅을 더럽히지 마라. 피를 흘리는 것은 땅을 더럽히는 것이니라. 피를 흘려 땅을 더럽히면, 피를 흘리게 한 살인자의 피가 아니고서는 더럽혀진 땅을 깨끗하게 할 수 없느니라."

"네, 주님. 무고히 피를 흘려 땅을 더럽히는 일이 없도록 하겠습니다."

하나님은 이스라엘 백성들 가운데 무고히 피를 흘려 땅을 더럽히는 일이 있어서는 왜 안 되는지를 일러주신다.

"너희가 살고 있는 땅은 곧 내가 임하여 있는 땅이니라. 그러므로 너희는 그 땅을 더럽히지 마라. 그렇다, 나 주가 너희 이스라엘 백성들 가운데에 임하여 있느니라."

이스라엘 진영 한가운데에 있는 성막(聖幕). 그 성막은 이스라엘 백성들 가운데에 임하여 계시는 하나님의 거룩한 처소다. 후일에 성막은 성전으로 대체된다. 그렇지만 하나님은 여전히 성전에 임하여 계심으로써 이스라엘 백성들 한가운데에 함께 거하셨다.

따라서 타인을 죽인 살인자를 그냥 방치하거나 또는 몸값을 받고 방면하는 행위는 하나님이 임하여 계시는 약속의 땅을 더럽히고 무법천지로 만드는 패역하고 불의한 행위였다. 그래서 하나님은 오직 모세를 통해 일러주신 도피성 규례에 따라 행함으로써 약속의 땅을 정결하게 유지해 가라고 명하신 것이다. 그 이유는 거듭 강조되었지만, 그 약속의 땅에 살고 있는 이스라엘 백성들 가운데 지극히 거룩하신 하나님이 임하여 계시기 때문이다.

36

딸들의 재산 상속법

형제인 슬로브핫의 기업은
아들 없어 딸들에게로 돌아가는데
그 딸들이 시집가면 어찌하느냐고
므낫세 지파 족장이 호소하네

여자의 재산 상속에 관한 규례 (36:1-13)

"모세 지도자님! 그리고 여러 족장님들!"

이스라엘 백성들이 여리고 맞은편 곧 요단 동편 강가의 모압 평지에 머물고 있던 어느 날, 요셉의 자손 중 므낫세의 손자이며 마길의 아들인 길르앗 가문의 여러 집안 어른들이 모세와 이스라엘 각 지파의 족장들에게로 급히 나아왔다.

"아니, 무슨 일이시오? 무슨 일이 있는 게요?"

므낫세 지파 중 길르앗 가문의 집안 어른들이 우르르 몰려오자, 모세가 의아해하며 그들을 맞이한다. 그러자 그들이 모세에게 말한다.

"지도자님, 일전에 주께서 지도자님께 제비를 뽑아 우리 이스라엘 백성들이 차지할 가나안 땅을 분배해 주라고 명하셨을 때, 주께서는 우리 형제 슬로브핫의 몫으로 돌아갈 땅을 그의 딸들에게 넘겨주라고 하셨습니다. 슬로브핫에게는 아들이 없었기 때문입니다."

"맞아요, 그때 그랬었지요."

고대 이스라엘 사회에서 어떤 사람이 임종했을 경우, 그의 재산 상속은 다음과 같이 이루어졌다.

① 1순위는 고인의 아들
② 2순위는 고인의 딸
③ 3순위는 고인의 형제
④ 4순위는 고인의 부친의 형제
⑤ 5순위는 그 외 고인과 가장 가까운 친족 순

이와 같은 순서대로 고인의 상속권이 부여되었다. 그래서 아들 없이 딸만 다섯 낳고 죽은 슬로브핫의 경우에는 제2순위인 그의 딸들이 유산을 상속받았다.

그러기에 아들 없이 죽은 관계로 아버지 슬로브핫의 기업을 물려받게 된 그의 딸들의 문제는 단순히 슬로브핫 가족만의 문제가 아니었다. 그것은 슬로브핫이 소속된 므낫세 지파의 전체 기업과 관련된 중요한 문제였다. 그래서 길르앗 가문의 집안 어른들이 계속해서 말을 잇는다.

"그런데 지도자님! 생각해 보십시오. 아버지의 유산을 상속받은 슬로브핫의 딸들이 다른 지파의 사람들에게로 시집을 가면, 그들이 아버지에게서 물려받은 땅은 다른 지파의 몫으로 돌아가게 됩니다. 그렇게 되면, 우리 지파의 몫으로 돌아왔던 땅이 그만큼 줄어들게 됩니다."

"아허, 서참, 듣고 보니 그러하군요."

이스라엘 각 지파는 분배받은 기업이 땅을 무척 소중하게 여겼다. 가나안 땅을 정복한 후에 각 지파에게 분배된 기업의 땅은 하나님께서 각 지파에게 베풀어주신 약속의 분깃이며 축복의 보증으로 여겼다. 따라서 각 지파는 어떠한 경우에도 자신들에게 분배된 기업의 땅을 고스란히 보존해야만 했다.

그런데 아들 없이 죽은 슬로브핫의 경우처럼, 딸들에게 기업의 땅이 상속되고, 또 그 딸들이 다른 지파의 남자에게로 시집간다면, 한 지파의 땅이 다른 지파에게로 옮겨가는 일이 발생하게 된다. 바로 이 같은 경우를 당하게 된 므낫세 지파가 자신들의 기업의 땅을 보존하려고 모세에게 강력하게 문제를 제기한 것이다. 그렇다. 다분히 일리 있는 문제 제기였다. 그들이 모세에게 계속 말한다.

“게다가 모든 유산이 본래의 주인에게로 다시 돌아가는 희년이 되면, 슬로브핫의 딸들이 소유하던 땅도 시집간 그 지파에게로 영영 딸려가게 되어, 우리 지파의 땅이 그만큼 줄어들고 맙니다. 그렇지 않습니까?”

“거참, 그렇군요. 희년이 되면 그렇게 되겠군요!”

이스라엘 사회에서 희년(禧年, Jubilee)은 해방과 자유와 안식의 해였다. 희년에는 종 되었던 자들은 자유의 몸이 되었고, 모든 빚은 탕감되었으며, 밭은 묵혔고, 팔렸던 땅들은 본래의 주인에게로 되돌아갔다. 이런 희년을 맞게 되면, 슬로브핫의 딸들이 소유한 땅도 그녀들이 시집간 그 지파의 땅으로 영영 돌아가게 되는 것이다. 그렇게 되면 각 지파들 간에 땅의 이동은 불가피하게 될 터였다.

모세에게 나아와 기업 상속의 문제를 제기하는 인물들은 여자 상속의 문제가 된 슬로브핫의 딸들과 가까운 친족들이다. 그들은 슬로브핫의 딸들로 인해 본래 자기들의 소속 지파인 므낫세 지파에게 분배된 땅이 다른 지파로 넘어가는 것을 크게 우려했던 것이다. 그러잖아도 므낫세 지파는 각각 반(半) 지파로 나뉘어 요단강 동편과 서편에서 떨어져 살아갈 것이기에, 그들의 방문은 얼마든지 정당성이 있었다.

“흐음, 정말 문제가 되겠군요! 그럼, 기다려 보시오. 이 문제를 놓고 내가 주님께 여쭤보도록 하겠소.”

모세가 이 문제를 놓고 주님께 문의하자, 주님의 말씀이 곧바로 모세에게 임했다.

"모세야, 므낫세 지파 사람들이 하는 말이 옳다. 그러므로 슬로브핫의 딸들은 자기 지파 사람들 안에서 마음에 드는 남자를 골라 결혼해야 한다. 그러면 유산으로 물려받은 땅이 이 지파에서 저 지파로 옮겨가는 일이 없을 것이다. 이스라엘 백성들은 누구든지 조상에게서 유산으로 물려받은 땅을 대대로 간직해야 하느니라."

문제 해결의 방법이 제시되었다. 므낫세 지파 소속인 아버지 슬로브핫의 땅을 물려받은 그의 딸들은 오직 므낫세 지파의 남자들에게만 시집갈 수 있었다. 그래야 자신들의 물려받은 아버지의 땅이 므낫세 지파 안에 그대로 계속 남아있기 때문이다. 이런 경우에는 희년을 맞아도 역시 그대로 므낫세 지파 안에 남아있었다. 이 원칙은 슬로브핫의 딸들에게만 적용되는 것이 아니라, 아들 없이 죽은 아버지에게서 기업의 땅을 물려받은 모든 이스라엘의 딸들에게 똑같이 적용되었다.

이렇게 아버지에게서 기업의 땅을 물려받은 딸들에게 결혼 대상을 지파 내 남자들로 제한시킨 목적은 아주 분명하다. 이스라엘 각 지파가 소유한 땅을 이 지파에서 저 지파로 옮기는 일 없이, 본래 처음 분배받은 그 지파 안에 그대로 계속 보존시키기 위해서다. 이스라엘 사회에서 주께로부터 분배받은 각 지파의 땅은 어떠한 경우에도 반드시 보존해야만 하는 극히 중요한 문제였기 때문이다.

"네, 잘 알겠습니다. 저희가 주님의 뜻에 순종하겠습니다."

모세가 슬로브핫의 딸들을 불러 주님의 말씀을 들려주자, 그녀들은 주께서 모세에게 명하신 대로 따르겠노라고 대답했다. 그래서 슬로브핫의 다섯 딸들, 곧 말라, 디르사, 호글라, 밀가, 노아는 모두 아버지 쪽의 사촌들에게 시집갔다. 그래서 그녀들이 물려받은 가문의 땅은 계속해서 므낫세 지파의 땅으로 유지될 수 있었다.

슬로브핫 딸들의 유산 상속과 관련하여 주어진 규례, 곧 아들 없어 아들 대신에 아버지에게서 유산을 물려받은 이스라엘 여자들의 재산 상속과 그것의 지파 내 보존에 관한 규례를 끝으로, 40년 광야 유랑의 이야기를 담고 있는 민수기는 대단원의 막을 내리게 된다.

출애굽 제2년(주전 1445년경) 2월 초하루에 실시된 제1차 인구조사를 시작으로 그 막을 연 민수기는 40년 광야 유랑을 중심으로 이야기를 펼쳐 나가다가, 마침내 여리고 맞은편의 요단 동편 강가에 있는 모압 평지에 이르러 여자의 재산 상속에 관한 규례를 끝으로 그 막을 내린다.

때는 출애굽 제40년(주전 1407년경) 9월경이다. 이스라엘 백성들이 여호수아의 인솔 하에 요단강을 건너 가나안 땅의 동쪽 경계 지역인 길갈에 진을 친 때가 출애굽 제41년(주전 1406년경) 정월 10일이었으므로, 이때는 가나안 입성을 3개월가량 앞둔 시점이었다.

산들바람이 불어온다. 약속의 땅 가나안 쪽에서 불어오는 산들바람이다. 산들바람 속에 가나안 땅의 싱그러운 풀냄새가 배여 있다.

미디안 들판에서 40년 목자 생활을 했던 모세지만, 이렇게 싱그럽고도 달콤한 풀냄새를 맡은 적은 없다. 역시 가나안 땅은 젖과 꿀이 흐르는 비옥한 땅임에 틀림이 없다. 르우벤 지파, 갓 지파, 므낫세 반(半) 지파가 머물기로 결정한 요단 동쪽의 땅도 이렇게 비옥하거늘, 하나님께서 약속하신 요단강 서쪽의 땅은 얼마나 더 푸르고 싱그러울까.

'아, 그 땅을 내 두 발로 꼭 밟고 싶었는데….'

모세의 가슴에 회한(悔恨)이 인다. 르비딤에서 성질을 조금만 누르고 분노를 터뜨리지 말았어야 했는데…. 그러나 이제 와서 후회한들 무슨 소용이 있겠는가. 불평불만을 터뜨리는 이스라엘 백성들을 이끌고 거칠고 메마른 광야를 무사히 통과하는 사명을 감당한 것만으로도 그저 감사하고 만족할 뿐이다.

사실, 가데스바네아에서 20세 이상 된 기성세대는 갈렙과 여호수아만을 제외하고 모두 광야에서 죽을 것이라는 폭탄선언을 들었을 때, 모세는 눈앞이 캄캄했다. 200만 명을 끌고 나와서 절반 이상이 죽어 나간다면, 그래서 가나안 땅에 들어갈 백성들이 100만 명 이하가 된다면, 무슨 힘으로 가나안 땅을 정복하고 어엿한 나라를 세울 수 있을 것인가. 그런 생각으로 아득했었다.

그러나 광야는 하나님의 무한한 사랑과 긍휼을 보여주었다. 하나님께서 구름기둥과 불기둥으로 자기 백성들을 인도하시고, 양식 한 톨 제대로 생산할 수 없는 죽음의 광야에서 만나와 메추라기로 광야의 식탁을 차려주시고 때마다 배불리 먹여주셨다. 사방의 적들에게서도 언제나 안전하게 지켜주시고 무사히 보호해주셨다.

그래서 제2차 인구조사에서는 제1차 인구조사에 비해 겨우 2천 명 미만의 숫자만 적어졌을 뿐이다. 이스라엘 백성들의 절반가량 되는 기성세대 전부가 사라졌는데도, 광야에서 계속 아이들이 태어나면서 사라져가는 세대를 보충해 주었던 것이다. 그리하여 이제 광야 생활을 마감하고 가나안 땅으로 들어갈 이스라엘 백성들의 수효는 여전히 2백만 명 이상이다. 그만한 숫자라면 국가를 세우기에 충분했다.

수백 년 전, 겨우 70명으로 가나안 땅을 떠났던 야곱 가족이 이렇게 대부족이 되어 다시 돌아온 것이다. 그 자체가 하나님의 존재를 온 천하에 드러낸다. 온 세상은 그런 이스라엘을 통하여 여호와 하나님의 역사를 분명히 알게 될 것이고, 나아가 그 이름을 듣고 믿어 구원의 반열에 동참하게 될 것이다. 그 거룩한 사명을 감당하려고 이스라엘 백성들은 목숨 걸고 거친 광야를 통과한 것이다.

모세는 멀리 지나온 광야를 바라본다. 끔찍했던 40여 년의 광야 유랑… 죽을 고비도 여러 번 넘겼고 백성들과 매번 다투고 싸우느라 지치기도 했다. 여러 달 광야는 물 한 방울도 주지 않을 만큼 매정한 얼굴이기도 했다. 그래도 지나고 보니 광야는 사랑스럽다. 광야가 있었

▲ 하나님이 세우신 선민 사관학교—광야

기에 이스라엘 백성들은 훌륭한 선민으로 거듭났다. 만약 아무런 준비도 없이 처음의 계획대로 가나안에 입성했다면, 가나안 원주민들을 정복하지 못하고 오히려 먹히고 말았을 것이다.

그러나 광야가 그들을 살려냈다. 광야가 그들을 매정하게 대한 것은 하나님을 더욱 의지하도록 만들기 위함이다. 무섭고 배고프고 길도 없는 길을 가야 했기에, 이스라엘 백성들은 하나님을 더욱 의지할 수 있었다. 그래서 하나님에게 기댈수록 광야는 서서히 하나님의 손길과 얼굴을 보여주었다.

그랬다. 이스라엘 백성들은 40년 광야를 통과하는 기간 내내 하나님의 도우시는 손길과 자비로운 얼굴을 보고 살았다. 그래서 그들은 광야에서 거룩한 선민의 기초를 닦게 되었다. 그러니 광야는 하나님께서 이스라엘 백성들을 위해 세우신 "선민 사관학교"였던 셈이다.

하나님의 충실한 종 모세. 40년 동안 걸어왔던 광야를 다시 바라본다. 한없이 펼쳐진 암갈색의 빛바랜 광야…. 때로는 지긋지긋하기도 했지만, 이제는 그 광야가 자랑스럽고 사랑스럽다. 하나님께서 베풀어주신 광야의 식탁에서 먹고 마시면서 그 광야에서 하나님을 제대로 알아갔기 때문이다. 그리하여 민수기는 인구조사와 광야 40년 유랑의 책이다. 약속의 땅에서 싱그러운 풀냄새 배인 산들바람이 여전히 불어온다.

광야 40년 유랑을 통해 '하늘 가나안'에 들어갈 수 있는 비결을 가르쳐주는 책!

민영진

감리교신학대학교 교수 역임
대한성서공회 번역실장, 총무 역임
세계성서공회연합회 번역컨설턴트 역임

이른바 '모세 오경' 또는 '율법서'라 불리는 구약성경의 처음 다섯 권 중에서, 보편적인 역사적 경험과 가장 가까운 책을 꼽으라면 네 번째 책인 민수기를 꼽을 수 있다. 이집트의 카이로에서 이스라엘의 예루살렘까지 내비게이션의 안내를 따라 가면 766.4km에, 9시간 21분 걸리고, 도보로는 149시간 걸린다.

그러나 지금으로부터 대략 3,500여 년 전, 이집트를 탈출한 이스라엘 백성이 약속의 땅 가나안을 향한 행군은 무려 40년이나 걸렸다. 이집트를 탈출한 출애굽 제1세대는 광야를 통과하는 40년 기간에 광야에서 거이 대부분 삶을 마감했고, 정작 약속의 땅에 들어간 사람들은 대부분 광야에서 태어나고 자란 새로운 세대다.

민수기는 광야 40년 유랑의 책이다. 시내 광야, 바란 광야, 신 광야, 모압 광야 등, 이집트를 탈출한 이스라엘 공동체는 거칠고 메마른 광야에서 그들의 삶을 보냈다. 험난한 주거지에서 나그네 된 삶을 살았다. 그런 이스라엘 백성의 거친 삶과 오랜 역사가 민수기 안에 집약되어 있다.

두 번에 걸친 이스라엘 백성의 인구조사와 그들의 40년 광야 유랑의 역사를 기록한 민수기는, 그것 자체로서도 충분한 이야깃거리가 된다. 그렇지만 '스토리텔링'의 과정을 거친 이 책은, 오늘날의 우리말 독자들에게 마치 자신들의 일인 양 더욱 생동감 있게 와 닿을 것이다.

독자들은 이스라엘 광야 40년 유랑의 역사 이야기를 들으면서, 우리의 해방 전후사를 성경적으로 재조명할 수 있을 뿐만 아니라, 다가오는 통일세대를 맞이할 통찰까지도 얻게 될 것이다.

민수기는 모세 오경의 다른 어떤 책보다도 불순종(불신앙)과 순종(신앙)이 구원 역사에서 어떻게 작용하는지를 잘 보여준다. 그리하여 오늘날에도 광야 같은 인생길을 걷고 있는 우리 독자들에게 '하늘 가나안'에 들어갈 수 있는 비결이 무엇인지도 잘 보여준다. 그런 재밌고도 교훈적인 이야기가 '스토리텔링 성경 민수기' 속에 흥미진진하게 잘 녹아 있다.